Français
APprenons

2nd Edition

Elizabeth Zwanziger
Brittany Goings
Elizabeth Rench
Brittany Selden Griffin

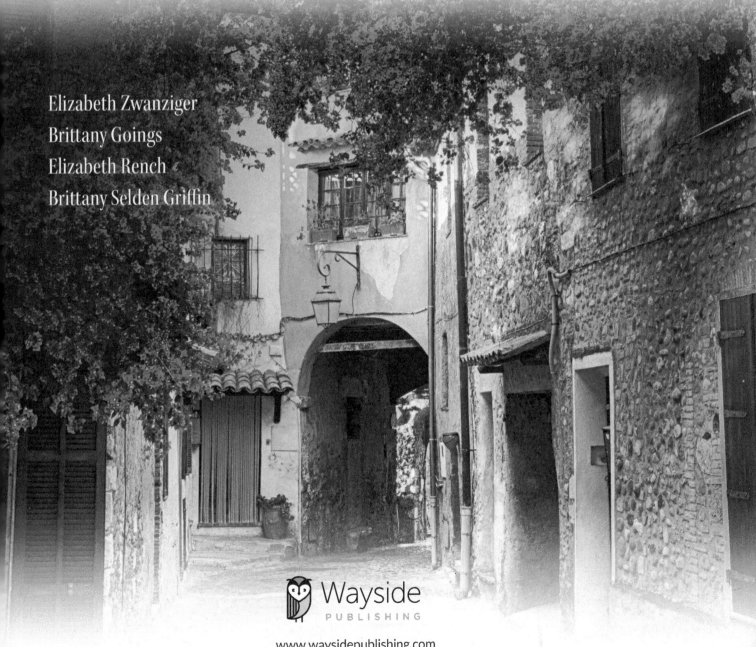

Wayside
PUBLISHING

www.waysidepublishing.com

Printed in USA

5 6 7 8 9 10 KP 16

Print date: 211

Softcover ISBN 978-1-938026-89-8

Hardcover ISBN 978-1-938026-87-4

FlexText ISBN 978-1-938026-90-4

Acknowledgements

The publication of APprenons is the result of the collaboration among numerous people. We would like to express our sincere appreciation to Mimi Jones and Andrea Henderson for laying the groundwork for many of the concepts in this volume. We want to recognize Allison Webb for her AP expertise and her contributions to the Tips and Tricks section. We also extend our gratitude to Loïza Miles, of Northeastern University, who reviewed and edited versions of the manuscript in various stages of the work.

The APprenons 2nd edition has come to fruition thanks to an ever-growing team across the United States and the world. We would like to thank Sherri Slusher for her endless patience and unlimited use of her speedy Internet, a valuable find in Morocco. We are indebted to the many authors of text and audio included in APprenons 2nd edition. Special thanks goes to Issiaka Diakité-Kaba and Annette Bonnet-Devred for sharing your original texts with us.

The technology aspect of APprenons 2nd edition would not have been possible without the artistry and good humor of Derrick Alderman. Thanks to Rivka Levin at Bookwonders for the tireless attention to detail in composition. Eliz Tchakarian and Matheux Knight, many thanks for making APprenons Explorer dovetail so seamlessly to the text.

Greg Greuel, you are quite a choreographer. Your leadership at Wayside Publishing, along with work from Michelle Sherwood and Rachel Ross, was the glue that brought all of the pieces together to make APprenons 2nd edition such an effective tool for learners and teachers.

Finally, we thank learners of French for your passion for francophone language and culture and your zeal to delve deeply into their richness.

Introduction

Bienvenue à la deuxième édition d'APprenons!

APprenons 2e édition se compose de 10 chapitres, chacun de quatre leçons. Les extraits écrits et oraux du manuel ont été choisis parce qu'ils correspondent à six thèmes principaux: les défis mondiaux, la science et la technologie, la vie contemporaine, la quête de soi, la famille et la communauté et enfin, l'esthétique. Vous trouverez une explication du contenu de chaque partie ci-dessous:

Les Questions essentielles guident l'étudiant dans le développement de ses pensées sur les sujets proposés dans chaque chapitre.

La Leçon 1 présente le sujet du chapitre, autour d'un ou de plusieurs des thèmes principaux et des objectifs langagiers relatifs à ce sujet. Les exercices de cette leçon font travailler tous les aspects de la langue (la lecture, l'écoute, l'écrit et l'expression orale) et mènent l'étudiant vers l'atteinte de ses objectifs en lui fournissant les outils nécessaires pour réussir la tâche. On trouvera des exercices supplémentaires pour accompagner la Leçon 1 sur le APprenons Explorer du manuel.

La Leçon 2 et la Leçon 3 proposent chacune 7 exercices, qui ciblent les différents modes communicatifs à l'aide d'extraits écrits et audio authentiques venant des pays francophones autour du monde: *Interpretive Communication: Print Texts*, *Interpretive Communication: Print and Audio Texts*, *Interpretive Communication: Audio Texts*, *Interpersonal Writing: E-mail Reply*, *Presentational Writing: Persuasive Essay*, *Interpersonal Speaking: Conversation* et *Presentational Speaking: Cultural Comparison*. Ces exercices se trouvent également sur le *APprenons Explorer* du manuel si l'étudiant préfère travailler en format numérique.

La Leçon 4 se trouve sur le *APprenons Explorer* du manuel et comprend des exercices supplémentaires, des liens authentiques et des forums pour que l'étudiant puisse exercer ses capacités langagières et communiquer avec son professeur ainsi qu'avec d'autres étudiants.

Les *Tips and Tricks* que l'on a placés à la fin du livre offrent à l'étudiant des stratégies et des conseils pour bien réussir les exercices communicatifs des Leçons 2 et 3.

Tout au long de chaque chapitre, les mots de vocabulaire apparaissent **en caractères gras**. Les mots ainsi mis en relief sont rangés par ordre alphabétique et définis en français à la fin de chaque chapitre ainsi qu'à la fin du manuel. L'étudiant trouvera également à la fin du manuel leur traduction en anglais.

Bonne découverte!

Table des matières

CHAPITRE 1: C'est drôle, l'école! 44

Table des matières

Table des matières

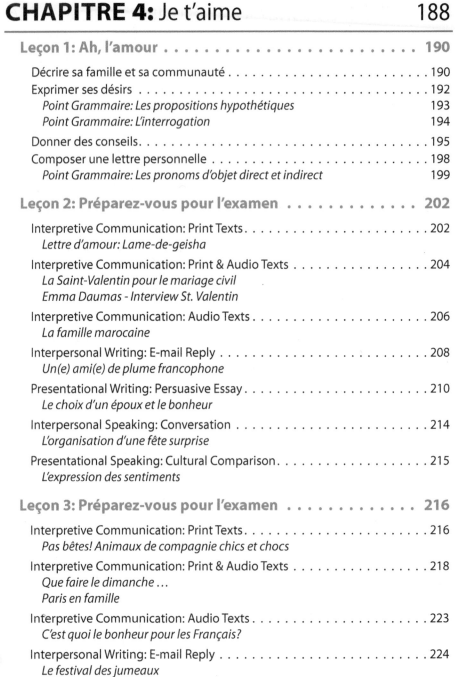

CHAPITRE 5: Suivez le rythme du 21ᵉ siècle   236

Table des matières

Table des matières

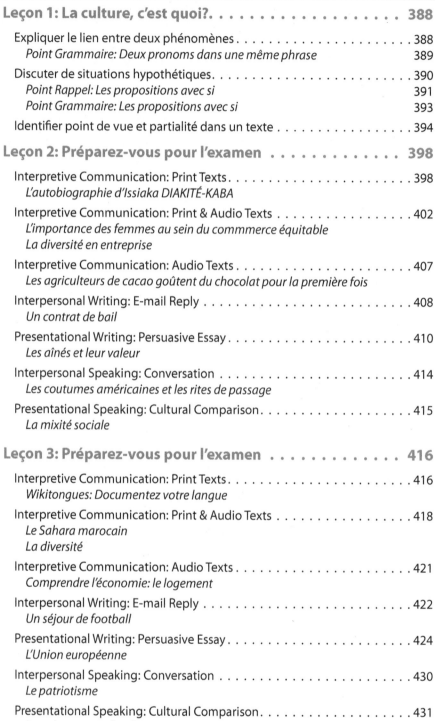

Table des matières

LE MASSIF DU MONT-BLANC, FRANCE

QUESTIONS ESSENTIELLES

1. Comment exprime-t-on son identité dans des contextes différents de la vie?

2. En quoi la langue et la culture de quelqu'un influencent-elles son identité?

3. Comment son identité évolue-t-elle à travers le temps?

PARIS, FRANCE

Chapitre 0

Je me présente

Leçon 1 | Moi et moi et moi

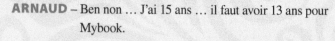

» OBJECTIF   *Établir un profil électronique*

ARNAUD – Allô? Tante Béa? Bonjour, c'est Arnaud à l'appareil.

BÉATRICE – Allô? Tiens? Arnaud? Ça va mon chéri? Quoi de neuf?

ARNAUD – Ça va, ça va … ça va même super bien … Devine ce que j'ai reçu pour mon anniv'? Tu devineras jamais…

BÉATRICE – euh … Je ne sais pas ce qui s'est passé. Je n'ai aucune idée … une voiture????

ARNAUD – Tante Béa … ne rigole pas … tu sais bien que je n'ai pas l'âge.
Non … Maman m'a acheté un nouveau téléphone … super, le portable. Il y a même internet et tout … Maintenant je peux même aller sur Mybook direct de mon portable … c'est pas génial ça???

BÉATRICE – Attends? Mybook? Tu es sur Mybook? Depuis quand? Ta mère ne m'a rien dit? Tu n'es pas un peu jeune dis-donc?

ARNAUD – Ben non … J'ai 15 ans … il faut avoir 13 ans pour Mybook.

BÉATRICE – Oui, mais avec tout ce qu'on entend … c'est quand même dangereux tous ces trucs là … et tes parents n'ont pas peur?

ARNAUD – Tante Béa … ne sois pas ringarde … ne me dis pas que tu n'utilises pas les réseaux sociaux.

BÉATRICE – Non, je t'assure. 1 … je ne comprends pas très bien à quoi ça sert … 2 j'ai un peu peur … Mais vas-y. Explique.

ARNAUD – Ben, c'est super … Écoute. C'est toi qui décides … D'abord tu crées un profil. tu mets tes photos, comme ça tes amis peuvent te trouver plus facilement … tu mets tes infos personnelles, les trucs qui t'intéressent, comme tes films préférés, ta musique favorite etc. Puis tu te mets en contact avec tes amis. Ils peuvent voir tes activités, et toi tu vois leurs activités. Tu mets des commentaires sur leur page et eux, ils répondent … C'est un bon moyen de communiquer … surtout avec ceux que tu n'as plus vus depuis un bout de temps. On a même créé un groupe pour les anciens du CE2 de la classe de Monsieur Cheval. Tu te souviens de Charlotte Courtois????

BÉATRICE – Oui.

ARNAUD – Je l'ai retrouvée. Elle habite à Lille maintenant.

BÉATRICE – Bon, c'est bien beau tout ça, mais comment empêcher que n'importe qui regarde tes photos et lise tes commentaires. surtout si vous discutez de où vous allez et de ce que vous faites … tu sais cela m'inquiète un peu.

ARNAUD – Ah, mais non … pour ça. il y a des paramètres de sécurité impeccables, que tu personnalises … Moi je n'autorise que les gens que je connais à voir mes photos ou mes informations. Je suis prudent tu sais … et mes copains font pareil … alors dans mon fil d'actualité … je n'ai que les nouvelles de mes copains … les gens que je connais …

BÉATRICE – Ah bon … tu me rassures.

ARNAUD – Si tu veux … je peux t'aider à créer ton profil.

BÉATRICE – On verra, on verra.

1. ÉCOUTER   ⑦ PARLER

Écoutez la conversation entre Arnaud et sa tante. Quel est le sujet de la conversation?

2. ÉCOUTER   ✎ ÉCRIRE

Écoutez une deuxième fois et déterminez quels renseignements personnels se trouvent sur les profils électroniques d'une manière générale.

    1. Faites une liste des renseignements mentionnés dans la conversation.

    2. Pouvez-vous ajouter d'autres renseignements? Lesquels?

3. ÉCOUTER   ✎ ÉCRIRE

Écoutez pour la dernière fois et répondez aux questions suivantes.

    1. Que fait-on avec les paramètres de sécurité?

    2. Quel conseil donne la tante?

4. ✎ ÉCRIRE

Avez-vous entendu quelques différences entre l'audio et le texte? Identifiez-les.

5. LIRE   ⑦ PARLER

Identifiez le registre qui est défini dans les phrases suivantes d'après le Point Culture ci-contre.

    1. Ce registre est généralement employé à l'oral avec des amis. Toutes les syllabes ne sont pas nécessairement prononcées. Les règles de grammaire ne sont pas toujours respectées.

    2. Ce registre est surtout employé à l'écrit, notamment dans les correspondances officielles et dans les textes littéraires. Le vocabulaire est plus riche et les règles grammaticales sont parfaitement respectées.

    3. Ce registre est employé pour les documents et les conversations ordinaires. Il est utilisé à la radio et à la télévision. Le vocabulaire est usuel et les règles grammaticales sont habituellement respectées.

6. LIRE   ✎ ÉCRIRE   ⑦ PARLER

Répondez aux questions suivantes.

    1. Comment vous présentez-vous dans les médias sociaux? Quels types d'informations utilisez-vous?

    2. Qu'est-ce qu'un profil? Quelles sortes de renseignements met-on dans un profil?

    3. Qu'est-ce que "le mur"? Quelles sortes de renseignements met-on sur un mur?

    4. Quels sont les dangers de l'utilisation des réseaux sociaux. Les avantages?

POINT**CULTURE**

Les registres de langue

Allons plus loin. Vous connaissez déjà la différence entre *tu* et *vous* en ce qui concerne le niveau de formalité. Mais saviez-vous qu'il existe trois principaux **registres** de langue?

1. Registre soutenu: Elle prend congé.

2. Registre courant: Elle s'en va.

3. Registre familier: Elle se casse d'ici.

On peut entendre ou voir ces trois registres dans les films, dans les livres, à la radio, etc. mais pour réussir aux grands examens de français, les étudiants utilisent (normalement) le registre courant.

Ces exemples sont tirés du site: http://www.enseignons.be/secondaire/preparations/2981-registres-de-langue

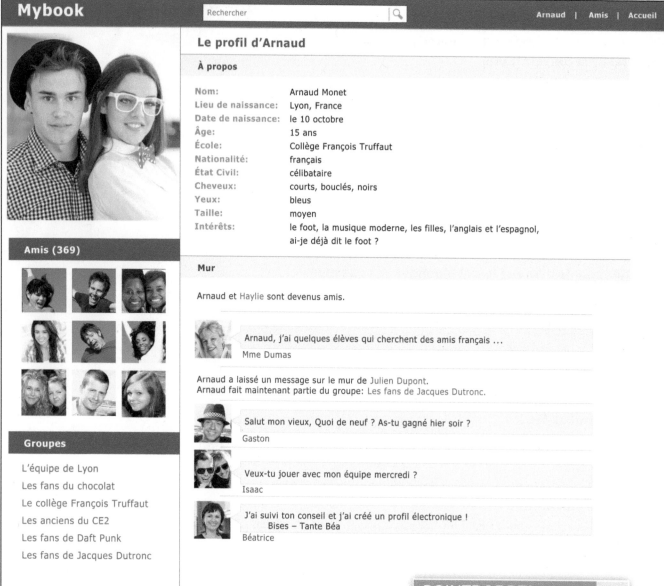

Le profil d'Arnaud

À propos

Nom:	Arnaud Monet
Lieu de naissance:	Lyon, France
Date de naissance:	le 10 octobre
Âge:	15 ans
École:	Collège François Truffaut
Nationalité:	français
État Civil:	célibataire
Cheveux:	courts, bouclés, noirs
Yeux:	bleus
Taille:	moyen
Intérêts:	le foot, la musique moderne, les filles, l'anglais et l'espagnol, ai-je déjà dit le foot ?

Mur

Arnaud et Haylie sont devenus amis.

Arnaud, j'ai quelques élèves qui cherchent des amis français ...
Mme Dumas

Arnaud a laissé un message sur le mur de Julien Dupont.
Arnaud fait maintenant partie du groupe: Les fans de Jacques Dutronc.

Salut mon vieux, Quoi de neuf ? As-tu gagné hier soir ?
Gaston

Veux-tu jouer avec mon équipe mercredi ?
Isaac

J'ai suivi ton conseil et j'ai créé un profil électronique !
    Bises – Tante Béa
Béatrice

Amis (369)

Groupes

L'équipe de Lyon
Les fans du chocolat
Le collège François Truffaut
Les anciens du CE2
Les fans de Daft Punk
Les fans de Jacques Dutronc

7. ✏️ ÉCRIRE

Répondez aux questions suivantes en regardant les pages Mybook ci-dessus et ci-contre.

1. Qui est Haylie? Décrivez-la en trois ou quatre phrases complètes.

2. Qu'est-ce qui s'est passé récemment entre Haylie et Arnaud?

3. Quels sont les intérêts de Haylie et d' Arnaud?

4. Qui a donné l'idée à Haylie d'utiliser le français comme langue principale pour son profil?

5. En quelle saison Haylie est-elle née? Et Arnaud? Fait-il chaud ou froid pour leur anniversaire?

POINT**RAPPEL**

Vous souvenez-vous que les adjectifs doivent s'accorder avec les noms qu'ils qualifient?

MASCULIN	FÉMININ
américain	américaine
beau	belle
petit	petite
français	française
marron	marron*
orange	orange*

*Les adjectifs qui sont aussi des noms sont neutres et ne s'accordent pas.

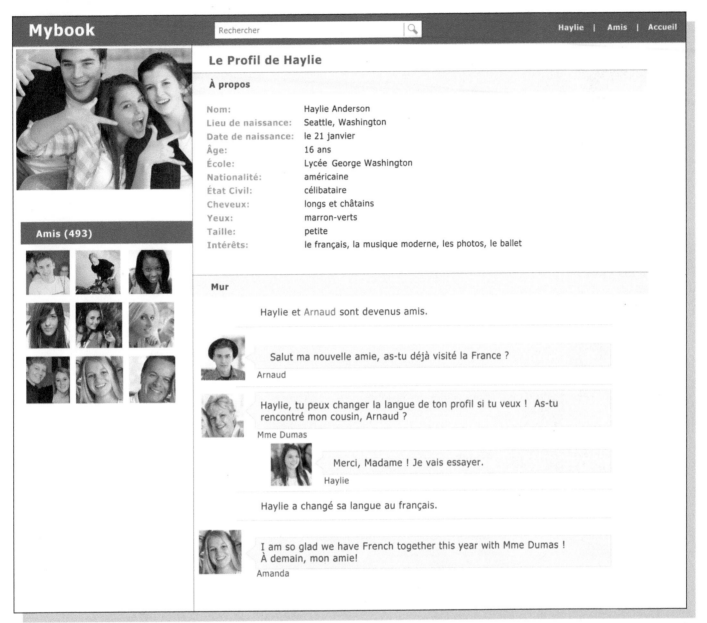

Mybook

Rechercher

Haylie | Amis | Accueil

Le Profil de Haylie

À propos

Nom:	Haylie Anderson
Lieu de naissance:	Seattle, Washington
Date de naissance:	le 21 janvier
Âge:	16 ans
École:	Lycée George Washington
Nationalité:	américaine
État Civil:	célibataire
Cheveux:	longs et châtains
Yeux:	marron-verts
Taille:	petite
Intérêts:	le français, la musique moderne, les photos, le ballet

Amis (493)

Mur

Haylie et Arnaud sont devenus amis.

> Salut ma nouvelle amie, as-tu déjà visité la France ?
> Arnaud

> Haylie, tu peux changer la langue de ton profil si tu veux ! As-tu rencontré mon cousin, Arnaud ?
> Mme Dumas

> Merci, Madame ! Je vais essayer.
> Haylie

Haylie a changé sa langue au français.

> I am so glad we have French together this year with Mme Dumas !
> À demain, mon amie!
> Amanda

---

8. ✏️ ÉCRIRE ❓ PARLER

Répondez aux questions à l'écrit ou à l'oral.

1. Quelles sont les qualités que vous avez en commun avec Haylie et/ou Arnaud?

2. Cherchez-vous des amis francophones dans les médias sociaux? Pourquoi ou pourquoi pas?

9. ✏️ ÉCRIRE

En utilisant les profils électroniques de Haylie et d'Arnaud comme modèles, créez une page MyBook qui reflète votre personnalité.

1.  ÉCRIRE PARLER

Répondez aux questions suivantes sur votre personnalité à l'écrit ou à l'oral.

1. Comment décrivez-vous votre personnalité?
2. Avec quelles personnalités travaillez-vous le mieux? Et le moins bien?
3. Quel genre de profession avez-vous envie de poursuivre? Pourquoi?

À la découverte de qui je suis:
Les quatre faces d'une personnalité!

En procédant ligne par ligne, cotez chaque mot ou expression de 1 à 4, en fonction de l'importance que vous lui accordez.

1 = le plus important à vos yeux,

4 = le moins important à vos yeux

Additionnez les points dans chaque colonne. Encerclez la note la plus basse. La note la plus basse révèle votre COULEUR PRINCIPALE.

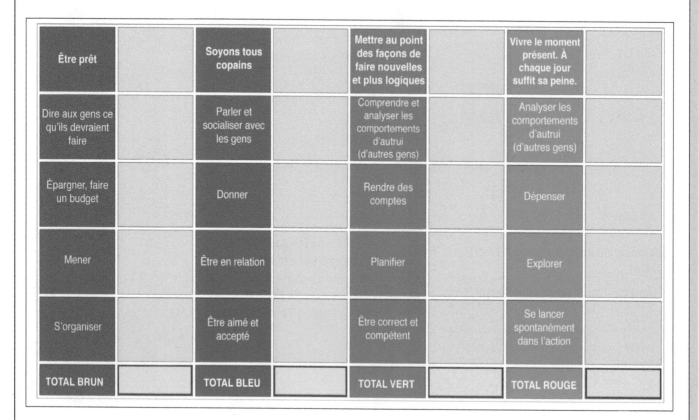

Être prêt		Soyons tous copains		Mettre au point des façons de faire nouvelles et plus logiques		Vivre le moment présent. À chaque jour suffit sa peine.	
Dire aux gens ce qu'ils devraient faire		Parler et socialiser avec les gens		Comprendre et analyser les comportements d'autrui (d'autres gens)		Analyser les comportements d'autrui (d'autres gens)	
Épargner, faire un budget		Donner		Rendre des comptes		Dépenser	
Mener		Être en relation		Planifier		Explorer	
S'organiser		Être aimé et accepté		Être correct et compétent		Se lancer spontanément dans l'action	
TOTAL BRUN		TOTAL BLEU		TOTAL VERT		TOTAL ROUGE	

2. ✏️ **ÉCRIRE** ❓ **PARLER**

Répondez aux questions suivantes sur votre personnalité à l'écrit ou à l'oral.

1. Quelle couleur vous définit selon le quiz? Êtes-vous d'accord? Pourquoi ou pourquoi pas?

2. Quels sont vos atouts et vos défauts?

3. Pouvez-vous deviner la couleur de votre professeur de français? Demandez-lui de vous dire si vous avez raison.

3. LIRE PARLER

Discutez des phrases suivantes avec votre groupe. Classez-les par couleur.

J'ai une imagination vive, puissante et créative – qui met du piquant dans mes affirmations.

J'aime écouter et lire entre les lignes les messages que (nommez la personne) m'envoie.

J'aime structurer méthodiquement mes interventions.

Je regarde avant de plonger. J'adore envisager de nouvelles possibilités.

Je suis « électrique ». Les gens me respectent et me suivent.

Je suis le meilleur – un vrai gagnant.

Quand je m'y mets, j'obtiens (précisez: de nouveaux membres, une plus grande participation à une activité, un ordre du jour précis, etc.).

J'ai toujours l'air gai et je souris à toutes les personnes que je rencontre.

J'aime présenter les gens et les mettre à l'aise.

J'aime vivre pleinement dans le moment présent.

Je surmonte sans difficulté la fatigue, la faim et la douleur durant ma montée vers le sommet.

J'oublie les erreurs du passé et je me concentre sur l'avenir.

Je me montre chaleureux (-euse), gentil(le) et courtois(e) avec (nommez la personne).

Je ne considère que le bon côté des choses en véritable optimiste.

Je partage mes biens et mes compétences avec mes amis.

Je prends le temps d'aider (nommez la ou les personnes) pour le simple plaisir d'être utile.

Je suis une personne positive, heureuse et gaie.

Je tire une grande fierté de mes rapports honnêtes et ouverts avec (nommez la personne).

Les gens ont toujours du plaisir avec moi.

Ma clairvoyance et ma capacité de réflexion m'aident à découvrir de nouvelles façons de faire qui sont bien meilleures.

Ce qu'on me confie (précisez: une compétition, les finances, le bulletin, etc.) me procure un sentiment de pouvoir.

4. LIRE PARLER

Imaginez que vous avez trouvé un sac abandonné qui contient un million d'euros. Qu'est-ce que vous en feriez? Votre professeur va vous donner une couleur qui représente votre personnalité. Préparez une réaction qui correspond à cette couleur et présentez-la à la classe.

5. ÉCRIRE

Choisissez un super-héros et expliquez quelle couleur de personnalité lui correspond. Expliquez pourquoi en utilisant du vocabulaire et des phrases venant des activités précédentes.

6. LIRE ÉCRIRE

Réfléchissez en utilisant trois nouveaux mots ou nouvelles phrases (au minimum) des activités précédentes.

1. Comment vos résultats influencent-ils votre choix d'un futur métier?

2. Comment vos résultats influencent-ils votre choix d'un futur époux ou d'une future épouse?

3. Selon vos résultats, avec quels camarades de classe devriez-vous travailler? Pourquoi?

» OBJECTIF **Se présenter de manière professionnelle**

1. LIRE ÉCRIRE

Répondez aux questions suivantes d'après votre expérience.

1. Quel genre d'informations doit-on inclure dans un curriculum vitae (CV)?

2. Y a-t-il plusieurs genres de CV? Quels sont-ils?

3. Quelles difficultés les jeunes étudiants rencontrent-ils quand ils créent leur CV?

2. LIRE ÉCRIRE

Répondez aux questions d'après le CV d'Arnaud (ci-contre).

1. Quelle est l'année de naissance d'Arnaud?

2. A-t-il déjà travaillé? Dans quels domaines?

3. Quels sont ses centres d'intérêts?

4. À votre avis, quel est l'atout le plus impressionnant d'Arnaud?

5. Arnaud est-il plutôt artiste ou plutôt sportif? Expliquez votre réponse.

3. ÉCOUTER ÉCRIRE

Écoutez et écrivez les numéros de téléphone.

4. ÉCOUTER ÉCRIRE

Écoutez les messages et écrivez-les.

Arnaud MONET

13, rue de l'Alma
69001 Lyon
Date de naissance: 10.10.98
Tél: 04 72 04 06 27 85

Mail: amonet@email.fr
jmlefoot@apprenons.fr

FORMATION

Étudiant en 3ème au	Collège François Truffaut 4, Place Lieutenant Morel 69001 LYON 04 72 98 01 60

COMPETENCES CLÉS

Informatique
- Maîtrise des logiciels Word, Excel et PowerPoint
- Bloggeur et utilisateur de plusieurs réseaux sociaux

Connaissances linguistiques
- Anglais: Lu+++, écrit++, parlé++
- Allemand: Connaissances de base

EXPÉRIENCES PROFESSIONNELLES

Juillet 2011:	Caissier	Quick 367 Avenue Garibaldi 69007 LYON
Août 2011:	Déménageur	Déménagements Monet 29 cours Bayard 69002 LYON 04 78 37 25 80

CENTRES D'INTÉRÊTS

Scoutisme
Sports (football et tennis)
Musique (guitare classique et électrique)

POINT**CULTURE**

Comme on peut le constater en regardant le CV d'Arnaud, il y a plusieurs différences entre les éléments requis dans les CV français et CV américains.

Les deux éléments les plus «surprenants» d'un point de vue américain sont sans doute la présence d'une photo d'identité ainsi que celle de la date de naissance complète du candidat sur les CV français; deux éléments qui ne sont presque jamais soumis aux États-Unis.

Nom	Numéro de téléphone	Message

5. ÉCRIRE

En utilisant le CV d'Arnaud comme modèle, créez un CV pour une personne imaginaire ou pour vous-même.

POINT**RAPPEL**

Savez-vous comment donner un numéro de téléphone en français?

Faites des groupes de deux, par example: 01 43 12 22 22 (zero un, quarante-trois, douze, vingt-deux, vingt-deux). Soyez sûr de réviser vos chiffres de 0 à 99!

7. LIRE

Lisez l'affiche ci-contre et répondez aux questions suivantes.

1. De quoi s'agit-il sur l'affiche?
2. Pour quelle audience?
3. Qu'est-ce qu'il faut faire selon l'affiche?

8. ÉCOUTER ÉCRIRE

Écoutez l'extrait audio en lisant le texte ci-dessous, puis répondez aux questions.

1. Quel est le pays d'origine d'Oudry et où habite-t-il maintenant?
2. Décrivez la famille d'Oudry.
3. Pourquoi Oudry veut-il participer à la téléréalité?

9.  LIRE ÉCRIRE

Identifiez les temps suivants dans les passages ci-dessous et ci-contre.

1. le passé composé
2. l'imparfait
3. le futur proche
4. le présent

10. ÉCRIRE

Vous voulez envoyer une vidéo d'audition pour une émission télé-réalité. Expliquez qui vous êtes, où vous êtes né(e), ce que vous voulez faire dans l'avenir, et pourquoi vous voulez y participer.

 Je m'appelle Oudry et je suis né à Kinshasa donc, je viens de la République démocratique du Congo. En 1998, quand j'étais très jeune, il y avait une guerre terrible dans mon pays, et mon père est décédé. Nous sommes immédiatement partis. Actuellement, j'habite en Suisse avec mes cousins, ma tante et ma mère. J'ai dix-sept ans et j'adore la télé-réalité. Chez moi, nous la regardons tous les soirs, et je préfère les émissions dingues des États-Unis. Je ne suis pas du tout comme eux, je suis un étudiant dévoué et j'aime vivre pleinement le moment présent. J'ai une imagination vive, puissante et créative. Je veux participer à cette émission de télévision réalité pour avoir un nouvel <<événement important>> dans ma vie. Quand j'ai perdu mon père, je pensais que ma vie ne serait jamais la même. Maintenant, j'ai la chance de le rendre fier de moi en représentant notre famille face au monde entier. Je suis votre candidat idéal.

TÉLÉ RÉALITÉ
Ville: Lille

TV9 cherche des étudiant(e)s de 15 à 18 ans qui veulent étudier en France et participer à une télé-réalité en même temps!

Étudiez-vous au lycée?
Êtes-vous parent d'un adolescent qui voudrait étudier à l'étranger?
Voulez-vous devenir célèbre?

Quelle que soit la situation, si vous voulez étudier en France, nous voulons vous connaître! C'est l'occasion de partager votre histoire unique avec le monde!

Si vous ou quelqu'un que vous connaissez a une personnalité chouette et une bonne histoire, envoyez-nous VOTRE VIDÉO TOUT DE SUITE (via email)! Soyez certain d'inclure qui vous êtes, votre histoire personnelle, ce que vous voulez faire à l'avenir, ainsi qu'une brève description des raisons pour lesquelles vous voulez participer. Vous allez devenir célèbre!

POINT**RAPPEL**

Le temps	Le passé composé	L'imparfait	Le futur proche
La structure	VA + PP (verbe auxiliaire + participe passé) VA = avoir ou être	nous – *ons* + terminaison les terminaisons: ais ions / ais iez / ait aient	aller + l'infinitif
Les irrégularités	Quels sont les verbes qui prennent le verbe être?	Quel est le seul verbe irrégulier?	–
L'emploi	un changement/une action complète	une action qui dure/une description	une action qui va arriver
L'exemple	Nous **sommes partis**.	Quand j'**étais** jeune …	Je **vais être**

LIRE

The following text is accompanied by a number of questions. For each question, choose the response that is best according to the selection.

La sélection suivante est accompagnée de plusieurs questions. Pour chaque question, choisissez la meilleure réponse selon la sélection.

Introduction:

La sélection suivante est est un extrait d'une biographie d'un jeune parisien avec un emploi très intéressant. Sa biographie a été publiée sur http://www.reussirmavie.net/Laurent-Jamet-realisateur-il-filme-l-emotion-des-sports-extremes_a1072.html.
© réussirmavie.net

Laurent Jamet, réalisateur: il filme l'émotion des extrêmes

Il vient de recevoir le prix du «meilleur réalisateur espoir» au festival de films de freeride de Saint-Lary pour son documentaire sur les skieurs professionnels, «Invincibles».

Ligne **A 25 ans, Laurent Jamet tente de transformer sa**
5 **passion du cinéma et des sports extrêmes en aventure professionnelle. Portrait.**

Pas facile d'attraper cet oiseau voyageur qui, en quelques semaines, passe du Canada à la Slovénie puis s'envole à nouveau vers l'Argentine. Au départ, Laurent n'était pourtant
10 qu'un lycéen parisien passionné de cinéma et de ski. Mais là où d'autres se contentent de rêver, lui fonce et rentre dans une école de cinéma en trois ans, l'Ecole supérieure de réalisation audiovisuelle (Esra). Cursus qu'il interrompt au bout de deux ans pour partir en Australie. «J'étouffais à Paris, alors je suis
15 parti là-bas pour apprendre à surfer», raconte Laurent, fan de glisse, de sport et d'émotions fortes. «Je suis resté huit mois au même endroit pour surfer tous les jours entre des jobs dans un zoo et dans un restaurant».

Seul problème... le ski lui manque, alors l'oiseau migrateur
20 s'envole à nouveau pour la Nouvelle-Zélande, où il rejoint les skieurs venus chercher la neige **durant** l'été de l'hémisphère nord. «Là-bas, j'ai vite fait connaissance de la petite communauté de skieurs professionnels, et j'ai gagné leur confiance. C'est là que j'ai connu tous ceux avec qui je travaille aujourd'hui!».

Quand la passion du ski vous redonne le goût de vivre

25 Scène 3, le jeune réalisateur rentre à Paris. Car s'il aime l'aventure, il est persévérant et veut concrétiser son rêve de faire du cinéma. Il termine donc son école, obtient son diplôme, et commence à tourner de petits films de ski avec les moyens du bord. L'une de
30 ses premières réalisations est une vidéo promotionnelle pour une marque de vêtements lancée par un ami. «C'était 35 minutes de ski freestyle, et cela m'a fait connaître dans le milieu du ski, raconte Laurent Jamet. Une première carte de visite même si ça ne m'a pas rapporté un **sou**!»

35 «Puis j'ai rassemblé tous mes amis de freestyle, et leur ai proposé de faire un documentaire sur la vie des skieurs professionnels. Je sortais à l'époque d'une rupture amoureuse et ma passion pour
40 le ski m'avait redonné goût à la vie. J'ai voulu explorer ce thème de la passion capable de guérir une blessure. Les sportifs **traversent** en fait beaucoup d'épreuves, mais leur passion, le ski, peut les aider à **se redresser**, à regarder à nouveau vers l'avenir». À l'arrivée, cela donne
45 «Invincibles», un documentaire d'1 heure 7 minutes, qui mêle images de ski, émotions et témoignages de skieurs professionnels.

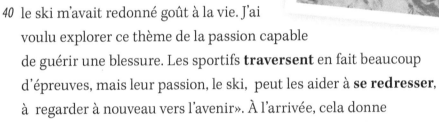

Meilleur réalisateur espoir à Saint-Lary Soulan

Reste à le présenter. Fin 2010, Laurent fait tous les festivals de films de sports extrêmes et de montagne. Après un échec à Montréal («le
50 public était anglophone et le film en français»), il est applaudi à Annecy, en Argentine, en Slovénie, et décroche le prix du meilleur réalisateur espoir à Saint-Lary. Sans compter une diffusion en boucle la nuit du 31 décembre sur la chaîne Equipe TV.

«Invincibles est un vrai succès auprès du public, reconnaît son
55 réalisateur, et cela m'a redonné du courage après tous les déboires du tournage du film et le mauvais accueil à Montréal».

1. **Laurent Jamet est parisien. Que dit-il à ce sujet?**
   a. Paris est la plus belle ville du monde.
   b. Il vient de Paris, mais il avait vraiment envie de quitter la ville.
   c. Il ne se déplace pas beaucoup en dehors de sa ville.
   d. Il n'y a que des soirées à Paris.

2. **Quel adjectif décrit le mieux ce jeune réalisateur?**
   a. passionné
   b. sérieux
   c. stable
   d. économe

3. **Pourquoi peut-on appeler Laurent un oiseau migrateur?**
   a. Il a travaillé dans un zoo.
   b. Il a étudié les oiseaux migrateurs à l'École supérieure.
   c. Il est attiré par les voyages à l'étranger.
   d. Il voit des oiseaux en faisant du ski.

4. **Dans son film «Invincibles», de quoi s'agit-il?**
   a. des super-héros
   b. de l'accueil à Montréal
   c. d'une marque de vêtements
   d. des histoires racontées par des skieurs

5. **La première fois qu'il a fait un film, quel a été le résultat?**
   a. Cela ne lui a pas rapporté d'argent.
   b. Le public n'a pas apprécié son film.
   c. Il a été licencié.
   d. Il s'est décidé à faire seulement des films anglophones.

LIRE  ÉCOUTER

You will read a passage and listen to an audio selection. For the reading selection, you will have a designated amount of time to read it. For the audio selection, first you will have a designated amount of time to read a preview of the selection as well as to skim the questions that you will be asked. The selection will be played twice. After listening to the selection the first time, you will have 1 minute to begin answering the questions; after listening to the selection the second time, you will have 15 seconds per question to finish answering the questions. For each question, choose the response that is best according to the audio and/or reading selection and mark your answer on your answer sheet.

Vous allez lire un passage et écouter une sélection audio. Pour la lecture, vous aurez un temps déterminé pour la lire. Pour la sélection audio, vous aurez d'abord un temps déterminé pour lire une introduction et pour parcourir les questions qui vous seront posées. La sélection sera présentée deux fois. Après avoir écouté la sélection une première fois, vous aurez 1 minute pour commencer à répondre aux questions; après avoir écouté la sélection une deuxième fois, vous aurez 15 secondes par question pour finir de répondre aux questions. Pour chaque question, choisissez la meilleure réponse selon la sélection audio ou la lecture et indiquez votre réponse sur votre feuille de réponse.

SOURCE 1:

Introduction:

La sélection suivante est un extrait du document L'Identité Manifeste et parle de l'identité québécoise. Le document date de 2009 et vient du site: http://identitequebecoise.org/L-Identite-Manifeste.html.
© Identitéquébecoise.org

L'Identité manifeste

Nous sommes en présence d'une identité manifeste (manifeste: caractère de ce qui ne peut être nié), une identité forte de ses 400 ans d'histoire, une identité qui, somme toute, «ne sait pas mourir».

Ligne

5 Grand et vaste fleuve propre à porter nos projets, l'identité québécoise ne s'est pas formée par la volonté du Saint-Esprit. De toutes les rivières qui **l'alimentent**, ne nommons que les plus évidentes: **autochtones**, françaises, anglaises, canadiennes, irlandaises, écossaises, italiennes, juives et autres sources plus
10 récentes.

Est-ce à dire que tout est fixé d'avance? Au contraire!

Les commentateurs de notre histoire ont vu en Jeanne Mance une pieuse colonisatrice. Ils ont ensuite vanté les mérites du corsaire impitoyable qu'était Pierre d'Iberville. Ils ont plus
15 tard fait le portrait d'un peuple à la courte vue, replié dans son quant-à-soi, avec des personnages tels que Séraphin Poudrier.

De Canayens à Canadiens à French Canadian à Canadiens français à Québécois . . .

Que de changements d'attitudes!

20 L'identité collective telle que nous la concevons est un système de références en continuel redéploiement, un système qui demande, à chaque génération, une réactualisation de sa dialectique.

Notion complexe d'entre toutes, l'identité n'est pas pour nous une liste d'épicerie ni le top cinq de nos naufrages appréhendés. Pas plus qu'il ne
25 saurait être question de répéter le mantra habituel: à savoir que nous sommes francophones, **laïques**, pacifiques, que sais-je... Notre vision se déploie en apnée, dans les zones troubles de la conscience humaine. Notre vision se déploie en altitude, portée par nos déraisons communes.

Pour nous, l'identité québécoise **s'incarne** à travers toutes les manifestations culturelles
30 de la nation, qu'elles soient grandes ou petites, banales ou extraordinaires. Dans nos fiertés comme dans nos travers, par la bouche de Céline ou de Mailloux, de Lepage ou de Mara. Par le geste habile du **flécheur**. Par le **poing** pesant de la boulangère.

Un pays se réinvente à chaque dégénération, par le labeur de ses habitants. Le récit de nos origines reste encore et toujours à préciser, notre culture, à parfaire. Il n'y a pourtant
35 pas une seconde à perdre... Nos projets d'avenir, nombreux sur le tarmac, ne demandent qu'à décoller. Quels thèmes choisir? Environnement, **réussite** individuelle, justice sociale, indépendance... Quels désirs embraser!

À une autre époque, alors qu'il s'adressait aux gens de sa propre génération, Victor-Lévy Beaulieu posa le choix **crûment**:

40 «L'écrivain québécois actuel a deux choix: ou il tourne carrément le dos au passé et s'invente totalement un présent, donc un futur, ou il croit suffisamment aux choses qu'il y a derrière lui, s'y plonge, les assimile, leur donne un sens nouveau, celui d'une oeuvre qu'il bâtit en fonction du nouvel univers qu'il voudrait voir s'établir ici.» [1]

45 De ces deux voies, nous empruntons la seconde.
Auteur: Philippe Jean Poirier; cosignataires: Simon Beaudry, Mathieu Gauthier-Pilote, Alexandre Faustino.

[1] Extrait tiré du Devoir, 13 janvier 1973.

http://identitequebecoise.org/L-Identite-Manifeste.html - forum

LIRE ÉCOUTER

SOURCE 2: SÉLECTION AUDIO 🎧

Introduction

Dans la sélection audio il s'agit de l'identité québécoise. Bertrand, un québécois, se fait interviewer par une Américaine sur sa vie au Québec. L'interview date de 2012. © Brittany Waack

1. **D'après l'extrait écrit, de quoi les Québécois du 21e siècle, sont-ils les plus fiers?**

   a. d'être canadiens

   b. de leurs grands auteurs et artisans

   c. de leurs épiceries où l'on vend des spécialités québécoises

   d. de leur capacité de se souvenir du passé tout en se réinventant pour l'avenir

2. **Quel est le sujet principal de la sélection audio?**

   a. le sport national du Québec

   b. le ski nordique

   c. l'école

   d. la musique

3. **Quel est l'objectif de la sélection écrite?**

   a. argumenter

   b. convaincre d'autres gens de venir vivre au Québec

   c. s'exprimer au sujet de la québécitude

   d. attaquer les adversaires

4. **Selon le passage, l'identité québécoise provient:**

   a. des gens de nombreuses origines.

   b. du Saint-Esprit.

   c. d'un fleuve.

   d. de l'alimentation.

5. **Parmi tous ceux qui ont peuplé le Québec, lequel de ces groupes était-il non-anglophone et non-francophone à l'origine selon l'extrait écrit?**

   a. les colonisateurs

   b. les autochtones

   c. les écossais

   d. les irlandais

6. **Pourquoi Bertrand se considère-t-il un orphelin?**

   a. Il travaille avec des enfants.

   b. Il n'a pas d'enfants.

   c. Il n'a plus ses parents.

   d. Son équipe de hockey a déménagé.

QUEBEC CITY

» Interpretive Communication: AUDIO TEXTS

Introduction:

Dans cette sélection il s'agit de l'identité citadine, c'est à dire celle de l'individu en tant qu'habitant d'une grande ville. Vous entendrez des commentaires d'une Canadienne francophone, Maude Boyer, qui habite à Casablanca au Maroc, une ville de 5 millions d'habitants qui est différente de sa ville d'origine en Amérique du Nord. © Elizabeth Rench

1. Quand Madame Boyer se sent-elle gênée?

a. lorsqu'elle va à la bibliothèque publique

b. lorsqu'il fait nuit

c. lorsqu'elle klaxonne pendant qu'elle conduit

d. lorsqu'elle traverse la rue

2. Madame Boyer emploie l'expression «à nos risques et périls». Que veut dire cette expression?

a. L'activité est dangereuse.

b. L'activité n'est pas dangereuse.

c. L'activité pose un risque.

d. L'activité est sûre.

3. Qu'a dit Madame Boyer sur son système de valeurs?

a. Ça se fait facilement.

b. Son système de valeurs n'est pas rationnel.

c. On ne se rend pas compte si ça évolue.

d. Elle cherche des aventures.

4. Quel est le but de cet extrait audio?

a. faire rire

b. convaincre

c. informer

d. faire pleurer

5. D'après Madame Boyer, les Marocains parlent la même langue qu'elle, mais . . .

a. ils ne réfléchissent pas de la même façon.

b. ils sont plus rationnels.

c. ils sont plus aventureux.

d. ils ont l'air plus heureux.

Vocabulaire

à notre insu

chaleureux

être humain

 ÉCOUTER

You will listen to an audio selection. First you will have a designated amount of time to read a preview of the selection as well as to skim the questions that you will be asked. The selection will be played twice. After listening to the selection the first time, you will have 1 minute to begin answering the questions; after listening to the selection a second time, you will have 15 seconds per question to finish answering the questions. For each question, choose the response that is best according to the audio selection and mark your answer on your answer sheet.

Vous allez écouter une sélection audio. Vous aurez d'abord un temps déterminé pour lire l'introduction et pour parcourir les questions qui vous seront posées. La sélection sera présentée deux fois. Après avoir écouté la sélection une première fois, vous aurez 1 minute pour commencer à répondre aux questions; après avoir écouté la sélection une deuxième fois, vous aurez 15 secondes par question pour finir de répondre aux questions. Pour chaque question, choisissez la meilleure réponse selon la sélection audio et indiquez votre réponse sur la feuille de réponse.

» Interpersonal Writing: E-MAIL REPLY

 LIRE ✏ ÉCRIRE

You will write a reply to an e-mail message. You have 15 minutes to read the message and write your reply. Your reply should include a greeting and a closing and should respond to all the questions and requests in the message. In your reply, you should also ask for more details about something mentioned in the message. Also, you should use a formal form of address.

Vous allez écrire une réponse à un message électronique. Vous aurez 15 minutes pour lire le message et écrire votre réponse. Votre réponse devrait débuter par une salutation et terminer par une formule de politesse. Vous devriez répondre à toutes les questions et demandes du message. Dans votre réponse, vous devriez demander des détails à propos de quelque chose mentionnée dans le texte. Vous devriez également utiliser un registre de langue soutenue.

Introduction:

Voici un message de la part de Monsieur Pierre Schartz, directeur du Centre d'Études Internationales. Ce centre a pour but de mettre en contact certaines universités francophones avec des étudiants américains. Il vous écrit pour vous informer de deux universités intéressées par votre candidature pour étudier un semestre à l'étranger.

De: pschartz@cee.fr

Objet: semestre à l'étranger

A: pmarechal@monmail.fr

Date: 19-04-2013

Cher/Chère étudiant(e),

C'est avec grand plaisir que je vous écris pour vous informer que votre candidature a été retenue par

Ligne deux de nos universités-partenaires, l'une au Maroc et

5 l'autre en Suisse. Pour poursuivre cette candidature, il est nécessaire que vous nous **fournissiez** certains

renseignements supplémentaires afin que nous puissions établir lequel de ces deux établissements sera le plus compatible avec
10 vos attentes et vos objectifs.

Veuillez nous **faire parvenir** par courrier électronique une lettre détaillant les points suivants:

- les traits les plus marquants de votre personnalité

15
- votre expérience antérieure à l'étranger

- les raisons pour lesquelles vous désirez passer un semestre à l'étranger

- vos objectifs éducatifs pour le semestre à l'étranger

- votre objectif professionnel après vos études

20
- tout autre aspect de votre personnalité, de vos expériences ou de vos objectifs sur lequel vous aimeriez élaborer **davantage**

Lorsque nous aurons reçu votre réponse, nous la transmettrons aux deux universités en question, au Maroc et en Suisse. Une fois la décision prise par les universités, nous vous informerons du
25 résultat.

En attendant votre réponse, je vous prie d'agréer l'expression de mes sentiments les meilleurs.

Pierre Schartz
Directeur
Centre d'Études Internationales

LIRE ÉCOUTER

 ÉCRIRE

You will write a persuasive essay to submit to a French writing contest. The essay topic is based on three accompanying sources, which present different viewpoints on the topic and include both print and audio material. First, you will have 6 minutes to read the essay topic and the printed material. Afterward, you will hear the audio material twice; you should take notes while you listen. Then, you will have 40 minutes to prepare and write your essay. In your persuasive essay, you should present the sources' different viewpoints on the topic and also clearly indicate your own viewpoint and defend it thoroughly. Use information from all of the sources to support your essay. As you refer to the sources, identify them appropriately. Also, organize your essay into clear paragraphs.

Vous allez écrire un essai persuasif pour un concours d'écriture de langue française. Le sujet de l'essai est basé sur trois sources ci-jointes, qui présentent des points de vue différents sur le sujet et qui comprennent à la fois du matériel audio et imprimé. Vous aurez d'abord 6 minutes pour lire le sujet de l'essai et le matériel imprimé. Ensuite, vous écouterez l'audio deux fois; vous devriez prendre des notes pendant que vous écoutez. Enfin, vous aurez 40 minutes pour préparer et écrire votre essai. Dans votre essai, vous devriez présenter les points de vue différents des sources sur le sujet et aussi indiquer clairement votre propre point de vue que vous défendrez à fond. Utilisez les renseignements fournis par toutes les sources pour soutenir votre essai. Quand vous ferez référence aux sources, identifiez-les de façon appropriée. Organisez aussi votre essai en paragraphes bien distincts.

SUJET DE LA COMPOSITION:

Les anglicismes représentent-ils une menace pour la langue française?

SOURCE 1:

Introduction:

La sélection suivante parle du franglais, c'est-à-dire de l'anglais qu'on mélange au français. C'est un extrait du blog sur www.frenchinlondon.com. © Jean-Rémi Baudot

Sommes-nous tous devenus franglais?

avril 24th, 2009

À quelques semaines de mon retour définitif en France, il y a un mea culpa qui s'impose. Longtemps, je me suis gentiment moqué des Français qui passaient

Ligne leur temps à mélanger le français et l'anglais pour vomir une
5 espèce de langage personnel aux teintes de yaourt. Je réalise aujourd'hui qu'on y vient tous plus ou moins.

Il me semble que c'est difficile à envisager tant qu'on n'a pas vécu à l'étranger un bon moment. Mais à être baigné 24h/24 dans une langue et une autre culture, on en vient à penser dans
10 la langue, à rêver dans la langue ... Et les conversations du quotidien faites de «anyway ... you know ... sure thing ... let's meet ASAP ... » s'infiltrent rapidement dans la langue d'origine. Selon moi, il ne faut pas excuser ce langage **vicié** parfois insupportable mais on peut essayer de
15 comprendre son origine.

Le franglais comme signe d'acculturation? Alors, d'où vient cette propension à parler une troisième langue? La facilité? La **paresse**? Le style? Peut-être un peu des trois. Mais surtout, l'habitude. À parler anglais toute la journée, on en vient à avoir
20 des mots anglais plus facilement en tête. Ça vient souvent plus vite, allez comprendre. Cela permet aussi de s'épargner le besoin de chercher le vocabulaire dans sa propre langue maternelle.

Les linguistes et sociologues pourront me contredire mais il me
25 semble que c'est un signe d'une certaine acculturation (quand

le contact entre deux cultures entraîne des modifications dans les modèles culturels initiaux de l'un des deux groupes). Peut-être même est-ce le signe d'un début d'intégration? D'assimilation?

30 Le drame est selon moi quand on **franchit** la limite du raisonnable. Vous en connaissez tous, j'en suis sûr, des gens hyper cools qui parlent comme ça: «tu comprends, you know, this is just l'histoire d'un business qui a marché. A guy who actually a réussi. C'est ça qui est fantastic in the UK. You come and *bam*, tu fais ton business!» ... Et je caricature à peine.

Faut-il avoir peur du **mimétisme** culturel ... Certains puristes verront
35 derrière cette tendance l'illustration d'un impérialisme linguistique de l'anglais sur les autres langues et singulièrement le français. Je ne suis pas un fervent défenseur d'une langue française figée qui ne devrait plus évoluer. Je ne crois pas non plus tellement dans les traductions souvent ridicules des expressions anglaises (podcast ou baladodiffusion?) mais
40 sommes-nous encore capables de nous exprimer correctement?

Qui parmi les Français de Londres sait comment on appelle un shift en français? Un planning horaire? Qui sait encore que *casual* peut souvent être remplacé par décontracté? Je sais bien que c'est plus cool de parler à moitié en anglais, une pinte à la main mais c'est comme si, à l'usage, en
45 dans un élan de paresse intellectuelle, on perdait notre vocabulaire!

Je me souviens de ce prof à la fac qui m'avait **interpellé** sur le langage texto (que sincèrement j'ai du mal à comprendre). Il me disait que, selon lui, qu'importe qu'on puisse déformer/détruire le langage. L'important était que l'on puisse continuer à communiquer.

50 La forme est-elle plus importante que le fond? Faut-il dramatiser? Quand mes **potes** marocains parlent un français où un mot sur 4 est de l'arabe (ou l'inverse), est-ce qu'ils se prennent des réflexions oh, comme tu te la pètes?!!! Bref, let me know ce que ça vous inspire!

SOURCE 2: 🔍

Introduction:

Dans cette sélection il s'agit de l'auto-évaluation des Français à travers plusieurs tranches d'âges concernant leur niveau de connaissance de la meilleure langue étrangère. Les statistiques ont été tirées du site Eurostat: ec.europa.eu/eurostat et datent de l'année 2007. Le pourcentage de personnes qui ont répondu entre *bon* et *aucun* ne paraît pas sur le document. © Eurostat

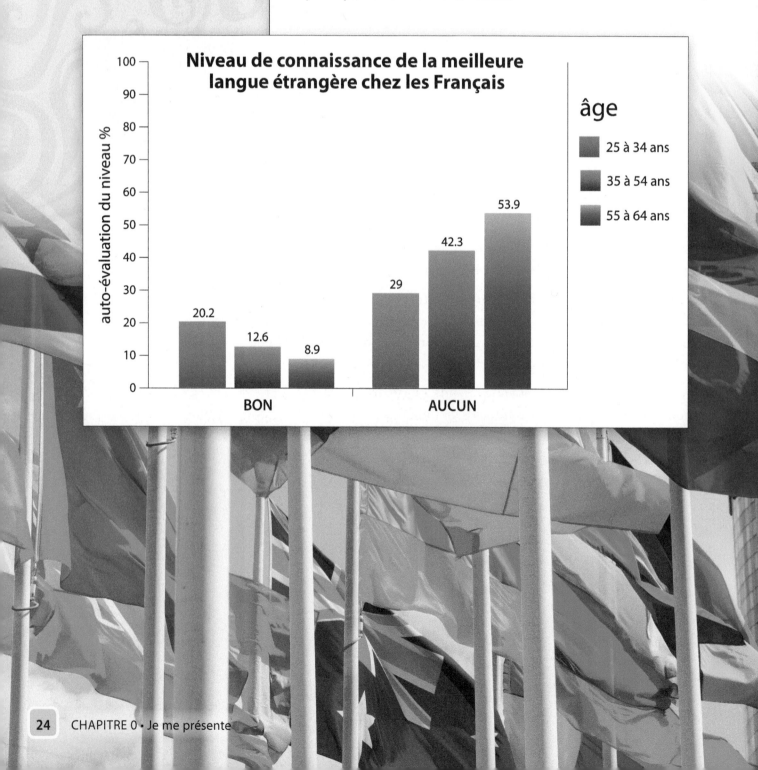

Niveau de connaissance de la meilleure langue étrangère chez les Français

âge
- 25 à 34 ans
- 35 à 54 ans
- 55 à 64 ans

SOURCE 3:
SÉLECTION AUDIO

Introduction:
Dans cette sélection audio il s'agit des anglicismes introduits dans la langue française au Québec. Le passage s'appelle *Le franglais* et vient du blog http://laurierdorion.c.pq.org/blogue/le-franglais.
© Jean Bouchard

Vocabulaire
amalgamé(e)
boiter
intempestif(-ve)
mollesse

QUÉBEC

» Interpersonal Speaking: CONVERSATION

 LIRE **ÉCOUTER** **PARLER**

You will participate in a conversation. First, you will have 1 minute to read a preview of the conversation, including an outline of each turn in the conversation. Afterward, the conversation will begin, following the outline. Each time it is your turn to speak, you will have 20 seconds to record your response. You should participate in the conversation as fully and appropriately as possible.

Vous allez participer à une conversation. D'abord, vous aurez une minute pour lire une introduction à cette conversation qui comprend le schéma des échanges. Ensuite, la conversation commencera, suivant le schéma. Quand ce sera à vous de parler, vous aurez 20 secondes pour enregistrer votre réponse. Vous devriez participer à la conversation de façon aussi complète et appropriée que possible.

Introduction:

C'est une conversation avec la mère de votre future famille d'accueil en Suisse où vous allez passer l'année scolaire. Elle aimerait préparer votre arrivée et savoir comment vous vivez, ce que vous aimez, etc. Bien sûr, vous aimeriez partager vos désirs et vos préférences avec elle.

Mère d'accueil	Elle vous salue et vous demande si vous allez bien.
Vous	Saluez-la et dites-lui comment vous allez. Remerciez-la de vous avoir appelé.
Mère d'accueil	Elle vous explique la raison de son appel et pose une première question au sujet de votre façon de vivre.
Vous	Répondez à sa question avec au moins deux exemples concrets.
Mère d'accueil	Elle vous demande vos préférences en ce qui concerne la nourriture.
Vous	Donnez au moins deux exemples de plats que vous aimez et un exemple de plat que vous n'aimez pas.
Mère d'accueil	Elle vous demande des détails sur votre arrivée.
Vous	Dites en plusieurs détails ce que vous attendez de votre séjour.
Mère d'accueil	Elle vous demande de la contacter avant votre arrivée pour **faire le point**.
Vous	Dites-lui comment et quand vous comptez communiquer avec elle et dites-lui au revoir.

» Presentational Speaking: CULTURAL COMPARISON

📖 LIRE 🎤 PARLER

You will make an oral presentation on a specific topic to your class. You will have 4 minutes to read the presentation topic and prepare your presentation. Then you will have 2 minutes to record your presentation. In your presentation, compare your own community to an area of the French speaking world with which you are familiar. You should demonstrate your understanding of cultural features of the French-speaking world. You should also organize your présentation clearly.

Vous allez faire un exposé pour votre classe sur un sujet spécifique. Vous aurez 4 minutes pour lire le sujet de présentation et préparer votre exposé. Vous aurez alors 2 minutes pour l'enregistrer. Dans votre exposé, comparez votre propre communauté à une région du monde francophone que vous connaissez. Vous devriez montrer votre compréhension des facettes culturelles du monde francophone. Vous devriez aussi organiser clairement votre exposé.

Sujet de la composition:

Comparez l'utilisation des réseaux sociaux aux États-Unis et dans un pays francophone.

» Interpretive Communication: PRINT TEXTS

 LIRE

The following text is accompanied by a number of questions. For each question, choose the response that is best according to the selection.

La sélection suivante est accompagnée de plusieurs questions. Pour chaque question, choisissez la meilleure réponse selon la sélection.

Introduction:

Dans cette sélection, il s'agit de son identité professionnelle. Ces extraits ont été écrits par Thibault Jouannic et publiés dans le magazine _Le train de 13h37_ [édition numéro 32] sur Internet, qui est dédié à la conception Web: http://letrainde13h37.fr/32/developper-identite-professionnelle/. © Wagon 42

Développer son identité professionnelle

La fin d'année approche, et vous n'allez plus tarder (si ce n'est déjà fait) à lister vos bonnes résolutions pour 2013. Parmi celles-ci, vous

Ligne aurez certainement celle d'apprendre telle nouvelle technologie ou
5 tel nouveau langage. Mais prenez quelques instants de réflexion, est-ce par boulimie ou par réelle aspiration ? Thibault Jouannic nous fait le plaisir de parler de ce type de choix et d'identité professionnelle.

[...]

Façonner son identité professionnelle

Dire qu'il est important d'avoir une veille technologique active
10 serait un truisme que je m'abstiendrai de proférer. Mais êtes-vous suffisamment actif dans la définition de votre profil professionnel? Si nous faisions le test?

S'interroger sur ses choix

De nombreux éléments rentrent en jeu dans la définition de votre
15 profil professionnel. Tenez, par exemple:

- votre métier (développeur, intégrateur, designer, commercial, patron de startup, etc.);

- votre domaine d'activité;

- vos **outils** (éditeurs, système d'exploitation, langage, etc.);

20 - vos méthodes de travail;

- votre statut professionnel (freelance, employé, associé, entrepreneur);

- votre cadre de travail (grosse SSII, agence, petite boîte);

- vos client types (TPE, PME, « grands comptes »).

25 **Comment chacun de ces éléments a-t-il été déterminé? J'entrevois grosso-modo trois possibilités:**

- c'est un choix délibéré qui répond à des motivations intrinsèques (ce langage me plaît, j'ai du respect pour ce client et je veux le satisfaire, etc.);

30 - c'est un choix délibéré qui répond à des motivations extrinsèques (il y a plus de ressources pour cette techno, elle est plus facile à vendre, ce framework est à la mode, etc.);

- c'est un choix « par défaut », voire une contrainte (c'est le langage qu'on utilise dans ma boîte, c'est le seul boulot que j'ai trouvé, etc.).

35 En début de carrière, la plupart des éléments de notre profil sont imposés par des contraintes extérieures. Nous utilisons le CMS que vend notre agence. Nous codons dans l'éditeur utilisé à la fac. Nous **bossons** sur les projets que l'on veut bien nous confier, etc. Mais au fur et à mesure
40 que nos horizons s'élargissent, les possibilités de contrôle augmentent. À nous de ne pas les gâcher.

---

1. **Dans cet article, il s'agit de la vie professionnelle dans quel domaine?**
   a. la politique
   b. la commerce
   c. la technologie
   d. la santé

2. **Quel élément ne fait pas partie de la création de votre profil professionnel, selon l'auteur?**
   a. vos clients
   b. vos outils
   c. votre métier
   d. votre diplôme

3. **Dans le passage, que veut dire la phrase «Nous bossons sur les projets que l'on veut bien nous confier.»?**
   a. Nous travaillons sur les projets que nous aimons bien.
   b. Nous travaillons sur les projets que d'autres personnes nous donnent.
   c. Nous discutons des projets que nous aimons bien.
   d. Nous discutons des projets que d'autres personnes nous donnent.

4. **En début de carrière, le profil professionnel est largement déterminé par quoi?**
   a. les contraintes extérieures
   b. les possibilités de contrôle
   c. les choix délibérés
   d. les motivations intrinsèques

5. **Quel est l'objectif de cet article?**
   a. écrire une liste de résolutions
   b. faire réfléchir les lecteurs
   c. apprendre une nouvelle technologie
   d. définir votre profil personnel

LIRE **ÉCOUTER**

Vous allez lire un passage et écouter une sélection audio. Pour la lecture, vous aurez un temps déterminé pour la lire. Pour la sélection audio, vous aurez d'abord un temps déterminé pour lire une introduction et pour parcourir les questions qui vous seront posées. La sélection sera présentée deux fois. Après avoir écouté la sélection une première fois, vous aurez 1 minute pour commencer à répondre aux questions; après avoir écouté la sélection une deuxième fois, vous aurez 15 secondes par question pour finir de répondre aux questions. Pour chaque question, choisissez la meilleure réponse selon la sélection audio ou la lecture et indiquez votre réponse sur votre feuille de réponse.

SOURCE 1:

Introduction:

La sélection suivante est tirée du site espritvif.com. L'extrait s'appelle *En quoi le blogging peut améliorer nos relations sociales?*. C'est un extrait d'un blog qui porte le même nom que le site. Son auteur, Ling-en Hsia, parle des relations sociales que l'on peut avoir avec d'autres personnes sur Internet.

© Ling-en Hsia

En quoi le blogging peut améliorer nos relations sociales?

Bloguer permet d'améliorer ses relations quand on cherche à instaurer une discussion à travers notre contenu. Mais c'est aussi un moyen d'apprendre à mieux se connaître, condition prérequise pour vraiment envisager de bonnes relations sociales. Nous verrons ici quel est le lien entre blogging et vie sociale et comment on peut intentionnellement bloguer pour progresser dans cet aspect de notre vie.

Ligne

5

Le blogging pour ceux qui s'expriment mieux à l'écrit

10 Globalement, il y a d'un côté les gens introvertis (ce qui n'est pas un défaut contrairement à la timidité) et de l'autre les extravertis. Les introvertis communiquent mieux à l'écrit qu'à l'oral. Certaines personnes ayant une âme d'artiste ont plus de facilité à utiliser leur plume (ou leur clavier plutôt)

15 pour exprimer leur ressenti, faire réfléchir et encourager les autres. Pour ces personnes-là , le blog est une plateforme extraordinaire. En effet, tout le monde n'a pas l'opportunité d'être écrivain.

Créer de l'intimité avec un blog?

20 Ainsi, j'ai appris à mieux connaître certains amis par ce **biais**. Dans la vraie vie, on n'a pas toujours le temps de discuter en face à face, mais le blog peut être un très bon médium

Ajouter un(e) ami(e)

pour montrer certains aspects de sa vie et de sa personnalité. C'est le cas par exemple du blog tenu
25 par une amie: http://laparoledetrop.wordpress.com. Elle y raconte ses défis, les difficultés qu'elle rencontre dans sa vie sociale, ses succès, ses inspirations du moment ou tout simplement des anecdotes. Après chaque article que je lis d'elle, je me sens un peu plus proche d'elle.
30

Certaines choses de notre vie peuvent être difficilement communiquées oralement. On a peur du regard de l'autre. On est intimidé. Et puis tout simplement, on a besoin d'un contexte pour aborder certains sujets profonds. On ne parle pas de sa conception du
35 mariage à ses amis en plein match de foot dans un bar, par exemple.

Dans un monde idéal, on ne devrait pas avoir besoin de technologie pour créer de l'intimité avec les personnes qu'on aime. Mais on ne vit pas dans un monde idéal . . .

Si quelqu'un écrit des choses profondes, on aura l'impression de
40 mieux la connaître.

[. . .]

Si tu suis régulièrement un blog d'une personne inconnue qui raconte sa vie, il est fort probable que le jour où tu la verras en vrai, tu auras l'impression de déjà la connaître. Et ça, c'est formidable!

SOURCE 2: SÉLECTION AUDIO

Introduction:

Dans la sélection audio il s'agit de l'identité numérique. Tout ce que l'on écrit et toutes les informations que nous donnons sur Internet font partie de notre identité numérique. Ce podcast vient du site: http://claudesuper.com/ 2012/04/18/podcast-1804enjeux-des-reseaux-sociaux-lidentite-numerique/ et s'intitule Enjeux des réseaux sociaux: l'identité numérique. © Claude Super

Vocabulaire
marque
savoir-faire
valoriser

1. **Selon la sélection écrite, à quoi le blogging peut-il servir?**
   a. à mieux se connaître
   b. à construire des rapports humains
   c. à travailler plus que les autres
   d. à devenir entrepreneur

2. **Que veut dire le terme « personal branding » dans la sélection audio?**
   a. se former dans une manière professionnelle
   b. s'exposer à des critiques
   c. créer une marque prêt-à-porter
   d. se définir sur Internet

3. **D'après la sélection audio, pourquoi quelques personnes hésitent-elles à communiquer à l'oral?**
   a. parce qu'elles sont déprimées
   b. parce qu'elles n'ont pas besoin de technologie
   c. parce que certains sujets sont très sérieux
   d. parce que certains sujets sont trop superficiels

4. **Pour préserver votre sphère privée sur les réseaux sociaux, il faut . . .**
   a. donner une limite aux informations
   b. créer plusieurs identités
   c. s'abstenir de créer des profils
   d. se nourrir l'authenticité

5. **D'après la sélection audio, l'identité numérique est composée de plusieurs choses. Laquelle n'en fait pas partie?**
   a. une déclaration personnelle
   b. des centres d'intérêts
   c. une photo
   d. des expériences

6. **Quel est le ton de l'auteur de l'extrait écrit?**
   a. franc
   b. moqueur
   c. sarcastique
   d. humoristique

» Interpretive Communication: AUDIO TEXTS

Vocabulaire
garant
pérenne
tiers

 ÉCOUTER

Vous allez écouter une sélection audio. Vous aurez d'abord un temps déterminé pour lire l'introduction et pour parcourir les questions qui vous seront posées. La sélection sera présentée deux fois. Après avoir écouté la sélection une première fois, vous aurez 1 minute pour commencer à répondre aux questions; après avoir écouté la sélection une deuxième fois, vous aurez 15 secondes par question pour finir de répondre aux questions. Pour chaque question, choisissez la meilleure réponse selon la sélection audio et indiquez votre réponse sur la feuille de réponse.

Introduction:

Dans cette sélection il s'agit de la gestion de son identité numérique. Le podcast s'intitule *Où l'on parle de la guerre pour l'identité numérique et de l'avenir des bitcoins* et vient du site: http://www.comptoirsecu.fr/2013. Ce site traite des enjeux de la sécurité informatique. © Comptoir Sécu

1. **Selon l'extrait audio, qu'est-ce qui est étonnant au sujet de la visibilité de la bataille pour la sécurité informatique?**
   a. que les grandes entreprises contrôlent toutes nos informations personnelles
   b. que beaucoup d'utilisateurs d'ordinateurs ne connaissent pas leur mot de passe
   c. que très peu de gens se rendent compte de la gravité de la situation
   d. que la plupart des gens n'ont pas de formation en informatique

2. **Quel est le but de ce podcast?**
   a. attirer l'attention des entreprises qui gèrent les comptes sur Internet
   b. protéger l'identité des utilisateurs d'ordinateurs
   c. vendre un software de sécurité
   d. expliquer comment on installe un software

3. **Selon la sélection audio, que veut dire "un tiers"?**
   a. un troisième individu
   b. une entreprise autre que celle du site lui-même
   c. une université
   d. un employeur

4. **D'après le reportage audio, qui est le garant de l'identité?**
   a. le site où on rentre ses informations personnelles
   b. un tiers qui collecte des données
   c. la personne à qui appartient l'ordinateur
   d. la personne à qui appartiennent les informations personnelles

5. **Dans le context du podcast, quelle question serait la plus appropriée à poser à l'animateur?**
   a. «T'as vu le truc qu'elle a écrit sur le site hier?»
   b. «Pourriez-vous m'aider à protéger mon identité, s'il vous plaît?»
   c. «Quels conseils me donneriez-vous?»
   d. «Lui as-tu bien donné ton mot de passe?»

LIRE ÉCRIRE

Vous allez écrire une réponse à un message électronique. Vous aurez 15 minutes pour lire le message et écrire votre réponse. Votre réponse devrait débuter par une salutation et terminer par une formule de politesse. Vous devriez répondre à toutes les questions et demandes du message. Dans votre réponse, vous devriez demander des détails à propos de quelque chose mentionnée dans le texte. Vous devriez également utiliser un registre de langue soutenue.

Introduction:

Vous recevez cette communication de la part du Corps linguistique canadien, qui s'intéresse à votre adhésion au groupe. Répondez au message en leur fournissant les réponses demandées et en posant des questions supplémentaires si vous en avez.

de: jlaunay@corpsling.ca

Saguenay, Lac-St.-Jean, le 2 décembre 2014

Chère Mademoiselle/Cher Monsieur,

Nous vous remercions de votre intérêt pour notre organisation. Comme vous avez pu le **constater**, le Corps linguistique canadien consiste en un

Ligne groupe de personnes parlant plus d'une langue

5 qui s'intéressent à promouvoir la culture et le **patrimoine** canadiens et à protéger nos intérêts politiques dans le monde entier.

Nous aimerions que vous nous fournissiez quelques informations supplémentaires afin de

10 compléter votre dossier personnel et procéder à votre adhésion à l'organisation. Veuillez nous fournir les informations suivantes:

- Décrivez votre identité linguistique. Quelles langues parlez-vous et écrivez-vous, à quel

15 niveau et dans quels contextes?

SAINTE-ANNE-DES-MONTS, QUÉBEC

- Proposez quelques activités culturelles à travers lesquelles vous pourriez aider à promouvoir le patrimoine canadien.

20
- Informez-nous sur les pays étrangers que vous avez visités et/ou que vous estimez bien connaître.

Dès réception de ces informations, nous procéderons aux formalités d'**adhésion**. Nous vous prions d'agréer, Madame, l'expression de nos

25 sentiments les meilleurs.

Jacqueline Launay
Directrice et fondatrice,
Corps linguistique canadien

LIRE ÉCOUTER

ÉCRIRE

Vous allez écrire un essai persuasif pour un concours d'écriture de langue française. Le sujet de l'essai est basé sur trois sources ci-jointes, qui présentent des points de vue différents sur le sujet et qui comprennent à la fois du matériel audio et imprimé. Vous aurez d'abord 6 minutes pour lire le sujet de l'essai et le matériel imprimé. Ensuite, vous écouterez l'audio deux fois; vous devriez prendre des notes pendant que vous écoutez. Enfin, vous aurez 40 minutes pour préparer et écrire votre essai. Dans votre essai, vous devriez présenter les points de vue différents des sources sur le sujet et aussi indiquer clairement votre propre point de vue que vous défendrez à fond. Utilisez les renseignements fournis par toutes les sources pour soutenir votre essai. Quand vous ferez référence aux sources, identifiez-les de façon appropriée. Organisez aussi votre essai en paragraphes bien distincts.

MAROC

SUJET DE LA COMPOSITION:

Dans un pays où plusieurs langues se parlent, le plurilinguisme représente-t-il un atout ou un défi pour ses habitants?

SOURCE 1:

Introduction:

Dans cette sélection, il s'agit du plurilinguisme au Maroc. Cet extrait a été écrit par Marianne Roux et a été tiré du site www.babelmed.net.
© Babelmed

Le drame linguistique marocain de Fouad Laroui

Les maux du plurilinguisme

Dans son dernier essai, l'écrivain Fouad Laroui s'attaque à un sujet sensible: la question linguistique au Maroc, qu'il n'hésite pas à qualifier de « drame ». En effet, pour qui connaît un peu les pays du Maghreb et en particulier le royaume **chérifien**, force est de constater qu'il s'agit ici d'un véritable problème de société qui a des implications sous-jacentes complexes dans les domaines éducatif, culturel, économique mais aussi religieux et politique.

Avant lui, l'ancien vice-ministre égyptien de la culture Chérif Choubachy avait **jeté un pavé dans la mare** en se demandant si la langue du Coran était à l'origine du déclin du monde arabe. Son ouvrage «Le sabre et la virgule»[1], publié en 2004, avait alors déclenché les foudres des milieux conservateurs, cela lui coûta au passage son poste au gouvernement et des accusations d'attaque contre l'islam.

Ligne

5

10

15

L'ouvrage de Fouad Laroui, écrivain et professeur à l'Université d'Amsterdam, établit un diagnostic sans complaisance mais se veut force de proposition pour remédier à cette situation problématique. Pour l'auteur il y a urgence, car le problème numéro un des Marocains
20 est le plurilinguisme qui entraîne une impasse culturelle et un manque de cohésion nationale. Fruit de trois années de recherches *Le drame linguistique marocain* souhaite ouvrir un débat de fond sur l'absence d'une langue fédératrice de l'identité marocaine.

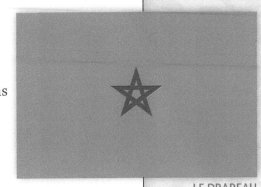

LE DRAPEAU
DU MAROC

Un paysage linguistique complexe

25 Rappelons qu'au Maroc l'arabe classique est la seule langue officielle[2]. Point question de darija (dialecte marocain) dans la Constitution, or c'est la seule langue qu'ont réellement en commun les Marocains, bien que l'on dénombre de 40 à 50% de berbérophones. À cela vient **se greffer** le français, **quasi**-indispensable pour réussir professionnellement, dont le degré de maîtrise indique le statut social du **locuteur**.

30 En effet, dès leur plus jeune âge et tout au long de leur vie les Marocains sont confrontés à plusieurs langues:

• leur langue maternelle qui est la *darija* ou le tamazight (berbère)[3] -voire le français dans le cas de couples mixtes ou très francisés.

• les langues d'enseignement: l'arabe classique et le français dès le primaire avec
35   une prédominance de la première dans les écoles publiques et de la seconde dans les écoles françaises et les écoles privées qui suivent le programme éducatif français. Plus rarement l'anglais ou le castillan dans le cas des écoles américaines et espagnoles.

1 Choubachy Chérif, *Le sabre et la virgule* , Paris, Éditions l'Archipel, 2007.

2 Enfin il est juste indiqué que « l'arabe » est la langue officielle, sans précision. Il s'agit ici d'une évidence tacite pour les législateurs.

3 Le berbère connaît trois variantes: le tarifit dans le Rif, le tamazight dans le Moyen Atlas et le tachelhit/chleuh dans le Souss.

SOURCE 2:

Introduction:

Cette sélection montre le pourcentage de locuteurs qui parlent les langues principales du Maroc et donne une description brève de l'usage de chaque langue.

LANGUES PARLÉES AU MAROC		
Langue	**Pourcentage de locuteurs**	**Description de l'usage**
arabe	80 – 90%	langue officielle, langue d'enseignement
berbère	40 – 50%	langue officielle, langue indigène
français[1,2]	33 - 39%	deuxième langue administrative, langue d'enseignement
espagnol[3]	21%	langue parlée principalement dans le nord
anglais[4]	14%	langue d'enseignement dans certaines écoles

1 «La Francophonie dans le monde.» (Archive) *Organisation Internationale de la Francophonie*. p. 16. Retrieved on 15 October 2012.

2 2004 Recensement général de la population et de l'habitat 2004

3 According to a survey made in 2005 by CIDOB, 21.6% of the population speak Spanish (realinstitutoelcano.org, afapredesa.org). According to the Morocco Census of 2004, the Morocco population is 29,680,069 (hcp.ma)

4 http://www.britishcouncil.org/new/Documents/full_mena_english_report.pdf

SOURCE 3:
SÉLECTION AUDIO 🎧

Introduction:

Dans cette sélection audio il s'agit de l'adaptation à la langue et culture marocaines par Maude Boyer, une Québécoise qui est professeur de français à Casablanca, au Maroc. Elle répond aux questions sur son identité. © Elizabeth Rench

Vocabulaire
malgré soi

RABAT, MAROC

LIRE   **ÉCOUTER**   **PARLER**

Vous allez participer à une conversation. D'abord, vous aurez une minute pour lire une introduction à cette conversation qui comprend le schéma des échanges. Ensuite, la conversation commencera, suivant le schéma. Quand ce sera à vous de parler, vous aurez 20 secondes pour enregistrer votre réponse. Vous devriez participer à la conversation de façon aussi complète et appropriée que possible.

Introduction:

Vous avez déjà parlé au téléphone avec votre future mère d'accueil en Suisse et maintenant vous parlez avec votre frère d'accueil. Il vous pose des questions au sujet de votre famille et des coutumes chez vous.

Frère d'accueil	Il vous salue et demande une description de votre famille.
Vous	Saluez-le et décrivez votre famille immédiate.
Frère d'accueil	Il vous demande ce que vous aimez faire avec votre famille.
Vous	Expliquez ce que vous aimez faire avec votre famille. N'oubliez pas de dire ce que vous n'aimez pas faire également.
Frère d'accueil	Il vous pose des questions au sujet de votre **famille élargie**.
Vous	Répondez à la question et expliquez quand vous voyez votre famille élargie.
Frère d'accueil	Il vous demande d'expliquer une tradition familiale.
Vous	Donnez au moins un exemple concret d'une célébration ou une coutume dans votre famille.
Frère d'accueil	Il vous remercie d'avoir décrit votre famille.
Vous	Dites que vous serez content de vivre avec sa famille cette année et que vous le verrez bientôt.

» Presentational Speaking: CULTURAL COMPARISON

 LIRE  PARLER

Vous allez faire un exposé pour votre classe sur un sujet spécifique. Vous aurez 4 minutes pour lire le sujet de présentation et préparer votre exposé. Vous aurez alors 2 minutes pour l'enregistrer. Dans votre exposé, comparez votre propre communauté à une région du monde francophone que vous connaissez. Vous devriez montrer votre compréhension des facettes culturelles du monde francophone. Vous devriez aussi organiser clairement votre exposé.

LE DRAPEAU DE LA FRANCE

Sujet de la présentation:

Décrivez le niveau de patriotisme chez les gens qui habitent votre pays. Comparez-le au niveau de patriotisme chez des gens d'un pays francophone que vous connaissez.

LE DRAPEAU DE LA SUISSE   LE DRAPEAU DU BURKINA FASO   LE DRAPEAU DU CAMEROUN

LE DRAPEAU DE MONACO   LE DRAPEAU DE LA TUNISIE

LE DRAPEAU DU LUXEMBOURG   LE DRAPEAU DU MALI

Vocabulaire Chapitre 0 – Je me présente

Compréhension

à l'heure actuelle (adv.) (18) – en ce moment

à notre insu (adv.) (19) – sans qu'on le sache

adhésion (n.f.) (35) – action de s'inscrire

alimenter (v.) (16) – nourrir, approvisionner

amalgamé(e) (adj.) (25) – mélange d'éléments

autochtone(s) (adj.) (16) – personne originaire du pays où elle habite

biais (n.m.) (30) – moyen

boiter (v.) (25) – avoir un défaut

bosser (v.) (29) – travailler (fam.)

chaleureux(-euse) (adj.) (19) – avec cordialité

chérifien(-ne) (adj.) (36) – se dit de la dynastie régnante au Maroc

constater (v.) (34) – remarquer

crûment (adv.) (17) – de façon crue

davantage (adv.) (21) – plus

durant (prép.) (14) – pendant

être humain (n.m.) (19) – quelqu'un de la race humaine, homme/femme

faire le point (v.) (26) – éclaircir une situation

faire parvenir (v.) (21) – envoyer

famille élargie (n.f.) (40) – personnes liées par famille nucléaire, par alliance ou par d'autres relations

flécheur (n.m.) (17) – fabricant de flèches

fournir (v.) (20) – approvisionner, produire

franchir (v.) (23) – passer par-dessus un obstacle

garant (n.m.) (33) – responsable

grosso-modo (adv.) (29) – globalement

intempestif(-ve) (adj.) (25) – inopportun

interpeller (v.) (23) – questionner

jeter un pavé dans la mare (exp.) (36) – provoquer des troubles, faire un scandale

laïque (adj.) (17) – qui est indépendant de toute confession

locuteur(-trice) (n.m./n.f.) (37) – personne qui parle

malgré soi (adv.) (39) – involontairement

marque (n.f.) (32) – signe distinctive d'une entreprise

mimétisme (n.m.) (23) – imitation

mollesse (n.f.) (25) – manque de vigueur

orphelin(e) (n.m./n.f.) (18) – enfant qui a perdu un ou deux parent(s)

outil (n.m.) (29) – ustensile

paresse (n.f.) (22) – tendance à éviter tout effort

patrimoine (n.m.) (34) – héritage

pérenne (adj.) (33) – qui dure longtemps ou depuis longtemps

poing (n.m.) (17) main fermée

pote (n.m.) (23) – copain (fam.)

quasi- (adv.) (37) – presque

registre (n.m.) (5) – niveau

réseau social (n.m.) (4) – site Internet qui permet de créer une page personnelle et échanger des informations avec d'autres personnes

réussite (n.f.) (17) – succès

savoir-faire (n.f.) (32) – compétence

se greffer (v.) (37) – s'ajouter à

se redresser (v.) (15) – retrouver sa force

s'incarner (v.) (17) – se réaliser en quelque chose

sou (n.m.) (15) – pièce de monnaie

tenter (v.) (14) – essayer

tiers (n.m.) (33) – quelqu'un d'étranger à un groupe ou une affaire

traverser (v.) (15) – passer par, vivre

valoriser (v.) (32) – augmenter la valeur

vicié(e) (adj.) (22) – pollué

Pour mieux s'exprimer à ce sujet

attribut (n.m.) caractère particulier

compétence (n.f.) capacité reconnue dans un domaine

créer (v.) concevoir, inventer quelque chose

établir (v.) faire, réaliser

exploiter (v.) faire valoir quelque chose

intérêt (n.m.) curiosité, passion

lieu (n.m.) endroit

naissance (n.f.) commencement

nom de famille (n.m.) patronyme

nom de jeune fille (n.m.) le nom de famille qu'une femme porte entre sa naissance et son mariage

originaire (n.m./n.f.) qui vient de (tel lieu)

origine (n.f.) provenance, milieu duquel quelqu'un ou quelque chose est venu

plaisir (n.m.) sentiment agréable

prénom (n.m.) nom précédant le nom de famille

résultat (n.m.) effet

rêve (v.) ce qui est produit par l'imagination

s'épanouir (v.) se sentir bien, être heureux

trait (n.m.) élément caractéristique de quelqu'un ou de quelque chose

QUESTIONS ESSENTIELLES

1. Quel est le rôle de l'éducation dans la société contemporaine?

2. Comment l'éducation a-t-elle évolué depuis le siècle dernier?

3. Quel est le plus grand défi dans le domaine de l'éducation de nos jours?

CHAMONIX-MONT-BLANC, FRANCE

Chapitre **1**

C'est drôle, l'école!

» OBJECTIF *Comprendre la structure du système éducatif français*

1. LIRE ÉCRIRE

Dites ce que vous savez sur le système éducatif français.

Écrire un message   — ✕

Envoyer		Supprimer

De: Jmlefoot@apprenons.fr
À: hayliesmith@apprenons.us
Cc:
Objet: L'année scolaire
Pièce(s) jointe(s)

G *I* <u>S</u>   <u>Vérifier l'orthographe</u>

Salut, Haylie!

Je viens de lire ton mail, et je vois que ton système d'éducation aux États-Unis est très different du mien. Comme toi, j'ai commencé à l'école maternelle et j'ai continué à l'école élémentaire et puis au collège, mais les cours que je suivrai au lycée correspondront à la voie de formation que je choisirai. Une voie, c'est une sorte de spécialisation scolaire qui détermine ce qu'un élève fera après le lycée. Je pourrais passer le bac qui me préparera à l'université, ou me présenter au BEP ou à un CAP. D'une manière générale, ceux qui font le BEP ou le CAP ne vont pas à l'université (sauf ceux qui passent un bac professionnel), donc j'espère passer un bac technologique ou général. La question qui se pose est: LEQUEL DES DEUX CHOISIR?!

Je serai en 3ᵉ cette année et, pour moi, c'est une année très importante. C'est l'année à la fin de laquelle le conseil de classe émettra son avis concernant ma voie. Mes notes ne sont pas trop mauvaises et je n'ai jamais eu à redoubler. Mais une fois j'ai eu un 9 en anglais . . . c'est une langue difficile! Selon le calendrier d'orientation, je dois réfléchir un peu avant de choisir mes options, et en mai, mes parents et moi, nous allons remplir la fiche navette pour identifier ma voie. En juin, le Conseil de classe formulera sa proposition d'orientation. On va voir ce qui se passera, mais aujourd'hui c'est mercredi (pas de cours cet après-midi), et j'ai un match avec mon équipe! Mon club joue en championnat!

A+
Arnaud

---

2. LIRE

Faites correspondre chaque mot à sa définition en français.

1. une voie

2. redoubler

3. le Conseil de classe

4. un bilan

5. un échec

6. le calendrier d'orientation

7. la fiche navette

8. les options

a. le formulaire à remplir pour exprimer ses préférences de voie

b. le groupe qui détermine la voie que les élèves vont suivre

c. les cours que l'on peut choisir

d. les dates importantes de l'année scolaire

e. quand on rate une année, on doit . . .

f. répéter une année scolaire, c'est . . .

g. un document qui rassemble les notes de chaque trimestre

h. une spécialisation scolaire

3. LIRE ÉCRIRE

Après avoir lu le message d'Arnaud, répondez aux questions suivantes.

1. Pourquoi la classe de 3ᵉ est-elle une année importante?

2. Arnaud voudrait-il poursuivre ses études à l'université? Comment le savez-vous?

3. Quel est l'objectif principal du Conseil de classe?

4. LIRE ÉCRIRE

Comparez ce que vous savez sur le système éducatif en France après avoir lu le mail ci-dessus à ce que vous saviez avant.

» OBJECTIF   *Choisir sa voie de formation*

L'école en France

âge						
18			BAC professionnel	BAC technologique	BAC GÉNÉRAL	
17	BEP	CAP	Terminale professionnel	Terminale technologique	Terminale générale	Lycée
16	Terminale	2e année	Première professionnel	Première technologique	Première générale	Lycée
15	1e année	1e année	Seconde professionnel	Seconde générale et technologique		Lycée
	LA VOIE PROFESSIONNELLE			LA VOIE GÉNÉRALE ET TECHNOLOGIQUE		
	Diplôme National du Brevet					
14	Troisième					Collège
13	Quatrième					Collège
12	Cinquième					Collège
11	Sixième					Collège
10	CM2					École primaire
9	CM1					École primaire
8	CE2					École primaire
7	CE1					École primaire
6	CP					École primaire
5	Grande section					Maternelle
4	Moyenne section					Maternelle
3	Petite section					Maternelle

POINT**CULTURE**

Les fournitures scolaires

Après les grandes vacances en France, tout le monde se précipite pour acheter les fournitures scolaires. Les listes fournies par les écoles sont très longues et précises. Les familles sont souvent obligées d'aller dans plusieurs magasins pour trouver la taille et les couleurs demandées! Les stylos, les gommes, et les trombones se rangent dans une trousse, mais où ranger les chemises, les classeurs et les feuilles? L'élève français classique aurait un cartable muni d'une poignée, mais les sacs à dos les remplacent ces dernières années. Un point intéressant: les élèves français utilisent toujours un stylo et ne tapent pas leur travail en général - ils l'écrivent à la main. Amusez-vous bien en cours!

liste pour la rentrée
2 paquets de feuilles simples vertes
2 grands classeurs
(épaisseur normale) –
        1 rouge, 1 couleur au choix
3 chemises cartonnées avec rabats
1 bloc-notes
1 paquet d'étiquettes adhésives
40 pochettes transparentes perforées
1 boîte de trombones
1 rouleau de scotch
stylo plume bleu ou noir
stylo bille rouge

1.  LIRE   ÉCRIRE

Reliez les éléments de chaque colonne, en vous référant au tableau sur le système éducatif en France.

1. BEP	**a.**	Cours moyen 2
2. bac	**b.**	Cours moyen 1
3. CAP	**c.**	**Brevet** d'études professionnelles
4. CM1	**d.**	Baccalauréat
5. CM2	**e.**	Certificat d'aptitude professionnelle

POINT**RAPPEL**

Les prépositions *à* et *en*

La préposition *à* se traduit en anglais de trois façons: *in, at, to*. Elle s'emploie souvent avec l'article défini.

Si l'article défini est de genre féminin, la préposition *à* et l'article se suivent.
Exemple: *Elle déjeune <u>à la</u> cantine.*

Si l'article défini est *l'* (pour les noms qui commencent par une voyelle, de genre masculin ou féminin), on emploie également la préposition *à*.
Exemple: *Il va <u>à l'</u>école primaire.*

Si l'article défini est de genre masculin, la préposition *à* se combine avec l'article défini et devient *au*.
Exemple: *Ils vont <u>au</u> bureau du principal.*

Si l'article défini est au pluriel, la préposition *à* se combine avec l'article défini et devient *aux*.
Exemple: *Les admissions <u>aux</u> écoles supérieures sont très compétitives.*

à + la =	à la
à + l' =	à l'
à + le =	au
à + les =	aux

Pour indiquer la classe scolaire d'un élève, on emploie la préposition *en*.
Exemple: *Marine est au lycée. Elle est <u>en</u> première.*

---

2. ✎ **ÉCRIRE**

Exercice à trous. Lisez la première phrase puis écrivez (1) la classe et (2) l'école de chaque élève avec la préposition qui convient.

1. Léa est de Nice et elle a 4 ans.

   classe: Elle est _____.

   école: Elle va _____.

2. Laurent est de Montbéliard et il a 10 ans.

   classe: Il est _____.

   école: Il va _____.

3. Luc est de Nantes et il a 14 ans.

   classe: Il est _____.

   école: Il va _____.

4. Latifa est de Montmorency et elle a 8 ans.

   classe: Elle est _____.

   école: Elle va _____.

5. Nathalie est de St.-Étienne et elle a 12 ans.

   classe: Elle est _____.

   école: Elle va _____.

3. 📖 **LIRE** ❓ **PARLER**

Exercice à trous. Regardez le tableau et complétez les phrases suivantes. Attention aux détails!

1. À l'âge de 12 ans, on est en _____ et au _____.

2. En France le collège n'est pas l'université; les collégiens ont de _____ à _____ ans.

3. L'équivalent français de «senior year» s'appelle _____ et l'école s'appelle _____.

4. Je suis né en 2008, maintenant je suis en _____. Mon école s'appelle _____.

5. Au printemps prochain, j'aurai 15 ans. À l'automne, je serai donc en _____ dans une nouvelle école qui s'appelle _____.

6. Lorsqu'on a de 15 à 18 ans, on est _____.

MONTE CARLO, MONACO

4. LIRE ÉCRIRE

Identifiez la classe qui correspond aux élèves suivants.

1. Je m'appelle Sophie; je viens d'avoir 14 ans. Je joue au foot, et ma famille et moi, nous aimons faire du ski en hiver. J'ai un peu peur de commencer l'année scolaire car il y a beaucoup de décisions à prendre cette année. Heureusement je ne suis pas toute seule. Mes parents et le conseil de classe vont sûrement m'aider à choisir l'option qui me conviendra le mieux.

classe: _____Troisième_____

2. Je m'appelle Marc et je suis très intelligent. J'aime bien les sciences et surtout les maths. J'ai 17 ans et il n'y a pas beaucoup d'étudiants de mon âge qui avouent aimer l'école, mais moi j'ose le dire! Je suis très satisfait de la voie que j'ai choisie. Après mes études au lycée j'aimerais aller dans une école d'ingénieurs.

classe: _____Terminale scientifique_____

3. Je m'appelle Marie et je viens de passer mon brevet. C'est un examen national. Tous les élèves français de mon âge sont obligés de le passer. C'est un rite de passage très important dans la vie d'un étudiant, parce que c'est vraiment le premier diplôme officiel que l'on peut recevoir. Mes parents sont très fiers de ma réussite scolaire. Nous sommes même allés au restaurant avec mes frères pour fêter l'évènement.

classe: _____Seconde_____

5. ÉCOUTER ÉCRIRE

Trois personnes vont se présenter et décrire leur expérience scolaire à l'oral. Écoutez et notez les points importants pour identifier leur classe.

6. 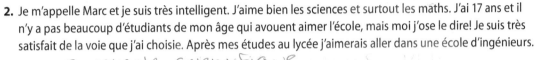 SE CONNECTER

La structure du lycée français. À l'aide du lien ci-dessous, informez-vous sur la structure du lycée français, et répondez aux questions suivantes: http://www.education.gouv.fr/cid215/le-lycee.html

1. Lequel de ces lycées n'existe pas dans le système éducatif français?

   a. Le lycée d'enseignement général et technologique

   b. Le lycée d'enseignement professionnel

   c. Le lycée d'enseignement scientifique

   d. Tous les trois existent

2. Combien d'années passe-t-on au lycée en France?

   a. 1

   b. 2

   c. 3

   d. 4

3. Les voies générales et technologiques comprennent trois classes: _____, _____ et _____.

4. Indiquez si la phrase suivante est vraie ou fausse. Encerclez votre réponse.

   V / F   Au lycée professionnel, les enseignements technologiques et professionnels ne représentent pas beaucoup de temps dans l'horaire d'un élève.

5. Recopiez la phrase du texte qui justifie votre réponse à la question 4.

_____

6. Lisez le passage qui explique l'organisation de l'enseignement général et technologique.

   1. En quelques mots/lignes expliquez ce que vous avez compris.

   2. Identifiez les mots qui vous ont aidé à comprendre le texte.

   3. En quelques mots/lignes décrivez ce que vous ne comprenez pas. (si nécessaire)

   4. Identifiez les mots qui vous ont empêché de comprendre le texte.

POINT**GRAMMAIRE**

Meilleur, Mieux et Pire

C'est très simple: BON/MAUVAIS versus BIEN/MAL.

Si vous avez besoin d'un **adjectif**, employez **meilleur(e)(s)** ou **pire(s)**.

> ASTUCE: *être*

> ASTUCE: *Les adjectifs changent souvent de forme pour modifier un nom selon son genre et son nombre (masculin, féminin, pluriel)*

Si vous avez besoin d'un adverbe, employez mieux ou pire.

> ASTUCE: *verbe qui exprime une action*

> ASTUCE: *Les adverbes ne changent pas de forme car ils modifient un verbe.*

BON/MAUVAIS ou BIEN/MAL	MEILLEUR(E)(S) ou MIEUX/PIRE(S)	LE/LA/LES MEILLEUR(E)(S) ou LE/LA/LES PIRE(S) ou LE MIEUX	AUSSI ou AUTANT DE
pour décrire d'une manière générale	*pour comparer*	*pour se référer à un cas extrême*	*pour se référer à une égalité*
Il a une bonne note.	Il veut une meilleure note.	Il veut la meilleure note de la classe.	Il est aussi intelligent qu'elle. (adjectif)
Elle étudie bien.	Il étudie mieux que sa soeur.	Il étudie le mieux.	Il a autant de talent qu'elle. Elle a autant de cours que lui.
Ses notes en chimie sont mauvaises.	Mes notes en chimies sont pires que celles en maths.	Tes notes en chimies sont les pires.	

7. **ÉCRIRE**

Traduisez les phrases suivantes en employant mieux, meilleur(e)(s), et pire(s).

1. Marguerite is the best student in our class.
2. He speaks the best in German class.
3. We have the worst grades in math.
4. He is better in science than Sophie.
5. My sister reads better than you.

8.  **ÉCRIRE** **PARLER**

Regardez le bulletin de Matthieu Lequertier. Commentez la qualité de son travail en faisant des comparaisons et parlez de ses points forts et de ses points faibles en utilisant *meilleur(e)(s), pire(s), mieux, ou le/la/les meilleur(e)(s), le/la/les pire(s), le mieux.*

Lycée Queneau	LEQUERTIER Matthieu BULLETIN DE NOTES 3ème trimestre Année scolaire 2013-2014				
Matières Professeurs	**Élève**		**Classe**		**Appréciations des professeurs**
	Moyenne	**(Rang)**	**Moyenne**	**Max.**	**Min.**	

Matières Professeurs	Moyenne	(Rang)	Moyenne	Max.	Min.	Appréciations des professeurs
Anglais Mme Rouchet	7	(27)	12, 1	18	6, 5	Élève toujours aussi agité, ne manifeste aucun intérêt pour les langues. Résultats très décevants surtout à l'oral. Aucun effort.
Espagnol M. Launay	8	(11)	10	15	2	Bilan modeste, peu d'efforts
Latin M. Robert	8, 8	(3)	8, 8	12, 4	8, 8	Manque de travail et de sérieux, beaucoup de bavardage
Français Mme Zéphir	7, 6	(24)	10, 5	15	6	Résultats en baisse ce trimestre. Peu d'intérêt pour cette matière. Aucun travail personnel. Attention à l'orthographe!
Histoire – géo Mme Gallimore	8	(24)	10, 8	13	7	Résultats trop justes, manque de travail
Mathématiques M. Thélia	15, 8	(5)	10, 5	16, 5	4	Bilan très satifaisant. Bonne participation, esprit très positif.
Physique – chimie Mme Chirol	16, 3	(1)	10, 2	16, 3	1	De grandes capacités, élève très motivé
Sciences et vlt Mme Paquis	15	(2)	9, 4	16	1	Bon élément, travaille avec méthode et régularité
Informatique M. Michel	14	(3)	12, 8	15, 3	8	Élève attentif et intéressé
Éducation physique Mme Walter	11	(18)	11, 7	18	5	Ensemble moyen

9. **PARLER**

Conversation style «Speed dating»: Prenez deux minutes pour vous préparer, puis parlez à un camarade de classe de vos aptitudes scolaires. Dépêchez-vous! Vous n'avez que trois minutes!

Sans écrire, préparez ces sujets pour pouvoir les présenter à votre camarade de classe: qui vous êtes, quel âge vous avez, d'où vous venez, à quelle école vous allez et en quelle année vous êtes. Ensuite, expliquez vos préférences et vos compétences scolaires, par exemple dans quel cours vous êtes meilleur, etc. Finissez par une explication rapide de ce que vous comptez faire comme études après le lycée.

N'oubliez pas de changer de rôles. Chaque personne devrait avoir l'occasion de parler.

Le Cancre

Il dit non avec la tête
mais il dit oui avec le cœur
il dit oui à ce qu'il aime
il dit non au professeur
il est debout
on le questionne
et tous les problèmes sont posés
soudain le fou rire le prend
et il efface tout
les chiffres et les mots
les dates et les noms
les phrases et les pièges
et malgré les menaces du maître
sous les huées des enfants prodiges
avec des craies de toutes les couleurs
sur le tableau noir du malheur
il dessine le visage du bonheur.

—Jacques Prévert
  (Paroles) © Éditions GALLIMARD

Images dessinées par la classe de Cours Moyen, 1ère année de l'école primaire Jean de la Fontaine, d'Illange en Moselle, France (Institutrice: Catherine Touveron).

1. **LIRE**

Lisez le poème célèbre *Le Cancre* de Jacques Prévert à haute voix, en faisant attention à votre prononciation.

2. **LIRE** ✏ **ÉCRIRE**

Identifiez les mots de vocabulaire qui correspondent aux définitions. Puis, donnez le mot en anglais et un synonyme en français.

Le mot français	La définition en français	Le synonyme en français	Le mot anglais
	Quelqu'un qui n'est pas un très bon élève		
	Après t'être levé(e), tu es …		
	Si on fait une erreur au tableau blanc, on …		
	On veut attraper une souris, donc on utilise …		
	Si on n'est pas content du résultat du match de foot, on lance …		
	Si on veut dessiner au tableau, on utilise …		
	On n'est pas heureux, alors on est …		

→ mauvais à l'école mais dit les blagues etc. les et les autres personnes rient

3. ✎ ÉCRIRE

Répondez à la question suivante: Quels sont les sentiments des personnages suivants?

1. Le cancre *créatif et resistent, amusant, drôle*
2. Les élèves *amusés, joyeux, huées le prof*
3. Le prof *stricte, restricte les actions, frostré, annué*

4. 📖 LIRE ✎ ÉCRIRE

Les images et les stéréotypes. Répondez aux trois questions et ensuite comparez vos réponses avec un partenaire.

1. Quelle est l'image de l'école française présentée dans *Le cancre?*
 il est très stricte et restricte le créativité
2. Quels sont les stéréotypes que l'on voit dans ce poème?
 le prof est strict les autres élèves sont mechants
3. Comparez l'image présentée dans le poème à votre image d'une école américaine typique. *Il est un petit peu similar en particulair avec les écoles publiques aux États Unis*

5. ❓ PARLER

Les notes: Regardez le tableau ci-dessous qui montre les équivalents des notes scolaires aux États-Unis et en France. Pensez à vos notes en cours et comparez-les aux notes françaises avec un camarade de classe. Que pensez-vous des différences?

Lycée américain	Lycée français
100 %	17-20
98	16
95	15
93	14
90	13
83	12
78	11
73	10
71	9
66	8
63	7
58	6
55	5
48	4
44	3
42	2
40	1

NORMANDIE, FRANCE

Chat - Arnaud et Haylie — o x

Arnaud: Slt. ça va?

Haylie: Slt. Oui bien et toi?

Arnaud: Oué, je rentre du 6né. y avait un film marrant.

Haylie: ah... le cinéma? super. tu t'es bien amusé?

Arnaud: oué, mdr pendant tout le film. Et toi keske tu fé?

Haylie: Je vais bientôt devoir partir. Je dois prendre des photos pour le yearbook.

Arnaud: Le yearbook? Cé Koi?

Haylie: Cé Koi????

Arnaud: Pardon... J'oublie... C'est quoi?

Haylie: Ahhh... je vois... Le yearbook c'est le livre «souvenir» de l'école

Arnaud: de ton lycée?

Haylie: Non, chaque école a un yearbook... même les écoles primaires... mais il y a moins de détails

Arnaud: Ah bon... et kesk y a dedans?

Haylie: Les photos de chaque élève, les photos de tous les clubs et de toutes les équipes de sports de l'école, les bals, homecoming, prom, cheerleading, etc...

Arnaud: Kool, faudra mxpliké tout ça ... et pkoi cé toi qui prends les photos?

Haylie: Pk, quand t'es au lycée, le yearbook est créé par un groupe d'élèves...
Il y a un professeur qui travaille avec nous...

Arnaud: sympa?

Haylie: Koi????

Arnaud: Il est sympa? Le prof?

Haylie: Oui, mais il est un peu vieux-jeu. mdr

Arnaud: mdr:

Haylie: dsl, mais je dois partir maintenant

Arnaud: Snif, mais je comprends...Vazi... A+

Haylie: ????

Arnaud: Vas-y... A plus tard

Haylie: Ah OK. A+

[envoyer]

6. **PARLER** ✎ **ÉCRIRE**

Réfléchissez: Quels aspects de la vie scolaire américaine les étrangers ne connaissent-ils peut-être pas?

7. **LIRE** ✎ **ÉCRIRE**

Lisez le tchat entre Arnaud et Haylie.

8. **LIRE** ✎ **ÉCRIRE**

Répondez aux questions de compréhension.

1. Qu'est-ce qu'Arnaud ne comprend pas? Qu'est-ce que Haylie ne comprend pas?

2. Pourquoi est-ce que Haylie doit expliquer ce qu'est un «yearbook» à Arnaud?

3. Pourquoi Arnaud doit-il changer son langage?

BRUGES, BELGIQUE

Deux élèves français parlent de leurs expériences dans des écoles américaines

L'école américaine
JEAN:

«Le système de l'école américaine est très différent du système français, notamment l'emploi du temps: les Américains commencent les cours à 8 heures, mais ils les finissent déjà à 15 heures, ce qui leur laisse du temps pour les activités sportives et les devoirs. La durée d'un cours est de 45 minutes et l'ambiance y est très décontractée: les élèves mangent et boivent dans leurs salles de classe ... Les contacts entre élèves et professeurs sont très faciles.

L'inconvénient, c'est qu'avec une si bonne ambiance et un programme si allégé, les élèves ne travaillent pas beaucoup et ne seront pas assez formés pour obtenir un emploi par la suite.

En somme, le système scolaire idéal serait un compromis entre le système américain et le système français: finir à 15 heures, mais bien travailler pendant les heures de cours ...»

Le système scolaire américain
OLIVIER:

«Le système scolaire américain est différent de celui de la France. Il a ses avantages et ses inconvénients mais il comporte, à mon goût, plus d'avantages que d'inconvénients ...

Commençons par le site où travaillent les élèves. Wellington School est un tout petit peu moins grand que le collège St.-Étienne mais elle comporte moitié moins d'élèves (800 élèves à Wellington contre 1800 à St.-Étienne). Dans cette école américaine, les aménagements sportifs sont sensationnels: 3 terrains de football, 4 terrains de tennis, 2 salles de basket, 1 terrain de base-ball, 1 salle de musculation ... etc.

Continuons par la journée type ... Tout d'abord, chaque période ne dure que 45 minutes. En tout, dans la journée, il y a 8 périodes. Les cours commencent le matin à 8 heures 15. De 8 heures à 8 heures et quart, tous les élèves de la high school et leurs professeurs se rassemblent dans un hall. Ils discutent du déroulement de la journée, des résultats sportifs des différentes équipes de l'école et d'autres sujets relatifs à la vie scolaire. Puis, après cette réunion, commencent les cours. Les classes sont allégées. J'ai assisté à un cours de maths où il n'y avait que 6 élèves!!!!!! Avec des conditions comme celles-là, il est normal que les élèves comprennent plus vite: le professeur peut combler les lacunes de chacun. Cela n'est pas possible en France, dans des classes surchargées de 35 élèves. Les classes aux USA ne dépassent généralement pas les 15 élèves.

Quelque chose m'a surpris à Wellington: c'est le comportement des élèves. Ils quittent la salle, mangent, boivent, tout cela pendant le cours. Autre point très important: les élèves peuvent choisir les matières qu'ils veulent étudier en vue de leur projet professionnel.

Seul bémol à cet éloge du système scolaire américain: le port de l'uniforme.

Après avoir relu cet article, il me semble que la balance penche très fortement pour le système scolaire américain et non pour le système français.»

© Yves Clady (http://yclady.free.fr/webzine.html)

9. ÉCRIRE ? PARLER

Répondez aux questions de compréhension suivantes, à l'écrit ou à l'oral.

1. Comment Jean décrit-il les rapports entre les élèves et les professeurs?
2. Selon les deux garçons, combien de temps dure un cours américain?
3. Quelle est leur perception de la difficulté des cours américains?
4. Quel est le seul point négatif du système américain selon Olivier?
5. Quel serait le système idéal d'après Jean?

10.  ÉCRIRE ? PARLER

Êtes-vous plutôt d'accord avec Jean ou avec Olivier? Donnez votre opinion sur chaque question de l'exercice précédent. Justifiez vos réponses. N'hésitez pas à comparer leurs expériences avec les vôtres.

PARIS, FRANCE

11.  LIRE PARLER

Lisez les phrases suivantes et réfléchissez. Êtes-vous d'accord? Choisissez-en au moins deux et exprimez votre opinion à l'oral. Ajoutez quelques détails ou exemples qui justifieront votre point de vue.

1. Les sports à l'école ne sont qu'une distraction.

2. En Belgique, l'éducation des étudiants handicapés (mentaux ou physiques) est séparée. On devrait faire la même chose aux États-Unis.

3. Les étudiants américains sont plus paresseux que les étudiants français.

4. Il est plus facile de comprendre les cours aux États-Unis, parce que les classes ont 15 élèves maximum.

5. En France, les résultats des examens sont annoncés en public, et les américains devraient suivre cet exemple de manière à inciter et motiver leurs élèves à être responsables.

12.  LIRE PARLER

Regardez l'emploi du temps ci-dessous, puis parlez des différences que vous remarquez entre l'emploi du temps au lycée en France et aux États-Unis.

Emploi du temps – A2 Seconde					
	LUNDI	**MARDI**	**MERCREDI**	**JEUDI**	**VENDREDI**
8h00 – 8h55		Latin	Français		Maths
8h55 – 9h50				Anglais	
9h50 – 10h05	Récré				
10h05 – 11h00	Chimie	Éducation physique	Maths	Espagnol	Chimie
11h00 – 11h55	Géographie			Géographie	Chimie
11h55 – 13h25	Déjeuner			Déjeuner	
13h25 – 14h20		Anglais		Labo Chimie	Français
14h20 – 15h15	Anglais	Espagnol		Maths	Latin
15h15 – 15h30	Pause			Pause	
15h30 – 16h25	Espagnol	Chimie		Géographie	
16h25 – 17h20		Maths		Français	

13. ✎ ÉCRIRE ❓ PARLER

Choisissez une question et (1) écrivez un paragraphe pour exprimer votre avis sur le sujet choisi ou (2) parlez de votre avis avec un camarade de classe. Faites une liste de vos idées et discutez-en. Donnez votre opinion et répondez aux opinions de vos camarades.

1. Quelles sont certaines conséquences du choix de séparer l'école et les sports? Par exemple, quels effets les sports ont-ils sur les vêtements des élèves et les activités après les cours ou le soir? Faites une liste de ces conséquences, puis discutez-en. Donnez votre opinion et répondez aux opinions de vos camarades.

2. Quelles sont certaines conséquences du choix de se spécialiser au lycée français avant le niveau universitaire? Que peut-on faire après le lycée en France et après le high school aux États-Unis? Faut-il aller à l'université pour avoir du succès dans la vie professionnelle?

ASILAH, MAROC

LIRE

La sélection suivante est accompagnée de plusieurs questions. Pour chaque question, choisissez la meilleure réponse selon la sélection.

Introduction:

La sélection suivante est un menu de la **cantine** scolaire dans un lycée en banlieue parisienne.

Restaurant Scolaire du Lycée Césaire

Menus du 22 avril au 02 mai

Nous nous réservons la possibilité de modifier le menu en fonction des arrivages et des contraintes du marché, tout en respectant l'équilibre nutritionnel!

LUNDI 22	MARDI 23	MERCREDI 24
Lentilles en salade	Demi pomelos	Carottes râpées à l'orange
Rôti de porc ardennais	Normandin de veau provençale	Filet de poisson sauce bonne femme
Chou-fleur persillé	Semoule au beurre	Haricots verts
Gouda	Fromage frais nature	Fromage blanc
Fruit de saison	Compote de pommes	Gaufre au sucre

LUNDI 29	MARDI 30	MERCREDI 31
Haricots verts en salade	Melon jaune	Céleri rémoulade
Sauté de porc dijonnaise	Côtelettes de veau Cordon bleu	Rosbif
Lentilles ardèchoises	Épinards béchamel	Tortis au beurre
Chèvre	Yaourt nature sucré	Cantal
Fruit de saison	Clafoutis aux fraises	Ananas au sirop

Menu

JEUDI 25	VENDREDI 26
Salade verte	Oeuf mayonnaise
Coquillettes à la bolognaise	Cuisse de poulet aux herbes
	Julienne de légumes
Brie	Tome de Savoie
Glace	Fruit de saison

JEUDI 01	VENDREDI 02
	Salade verte
	Filet de poisson pané citron
Férié	Riz à la tomate
	Edam
	Entremet chocolat

1. **Quel est le but de la sélection?**
   a. informer les familles de ce que l'école offre comme alimentation
   b. inciter les passants à choisir ce restaurant
   c. encourager les élèves à choisir leur plat à l'avance
   d. informer les familles des modifications faites sur le menu

2. **Pourquoi l'école se réserve-t-elle le droit de changer le menu?**
   a. s'il y a un manque d'argent
   b. si le chef de cuisine tombe malade
   c. si la nourriture prévue n'est pas à la disposition des acheteurs
   d. si la nourriture prévue ne respecte pas l'équilibre nutritionnel

3. **Quel est le ton de cette sélection?**
   a. didactique
   b. informationnel
   c. comique
   d. ludique

4. **Qu'est-ce qu'on mange directement avant le dessert?**
   a. des produits laitiers
   b. des féculents
   c. des salades
   d. des aliments riches en protéines

5. **Pourquoi n'y a-t-il pas de repas le 1er mai?**
   a. C'est la fête de l'armistice.
   b. Le premier jeudi de chaque mois il n'y a pas de cours.
   c. Il y a un évènement exceptionnel à l'école.
   d. C'est un jour où l'on ne travaille pas en France.

» Interpretive Communication: PRINT AND AUDIO TEXTS

 LIRE ÉCOUTER

Vous allez lire un passage et écouter une sélection audio. Pour la lecture, vous aurez un temps déterminé pour la lire. Pour la sélection audio, vous aurez d'abord un temps déterminé pour lire une introduction et pour parcourir les questions qui vous seront posées. La sélection sera présentée deux fois. Vous pouvez prendre des notes pendant que vous écoutez la sélection mais elles ne seront pas comptées. Après avoir écouté la sélection une première fois, vous aurez 1 minute pour commencer à répondre aux questions; après avoir écouté la sélection une deuxième fois, vous aurez 15 secondes par question pour finir de répondre aux questions. Pour chaque question, choisissez la meilleure réponse selon la sélection audio ou lecture et indiquez votre réponse sur votre feuille de réponse.

SOURCE 1:

Introduction:

Dans cette sélection, il s'agit de la publication des résultats de l'examen du baccalauréat. Cet article a paru le 4 juillet 2011 sur le site www.category.net. © category.net

Bac, brevet: pourquoi vous ne trouverez pas votre résultat dans la presse et sur internet cette année?

Alors que les résultats du bac sont attendus le 5 juillet 2011 et ceux du brevet le 8 juillet, beaucoup de candidats et leurs proches ignorent que leur résultat ne sera pas

Ligne **publié, comme c'est l'usage depuis des années, dans le**
5 journal local ou sur les sites internet. La raison à cela: la modification du recueil de consentement mis en place depuis 2 ans par le ministère de l'Education nationale.

Chaque année c'est le même rituel: au lendemain des résultats, parents et grands-parents de candidats achètent le journal pour
10 avoir la fierté de voir le nom de leur enfant figurer dans la liste des admis au baccalauréat ou au brevet. Un plaisir désormais gâché, puisqu'une grande partie des résultats ne sont plus transmis à la presse et aux sites internet tels que France-examen.com. Après la stupeur, la colère des lecteurs et internautes qui ne comprennent
15 pas pourquoi le nom recherché n'apparaît pas dans la liste. La raison en est pourtant simple: le candidat, ou son représentant légal, n'a pas donné l'autorisation de diffusion de son résultat auprès de la presse et des sites internet de sociétés de droit privé. Simple. En apparence seulement puisque dans les faits, nombre
20 d'entre eux ne se sont jamais prononcés sur le refus de publication. C'est le ministère qui l'a décidé pour eux!

Jusqu'en 2008, les candidats à un examen devaient se prononcer s'ils ne souhaitaient pas divulguer leur résultat à la presse. Depuis deux ans, c'est l'inverse: c'est au candidat d'autoriser expressément la communication de cette

25 information, le ministère considérant que par défaut la réponse est « non ». Mais comment être certain que le candidat s'est réellement prononcé sur ce point quand la question sur le formulaire est facultative et que l'absence de réponse équivaut à un « non »? Comment savoir ce que souhaite le candidat ou son représentant légal quand l'inscription à l'examen se fait directement par

30 l'établissement scolaire comme pour le Diplôme national du brevet? Dans ce dernier cas, les parents reçoivent simplement une confirmation d'inscription de leur enfant au brevet sur laquelle figure: « Acceptation communication de données personnelles sur le résultat de l'examen à des organismes privés: NON ». Qui est là pour leur expliquer la signification de ce

35 « non » et leur préciser qu'ils peuvent modifier ce choix?

Dans les faits, les nouvelles modalités de recueil du consentement ont de lourdes répercussions sur la diffusion des résultats puisqu'en 2009, 77 % des résultats, tous diplômes confondus, étaient transmis à la presse et aux sites internet titulaires d'une licence avec le ministère de l'Education nationale (et 86 % des résultats du

40 brevet). En 2010 ce taux chute à 47 % et 22 % seulement pour le brevet. Une situation incompréhensible pour les candidats et leurs proches habitués pendant de nombreuses années à consulter leurs résultats d'examen dans la **PQR** ou sur internet.

A ce jour, seul le site internet du ministère, dédié à la publication des résultats, Publinet, dispose d'une liste complète des résultats. Et pour cause: aucun recueil de consentement

45 n'est réalisé dans ce cas de figure.

France-examen, acteur de référence, depuis 1986, de la diffusion des résultats d'examen sur **Minitel** puis sur internet, se bat depuis deux ans pour faire modifier la manière dont le recueil de consentement est opéré par le ministère de l'Education nationale. Il n'est pas question de demander au ministère le transfert de tous les résultats d'examen

50 mais bel et bien de permettre au candidat ou à son représentant légal de bénéficier d'un choix éclairé au moment de se prononcer.

Pour la session des examens 2012, le ministère a consenti à apporter des améliorations dans les modalités de recueil du consentement. France-examen restera vigilant sur ce point afin que les candidats qui le souhaitent puissent retrouver dès l'année prochaine

55 leur résultat au bac, au brevet et à tout autre examen (CAP, BEP, BTS...) dans la presse et sur internet, comme cela a toujours été le cas auparavant.

SOURCE 2: SÉLECTION AUDIO

Introduction:

Il s'agit de l'annonce publique des résultats du bac. C'est une élève française, Pauline, qui nous parle de son avis à ce sujet. © Mireille Henderson

1. **Quel est le ton du passage?**

   a. positif

   b. neutre

   c. humoristique

   d. polémique

2. **Selon l'extrait audio, quelle est la raison pour laquelle Pauline est contre l'annonce du résultat public du bac?**

   a. Ses parents auront honte si elle ne l'a pas.

   b. C'est trop stressant pour les élèves.

   c. Elle ne va pas aller au lycée pour voir les résultats affichés sur les portes.

   d. On montre seulement les résultats de certains élèves.

3. **Dans le passage, qu'est-ce que la phrase «[…] seul le site internet du ministère, dédié à la publication des résultats, Publinet, dispose d'une liste complète des résultats» veut dire?**

   a. Publinet possède tous les résultats du bac.

   b. Uniquement Publinet a le droit de jeter les résultats à la poubelle.

   c. Publinet cache les résultats du bac.

   d. Publinet est le seul site à ne pas avoir les résultats complets.

4. **D'après Pauline, quand va-t-elle passer son bac?**

   a. dans quelques années

   b. elle l'a déjà passé l'année dernière

   c. l'année prochaine

   d. quand elle aura 15 ans

5. **Selon le passage, France-examen aimerait que:**

   a. les élèves soient obligés de faire publier leurs résultats.

   b. le ministère s'occupe de tous les résultats.

   c. les familles des élèves n'aient pas le choix concernant la publication des résultats.

   d. les familles des élèves aient la possibilité de choisir si les résultats sont publiés.

NICE, FRANCE

Vocabulaire

métier (n.m.)

rater (v.)

rattrapage (n.m)

 ÉCOUTER

Vocabulaire
périscolaire

Vous allez écouter une sélection audio. Vous aurez d'abord un temps déterminé pour lire l'introduction et pour parcourir les questions qui vous seront posées. La sélection sera présentée deux fois. Après avoir écouté la sélection une première fois, vous aurez 1 minute pour commencer à répondre aux questions; après avoir écouté la sélection une deuxième fois, vous aurez 15 secondes par question pour finir de répondre aux questions. Pour chaque question, choisissez la meilleure réponse selon la sélection audio et indiquez votre réponse sur la feuille de réponse.

Introduction:

Dans cette sélection, il s'agit d'un professeur français, Jean Michel Quarantotti, qui s'exprime sur l'importance des activités extra-scolaires. Cet entretien a eu lieu entre deux collègues dans un collège/lycée en mars 2014. © Elizabeth Rench

1. **Selon Jean Michel, pourquoi l'organisation des activités est-elle un devoir de l'école?**

   a. parce que l'école est obligée, par l'État, de les offrir.

   b. parce que les élèves apprennent en dehors des heures de cours.

   c. parce que les activités sont intéressantes.

   d. parce que les élèves aiment les activités périscolaires.

2. **Complétez la phrase, « En participant aux activités périscolaires, les élèves peuvent . . . »**

   a. découvrir un nouveau talent ou don.

   b. se faire des amis pour la vie.

   c. mettre en pratique ce qu'ils apprennent.

   d. s'exprimer d'une façon plus certaine.

3. **Les élèves faibles à l'école primaire remontent leur niveau scolaire grâce à quoi?**

   a. à l'intérêt du sport

   b. aux rapports sociaux

   c. au réinvestissement à l'école

   d. au rétablissement des limites

4. **D'après Jean Michel, faut-il intégrer les activités périscolaires dans la salle de classe?**

   a. Oui, parce que les élèves s'y intéressent.

   b. Oui, parce que les activités font partie du programme scolaire.

   c. Non, parce que les activités ne font pas partie du programme scolaire.

   d. Non, parce que tous les élèves ne peuvent pas y participer.

5. **Quelle activité n'est pas mentionnée dans la sélection audio?**

   a. les clubs culturels

   b. le théâtre

   c. le sport

   d. la musique

6. **Quelle est la définition du mot «connaissances» dans le contexte de cet extrait audio?**

   a. des compétences dans un domaine

   b. les gens que les élèves connaissent

   c. ce qu'un élève a mémorisé avant un contrôle

   d. le contraire du savoir

» Interpersonal Writing: E-MAIL REPLY

 LIRE ÉCRIRE

Vous allez écrire une réponse à un message électronique. Vous aurez 15 minutes pour lire le message et écrire votre réponse. Votre réponse devrait débuter par une salutation et terminer par une formule de politesse. Vous devriez répondre à toutes les questions et demandes du message. Dans votre réponse, vous devriez demander des détails à propos de quelque chose mentionnée dans le texte. Vous devriez également utiliser un registre de langue soutenue.

TAHITI

Introduction:

C'est un message électronique d'Aata Ofati du Lycée privé Michou Chaze. Vous recevez ce message parce que vous avez envoyé une demande pour savoir si vous pouvez être inscrit(e) à cette école à la rentrée.

Papeete, le 3 mai 2015

De: Aata Ofati

oftai@lpchaze.pf

Mademoiselle, Monsieur,

Bienvenue à Tahiti. Nous sommes ravis de vous accueillir.
Nous vous remercions de votre intérêt et vous demandons
quelques informations supplémentaires en ce qui concerne
Ligne votre demande de **poursuivre** vos études au Lycée
5 Privé Michou Chaze à partir du mois d'août. Cela vous
donnera l'occasion de nous expliquer vos
motivations en plus grand détail.

• Pourquoi avez-vous choisi d'étudier à
Tahiti?

10 • Pourquoi préféreriez-vous une école
privée à une école publique?

• Décrivez votre niveau de langue
française dans tous les domaines:
écrit, lecture, oral, écoute.

15 Dès que je serai en possession de
toutes les informations nécessaires,
je vous contacterai pour finir votre
demande.

En attendant votre réponse, je vous prie d'agréer,
20 Mademoiselle/Monsieur, l'expression de mes sentiments
les meilleurs.

Aata Ofati
Lycée privé Michou Chaze

LIRE ÉCOUTER

 ÉCRIRE

Vous allez écrire un essai persuasif pour un concours d'écriture de langue française. Le sujet de l'essai est basé sur trois sources ci-jointes, qui présentent des points de vue différents sur le sujet et qui comprennent à la fois du matériel audio et imprimé. Vous aurez d'abord 6 minutes pour lire le sujet de l'essai et le matériel imprimé. Ensuite, vous écouterez l'audio deux fois; vous devriez prendre des notes pendant que vous écoutez. Enfin, vous aurez 40 minutes pour préparer et écrire votre essai. Dans votre essai, vous devriez présenter les points de vue différents des sources sur le sujet et aussi indiquer clairement votre propre point de vue que vous défendrez à fond. Utilisez les renseignements fournis par toutes les sources pour soutenir votre essai. Quand vous ferez référence aux sources, identifiez-les de façon appropriée. Organisez aussi votre essai en paragraphes bien distincts.

SUJET DE LA COMPOSITION:

Les livres traditionnels ou les livres numériques, lesquels devrait-on utiliser à l'école?

SOURCE 1:

Introduction:

Dans cette sélection il s'agit des livres en papier et des livres numériques. Cet extrait vient d'un article qui a été publié en novembre 2011 sur le site www.consoglobe.com. © Consoglobe

Livre papier vs livre numérique: lequel est le plus écolo?

Même si la lecture sur support numérique reste marginale en France, elle **grignote** peu à peu des parts de marché. Outre le côté pratique du livre dématérialisé, les pro e-books avancent souvent l'argument d'une consommation du livre plus verte. Qu'en est-il réellement? Le livre électronique est-il plus écolo que son **homologue** en papier?

Le livre numérique fait une entrée **sur la pointe des pieds** en France. Il ne représente aujourd'hui que 0,5% des ventes de livres dans l'Hexagone. Mais le développement des **liseuses** et l'arrivée du fameux Kindle en octobre dernier chez Amazon changent peu à peu les habitudes de lecture. Dans l'esprit de la dématérialisation des objets comme cela a été le cas avec le MP3 rendant nos vieux CD tout poussiéreux, le livre numérique avance un argument de poids en faveur de l'écologie: plus de papier donc plus de déforestation.

Mais est-ce aussi simple que cela? Le livre numérique est-il vraiment plus écolo que son vieil ancêtre en papier?

Le marché du livre numérique dans le monde

Outre-atlantique, le livre numérique a déjà fait ses preuves. Sur le marché du livre, l'e-book aux Etats-Unis est passé de 0,6% des parts de marché en 2008 à 6,8% aujourd'hui.

Les romans version électronique en sont les grands gagnants: ils représentent 13,6% des revenus nets alors que la version papier a chuté de 25,7% en 2010.

Ligne 5, 10, 15, 20

25 Le n°1 du marché de l'e-book aux Etats-Unis est Amazon, qui capte 70% des utilisateurs avec son Kindle Store. La librairie virtuelle propose 950.000 titres.

Les Britanniques sont les autres « e-lecteurs » dans le monde, avec une part de marché proche de celle des Etats-Unis, 6%. Ceci
30 s'explique certainement par la large mise à disposition de titres en anglais.

En France, même si le taux de lecture de livres numériques progresse tout doucement: 8% des Français ont déjà lu un livre numérique en 2011 (contre 5% en septembre 2009 – source SNE),
35 la consommation d'e-book reste marginale. De plus, les Français paraissent peu enclins à payer pour un livre dématérialisé. Le baromètre GFK indiquait dernièrement que 77% des téléchargements d'e-books concernaient les gratuits.

Le livre numérique est-il vraiment écolo?

40 Si on s'attache au fait qu'un e-book ne nécessite ni bois, ni transport, on peut s'attendre à ce que son empreinte écologique soit bien inférieure à celle de son homologue en papier. A l'inverse, en termes de production, on s'accorde à penser que la fabrication d'une liseuse numérique comme un Kindle par exemple coûte bien
45 plus cher à l'environnement que l'impression d'un seul livre papier.

Pourtant, parce que l'on n'achète qu'une seule fois une liseuse numérique pour y stocker quantité de livres électroniques (environ 200 selon les modèles), et que l'on achète plusieurs unités de livres en papier par an (16 livres par an et par Français environ),
50 la balance devrait pencher du côté de la version numérique.

L'empreinte carbone des livres

Lorsque l'on prend en considération toute la chaîne de production d'un livre papier jusqu'à son transport, on considère qu'il coûte 7,5 kg en équivalent carbone, selon le cabinet de consultants Cleantech.

55 En outre, pour ce qui est de la version papier du livre, le transport est l'une des étapes impactant le plus l'environnement. Il intervient tout au long de la conception de l'ouvrage, pour acheminer les matières premières, puis du papetier à l'imprimeur, et de l'imprimeur aux plateformes logistiques pour assurer la
60 distribution.

(suite à la page suivante)

SOURCE 1 (SUITE):

Toujours selon Cleantech, un Ipad d'Apple équivaut à 130 kg d'équivalent carbone pendant tout son cycle de vie; un Kindle équivaut à 168 kg. [...]

La consommation d'eau

65 L'eau est également une source importante intervenant dans la production d'un livre. Alors qu'il faut 27 litres d'eau pour produire un livre papier, il en faut moins de 500 ml pour fabriquer un e-book. Par contre, 300 litres d'eau sont nécessaires à la fabrication d'une liseuse. À partir d'une
70 douzaine d'e-books, on peut commencer à économiser de l'eau. [...]

Les produits chimiques

De nombreux produits chimiques entrent dans le processus de fabrication d'un livre papier: colles, agents de résistance, colorants, azurants optiques, antimousses . . . Et c'est sans
75 parler du **blanchiment** du papier pour lequel l'utilisation de chlore, extrêmement polluant est nécessaire.

Autre élément des plus polluants dans la conception d'un ouvrage papier, l'encre. Cependant, des avancées technologiques permettent d'imprimer les livres avec des encres végétales,
80 élaborées à partir de colza ou de soja. Par contre, seule la bonne foi de l'éditeur permet de s'assurer que ces encres végétales ne sont pas élaborées à partir d'huile de palme, ni ne contiennent d'OGM.

La plupart des imprimeurs continuent à opter pour l'impression
85 standard, pour des questions de coût évidemment.

Concernant la fin de vie, que ce soit pour la version numérique ou la version papier, l'absence de recyclage génère une forte pollution. [...]

Quelle serait alors la meilleure solution?
90 Quels que soient les chiffres sur lesquels on se base, la balance penche sérieusement du côté du livre en papier recyclé, qui reste la manière la plus écologique de lire.

PARIS, FRANCE

SOURCE 2:

Introduction:

Dans cette sélection, il s'agit du prix des livres de poche, des livres cartonnés et des livres numériques. Ces informations ont paru dans le magazine PC Pro en juin 2011. © PC Pro

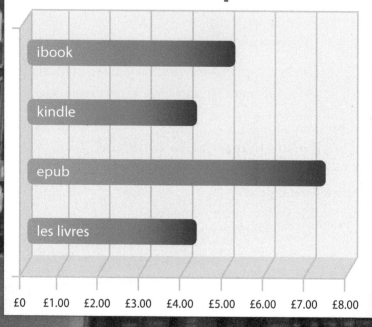

Les livres de poche

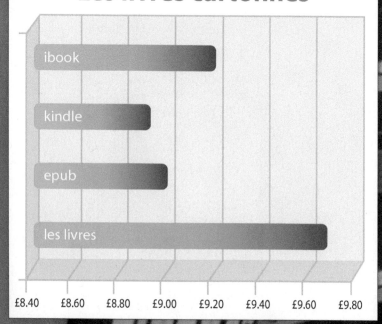

Les livres cartonnés

(1,00 € = £ ,81)

SOURCE 3:
SÉLECTION AUDIO 🎧

Introduction:
Dans cette sélection, il s'agit des livres numériques destinés aux jeunes. Cet extrait audio vient d'un article intitulé *Pour la jeunesse, les livres numériques sont plus souvent interactifs et multimédias,* tiré du site **www.livreshebdo.fr.** © Livres hebdo

Vocabulaire
augmenter
livre numérique
marché
ouvrage

» Interpersonal Speaking: CONVERSATION

 LIRE   **ÉCOUTER**   **PARLER**

Vous allez participer à une conversation. D'abord, vous aurez une minute pour lire une introduction à cette conversation qui comprend le schéma des échanges. Ensuite, la conversation commencera, suivant le schéma. Quand ce sera à vous de parler, vous aurez 20 secondes pour enregistrer votre réponse. Vous devriez participer à la conversation de façon aussi complète et appropriée que possible.

Introduction:

C'est une conversation avec Ludovic, un camarade de classe. C'est la fin de l'été et vous discutez de l'année scolaire qui arrive.

Ludovic	Il vous salue et vous demande comment se sont passées les vacances.
Vous	Répondez d'une manière positive en lui posant la même question.
Ludovic	Il vous demande si vous êtes prêt(e) pour la rentrée.
Vous	Expliquez que vous êtes préoccupé(e) par le stress des décisions qui approchent en troisième.
Ludovic	Il vous demande de lui expliquer plus précisément de quoi vous parlez.
Vous	Donnez-lui deux exemples de ce qui vous inquiète.
Ludovic	Il exprime sa compréhension et vous dit qu'il vient de prendre sa décision concernant la voie qu'il va suivre.
Vous	Félicitez-le pour sa décision et commentez sur la voie qu'il a choisie.
Ludovic	Il vous assure que tout va s'arranger en ce qui concerne vos inquiétudes.
Vous	Dites au revoir et que vous vous en reparlerez après la rentrée.

» Presentational Speaking: CULTURAL COMPARISON

 LIRE  PARLER

Vous allez faire un exposé pour votre classe sur un sujet spécifique. Vous aurez 4 minutes pour lire le sujet de présentation et préparer votre exposé. Vous aurez alors 2 minutes pour l'enregistrer. Dans votre exposé, comparez votre propre communauté à une région du monde francophone que vous connaissez. Vous devriez montrer votre compréhension des facettes culturelles du monde francophone. Vous devriez aussi organiser clairement votre exposé.

Sujet de la présentation:

Quel système éducatif, celui de la France ou celui des États-Unis, prépare mieux les élèves à la vie active du point de vue des connaissances acquises aussi bien que du point de vue social?

LIRE

La sélection suivante est accompagnée de plusieurs questions. Pour chaque question, choisissez la meilleure réponse selon la sélection.

MAROC

Introduction:

Dans cette sélection, il s'agit des informations sur le fonctionnement de Casablanca American School, au Maroc.

© Casablanca American School

Casablanca American School – Questions fréquemment posées

Comment puis-je communiquer avec l'école et les enseignants de mon enfant?

- Contact avec la réception pour prendre un rendez-vous.

- Envoi d'une note à l'enseignant en utilisant Edline (logiciel de communication)

Ligne

5
- Réunions parents/professeurs programmées à la mi-trimestre deux fois par an. Les parents ayant besoin de traduction peuvent en bénéficier sur demande.

- Calendrier annuel (dates de la rentrée et des congés)

- Bulletin bimensuel, What's Up

- **Fascicule** des procédures et des programmes

10 **Quelles sont les langues enseignées à CAS?**

Quelle que soit la langue maternelle, l'arabe et le français sont enseignés à tous les enfants du grade 2 (CE1) au grade 12 (terminale). L'espagnol de base est offert comme un cours de langue Ab Initio en tant qu'option au baccalauréat

15 international. CAS offre la possibilité aux parents désireux d'enseigner leur langue maternelle à leurs enfants, de recruter des enseignants de l'extérieur et d'utiliser les infrastructures de l'école. Ainsi le maintien et le développement de la langue maternelle permettent à l'enfant, non seulement de réussir

20 dans son apprentissage de l'anglais mais aussi dans son **cursus** académique en général.

Est-ce que CAS a un programme de soutien scolaire?

Les élèves du secondaire participent à l'Advisory Block 4 fois par semaine, 25 minutes par jour. Les groupes sont composés de dix
25 élèves qui se réunissent avec un enseignant pour une aide sur une variété de sujets.

Y a-t-il une cantine à l'école?

Oui, il y a une cantine. Les élèves peuvent apporter leur déjeuner ou s'abonner mensuellement à la cantine en utilisant la carte
30 scolaire comme moyen de paiement. En cas de perte de la carte, il y a un montant de 100dhs* à payer pour son remplacement.

Quels types de sports sont offerts à CAS?

Le responsable du département d'éducation physique coordonne l'ensemble des événements sportifs qui ont lieu
35 dans le cadre de l'école. Parmi les disciplines sportives figurent: le badminton, le basketball, le football, le base-ball, l'athlétisme et le volley-ball.

Y a-t-il des activités parascolaires?

Chaque trimestre, les élèves reçoivent une brochure qui mentionne le programme des
40 activités offertes. Parmi les activités figurent: le comité d'étudiants, les Legos, les jeux de société, le football du samedi, les cours de cuisine, le T Ball, l'alphabet et les chansons en arabe, les histoires racontées en anglais-français-arabe, la danse, les séances de **rattrapage**, le club d'art, le modèle de Congrès de Harvard, le soutien en mathématiques, diverses activités de service communautaire, le club d'athlétisme, la culture physique, et
45 la photographie.

Qui constitue le Conseil d'administration?

Le Conseil d'administration est constitué de sept parents de CAS élus par les membres de l'Association, un citoyen américain du Consulat des États-Unis et le directeur de l'école. Le Conseil est un groupe chargé des prises de décision, légalement autorisé pour agir
50 au nom de l'Association. Le but principal du Conseil est de définir un plan d'action tout en promouvant et garantissant à l'Association, la politique de l'école et le respect de sa philosophie.

*100 dirhams = 8,90€

1. **À quels élèves les cours de français et d'arabe sont-ils destinés?**

   a. aux élèves du CE1 jusqu'en terminale

   b. aux élèves du CE1 seulement

   c. aux élèves en terminale seulement

   d. aux élèves d'Ab Initio

2. **Quelle forme de communication entre parents et professeur n'est pas suggérée dans ce document?**

   a. envoyer directement un mail au professeur

   b. feuilleter le livret de procédures

   c. lire « What's Up » chaque mois

   d. prendre un rendez-vous avec l'enseignant

3. **Comment les élèves paient-ils à la cantine de l'école?**

   a. par abonnement

   b. en billets de dirhams

   c. par carte scolaire

   d. par carte de crédit

4. **Quelle activité/quel sport offre-t-on dans le cadre de l'école?**

   a. le T Ball

   b. le badminton

   c. les cours de cuisine

   d. la danse

5. **Dans le texte, que veut-dire la phrase « Le but principal du Conseil est de définir un plan d'action . . . »?**

   a. Le Conseil doit écrire des descriptions pour les postes de professeurs.

   b. Dans le mois de mai, on décide les détails d'un plan pour l'été.

   c. Le principal de l'école doit décider des actions des professeurs.

   d. Le Conseil est censé identifier les étapes pour réussir en tant qu'école.

6. **Quel est le but de ce passage écrit?**

   a. répondre aux questions qui sont souvent posées par des parents d'élèves

   b. annoncer un événement spécifique aux parents d'élèves

   c. demander aux parents d'élèves de payer les frais de scolarité pour l'année en cours

   d. informer les enseignants des heures supplémentaires des activités parascolaires

LIRE ÉCOUTER

SOURCE 1:

Introduction:

La sélection suivante est tirée du roman *Le Petit Chose* (1868) d'Alphonse Daudet, écrivain et auteur dramatique français (1840-1897). Cet extrait vient du Chapitre 6, intitulé *Les Petits*. Le narrateur est un professeur de collège qui parle de la visite d'un inspecteur d'école dans sa classe.

Domaine public

Vous allez lire un passage et écouter une sélection audio. Pour la lecture, vous aurez un temps déterminé pour la lire. Pour la sélection audio, vous aurez d'abord un temps déterminé pour lire une introduction et pour parcourir les questions qui vous seront posées. La sélection sera présentée deux fois. Vous pouvez prendre des notes pendant que vous écoutez la sélection mais elles ne seront pas comptées. Après avoir écouté la sélection une première fois, vous aurez 1 minute pour commencer à répondre aux questions; après avoir écouté la sélection une deuxième fois, vous aurez 15 secondes par question pour finir de répondre aux questions. Pour chaque question, choisissez la meilleure réponse selon la sélection audio ou lecture et indiquez votre réponse sur votre feuille de réponse.

Ceux-là n'étaient pas méchants; c'étaient les autres. Ceux-là ne me firent jamais de mal, et moi je les aimais bien, parce qu'ils ne sentaient pas encore le collège et qu'on lisait toute leur âme dans leurs yeux.

5 Je ne les punissais jamais. A quoi bon? Est-ce qu'on punit les oiseaux? . . . Quand ils pépiaient trop haut, je n'avais qu'à crier: «Silence!» Aussitôt ma **volière** se taisait—au moins pour cinq minutes.

Le plus âgé de l'étude avait onze ans. Onze ans, je vous demande!

10 Et le gros Serrières qui se vantait de les mener à la baguette!...

Moi, je ne les menai pas à la baguette. J'essayai d'être toujours bon, voilà tout.

(suite à la page suivante)

SOURCE 1 (SUITE):

Quelquefois, quand ils avaient été bien sages, je leur racontais une histoire . . . Une histoire! . . . Quel bonheur! Vite, vite, on

15 pliait les cahiers, on fermait les livres; encriers, règles, porte-plume, on jetait tout pêle-mêle au fond des pupitres; puis, les bras croisés sur la table, on ouvrait de grands yeux et on écoutait. J'avais composé à leur intention cinq ou six petits contes fantastiques: les Débuts d'une cigale, les Infortunes de

20 Jean Lapin, etc. Alors, comme aujourd'hui, le bonhomme La Fontaine était mon saint de prédilection dans le calendrier littéraire, et mes romans ne faisaient que commenter ses fables; seulement j'y mêlais de ma propre histoire. Il y avait toujours un pauvre grillon obligé de gagner sa vie comme le petit Chose,

25 des bêtes à bon Dieu qui cartonnaient en sanglotant, comme Eyssette (Jacques). Cela amusait beaucoup mes petits, et moi aussi cela m'amusait beaucoup. Malheureusement M. Viot n'entendait pas qu'on s'amusât de la sorte.

30 Trois ou quatre fois par semaine, le terrible homme aux clefs faisait une tournée d'inspection dans le collège, pour voir si tout s'y passait selon le règlement . . . Or, un de ces jours-là, il arriva dans notre étude juste au moment le plus pathétique de l'histoire de Jean Lapin. En voyant entrer M. Viot toute l'étude tressauta. Les petits, effarés, se regardèrent. Le narrateur s'arrêta

35 court. Jean Lapin, interdit, resta une patte en l'air, en dressant de frayeur ses grandes oreilles.

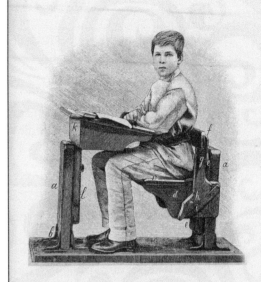

Debout devant ma chaire, le souriant M. Viot promenait un long regard d'étonnement sur les **pupitres** dégarnis. Il ne parlait pas, mais ses clefs s'agitaient d'un air féroce: «Frinc! frinc! frinc! tas de

40 drôles, on ne travaille donc plus ici!»

J'essayai tout tremblant d'apaiser les terribles clefs.

«Ces messieurs ont beaucoup travaillé, ces jours-ci, balbutiai-je . . .

J'ai voulu les récompenser en leur racontant une

45 petite histoire.»

M. Viot ne me répondit pas. Il s'inclina en souriant, fit gronder ses clefs une dernière fois et sortit.

Le soir, à la récréation de quatre heures, il vint

50 vers moi, et me remit, toujours souriant, toujours muet, le cahier du règlement ouvert à la page 12: Devoirs du maître envers les élèves.

Je compris qu'il ne fallait plus raconter d'histoires et je n'en racontai plus jamais.

SOURCE 2: SÉLECTION AUDIO

Introduction:

Dans la sélection audio, un professeur français, Jean Michel Quarantotti, discute des différences entre l'école du passé et celle du présent. Cet entretien entre deux collègues a eu lieu en mars 2014 dans une salle de classe. © Elizabeth Rench

1. D'après le professeur qui parle sur l'extrait audio, quel était le résultat du niveau de discipline à l'école quand il était enfant?

   a. les élèves bougeaient tout le temps

   b. les élèves n'écoutaient pas la leçon du professeur

   c. les élèves avaient beaucoup de liberté

   d. les élèves ne s'exprimaient pas beaucoup

2. Dans le contexte du passage écrit, quelle est la définition du mot «devoir»?

   a. le travail que l'élève fait le soir à la maison

   b. ce que l'élève doit faire

   c. ce que le professeur doit faire

   d. ce que fait l'inspecteur

3. Selon le professeur dans l'extrait audio, en quoi consiste la différence principale entre l'école du passé et l'école d'aujourd'hui?

   a. Au vingt et unième siècle, on demande aux élèves de redire ce que le prof a enseigné.

   b. De nos jours, on inclut les élèves dans la découverte du savoir.

   c. Maintenant les élèves s'expriment moins qu'avant.

   d. Dans le passé, on insistait plus sur la découverte chez l'élève.

4. Selon la sélection écrite, qu'est-ce que ce professeur de collège dirait au sujet de ses élèves?

   a. «Je les punis assez souvent.»

   b. «Ces élèves n'aiment pas beaucoup les histoires.»

   c. «Ils sourient dès qu'ils entendent le bruit des clés.»

   d. «S'ils travaillent bien, on s'amuse après.»

5. Dans le passage écrit, comment décririez-vous les sentiments du professeur envers Monsieur Viot?

   a. Il est d'accord avec la philosophie de Monsieur Viot.

   b. Les deux hommes sont amis.

   c. Il a peur de Monsieur Viot.

   d. Il pense que Monsieur Viot ne travaille pas beaucoup.

» Interpretive Communication: AUDIO TEXTS

ÉCOUTER

Vous allez écouter une sélection audio. Vous aurez d'abord un temps déterminé pour lire l'introduction et pour parcourir les questions qui vous seront posées. La sélection sera présentée deux fois. Après avoir écouté la sélection une première fois, vous aurez 1 minute pour commencer à répondre aux questions; après avoir écouté la sélection une deuxième fois, vous aurez 15 secondes par question pour finir de répondre aux questions. Pour chaque question, choisissez la meilleure réponse selon la sélection audio et indiquez votre réponse sur la feuille de réponse.

Introduction:

Dans cette sélection, un professeur français, Inna Winckell, parle de l'apprentissage des langues étrangères dans sa vie scolaire et dans sa vie personnelle. Elle en a appris quelques-unes à l'école et d'autres en s'immergeant dans la langue et la culture d'un pays étranger. © Elizabeth Rench

Vocabulaire
fac (faculté)

1. **Le professeur qui parle est originaire:**
   a. du sud de la France.
   b. de Vendée.
   c. du Pérou.
   d. d'Angleterre.

2. **Madame Winckell se dit bilingue. De quelles deux langues s'agit-il?**
   a. le français et l'espagnol
   b. l'anglais et l'espagnol
   c. le hollandais et l'arabe
   d. le portugais et l'arabe

3. **Selon le contexte de l'extrait audio, que veut dire l'expression «parler couramment»?**
   a. étudier une langue
   b. comprendre une langue
   c. maîtriser une langue
   d. s'exprimer dans une langue

4. **D'après ce que dit Madame Winckell dans cet extrait audio, quelles langues a-t-elle étudiées à l'école primaire, au collège ou à l'université?**
   a. l'arabe et l'espagnol
   b. l'anglais et le portugais
   c. le français et l'anglais
   d. le hollandais et l'anglais

5. **Quel est le but de cette sélection audio?**
   a. présenter son identité linguistique
   b. présenter sa famille
   c. raconter une histoire
   d. divertir son audience

» Interpersonal Writing: E-MAIL REPLY

 LIRE  ÉCRIRE

Vous allez écrire une réponse à un message électronique. Vous aurez 15 minutes pour lire le message et écrire votre réponse. Votre réponse devrait débuter par une salutation et terminer par une formule de politesse. Vous devriez répondre à toutes les questions et demandes du message. Dans votre réponse, vous devriez demander des détails à propos de quelque chose mentionée dans le texte. Vous devriez également utiliser un registre de langue soutenue.

Introduction:

C'est un message de Madeleine Girand, directrice d'une école de séjours linguistiques, Cours Pays de Loire. Vous avez reçu le message car, le semestre prochain, vous serez assistant d'un séjour linguistique avec Cours Pays de Loire, et vous avez demandé des informations sur ce qu'ils offrent comme séjour.

De: madeleineg@courspaysdeloire.fr
Cc: elodier@courspaysdeloire.fr
Objet: voyage scolaire

Nantes, le 5 septembre 2015

Madame/Monsieur:

Ligne
5

Je reviens vers vous en ce qui concerne le groupe de
votre lycée pour lequel vous serez assistant(e) et qui
s'intéresse à suivre des cours dans notre école, Cours
Pays de Loire, dans quelques mois. Après concertation
avec mes collègues, nous serons en mesure de vous
offrir le même type de service que l'année dernière.

10

C'est Élodie Rouchet (en copie de ce message) qui sera
votre contact cette année pour l'organisation de cette
visite. Vous pouvez voir directement avec elle comment
prévoir au mieux la semaine.

- Savez-vous déjà de combien d'élèves sera composé le
groupe et quel est leur profil (âge/intérêts)?

15

- Avez-vous une date précise ou des endroits que vous
voudrez visiter dans notre ville?

- En termes de cours, quels sujets aimeriez-vous
aborder en cours avec nos professeurs?

20

- En termes de durée, qu'est-ce que vous préférez
pour les cours?

Restant à votre disposition, nous vous prions d'agréer,
Madame/Monsieur, nos salutations distinguées.

Madeleine Girand

Directrice de séjours linguistiques,

25 Cours Pays de Loire

LIRE ÉCOUTER

ÉCRIRE

Vous allez écrire un essai persuasif pour un concours d'écriture de langue française. Le sujet de l'essai est basé sur trois sources ci-jointes, qui présentent des points de vue différents sur le sujet et qui comprennent à la fois du matériel audio et imprimé. Vous aurez d'abord 6 minutes pour lire le sujet de l'essai et le matériel imprimé. Ensuite, vous écouterez l'audio deux fois; vous devriez prendre des notes pendant que vous écoutez. Enfin, vous aurez 40 minutes pour préparer et écrire votre essai. Dans votre essai, vous devriez présenter les points de vue différents des sources sur le sujet et aussi indiquer clairement votre propre point de vue que vous défendrez à fond. Utilisez les renseignements fournis par toutes les sources pour soutenir votre essai. Quand vous ferez référence aux sources, identifiez-les de façon appropriée. Organisez aussi votre essai en paragraphes bien distincts.

SUJET DE LA COMPOSITION:

La **scolarité** est-elle abordable pour tous?

SOURCE 1:

Introduction:

La sélection suivante a été rédigée par Kanigui le 7 août 2012 et vient du site Global Voices Online. Il s'agit des frais d'inscription à l'université en Côte d'Ivoire. © Creative Commons

Côte d'Ivoire: Vives polémiques autour des frais d'inscription à l'université

Après de longs mois de fermeture ayant suscité des débats, les universités de Côte d'Ivoire s'apprêtent à ré-ouvrir leurs portes le 3 septembre 2012. La joie suscitée par cette annonce a vite été

Ligne

5 oubliée et a été remplacée par une vague de réactions indignées par la décision des présidents des universités d'augmenter les nouveaux **frais d'inscription**. Voici un résumé des réactions diverses [...]. [...]

Les étudiants débourseront désormais respectivement 100.000 FCFA [franc de la Communauté financière africaine = 152€]

10 par an pour s'inscrire au premier cycle (de la 1ère année à la

CÔTE D'IVOIRE

licence), 200.000 FCFA [305€] pour le Master, et 300.000 [457€] pour le DEA [le Diplôme d'études approfondies] et le Doctorat. Par le passé les étudiants ivoiriens payaient seulement 6.000 FCFA [9€] pour leurs inscriptions. Pour les autorités ivoiriennes,

15 «Ces montants permettront, en plus de la subvention de l'Etat, d'accroître les capacités financières des universités, en vue de faire face au manque de matériel didactique dont l'absence criante avait obligé par exemple l'UFR [l'Unité de formation et de recherche] des sciences à suspendre les travaux pratiques.»

20 Mais ces mesures ont entraîné de nombreuses fortes réactions dans les média, et sur les différents réseaux sociaux, forums et blogs ivoiriens. Les avis sont partagés mais les déclarations des organisations d'étudiants sont sans équivoque. Elles rejettent la mesure. [...]

25 Pendant que les débats faisaient rage sur les réseaux sociaux et dans la réalité, le gouvernement ivoirien a surpris tout le monde par une décision de suspension de la mesure envisagée d'augmentation des frais d'inscription dans les universités publiques, le temps de poursuivre la réflexion.

–Écrit par Kanigui de globalvoicesonline.org, le 7 août 2012. Permission Creative Commons.

ABIDJAN, CÔTE D'IVOIRE

SOURCE 2: 🔍

Introduction:

Dans cette sélection, il s'agit des frais scolaires de l'université en Côte d'Ivoire (mentionnés à la page précédente) et de Casablanca American School, une école privée qui accueille des élèves de 3 ans à 18 ans. Elle se trouve à Casablanca, au Maroc. © Casablanca American School

Les frais d'inscription à l'université en Côte d'Ivoire[1]		
	montant proposé[2]	montant auparavant[2]
1ère année - Licence	100.000 FCFA (152€)	6.000 FCFA (9€)
Master	200.000 FCFA (305€)	6.000 FCFA (9€)
DEA (diplôme d'études approfondies)/ Doctorat	300.000 FCFA (457€)	6.000 FCFA (9€)

[1]Le salaire moyen en Côte d'Ivoire est de 577.800 FCFA (881€) par an [Journaldunet.com].
[2]en FCFA (franc de la Communauté financière africaine)

Frais de scolarité – Casablanca American School – 2011-2012[1]		MAD[2]	Euros
Frais de dossier		750	67
Frais d'admission		10.000	890
Frais d'inscription annuels		750	67
Frais de maintenance des installations		5000	445
Frais de scolarité	de 3 à 5 ans	53.175	4732
	de 5 à 11 ans	110.750	9854
	de 11 à 18 ans	129.550	11.527

[1]Le salaire moyen au Maroc est de 36.000 MAD (3200€) par an (Bladinet.com).
[2]MAD – dirhams marocains (la monnaie du Maroc)

SOURCE 3:
SÉLECTION AUDIO 🎧

Introduction:

Dans cette sélection audio il s'agit des coûts de la **scolarité**. Une étudiante en terminale qui vit en région parisienne parle de l'accessibilité des écoles privées et de la différence entre l'éducation publique et l'éducation privée. © E.M.

CASABLANCA, MAROC

» Interpersonal Speaking: CONVERSATION

 LIRE ÉCOUTER PARLER

Vous allez participer à une conversation. D'abord, vous aurez une minute pour lire une introduction à cette conversation qui comprend le schéma des échanges. Ensuite, la conversation commencera, suivant le schéma. Quand ce sera à vous de parler, vous aurez 20 secondes pour enregistrer votre réponse. Vous devriez participer à la conversation de façon aussi complète et appropriée que possible.

Introduction:

C'est la pause déjeuner au lycée et vous parlez avec une amie, Agnès. Vous discutez de ce qui s'est passé dans vos cours aujourd'hui et de ce que vous faisiez souvent à l'école primaire.

Agnès	Elle vous salue et demande ce que vous avez fait en cours ce matin.
Vous	Remerciez Agnès et dites-lui que vous avez appris quelque chose de nouveau ce matin.
Agnès	Elle vous explique pourquoi elle n'aime pas les mathématiques. Elle vous pose une question au sujet de votre expérience personnelle à l'école primaire.
Vous	Racontez une anecdote d'un professeur strict dans votre école primaire.
Agnès	Elle parle d'une personne qui a joué un rôle important dans sa vie. Ensuite, elle vous demande une source d'inspiration personnelle.
Vous	Répondez-lui et expliquez pourquoi cette personne vous a inspiré(e).
Agnès	Elle continue la conversation et elle vous demande ce que vous faisiez pendant la récréation quand vous étiez jeune.
Vous	Dites-lui ce que vous faisiez pendant la récréation quand vous étiez à l'école primaire.
Agnès	Elle se rend compte que c'est l'heure du cours et qu'elle doit partir. Elle vous propose de déjeuner avec elle demain.
Vous	Répondez affirmativement et encouragez Agnès pour son cours de mathématiques.

 » Presentational Speaking: CULTURAL COMPARISON

 LIRE   **PARLER**

Vous allez faire un exposé pour votre classe sur un sujet spécifique. Vous aurez 4 minutes pour lire le sujet de présentation et préparer votre exposé. Vous aurez alors 2 minutes pour l'enregistrer. Dans votre exposé, comparez votre propre communauté à une région du monde francophone que vous connaissez. Vous devriez montrer votre compréhension des facettes culturelles du monde francophone. Vous devriez aussi organiser clairement votre exposé.

Sujet de la présentation:

L'âge auquel on s'oriente vers un métier varie d'un pays à l'autre. Comparez l'âge de l'orientation vers un métier dans votre pays par rapport à celui d'un pays francophone.

Compréhension

augmenter (v.) (71) devenir plus grand, plus important, plus cher

bachoter (v.) (45) étudier beaucoup dans peu de temps

blanchiment (n.m.) (68) fait de rendre quelque chose blanc

Brevet (n.m.) (47) examen à passer en France pour terminer le collège et nécessaire pour commencer le lycée

cancre (n.m.) (52) personne bête qui porte, traditionnellement, un chapeau pointu

cantine (n.f.) (58) endroit où on mange le déjeuner à l'école

cursus (n.m.) (74) programme d'études, curriculum

fac (n.f.) (81) faculté; université

fascicule (n.m.) (74) petit livre avec les informations spécifiques, normalement quelques pages

frais d'inscription (n.m./pl.) (84) argent qu'il faut payer pour aller à l'école, pour s'inscrire

grignoter (v.) (66) manger peu à peu, ronger (lit.), gagner peu à peu (fig.)

homologue (n.m.) (66) personne ou objet qui remplit les mêmes fonctions qu'un autre

liseuse (n.f.) (66) appareil qui permet de lire des livres sur un écran adapté

livre numérique (n.m.) (71) un livre qui n'est pas fait en papier, livre électronique

marché (n.m.) (71) où on vend et achète les produits

métier (n.m.) (62) travail pour gagner sa vie, carrière

Minitel (n.m.) (61) ancêtre français d'Internet, pour trouver des informations numériques

ouvrage (n.m.) (71) livre, oeuvre

périscolaire (adj.) (63) activités organisées par l'école qui ne sont pas obligatoires

poursuivre (v.) (65) continuer sans interruption

PQR (n.f.) (61) Presse Quotidienne Régionale (plusieurs journaux français)

pupitre (n.m.) (79) petit bureau pour élève, chaise et table sont attachées

rater (v.) (62) contraire de réussir

rattrapage (n.m.) (62) démarche qui consiste à repasser quelques examens du bac ou redoubler un cours

scolarité (n.f.) (87) le fait d'aller à l'école

sur la pointe des pieds (loc.) (66) s'appuyer uniquement sur les orteils pour marcher

volière (n.f.) (77) cage à oiseau

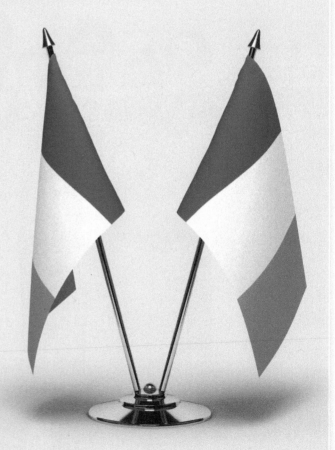

Pour mieux s'exprimer à ce sujet

agenda (n.m.) où on note les évènements importants et les taches à faire

bulletin de notes (n.m.) le document officiel avec les notes qu'on envoie aux parents

Conseil de classe (n.m.) réunion officielle des représentants d'une classe (élèves, parents, professeurs) pour discuter du cas de chaque élève

échec (n.m.) contraire de réussite, quand on rate.

enfant prodige (n.m.) un enfant avec une (des) capacité(s) exceptionnelle(s), généralement dans une domaine spécifique

formation (n.f.) un programme d'études, souvent technique ou spécifique

instituteur (-trice) (n.m/f) professeur pour l'école primaire

maître/maîtresse (n.m/f) professeur dans une école primaire

pochette (n.f.) enveloppe

voie (n.f.) chemin dans une direction spécifique, direction professionnelle

CONSTANTINE, ALGÉRIE

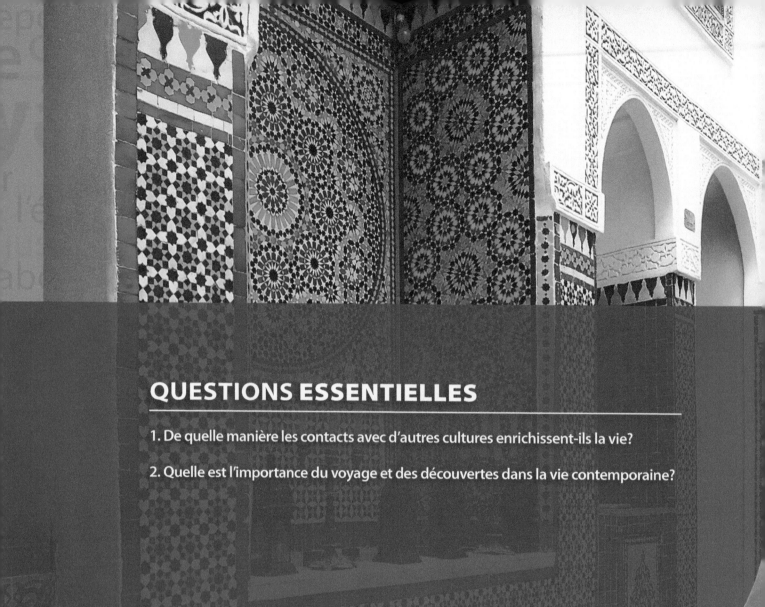

QUESTIONS **ESSENTIELLES**

1. De quelle manière les contacts avec d'autres cultures enrichissent-ils la vie?

2. Quelle est l'importance du voyage et des découvertes dans la vie contemporaine?

MAROC

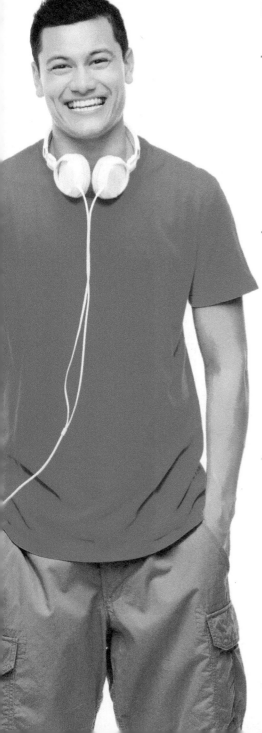

Chapitre 2

On y va!

» OBJECTIF   *Respecter la chronologie*

Le voyage d'Arnaud

Dessiné par Cora Olson

1. LIRE

Regardez la bande dessinée pour identifier les différentes étapes nécessaires à la préparation d'un voyage.

2. LIRE

Réorganisez les activités ci-dessous selon l'ordre chronologique de la bande dessinée.

1. Arnaud achète son billet sur le site www.sncf.fr. _____
2. Arnaud composte son billet. _____
3. Arnaud consulte le Guide du Routard pour préparer son voyage. _____
4. Arnaud demande la durée du trajet du train. _____
5. Arnaud écoute les annonces d'arrivée au haut parleur. _____
6. Arnaud fait ses valises. _____
7. Arnaud prend le métro pour aller à la gare. _____
8. Arnaud prend un taxi pour aller à l'hôtel. _____
9. Arnaud se présente à la réception de l'hôtel. _____
10. Arnaud trouve son quai. _____
11. Arnaud va dans une boulangerie pour acheter un pain au chocolat et demande si l'accès Internet par le wifi est disponible. _____

3. PARLER

Utilisez les mots du tableau ci-contre pour décrire les étapes du voyage d'Arnaud.

4. ÉCRIRE PARLER

Comparez votre façon de voyager avec celle d'Arnaud.

Est-ce que votre famille fait des voyages comme Arnaud? Quelles sont les différences?

	ARNAUD	MOI
la préparation		
la durée		
le nombre de valises		
le mode de transport		
les destinations		

POINT**RAPPEL**

Vous souvenez-vous des mots suivants? Ils sont utiles pour parler de l'ordre d'une série d'évènements.

d'abord	puis
ensuite	enfin
avant	après

POINT**CULTURE**

Sachez que voyager en Europe est très facile. En France, on consulte le Guide du Routard, une collection de guides touristiques français. Il y a un voyageur sur la couverture qui a un sac à dos en forme de globe; c'est le logo de la collection. On peut voyager dans toute l'Union Européenne sans passeport. Le train est le mode de transport le plus populaire. En France, le train le plus connu est le TGV, un Train à Grande Vitesse propulsé par des moteurs électriques et atteignant 320 km/h avec des passagers et 574 km/h sans passagers.

» OBJECTIF   *Lire un horaire*

Départ	Heure	Destination	Arrivée
MARSEILLE	08H20	PARIS	11H40
BRUXELLES	16H46	LIÈGE	17H31
LILLE	13H10	BRUXELLES	13H44
PARIS	14H00	BRUXELLES	15H25
REIMS	06H30	PARIS	07H37
LYON	15H34	GENÈVE	17H16
PARIS	08H05	LYON	10H07

1. LIRE ÉCOUTER

Regardez les horaires ci-dessus et écoutez les conversations.

D'après les conversations et vos expériences, quelles sont les différences entre un voyage en avion et un voyage en train?

2. PARLER

Exprimez l'heure officielle dans une conversation.

Modèle: 15h27 - Notre train part à quinze heures vingt-sept, alors nous avons le temps de manger.

1. 13h15 — Le train part dans dix minutes! Dépêchons-nous!

2. 0h — Nous avons raté le vol.

3. 6h30 — Réveille-toi, nous partons dans une demi-heure.

3. ÉCRIRE   PARLER

Expliquez le plan de voyage en utilisant les horaires ci-dessus.

Modèle: de Marseille à Bruxelles

Le train de Marseille à Paris part à 8h20 et arrive vers 11h30. On attend à la gare jusqu'à 14h. Le train pour Bruxelles arrive à 15h25.

1. de Lille à Liège

2. de Reims à Lyon

3. de Paris à Genève

POINT**GRAMMAIRE**

Indiquer la durée

Heure officielle	Heure dans une conversation
8h	Il est huit heures du matin.
12h	Il est midi.
0h	Il est minuit.
18h	Il est six heures du soir.

POINT**RAPPEL**

Indiquer la durée

un espace de temps: **de** 10h **à** 13h

une limite: **jusqu'à** 23h59

l'heure approximative: **vers** 12h

l'heure exacte: **à** 9h30

l'heure exacte: **à** 16h **pile**

Exprimer ses préférences vis-à-vis d'un horaire

---

1. ÉCOUTER

Vous allez entendre une conversation entre Arnaud et Didier. Écoutez d'abord sans regarder.

2. LIRE

Maintenant, lisez la conversation.

ARNAUD – Salut Didier, as-tu vu l'horaire des trains?

DIDIER – Oui, je le regarde maintenant. À quelle heure est-ce que tu veux que je vienne à Lyon jeudi?

ARNAUD – J'aimerais que tu viennes avant 10h parce que nous allons visiter la basilique Notre-Dame de Fourvière avant le déjeuner.

DIDIER – Ah bon? C'est chouette, il est important que nous visitions la basilique. Tu sais que je suis passionné de photos . . . Où devrions-nous déjeuner, pour être près de la basilique?

ARNAUD – Il est nécessaire que nous déjeunions au Petit Dauphin. Sophie et Clémentine vont nous y rejoindre à midi.

DIDIER – Sophie et Clémentine?

ARNAUD – Bien sûr, il faut que tu fasses la connaissance de mes amies. Sophie aime bien faire des photos, et elle est belle, blonde et célibataire!

DIDIER – Tu rigoles! Alors, il y a quelques trains qui partent avant 10h. Lequel veux-tu que je prenne?

ARNAUD – Je préfère que tu prennes le train de 7h55. Je t'attendrai à la gare.

DIDIER – D'accord, à jeudi.

ARNAUD – Vivement jeudi!

---

3. PARLER

Répondez aux questions suivantes.

1. Où va Didier?

2. Quand?

3. Qu'est-ce qu'ils vont faire?

4. À quelle heure est son train?

4. ÉCRIRE

Utilisez la transcription de la conversation pour compléter les phrases ci-dessous.

1. À quelle heure est-ce que tu veux _____ je vienne à Lyon jeudi?

2. _____ que nous visitions la basilique.

3. Il est nécessaire que _____ au Petit Dauphin.

POINT**GRAMMAIRE**

Pour former une phrase de préférence ou de nécessité, il y a trois éléments importants:

1. La cause   **2.** Le deuxième sujet   **3.** Le deuxième verbe

LA CAUSE:	LE SUBJONCTIF: 2e sujet + (3e personne pluriel -ent)
Il faut que	-e
Il est important que	-es
Il est nécessaire que	-e
Je veux que	-ions
Je préfère que	-iez
J'aimerais que	-ent

Modèle:

La Cause: il faut que

Le Subjonctif: nous + parler

    3e personne pluriel de parler: parlent

                              -ent

    Radical: PARL

Il faut que nous parlions en français.

Il y a quelques radicaux irréguliers:

savoir: sach-

pouvoir: puiss-

faire: fass-

*aller: aill- /all-

*vouloir: veuill- / voul-

*Vouloir et Aller ont deux radicaux

être	
je sois	nous soyons
tu sois	vous soyez
il/elle soit	ils/elles soient

avoir	
j'aie	nous ayons
tu aies	vous ayez
il/elle ait	ils/elles aient

S'il n'y a qu'un seul sujet, le deuxième verbe sera à l'infinitif.
Exemple: Elle veut passer ses vacances en Tunisie.

---

5.  **ÉCRIRE**

Lisez les phrases et donnez l'infinitif du verbe souligné.

1. À quelle heure est-ce que tu veux que je <u>vienne</u> à Lyon jeudi?

2. J'aimerais que tu <u>viennes</u> avant 10h parce que nous allons visiter la basilique Notre-Dame de Fourvière avant le déjeuner.

3. Il est important que nous <u>visitions</u> la basilique.

4. Il est nécessaire que nous <u>déjeunions</u> au Petit Dauphin.

5. Il faut que tu <u>fasses</u> la connaissance de mes amies.

6. Lequel veux-tu que je <u>prenne</u>?

7. Je préfère que tu <u>prennes</u> le train de 7h55.

6.  **LIRE** **ÉCRIRE**

Faites correspondre les causes avec les verbes au subjonctif dans le contexte de l'histoire d'Arnaud et de Didier à la page précédente.

Il est nécessaire que	nous visitions la basilique
J'aimerais que	tu viennes avant 10h
Tu veux que	tu fasses la connaissance de mes amies.
Il faut que	tu prennes le train de 7h55
Je préfère que	je vienne à Lyon jeudi?
Il est important que	nous déjeunions au Petit Dauphin.

7.  **ÉCRIRE**

Déterminez le mode: Le subjonctif ou l'indicatif? S'il n'y a pas deux sujets différents et une cause, le verbe sera à l'indicatif et non pas au subjonctif. Analysez les phrases ci-dessous. Sur une feuille de papier, reproduisez les tableaux ci-dessous et complétez-les, en utilisant les phrases suivantes.

1. Il faut que tu fasses ta valise.

2. Je dois partir vers midi.

3. Ils veulent que je leur rende visite.

4. Tu veux faire un voyage.

5. Nous ne voulons pas que tu partes.

Le premier sujet	Le premier verbe	QUE	Le deuxième sujet	SUBJONCTIF ou INDICATIF	La phrase en anglais

Pour les phrases avec un seul sujet et un infinitif:

Sujet	Le premier verbe	L'infinitif	La phrase en anglais

9.  ÉCRIRE ? PARLER

Copiez la structure ci-dessous et formez les phrases suivantes en français.

1. It is important that we be on time.

	ANGLAIS	FRANÇAIS
La cause:	_____	_____
Le deuxième sujet:	_____	_____
Le deuxième verbe (au subjonctif):	_____	_____
La phrase:	_____	

2. My mom wants me to take the 5 PM train.

3. I want you to go to Paris with me.

4. I would like for him to come to Dakar in June.

5. It is important that she validate her ticket.

10. ÉCRIRE ? PARLER

Arnaud vient chez vous cet été. Faites une liste de sept choses que vous voulez qu'il fasse.

Modèle: Je veux qu'il fasse la connaissance de ma mère, et qu'il rencontre ma famille.

UN TGV DUPLEX À STRASBOURG, FRANCE

» OBJECTIF   *Bien se préparer à voyager*

1. PARLER

Regardez le pense-bête et faites des phrases complètes en utilisant les structures générales et spécifiques en vous référant au Point Grammaire ci-contre.

Pense-bête

faire les valises

acheter les billets

valider les billets

aller à la banque

recharger le portable

acheter un nouveau maillot de bain

acheter de la crème solaire

POINT**GRAMMAIRE**

il est important il est essentiel il est bon	d'acheter les billets en avance.	il faut acheter les billets en avance.
général (infinitif, un seul sujet)		
il est important il est essentiel il est bon	que vous achetiez les billets en avance	
spécifique (subjonctif, deux sujets)		

Pense-bête pour bien faire ses valises et préparer son voyage

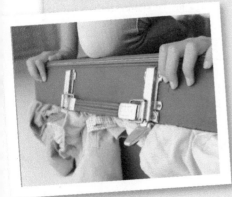

Avion, train, bateau: les voyages nécessitent de ne rien oublier. Réussir ses vacances loin de chez soi requiert donc une préparation soignée de sa valise.

Voyager, en train ou en avion, impose d'emporter avec soi un minimum d'affaires. Il est indispensable de ne pas oublier l'essentiel pour ne pas se trouver en difficulté lors du voyage ou une fois arrivé à destination.

Six conseils indispensables pour bien préparer son départ

On ne rate pas ses vacances en oubliant de mettre un maillot de bain dans la valise mais en n'ayant aucun document à fournir après s'être fait voler ses papiers ou en se trouvant dépourvu du médicament que l'on doit prendre habituellement.

Souvenez-vous donc qu'un long déplacement peut très vite se transformer en «galère», **voire** en «cauchemar», quand on a oublié de prendre

un minimum de précautions. Avant de penser à la tenue que vous allez mettre à la plage ou au ski, pensez à tout ce qui risque de vous mettre en difficulté en cas d'oubli ou de problème.

À cet effet, vous pouvez lire «Faire un beau voyage, les précautions pour réussir ses vacances», mais voici six points essentiels auxquels il vous faut penser:

1. Passeport, titres de transport, fiches et numéros de réservations diverses, adresses des lieux de rendez-vous (hébergements, véhicule, lieu d'embarquement), horaires de rendez-vous, certificats de vaccination et de santé, facture d'appareil photo ou caméra . . . sont tous à photocopier (une copie par personne). Gardez un **exemplaire** sur vous, si vos originaux sont en soute, ou l'inverse. Notez aussi les numéros des chèques de voyage sur un papier que vous garderez avec vous.

2. Pour un pays de langue étrangère, munissez vous d'un petit dictionnaire bilingue avec quelques formules passe-partout, pour pouvoir communiquer un peu. Joignez-y un carnet et un crayon: sur place, si vous ne comprenez pas, vous pourrez toujours faire écrire quelques mots ou faire tracer un plan sur une page.

3. Emportez la dose complète de médicaments liés à votre traitement en cours, si c'est le cas, et votre **ordonnance** médicale (dont vous aurez laissé une copie chez-vous). Prévoyez à l'avance les vaccins indispensables. Emportez des pastilles de traitement de l'eau et les médicaments nécessaires au traitement des problèmes que vous risquez de rencontrer (parlez de votre voyage à votre médecin suffisamment tôt).

4. N'oubliez pas d'emporter cartes, plans de ville et plans de situation des lieux de rendez-vous (cherchés sur Internet et imprimés). Consultez-les avant les départs et rendez-vous, afin de vous familiariser avec les lieux et leur situation, précaution utile dans le cas où vous utiliseriez des moyens de déplacement locaux, pour déceler ceux qui vous font faire des trajets plus longs que nécessaire.

5. Côté argent, à plusieurs, répartissez la somme entre les diverses personnes, en petites quantités. Si vous êtes seul(e), placez un peu

---

2. **LIRE** **ÉCRIRE**

Lisez l'article et répondez aux questions suivantes.

1. Qu'est-ce qui est absolument indispensable pour un voyage réussi d'après le texte? Marquez ce que vous trouvez le plus important.

2. Quels conseils l'auteur donne-t-il au sujet de l'argent?

3. En ce qui concerne sa santé, qu'est-ce que l'auteur suggère?

4. Qu'est-ce qu'il suggère comme vêtements?

3. **ÉCRIRE**

Faites une liste d'au moins dix tâches générales pour la préparation de votre prochain voyage, puis une liste spécifique pour les membres de votre famille.

d'argent dans plusieurs lieux (poche du pantalon, sac, poche du blouson, porte-monnaie dans la **sacoche**...).

6. Sur une fiche rédigée dans la langue du pays d'accueil, indiquez vos coordonnées, celles des personnes à joindre en cas de problème (pensez aux indicatifs internationaux de téléphone), votre groupe sanguin (ex: «My blood type is O+»), les indications d'urgence médicale, les coordonnées de votre lieu d'hébergement. Photocopiez cette fiche et gardez-en toujours une avec vous et une autre dans un sac ou une valise.

Une valise ou un sac bien fait est une valise ou un sac bien plein

Chaque compagnie aérienne a ses conditions de bagages (poids, volume, nombre). Renseignez-vous. Attention aux petites compagnies de vols intérieurs qui sont parfois très exigeantes.

Adaptez vos bagages exactement au volume de ce que vous emportez. Remplissez-les au maximum pour éviter d'abîmer vos affaires et de **froisser** le linge.

Utilisez des sacs plastiques pour emballer séparément tout ce qui n'est pas du linge.

Ne vous chargez pas inutilement de vêtements. Sur place, il sera toujours possible de compléter si nécessaire. Privilégiez le confort pour la destination visée, et ce qui se nettoie très facilement sans se froisser.

Les vêtements longs sont indispensables quelle que soit la destination. S'ils ne servent pas pour sortir, ils peuvent être nécessaires pour des questions religieuses ou sociales, pour se protéger des insectes (taons, moustiques…), faciliter une guérison de brûlure par le soleil, s'abriter de la poussière...

Pensez à emporter un sac à dos dans vos valises (pour vos promenades et pour ramener les souvenirs), une gourde thermos, un canif décapsuleur, une mini trousse de couture, un couvre-chef.

Anti-moustiques, piles de rechange, lotions solaires coûtent souvent bien moins cher en France (métropolitaine). Emportez-les emballés dans des sachets étanches.

Placez en valises de soute tout object coupant ou pointu (pince et lime à ongles, pince à épiler, canif...) et les produits de beauté et votre trousse de toilette (privilégiez les échantillons récupérés au cours de l'année!).

Le bagage à main, sac ou valise de cabine

Depuis la France, vous n'avez droit qu'à un seul bagage à main (5 kg par personne et de dimensions règlementaires).

Placez-y, pour ne pas être pris au dépourvu en cas de problèmes avec vos bagages:

un vêtement de rechange,

des médicaments pour plusieurs jours,

un nécessaire rudimentaire de toilette,

une paire de lunettes de vue de rechange et des lunettes de soleil,

vos objets de valeur (ordinateur, matériel photographique, bijoux),

des pellicules ou cartes mémoire, accus ou piles rechargeables, chargeur, un adaptateur de prises de courant,

une petite lampe torche ou frontale,

vos documents importants,

les plans, le dictionnaire linguistique.

Une **astuce**: si vous voyagez à plusieurs, ne faites surtout pas un bagage par personne, mais au contraire répartissez les effets de tout le monde dans chaque bagage, un bon moyen pour que l'un d'entre vous ne soit pas pris totalement au dépourvu en cas de problèmes de bagages.

—Jean-Luc Mercier, Bergerac-France, 18 juin 2010

HAYLIE: Hé, Arnaud, j'ai besoin de ton aide. Je dois faire une comparaison de vacances pour mon cours de français. Je ne sais pas par où commencer . . .

ARNAUD: Ne t'inquiète pas, au collège, j'ai dû rédiger un exposé au sujet de mes vacances. Veux-tu que je te l'envoie? Comme ça tu pourras voir un exemple.

HAYLIE: Oui, tu me sauves! Je déteste lire des graphiques . . . c'est trop difficile. Je ne les comprends jamais.

ARNAUD: T'es dingue, les graphiques sont faciles à comprendre. Tu peux t'exercer avec ma présentation!

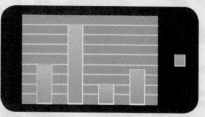

La durée

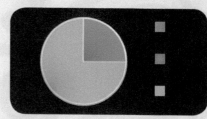

Le transport

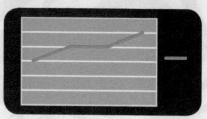

Les voyageurs

Les types de graphiques

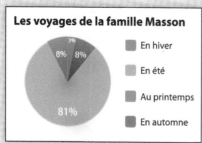

un camembert

un graphique en courbes

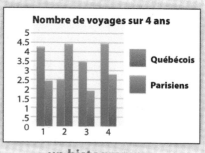

un histogramme

1. **LIRE**

Arnaud et Haylie font un tchat vidéo sur Internet. Ils discutent de leurs devoirs. Lisez leur conversation ci-dessus.

2. **LIRE PARLER**

Répondez aux questions.

1. Quel est le but d'un graphique?

2. Quels sont les mots de vocabulaire importants?

3. **PARLER**

Regardez les graphiques ci-dessus. Identifiez les éléments.

1. Quel type de document est-ce?

2. Identifiez ces éléments du graphique:

> l'axe des ordonnées
> l'axe des abscisses
> le titre
> l'unité
> la légende

3. Quel type de graphique trouvez-vous le plus facile à comprendre et pourquoi? Expliquez.

Analyser un document

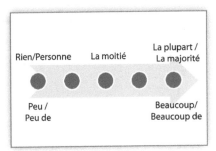

La majorité des Français voyagent en train. Peu de d'Américains voyagent en train.

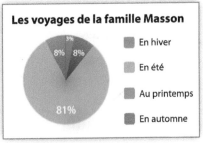

La famille Masson voyage en été 81 pour cent du temps.

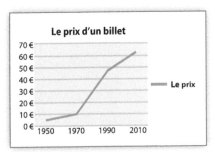

Le prix augmente entre 1950 et 2010.

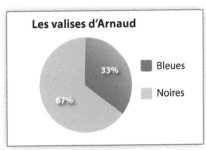

Un tiers des valises d'Arnaud sont bleues.

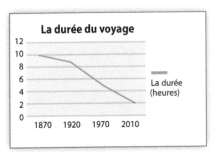

La durée du voyage diminue entre 1870 et 2010.

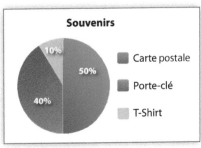

La moitié des souvenirs d'Arnaud sont des cartes postales.

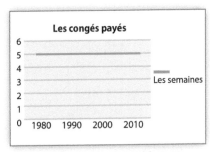

Les congés payés sont stables entre 1980 et 2010.

4. 📖 LIRE ❓ PARLER

Décrivez les voyages d'Arnaud.

1. Lisez la présentation d'Arnaud.

2. Posez les mêmes questions.

3. Faites (au minimum) cinq phrases qui décrivent ses vacances.

5. 🔄 SE CONNECTER

Allez plus loin sur notre site: Choisissez un article sur le portail de l'étudiant et faites les activités suivantes.

1. Lisez l'article.

   a. Quel est le but de l'article/ du graphique?

   b. Quels sont les mots importants?

2. Identifiez les éléments.

   a. Quel type de document est-ce?

   b. Pouvez-vous identifier ces éléments du graphique:

     l'axe des ordonnées

     l'axe des abscisses

     le titre

     l'unité

     la légende

   c. Quelle est la source?

3. Analysez le document et notez quelques observations.

4. Écrivez un paragraphe qui explique vos observations puis, un paragraphe qui les compare à votre vie. Finissez votre composition avec votre opinion sur la meilleure façon de voyager.

6. ✏️ ÉCRIRE ❓ PARLER

Comparez les informations que vous avez rassemblées sur votre vie quotidienne et celle de vos camarades de classe.

Faites une présentation sur vos habitudes de voyages, sans oublier d'inclure une variété de graphiques.

LIRE

La sélection suivante est accompagnée de plusieurs questions. Pour chaque question, choisissez la meilleure réponse selon la sélection.

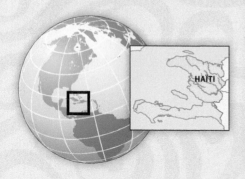

Introduction:

Dans cette sélection il s'agit d'un voyage à Haïti. Le message original a été publié le 10 février 2005 au Canada par VoyageForum.com. © Hal2005

Re: [moisdejuin] Voyage à Haïti (en réponse à...) 10 février 2005 à 10:01	**Hal2005** Québec (Canada) Message 2 sur 18 Consulté 6 826 fois **Signaler ce message aux modérateurs** Adresse du message Haut de la page

Bonjour moisdejuin,

Haiti fut mon 1er vrai voyage à la fin de mes études, mais j'ai toujours gardé un merveilleux
Ligne souvenir de ce voyage, malgré notre jeunesse
5 inconsciente qui nous a menés là-bas durant la révolution de Duvalier! Eh oui! Petit budget d'étudiant ne nous permettait pas d'autres destinations aussi économiques. Du 1er janvier au 14 janvier et la température était super; soleil,
10 soleil et soleil et la température de l'eau pour se baigner à la mer était aussi bonne que celle de mon bain! Je ne peux te dire comment t'y rendre de la Belgique puisque nous sommes parties du Canada.

Nous étions à Jacmel, un beau petit village de la
15 bourgeoisie qui y a déjà eu de belles résidences, qui ont été abandonnées avec le temps. Nous n'avons pas visité Port-au-Prince qui était sous les balles et n'avons pas insisté pour y demeurer non plus! Notre hôtel était tout petit, une trentaine de
20 chambres, une très belle plage (sous la surveillance

des «tontons macoute». Nous avions un guide (Don Don) qui nous attendait tous les jours à la porte de l'hôtel pour nous accompagner et répondre à nos questions. Il nous a organisé une excursion dans la montagne, à dos
25 d'âne, traversant plantations de **bananiers**, cimetières isolés, petits villages de quelques habitants . . . et là-haut, le Bassin sans fond. Genre de formation dans les rochers qui était une merveille dans un pays si déchiré. Je garde de beaux souvenirs de cet endroit méconnu et aussi beau que bien
30 d'autres plus populaires.

Aujourd'hui, la situation a-t-elle changé? Oui, la révolution est terminée et Monsieur Duvalier est parti mais le pays ne s'est pas totalement reconstruit étant donné ses problèmes politiques. L'infrastructure touristique n'est pas celle des autres
35 îles environnantes. Et il y a quelques mois, il y a eu des pluies diluviennes aux Gonaïves. Mais j'ai bien aimé ce pays, avec des gens bien sympathiques.

Ah oui, il y a environ 5 ans, nous nous sommes arrêtés à Labadee lors d'une **escale** au cours d'une **croisière**. Mais je crois que ce
40 petit coin qui ressemble à un minuscule bras de mer est installé en fonction des croisiéristes qui envahissent la plage la durée de quelques heures. C'était en octobre, et avions eu du beau temps. Mais étant la saison des ouragans, ce n'est pas la saison que je choisirais pour un séjour à long terme.

Et voilà! Bon voyage!
par Hal2005

LE DRAPEAU D'HAÏTI

1. **Pour quelle raison l'article a-t-il été écrit?**

    a. faire de la publicité pour le voyage

    b. donner des conseils

    c. exprimer les souvenirs d'un voyage

    d. exprimer le point de vue sur le Canada

2. **Dans cet article, quel est le ton de l'auteur?**

    a. didactique

    b. persuasif

    c. objectif

    d. mélancolique

3. **Vous allez contacter l'auteur pour lui demander plus d'informations. Comment devriez-vous formuler votre demande?**

    a. «Salut mec, as-tu des conseils pour acheter une valise?»

    b. «J'aimerais voyager à Haïti cet été. Avez-vous d'autres conseils?»

    c. «Auriez-vous donc l'amabilité de bien vouloir m'envoyer des conseils pour voyager avec mon enfant ? Je vous remercie.»

    d. «Monsieur, j'habite aux États-Unis! je n'ai pas besoin de voyager!»

4. **Que veut dire l'expression «sous les balles»?**

    a. l'objet d'attaques

    b. sous les ballons

    c. sous l'eau

    d. l'endroit bal

5. **« . . . soleil, soleil et soleil et la température de l'eau pour se baigner à la mer était aussi bonne que celle de mon bain!» Selon l'auteur, comment est le temps à Haïti?**

    a. fantastique sauf pendant l'automne

    b. incroyable toute l'année

    c. imprévisible

    d. l'auteur ne discute jamais de la météo

» Interpretive Communication: PRINT AND AUDIO TEXTS

SOURCE 1:

Introduction:
Dans cette sélection il s'agit de l'importance de voyager à l'étranger. L'article original a été publié sur **voyageplus.net.** © Voyage plus

SORTIR DE L'ORDINAIRE

Vous est-il déjà arrivé de regretter de ne pouvoir vivre une autre vie que la vôtre? Avez-vous parfois l'impression que, d'une part, le temps file trop vite et que, d'autre part, vos journées sont d'une monotonie désespérante? Si ça vous arrive, c'est qu'il est temps de «mettre un peu de voyage» dans votre vie.

Même quand on aime bien la vie qu'on mène, il arrive toujours un moment où son ordinaire devient vraiment trop . . . ordinaire. Alors qu'il y a tant d'endroits magnifiques à découvrir, tant de routes passionnantes à parcourir, tant de manières de vivre fascinantes à explorer et de gens merveilleux à rencontrer, pourquoi se satisfaire de rester tranquillement chez soi?

Pourquoi **se priver** du plaisir de se réveiller un beau matin dans une chambre d'hôtel inconnue et de se dire: «Aujourd'hui, je vais visiter New York», ou «Je vais descendre Li jiang en bateau», ou « Je vais **grimper** sur le Machu Picchu»? Pourquoi ne pas s'offrir de l'extraordinaire et de l'inédit? Quand le poids des journées répétitives nous colle les pieds au plancher, un voyage nous donne des ailes.

Nous méritons tous mieux que la vie que nous avons. Et comme nous pouvons difficilement vivre une autre vie que la nôtre, nous avons tous le droit de tricher un peu avec nos limites. Partir ailleurs pour quelque temps fait franchir des frontières bien plus importantes que les frontières géographiques.

Ligne
5

10

15

20

 LIRE  **ÉCOUTER**

Vous allez lire un passage et écouter une sélection audio. Pour la lecture, vous aurez un temps déterminé pour la lire. Pour la sélection audio, vous aurez d'abord un temps déterminé pour lire une introduction et pour parcourir les questions qui vous seront posées. La sélection sera présentée deux fois. Après avoir écouté la sélection une première fois, vous aurez 1 minute pour commencer à répondre aux questions; après avoir écouté la sélection une deuxième fois, vous aurez 15 secondes par question pour finir de répondre aux questions. Pour chaque question, choisissez la meilleure réponse selon la sélection audio ou la lecture et indiquez votre réponse sur votre feuille de réponse.

SOURCE 2: SÉLECTION AUDIO 🎧

Introduction:

Dans cette sélection il s'agit de l'expédition unique d'Antoine de Maximy. Le reportage original intitulé *Souvenirs de voyages: Antoine de Maximy* a été publié le 1 décembre 2011 en France par Le Nouvel Observateur.

© Le Nouvel observateur

1. **Selon le passage, pourquoi devrait-on voyager?**
   a. la vie domestique n'est pas tranquille
   b. pour ne pas regretter la vie
   c. pour voir les frontières géographiques
   d. pour éviter des problèmes chez vous

2. **L'extrait audio indique:**
   a. que le métro parisien est dangereux.
   b. qu'il faut voyager pour le film.
   c. qu'il faut voyager pour faire une expédition.
   d. que les expéditions ou les voyages peuvent se passer chez vous.

3. **Dans le passage, qu'est-ce que la phrase «Je vais grimper sur le Machu Picchu» veut dire?**
   a. se blesser
   b. monter
   c. descendre
   d. faire une grimace

4. **Selon la vidéo, pourquoi Maxime choisit-il de faire un voyage en métro?**
   a. C'est un de ses lieux favoris à Paris.
   b. Il y a des pistes extraordinaires.
   c. C'est tout près de son appartement.
   d. Il voulait faire une parodie de l'expédition.

5. **Quelle réplique de Maxime serait la plus appropriée à la fin de la vidéo?**
   a. «As-tu fait d'autres films?»
   b. «Quels sont les autres films que vous avez faits en voyageant?»
   c. «Assez parlé, voyageons!»
   d. «Je voudrais voir ton film!»

» Interpretive Communication: AUDIO TEXTS

ÉCOUTER

Vous allez écouter une sélection audio. Vous aurez d'abord un temps déterminé pour lire l'introduction et pour parcourir les questions qui vous seront posées. La sélection sera présentée deux fois. Après avoir écouté la sélection une première fois, vous aurez 1 minute pour commencer à répondre aux questions; après avoir écouté la sélection une deuxième fois, vous aurez 15 secondes par question pour finir de répondre aux questions. Pour chaque question, choisissez la meilleure réponse selon la sélection audio et indiquez votre réponse sur la feuille de réponse.

Introduction:

Dans cette sélection, il s'agit d'un voyage au Cambodge. Cet entretien a été tiré du podcast Voyagecast qui se trouve sur le site www.trip85.com. © trip85.com

CAMBODGE

1. **Guillaume n'est plus au Cambodge. Où est-il au moment de l'entretien?**
   a. au Mali
   b. au Bali
   c. en Thaïlande
   d. au Viêt nam

2. **Guillaume a vécu au Cambodge pendant combien de temps?**
   a. 9 mois
   b. 9 ans
   c. 6 mois
   d. un an

3. **Pourquoi Guillaume vous suggère-t-il de ne pas atterrir directement au Cambodge?**
   a. car les aéroports cambodgiens sont trop grands
   b. parce qu'il n'y a aucun aéroport international au Cambodge
   c. car l'atterrissage a plus de turbulence à cause des montagnes
   d. parce que les billets coûtent trop cher

4. **D'après Guillaume, traverser la frontière par voie terrestre est plus « sympa » parce que:**
   a. On n'est dans aucun pays.
   b. C'est plus facile de passer par la douane.
   c. On peut voir les différences marquantes du paysage.
   d. C'est une grande aventure.

5. **Que fait-on quand on sort d'un pays dans une zone internationale selon Guillaume?**
   a. On examine vos papiers.
   b. On tamponne votre passeport.
   c. On inspecte vos bagages.
   d. On vous questionne.

Interpersonal Writing: E-MAIL REPLY

📖 LIRE ✏️ ÉCRIRE

Vous allez écrire une réponse à un message électronique. Vous aurez 15 minutes pour lire le message et écrire votre réponse. Votre réponse devrait débuter par une salutation et terminer par une formule de politesse. Vous devriez répondre à toutes les questions et demandes du message. Dans votre réponse, vous devriez demander des détails à propos de quelque chose mentionnée dans le texte. Vous devriez également utiliser un registre de langue soutenue.

Introduction:

C'est un message électronique de Pauline Pierre, Responsable des relations à la clientèle. Vous recevez ce message parce que vous avez contacté la compagnie aérienne pour demander des informations concernant votre valise perdue.

De: pp@relationsclientele.be

Bruxelles, 13 septembre 2012

Monsieur ou Madame,

J'ai bien reçu votre courrier dans lequel vous nous faites part de votre manque de satisfaction quant
Ligne au traitement donné à votre valise. Votre demande
5 d'intervention, reçue le 3 septembre, a retenu toute mon attention et je la soumets immédiatement pour examen auprès des services concernés.

BRUXELLES, BELGIQUE

BELGIQUE

J'aurais besoin des détails suivants :

- une description détaillée de l'extérieur de la
10   valise.

- une liste complète du contenu de la valise

- les villes, les dates et les heures du voyage au
  cours duquel la valise a disparu.

Dès que je serai en possession de toutes les
15 informations nécessaires, je ne manquerai pas
de prendre position quant au contenu de votre
réclamation et vous ferai parvenir ma décision.

Je vous prie d'agréer, Monsieur, Madame,
l'expression de mes meilleurs sentiments.

20 Pauline Pierre
Responsable des relations à la clientèle

LIRE   ÉCOUTER

ÉCRIRE

Vous allez écrire un essai persuasif pour un concours d'écriture de langue française. Le sujet de l'essai est basé sur trois sources ci-jointes, qui présentent des points de vue différents sur le sujet et qui comprennent à la fois du matériel audio et imprimé. Vous aurez d'abord 6 minutes pour lire le sujet de l'essai et le matériel imprimé. Ensuite, vous écouterez l'audio deux fois; vous devriez prendre des notes pendant que vous écoutez. Enfin, vous aurez 40 minutes pour préparer et écrire votre essai. Dans votre essai, vous devriez présenter les points de vue différents des sources sur le sujet et aussi indiquer clairement votre propre point de vue que vous défendrez à fond. Utilisez les renseignements fournis par toutes les sources pour soutenir votre essai. Quand vous ferez référence aux sources, identifiez-les de façon appropriée. Organisez aussi votre essai en paragraphes bien distincts.

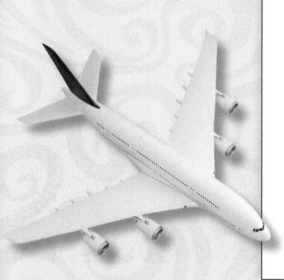

SUJET DE LA COMPOSITION:

Les obèses devraient-ils payer plus pour un siège d'avion?

SOURCE 1:

Introduction:

Dans cette sélection il s'agit d'une discrimination à l'encontre des personnes obèses. © Ginette Villa

Va-t-on nous demander notre poids pour voyager sur Air France?

N'est-ce pas une double peine que de faire payer plus cher les personnes obèses, dixit Viviane Gacquère, Présidente de l'association Allegro Fortissimo.

Air France nie.

Ligne
5

Que pensez-vous de la décision de la compagnie Air France de faire payer 75% du prix pour le second siège occupé par les personnes obèses?

Pas d'accord! La collaboration d'Allegro Fortissimo (depuis 4 ans) avec Air France a amélioré grandement l'accueil des personnes **corpulentes** mais de façon limitée quand même.

10 C'est, en tout cas, pénaliser doublement ces personnes car le paiement du second billet (taxes d'aéroport déduites) est discriminatoire et cela, nous ne pouvons l'accepter!!!

Qui est obèse, qui ne l'est pas?

Très difficile à dire. Cela dépend. Certaines personnes peuvent s'asseoir dans les sièges et d'autres pas . . .

15 Doit-on imposer des tests avant la réservation, genre: tour de taille, poids, ou tout simplement s'asseoir dans un «siège test»?

Ridicule!

Devra-t-on prendre des photos, ou présenter des témoins afin de prouver que l'avion n'était pas complet, lors d'une demande de remboursement? Cela dépasse le bon entendement!

Quel est le pourcentage des personnes obèses voyageant avec Air France?

20 Il n'y a pas de chiffre précis. Mais n'exagérons pas: les personnes fortes ne sont pas majoritaires!

Souvent, les avions ne sont remplis qu'à concurrence de 90% en moyenne. Alors, quand un passager obèse occupe un second siège (vide), il ne pénalise pas du tout financièrement la

25 compagnie. Et dans le cas où un avion est complet, il suffirait de proposer au passager en question de prendre le vol suivant.

Contradictions.

Air France et l'agence Go Voyage ont été condamnés à payer des dommages et intérêts à une personne de forte corpulence. Malgré cela, Air France **dément** l'obligation de faire payer un

30 second siège aux personnes obèses, alors que la veille, un **porte-parole** de la compagnie disait le contraire! Contradictions?

Alors que faire?

Ne pourrait-on pas identifier les personnes obèses comme passagers à caractère particulier au même titre que les handicapés et autres mères de famille? Elles pourraient

35 alors voyager dans de bonnes conditions! Et pourquoi ne pas s'imaginer réserver uniquement si l'avion est complet ou pas? Plusieurs solutions pourraient être étudiées.

À l'image d'Allegro Fortissimo, il faut lutter contre la discrimination faite aux personnes obèses dans la société.

SOURCE 2:

Introduction:

Dans cette sélection il s'agit du nombre de voyages que font les français chaque année. Le graphique original a été publié en 2011 par EuroStat.
© Eurostat

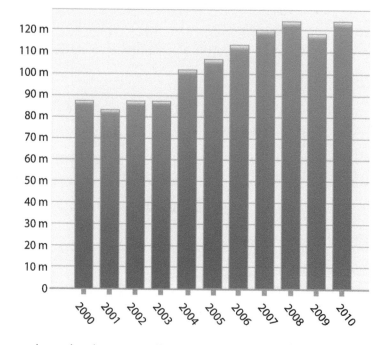

Les transports aériens en France

m = le nombre de voyages effectués (en milliards)

eurostat 2011

Vocabulaire
se plaindre
soupir

SOURCE 3:
SÉLECTION AUDIO

Introduction:

Dans cette sélection audio il s'agit du montant que les compagnies aériennes font payer aux voyageurs obèses pour un siège d'avion.

© TF1 Group

LIRE ÉCOUTER PARLER

Vous allez participer à une conversation. D'abord, vous aurez une minute pour lire une introduction à cette conversation qui comprend le schéma des échanges. Ensuite, la conversation commencera, suivant le schéma. Quand ce sera à vous de parler, vous aurez 20 secondes pour enregistrer votre réponse. Vous devriez participer à la conversation de façon aussi complète et appropriée que possible.

Introduction:

Vous êtes en train de téléphoner à un ami qui vous attend à la gare à Casablanca. Vous participez à cette conversation parce que vous avez raté votre train et vous êtes en retard.

Ami	Il vous salue.
Vous	Identifiez-vous; expliquez votre situation.
Ami	Il demande des détails.
Vous	Donnez les détails de votre arrivée.
Ami	Il explique qu'il y a un problème.
Vous	Proposez un mode de transport différent.
Ami	Il est d'accord et il propose un rendez-vous plus tard.
Vous	Acceptez sa proposition.
Ami	Il termine la conversation.
Vous	Dites au revoir et assurez-lui que vous le verrez bientôt.

LIRE  PARLER

Vous allez faire un exposé pour votre classe sur un sujet spécifique. Vous aurez 4 minutes pour lire le sujet de présentation et préparer votre exposé. Vous aurez alors 2 minutes pour l'enregistrer. Dans votre exposé, comparez votre propre communauté à une région du monde francophone que vous connaissez. Vous devriez montrer votre compréhension des facettes culturelles du monde francophone. Vous devriez aussi organiser clairement votre exposé.

Sujet de la présentation:

Décrivez les modes de transport utilisés dans votre pays. Comparez-les à ceux du monde francophone.

LIRE

La sélection suivante est accompagnée de plusieurs questions. Pour chaque question, choisissez la meilleure réponse selon la sélection.

Introduction:

Dans cette sélection, il s'agit d'une convention d'accueil, un contrat entre une association de familles d'accueil et un groupe universitaire qui passe un court séjour en Bretagne. © Association S2F

CONVENTION D'ACCUEIL

D'un groupe d'étudiants du 12 (soir) au 19 (après-midi) mai 2015

Entre les soussignés:

Ligne

5 **Association S2F (Séjour en famille française)**

Association loi 1901

Chez Madame VANDROY

5 allée de Bretagne

35830 BETTON

10 Tel : +33 (0) 2 99 53 70 57   +33 (0) 6 69 27 99 31

marianne.vandroy@neuf.fr

Et le groupe universitaire, Iowa, États-Unis (IEU)

Dans le cadre de ses activités; l'association S2F propose un accueil en famille aux étudiants participant à un séjour sur Rennes pour

15 la période:

du 12 (soir) au 19 (après-midi) mai 2015 soit 7 nuitées

L'association s'engage à fournir à l'étudiant:

- une chambre individuelle ou en duo avec accès salle de bain et toilettes

20
- les repas du soir et du week-end avec la famille
- les repas de midi avec l'association
- une aide personnalisée pour l'accueil dont une prise en charge dès l'arrivée

• lui faire découvrir notre culture et **patrimoine**

25 L'association S2F s'engage à assurer:

- Le bon déroulement du séjour en famille et la qualité de l'accueil
- La liaison avec la responsable du groupe en cas de besoin
- L'accompagnement

Dans le cadre des visites culturelles, l'association ne fait que rendre service en
30 accompagnant le groupe et en ayant réservé les divers animations.

S2F se dégage de toute responsabilité au cas où l'une ou l'autre des visites
devait être annulée du fait d'un imprévu extérieur à l'association.

L'association met à disposition 3 bénévoles qui guideront le groupe dans les
divers sites proposés sur le **devis**. Elle louera pour le compte du groupe: 3
35 véhicules, 2 minibus et 1 voiture 5 places pour les déplacements.

La facture est en 2 parties distinctes:

- L'hébergement
- La partie culturelle

L'association a contracté une assurance responsabilité étendue aux personnes
40 qu'elle accueille toutefois en cas de dégât matériel occasionné par l'une des
personnes accueillies, une franchise de 200 euros est appliquée et sera à
charge de l'auteur des faits. Chaque étudiant est responsable de lui-même et
devra respecter les conditions d'accueil (chambre mise à disposition, horaires
des repas) Si l'étudiant souhaite rentrer plus tard que l'heure prévue, il devra
45 informer la famille et le retour sera à sa charge.

En contrepartie de cet accueil, IEU s'engage:

À acquitter les frais suivants, selon le devis proposé:

- Indemnités d'hébergement: 25 euros par nuitée et par étudiant
- **Forfait** pour recherche de famille: 5 euros par étudiant
50 - Participation à la vie de l'association: 22 euros
- Frais d'accompagnement: 200 euros

LE DRAPEAU DE LA BRETAGNE

(suite à la page suivante)

1. **De quel genre de document s'agit-il?**
   a. un accord
   b. un article
   c. une lettre
   d. une publicité

2. **Selon la sélection, qu'est-ce qui coûtera le plus cher pour le groupe universitaire?**
   a. la recherche de famille
   b. le logement
   c. l'indemnisation pour l'association
   d. l'accompagnement

3. **Dans le contexte de cet extrait, quel serait un synonyme pour le mot «fournir»?**
   a. terminer
   b. faire la cuisine pour
   c. demander à
   d. offrir à

4. **Quelle serait la réponse la plus logique à ce texte écrit?**
   a. «J'accepte ces conditions.»
   b. «Je suis très ému.»
   c. «Je ne suis pas d'accord avec cette interprétation.»
   d. «J'aimerais vous inviter à cet événement politique.»

5. **D'après cet extrait, un «interlocuteur» serait quelqu'un qui pourrait:**
   a. déposer le stagiaire à un endroit précis
   b. être contacté en cas d'urgence
   c. accompagner le groupe
   d. payer les frais du stagiaire en cas de besoin

6. **Quel genre de découvertes propose l'association au groupe universitaire?**
   a. culturelles
   b. scientifiques
   c. professionnelles
   d. médicales

SOURCE 1 (SUITE): 📖

• Partie culturelle et animation: voir devis

IEU s'engage à fournir à chaque stagiaire toutes les informations nécessaires sur son assurance santé. S2F et les familles déclinent
55 toute responsabilité concernant les assurances médicales.

IEU s'engage à prévenir S2F de tout changement qui interviendrait concernant la venue de l'étudiant.

IEU s'engage à fournir le nom d'un interlocuteur de contact pendant la durée du séjour.

60 Une fiche d'évaluation par l'étudiant sur son séjour en famille sera remplie en fin de séjour.

La présente convention prend effet à compter de sa signature par les 2 parties pour la durée visée à l'article 01.

Fait en double exemplaire, à Rennes

Lu et approuvé

65 Le 5 mai 2015

Pour IEU

Pour S2F
La présidente

» Interpretive Communication: PRINT AND AUDIO TEXTS

 LIRE  ÉCOUTER

Vous allez lire un passage et écouter une sélection audio. Pour la lecture, vous aurez un temps déterminé pour la lire. Pour la sélection audio, vous aurez d'abord un temps déterminé pour lire une introduction et pour parcourir les questions qui vous seront posées. La sélection sera présentée deux fois. Après avoir écouté la sélection une première fois, vous aurez 1 minute pour commencer à répondre aux questions; après avoir écouté la sélection une deuxième fois, vous aurez 15 secondes par question pour finir de répondre aux questions. Pour chaque question, choisissez la meilleure réponse selon la sélection audio ou la lecture et indiquez votre réponse sur votre feuille de réponse.

SOURCE 1:

Introduction:

Cette sélection est tirée du site www.b2zen.com de Johann Yang-Ting. Dans cet article, il s'agit des sentiments que ressentent les voyageurs lors d'un long voyage. © Johann Yang-Ting

Les ⑤ phases que vous vivrez lors d'un long voyage

J'ai eu beaucoup de lecteurs qui m'ont parlé de projet d'**expatriation** ou de désir de voyager beaucoup plus souvent sur de longues périodes.

Ligne Voyager c'est le rêve de beaucoup de personnes, un peu comme
5 un rêve d'évasion. Mais lorsque la durée d'un voyage dépasse celle d'un simple petit séjour touristique, il faut s'attendre à vivre des phases bien particulières.

J'ai pas mal voyagé ces 2 dernières années: Canada, États-Unis, Caraïbes, plusieurs villes d'Europe et la Thaïlande plus
10 récemment [. . .]. Et j'ai pu me rendre compte qu'à chacun de mes voyages, j'ai vécu 5 phases particulières, surtout lors de mes longs séjours (au-delà d'un mois). Je l'ai particulièrement ressenti quand j'étais étudiant et que j'avais effectué des stages et séjours académiques de entre de 3 à 6 mois en Amérique du Nord.

15 Je me suis renseigné autour de moi, j'ai discuté avec d'autres voyageurs, et il semblerait que ces phases soient plutôt courantes lorsque nous restons longtemps dans un pays étranger. Donc si vous avez des projets de voyages et même de changement, vous vivrez très certainement ces différentes phases:

1) Phase de découverte et d'émerveillement

20 Lors de l'arrivée dans le nouveau pays, c'est la phase où nous nous sentons émerveillés et charmés par notre nouvelle vie. On s'empresse de découvrir les lieux, on tombe sous le charme de la ville, on est curieux, fasciné, c'est tout nouveau, tout beau . . . Cette phase dure généralement une à deux semaines, cette
25 phase nous permet de vite nous immerger dans notre nouvelle vie et d'en tirer tout le positif.

2) Phase de mal du pays

La phase la moins drôle des cinq, parfois même la dernière pour ceux qui n'ont pas le courage d'aller plus loin. Cette phase arrive généralement la 3ème ou 4ème semaine du séjour. Elle peut durer plus ou moins longtemps selon les personnes.

30 On se demande qu'est-ce qu'on fait là, on a du mal à accepter la culture du pays, le quotidien devient pesant, on se lasse, la nourriture devient insupportable, la famille et les proches nous manquent . . . nous remettons en cause toute la phase d'émerveillement. Cette phase est très difficile et demande beaucoup d'ouverture d'esprit et de volonté pour être passée.

35 Le meilleur moyen pour surmonter ce mal du pays est de prendre du recul, de communiquer avec ses proches (nous avons suffisamment de moyens de communication actuellement pour faciliter les contacts), et surtout de se faire des amis sur place, rencontrer du monde et sortir. Si la phase dure trop longtemps, c'est peut être que le pays ne nous correspond pas, sinon c'est un

40 mauvais moment à passer qui devrait être surmonté en moins d'une semaine.

3) Phase d'adaptation

C'est en quelque sorte la phase d'acceptation. Le rythme est pris, la culture est acceptée, on commence à vivre et à faire partie de ce nouveau pays. Cette phase dure la grande majorité du séjour. Une fois le rythme de vie pris, tout s'enchaîne rapidement, et il est plus facile de profiter du pays.

4) Phase d'attachement

45 Dans la continuité de la phase d'adaptation, quand le voyageur se sent parfaitement intégré dans son nouveau pays, le lien d'attachement se crée au fur et à mesure. C'est cet attachement qui va déterminer la dernière phase et surtout qui marquera l'esprit du voyageur.

5) Phase de nostalgie

De retour en France (ou dans le pays de résidence principale), la phase de
50 nostalgie correspond à cette difficulté à revenir à la vie d'avant, à se réadapter à notre vie initiale. Plus l'attachement aura été fort, plus la nostalgie sera grande. Mais cette nostalgie peut être si forte qu'elle peut nous faire retourner vivre dans ce pays qui nous aura tant marqué . . . Il n'y a pas vraiment de durée pour la nostalgie, elle peut durer quelques jours ou toute une vie.

55 Quoi qu'il arrive, nous sortons toujours grandi de ces expériences, et nous apprenons toujours au cours de chacune de ces phases. Le voyage reste le meilleur moyen d'évoluer, car souvent il nous met face à nous-mêmes.

SOURCE 2: SÉLECTION AUDIO 🎧

Vocabulaire
tâtonner
pimenter

Introduction:

Dans la sélection audio, il s'agit d'un blog sur le thème du voyage. L'auteur du blog est Christophe Boudrie. Il se trouve à l'adresse suivante: voyage-sur-le-fil.fr. Cet extrait audio a été enregistré le 27 août 2012. © Christophe Boudrie, voyage sur le fil

1. **D'après l'auteur du texte, un « long voyage » dure combien de temps?**

   a. plus d'un an

   b. plus de 30 jours

   c. plus de 2 mois

   d. plus d'une semaine

2. **Que veut dire l'auteur « Une fois le rythme de vie pris, tout s'enchaîne rapidement, et il est plus facile de profiter du pays »?**
   → happens rapidly

   a. Quand vous vous y habituez, vous gagnez plus d'argent.

   b. Quand vous vous y habituez, vous appréciez plus vos expériences.

   c. Quand vous vous sentez à l'aise, vous voyez la réalité comme elle est.

   d. Quand vous vous sentez à l'aise, le pays vous semble moins enchanté qu'avant.

3. **Dans la sélection audio, Christophe mentionne ses expériences personnelles avec les types de voyages différents. Lequel ne mentionne-t-il pas?**

   a. un voyage individuel

   b. le voyage en randonné

   c. les voyages en vélo

   d. un voyage organisé

4. **Quelle phase du voyage, selon le texte, risque de durer le plus longtemps?**

   a. phase de découverte

   b. phase de mal du pays

   c. phase d'adaptation

   d. phase de nostalgie

5. **Quel est l'objectif principal du blog de Christophe?**

   a. observer les voyages des autres

   b. inspirer les jeunes à partir à l'étranger

   c. partager et discuter le savoir-faire de voyager

   d. organiser les voyages entre amis

6. **Quel est un avantage du voyage qui apparaît dans le texte et dans la sélection audio?**

   a. établir une routine quotidienne

   b. exercer un sport pour la première fois

   c. voir une nouvelle culture

   d. s'améliorer personnellement

» Interpretive Communication: AUDIO TEXTS

 ÉCOUTER

Vocabulaire
Orient

Vous allez écouter une sélection audio. Vous aurez d'abord un temps déterminé pour lire l'introduction et pour parcourir les questions qui vous seront posées. La sélection sera présentée deux fois. Après avoir écouté la sélection une première fois, vous aurez 1 minute pour commencer à répondre aux questions; après avoir écouté la sélection une deuxième fois, vous aurez 15 secondes par question pour finir de répondre aux questions. Pour chaque question, choisissez la meilleure réponse selon la sélection audio et indiquez votre réponse sur la feuille de réponse.

Introduction:

Cette sélection est un extrait d'un podcast intitulé *Perdu en Asie* dont l'animateur s'appelle Bobbie Dennie, qui est d'origine québécoise. L'épisode s'appelle «Vivre au Laos aujourd'hui» et a été tiré du site www.getlostinasia.com. © Bobbie Dennie, Get Lost in Asia

LAOS

1. **Dans ce podcast, il s'agit de quelle région du monde?**
   a. l'extrême orient
   b. l'occident
   c. l'hémisphère sud
   d. l'hémisphère nord

2. **À quels types de voyage Bobbie fait-il allusion?**
   a. de groupe
   b. écologiques
   c. d'expatriation
   d. de patriotisme

3. **D'après le contexte de cet extrait audio, quel synonyme pourrait correspondre au terme «bougon»?**
   a. bourgignon
   b. sportif
   c. malade
   d. grincheux

4. **Bobbie Dennie trouve que les autres magazines de voyage sont:**
   a. trop simplistes.
   b. trops longs.
   c. trop centrés sur l'Asie.
   d. trop chers.

5. **Selon l'extrait audio, comment peut-on décrire l'animateur, Bobbie Dennie?**
   a. Il connaît bien la technologie.
   b. Il n'a pas de passion pour ce qu'il fait.
   c. Il préfère les articles généraux.
   d. Il ne connaît que l'Amérique du Nord.

» Interpersonal Writing: E-MAIL REPLY

LIRE **ÉCRIRE**

Vous allez écrire une réponse à un message électronique. Vous aurez 15 minutes pour lire le message et écrire votre réponse. Votre réponse devrait débuter par une salutation et terminer par une formule de politesse. Vous devriez répondre à toutes les questions et demandes du message. Dans votre réponse, vous devriez demander des détails à propos de quelque chose mentionnée dans le texte. Vous devriez également utiliser un registre de langue soutenue.

Introduction:

C'est un message de la part de Catherine Lhomet, directrice de l'agence de voyages École de Commerce, où vous passez l'année scolaire dans le cadre d'un échange.

De: lhometc@ecolec.fr

Objet: voyager pendant les vacances scolaires

Paris, le 10 septembre 2015

Cher/Chère étudiant(e):

Bienvenue sur le campus de l'École de Commerce. Je suis la directrice de l'Agence de voyages de l'EC. Nous aidons nos étudiants à organiser leurs vacances universitaires à des prix abordables.

Ligne

5 Avez-vous envie de bien profiter des vacances cette année? Offrez-vous une **escapade** organisée par notre agence. Veuillez nous donner les informations suivantes pour que nous puissions vous aider:

10 • Quelles destinations vous intéressent?

• Quel genre de découvertes aimeriez-vous faire?

• Quel type de logement préférez-vous?

• Pendant quelles vacances souhaitez-vous
15   partir? (vacances de la Toussaint, de Noël, d'hiver, de Pâques ou d'été)

Nous vous souhaitons une rentrée pleine de réussite à l'École de Commerce en vous demandant de bien vouloir accepter nos salutations distinguées.

20   Catherine Lhomet

Directrice, l'Agence de voyages, École de Commerce

LIRE ÉCOUTER

 ÉCRIRE

Vous allez écrire un essai persuasif pour un concours d'écriture de langue française. Le sujet de l'essai est basé sur trois sources ci-jointes, qui présentent des points de vue différents sur le sujet et qui comprennent à la fois du matériel audio et imprimé. Vous aurez d'abord 6 minutes pour lire le sujet de l'essai et le matériel imprimé. Ensuite, vous écouterez l'audio deux fois; vous devriez prendre des notes pendant que vous écoutez. Enfin, vous aurez 40 minutes pour préparer et écrire votre essai. Dans votre essai, vous devriez présenter les points de vue différents des sources sur le sujet et aussi indiquer clairement votre propre point de vue que vous défendrez à fond. Utilisez les renseignements fournis par toutes les sources pour soutenir votre essai. Quand vous ferez référence aux sources, identifiez-les de façon appropriée. Organisez aussi votre essai en paragraphes bien distincts.

SUJET DE LA COMPOSITION:

Les appareils électroniques sont-ils efficaces ou gênants pendant les vacances?

SOURCE 1:

Introduction:

La sélection suivante est un extrait d'un blog intitulé Instinct voyageur écrit par Fabrice Dubesset. Le passage a été publié sur le site www.instinct-voyageur.fr le 3 février 2014.

© Fabrice Dubesset, Instinct voyageur

Voyageurs: partez sans être connecté, sans blog de voyage!

Pourquoi ne pas voyager sans être connecté? Vous souhaitez faire un tour du monde en tenant un blog de voyage? Vous devriez lire ces lignes . . .

Ligne
Il était une fois . . . dans un passé pas si lointain que cela, les
5 mots « wifi », « Instagram », « tweeter » étaient inconnus.

Ce monde-là ne date que d'il y a 20 ans, voire 15 ans en arrière. Le voyageur n'était alors pas connecté. Il partait sur les routes du monde le sac à dos vide d'écrans en tout genre.

Il voyageait alors sans cette envie addictive de regarder ses
10 messages.

J'ai commencé à voyager il y a plus de 15 ans. À l'époque, la seule action digitale que je faisais, c'était d'aller consulter mes mails une fois par semaine, lorsque je trouvais un cybercafé. Et encore, c'était plus pour occuper une heure que par réelle
15 nécessité.

Les temps ont bien changé.

De nos jours, la communication digitale avec les smartphones et la 3G (voire la 4G), nous sommes devenus habitués à préférer la communication avec nos écrans au lieu de la personne en face

20 de nous.

Qui n'a pas observé ceci dans son quotidien?
Dans les transports en France, plus personne ne
se parle ou presque dans le bus. Nous sommes
tous occupés à écouter de la musique, regarder

25 un film ou répondre à un mail. Même chose
dans les salles d'attente.

L'expérience est bien différente en Afrique
noire par exemple. Ici, pas de connexion ou de
smartphone à tour de bras. Serrés dans une

30 Peugeot 505, les gens se parlent entre eux. Pour
un peu, on penserait que c'est bizarre. Enfin,
c'était le cas lors de mon dernier passage il y a
quelques années. Nul doute que cela change.

Parfois, je me dis que le film de Pixar « Wall- E » est prophétique.

35 Dans un futur pas si lointain, les hommes ont fui la Terre
transformée en poubelle. Ils vivent dans un immense vaisseau
spatial et passent leur temps à ne rien faire, ils ne communiquent
que par écran interposé, même lorsqu'ils sont à côté!

[. . .]

Quand je regarde autour de moi dans un hôtel, je me dis que

40 nous n'en sommes pas loin. Beaucoup de voyageurs passent leurs
soirées où le moindre temps mort à vérifier leurs messages sur
leur tablette ou leur smartphone.

Du coup, les communications (en vrai) en prennent un coup
forcément . . .

hors du bureau

SOURCE 2:

Introduction:

Dans cette sélection, il s'agit d'un sondage rédigé par Crucial.fr, un site qui se spécialise dans la vente de modules de mémoire pour les ordinateurs. Les données, venant de 1015 personnes interrogées, montrent que 47% d'entre elles comptent emporter leur ordinateur en voyage. Les trois graphiques ci-dessous montrent d'autres résultats de ce sondage.[1]

Le temps que les vacanciers passeront sur l'ordinateur

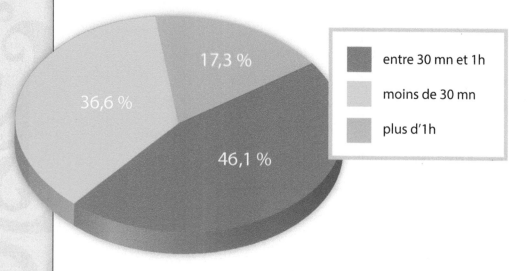

- entre 30 mn et 1h
- moins de 30 mn
- plus d'1h

17,3 %
36,6 %
46,1 %

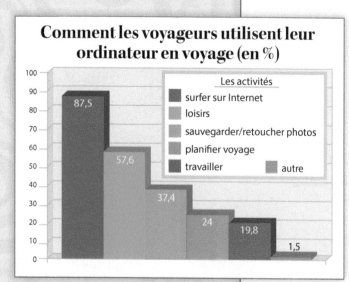

Comment les voyageurs utilisent leur ordinateur en voyage (en %)

Les activités
- surfer sur Internet
- loisirs
- sauvegarder/retoucher photos
- planifier voyage
- travailler
- autre

87,5 — 57,6 — 37,4 — 24 — 19,8 — 1,5

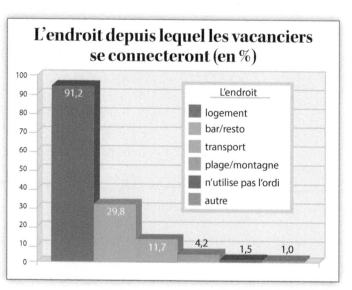

L'endroit depuis lequel les vacanciers se connecteront (en %)

L'endroit
- logement
- bar/resto
- transport
- plage/montagne
- n'utilise pas l'ordi
- autre

91,2 — 29,8 — 11,7 — 4,2 — 1,5 — 1,0

[1] Toutes les données de la Source 3 sont tirées de l'étude suivante: Crucial.fr. (2013). L'utilisation faite par les français de leur ordinateur pendant les vacances. Date d'accès au site: le 24 avril 2014.

SOURCE 3:
SÉLECTION AUDIO 🎧

Introduction:

Cet extrait audio vient d'un podcast intitulé *Allô la Planète* dont l'animateur s'appelle Eric Lange et qui se trouve sur le site www.lemouv.fr. Dans cet épisode, il s'agit de Jérémy Janin, un voyageur et blogueur qui parle de son emploi de la technologie en voyage.

© Le mouv', Radio France.

QUÉBEC

» Interpersonal Speaking: CONVERSATION

 LIRE ÉCOUTER PARLER

Vous allez participer à une conversation. D'abord, vous aurez une minute pour lire une introduction à cette conversation qui comprend le schéma des échanges. Ensuite, la conversation commencera, suivant le schéma. Quand ce sera à vous de parler, vous aurez 20 secondes pour enregistrer votre réponse. Vous devriez participer à la conversation de façon aussi complète et appropriée que possible.

Introduction:

Vous venez de rentrer d'un voyage incroyable avec votre famille et vous tombez sur votre ami, Jacques, au centre-ville. Il vous pose beaucoup de questions au sujet de votre voyage.

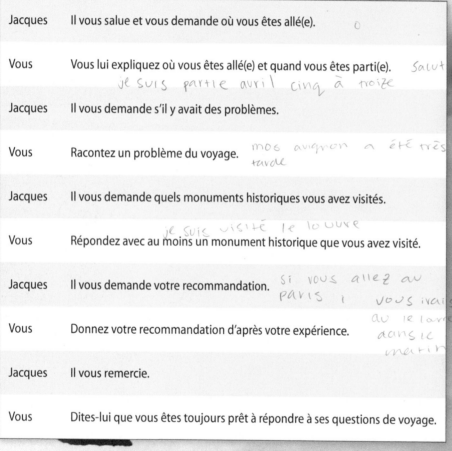

Jacques	Il vous salue et vous demande où vous êtes allé(e). *o*
Vous	Vous lui expliquez où vous êtes allé(e) et quand vous êtes parti(e). *Salut Jacque* *je suis partie avril cinq à troize*
Jacques	Il vous demande s'il y avait des problèmes.
Vous	Racontez un problème du voyage. *mos avignon a été très tarde*
Jacques	Il vous demande quels monuments historiques vous avez visités.
Vous	*je suis visité le louvre* Répondez avec au moins un monument historique que vous avez visité.
Jacques	Il vous demande votre recommandation. *si vous allez au Paris ,*
Vous	Donnez votre recommandation d'après votre expérience. *vous irais au le lovre dans le mertin*
Jacques	Il vous remercie.
Vous	Dites-lui que vous êtes toujours prêt à répondre à ses questions de voyage.

» Presentational Speaking: CULTURAL COMPARISON

LIRE   **PARLER**

Vous allez faire un exposé pour votre classe sur un sujet spécifique. Vous aurez 4 minutes pour lire le sujet de présentation et préparer votre exposé. Vous aurez alors 2 minutes pour l'enregistrer. Dans votre exposé, comparez votre propre communauté à une région du monde francophone que vous connaissez. Vous devriez montrer votre compréhension des facettes culturelles du monde francophone. Vous devriez aussi organiser clairement votre exposé.

Sujet de la présentation:

Le rythme scolaire varie d'un pays à l'autre. Comparez les vacances scolaires dans votre pays par rapport à celles d'un pays francophone. Expliquez ce que vous percevez comme les avantages et les inconvénients du rythme scolaire dans chacun des deux pays.

Compréhension

astuce (n.f.) (103) quelque chose qui rend une action plus rapide, efficace

bananier (n.m.) (107) arbre qui produit les bananes

corpulent(e) (adj.) (114) obèse, imposant

croisière (n.f.) (107) voyage sur un grand bateau

démentir (v.) (115) contredire quelqu'un

devis (n.m.) (121) une estimation, une évaluation détaillée

escale (n.f.) (107) le temps entre deux étapes d'un voyage

escapade (n.f.) (128) action d'échapper aux obligations de la vie quotidienne, aventure

exemplaire (n.m.) (102) copie qui peut servir comme exemple

expatriation (n.f.) (124) action de quitter son pays de naissance

forfait (n.m.) (121) prix pour des produits qu'on achète en groupe

froisser (v.) (103) chiffonner

grimper (v.) (109) acte de monter sur quelque chose

Orient (n.m.) (127) l'Est

ordonnance (n.f.) (102) prescription écrite du médecin

patrimoine (n.m.) (120) ensemble des biens hérités, héritage d'une communauté

pimenter (v.) (126) mettre de la variété

porte-parole (n.m.) (115) personne officielle qui parle pour une compagnie

sacoche (n.f.) (103) type de sac en toile ou en cuir porté à l'épaule

se plaindre (v.) (117) exprimer une douleur, un mal-être ou un mécontentement

se priver (v.) (109) s'abstenir de quelque chose

soupir (n.m.) (117) expiration forte exprimant la fatigue ou l'émotion

tâtonner (v.) (126) chercher autour de soi

voire (adv.) (102) aussi, encore

Pour mieux s'exprimer à ce sujet

atterrissage (n.m.) lorsqu'un un avion revient à la terre

camembert (n.m.) type de fromage, graphique qui représente les divisions d'un entier

courbe (n.f.) ligne de forme arrondie

décollage (n.m.) lorsqu'un avion quitte la terre

faire la valise (v.) acte de mettre tout dans une valise avant de partir en vacances

Guide du Routard (n.m.) guide de voyage, très connu en France

horaire (n.m.) heures des arrivés et départs d'un train ou d'un avion

quant à (prep.) en ce qui concerne

TGV (n.m.) Train à Grande Vitesse, train français qui roule à 300 ou 320 km/heure

ÎLES DES SAINTES

QUESTIONS ESSENTIELLES

1. Comment définit-on la qualité de la vie?

2. En quoi consiste le défi de trouver un équilibre sain entre son travail et sa vie personnelle?

3. Comment chaque individu peut-il contribuer à sa communauté ou au monde dans son travail?

TROIS RIVIÈRES, MARTINIQUE

Chapitre **3**

Mon boulot, ma vie

1. PARLER   ✎ ÉCRIRE

Avant de lire: Haylie et Arnaud discutent via tchat de certains projets d'été. Pouvez-vous deviner les sujets qu'ils vont aborder? Après, faites une liste de vos idées de projets d'été.

Chat - Arnaud et Haylie   — ○ ✕

Haylie: Tu es là?

Arnaud: Oui. Quoi de neuf?

Haylie: Je suis hyper contente! Mes parents sont d'accord pour que je vienne visiter la France et te rendre visite cet été!

Arnaud: :) Super! C'est génial ça.

Haylie: :)

Arnaud: Il faut juste qu'on **s'arrange** pour les dates, parce que j'ai mon boulot d'étudiant cet été.

Haylie: Ton boulot d'étudiant?

Arnaud: Ouais, **j'en** ai vraiment **ras-le-bol** de travailler pour mon père. Tu sais, un déménagement c'est dur physiquement et en plus il ne me paie pas beaucoup.

Haylie: Qu'est-ce que tu vas faire alors?

Arnaud: Là, j'attends des nouvelles de l'agence de l'emploi. C'est une agence pour les petits boulots et les jobs d'étudiants, surtout pour les grandes vacances.

Haylie: Je croyais que tu m'avais dit que pendant les vacances tu partais en Angleterre pour améliorer ton anglais.

Arnaud: Oui, ça tient toujours. Je vais faire un stage de langues pendant une semaine à Ramsgate, dans une famille d'accueil. Ça va être très chouette. Je m'en réjouis vraiment.

Arnaud: Mais le reste des vacances, il faut vraiment que je me trouve un boulot. Tu sais, ici, ce n'est pas comme chez vous. Nous, on n'a pas de boulot fixe pendant l'année, on fait juste des petits boulots à droite et à gauche, comme quand j'aide mon père, ou ma copine Isa et son babysitting. Alors l'été, c'est ma seule chance de vraiment travailler pour économiser du fric, pour le reste de l'année.

Haylie: Je pensais que vous ne travailliez pas. Je pensais que tes parents te donnaient de l'argent de poche.

Arnaud: Oui, ils m'en donnent, mais ce n'est que la deuxième année où je suis assez âgée pour trouver un job d'été. C'est ma chance de gagner beaucoup de **tune** qui va me durer toute l'année et m'éviter de devoir en demander tout le temps à mes parents.

Haylie: Pourquoi seulement en été?

Arnaud: Tu vois, c'est parce que tout le monde prend ses 2 à 4 semaines de congé à ce moment là. Alors les boîtes embauchent des jeunes pendant ces quelques semaines. C'est marrant, les « vieux » prennent leurs vacances et ça crée plein de petits jobs à court terme pour les jeunes, qui ne sont pas disponibles pendant l'année normale.

Haylie: Ah d'accord, je comprends. Alors ce ne sera pas possible de te voir quand je serai en France? Tu seras occupé.

Arnaud: Mais non. Ne te tracasse pas. Bien sûr qu'on va se voir. Il faut juste que je m'arrange. Envoie-moi les dates précises dès que tu les auras et je m'arrangerai pour te voir.

Haylie: Super.

Arnaud: Bon il faut que j'y aille. A+?

Haylie: :) A+

 [   ]   envoyer

---

2. **LIRE**

Lisez le passage ci-contre et vérifiez vos prédictions.

3. **PARLER** **ÉCRIRE**

Observez les mots et les expressions ci-dessous et en utilisant le contexte du passage que vous venez de lire, donnez un synonyme et une définition.

Modèle:

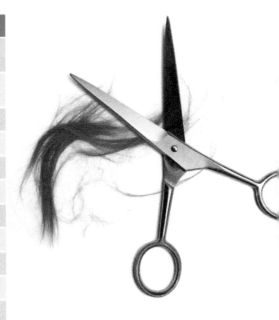

VOCABULAIRE	SYNONYME	EXPLICATION
se raser	enlever sa barbe	couper les "poils" de son visage
un boulot	un travail	ce qu'on fait pour gagner sa vie
en avoir ras-le-bol		
un stage		
de la tune		
une boîte		
embaucher		
se tracasser		
à court terme		
l'argent de poche		
prendre ses congés		

4. **PARLER** **LIRE** **ÉCRIRE**

Relisez la conversation entre Haylie et Arnaud et répondez par VRAI ou FAUX aux questions qui s'y rapportent. Expliquez votre choix et corrigez la phrase si elle n'est pas correcte. Utilisez vos propres mots ou ceux du texte pour justifier votre réponse.

Modèle: Haylie va voir Arnaud pendant les vacances de Pâques.

La réponse est fausse. Dans la conversation Haylie dit: «Mes parents sont d'accord pour que je vienne visiter la France et te rendre visite cet été.»

ou

Haylie dit que ses parents sont d'accord pour qu'elle vienne visiter la France et lui rendre visite cet été.

1. Arnaud travaille chaque samedi avec son père.

2. Pendant l'été Arnaud va aller en Angleterre pour perfectionner son anglais.

3. Arnaud n'a pas besoin d'aide pour trouver un travail.

4. Arnaud cherche un travail fixe.

5. La copine d'Arnaud fait du babysitting.

6. Arnaud ne reçoit pas d'argent de la part de ses parents.

7. En général, les adultes français prennent de 10 à 15 jours de vacances par an.

8. En général, les entreprises françaises ferment leurs portes pendant les grandes vacances.

5. **LIRE**

En attendant d'avoir des nouvelles de l'agence d'emploi où il a soumis son CV, Arnaud ne reste pas inactif. Il décide de surfer sur Internet à la recherche de petites annonces qui pourront peut-être l'aider à trouver un job d'étudiant cet été. Regardez les annonces qu'il a sélectionnées.

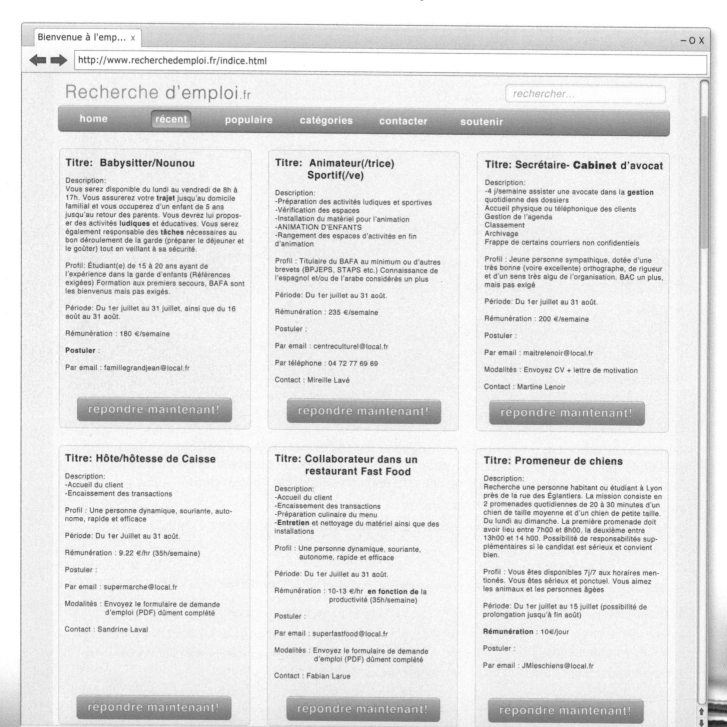

Bienvenue à l'emp... x — ▢ X

http://www.recherchedemploi.fr/indice.html

Recherche d'emploi.fr

rechercher...

home récent populaire catégories contacter soutenir

Titre: Babysitter/Nounou

Description:
Vous serez disponible du lundi au vendredi de 8h à 17h. Vous assurerez votre **trajet** jusqu'au domicile familial et vous occuperez d'un enfant de 5 ans jusqu'au retour des parents. Vous devrez lui proposer des activités **ludiques** et éducatives. Vous serez également responsable des **tâches** nécessaires au bon déroulement de la garde (préparer le déjeuner et le goûter) tout en veillant à sa sécurité.

Profil: Étudiant(e) de 15 à 20 ans ayant de l'expérience dans la garde d'enfants (Références exigées) Formation aux premiers secours, BAFA sont les bienvenus mais pas exigés.

Période: Du 1er juillet au 31 juillet, ainsi que du 16 août au 31 août.

Rémunération : 180 €/semaine

Postuler :

Par email : famillegrandjean@local.fr

répondre maintenant!

Titre: Animateur(/trice) Sportif(/ve)

Description:
-Préparation des activités ludiques et sportives
-Vérification des espaces
-Installation du matériel pour l'animation
-ANIMATION D'ENFANTS
-Rangement des espaces d'activités en fin d'animation

Profil : Titulaire du BAFA au minimum ou d'autres brevets (BPJEPS, STAPS etc.) Connaissance de l'espagnol et/ou de l'arabe considérés un plus

Période : Du 1er juillet au 31 août.

Rémunération : 235 €/semaine

Postuler :

Par email : centreculturel@local.fr

Par téléphone : 04 72 77 69 69

Contact : Mireille Lavé

répondre maintenant!

Titre: Secrétaire- Cabinet d'avocat

Description:
-4 j/semaine assister une avocate dans la **gestion** quotidienne des dossiers
Accueil physique ou téléphonique des clients
Gestion de l'agenda
Classement
Archivage
Frappe de certains courriers non confidentiels

Profil : Jeune personne sympathique, dotée d'une très bonne (voire excellente) orthographe, de rigueur et d'un sens très aigu de l'organisation. BAC un plus, mais pas exigé

Période: Du 1er juillet au 31 août.

Rémunération : 200 €/semaine

Postuler :

Par email : maitrelenoir@local.fr

Modalités : Envoyez CV + lettre de motivation

Contact : Martine Lenoir

répondre maintenant!

Titre: Hôte/hôtesse de Caisse

Description:
-Accueil du client
-Encaissement des transactions

Profil : Une personne dynamique, souriante, autonome, rapide et efficace

Période: Du 1er Juillet au 31 août.

Rémunération : 9.22 €/hr (35h/semaine)

Postuler :

Par email : supermarche@local.fr

Modalités : Envoyez le formulaire de demande d'emploi (PDF) dûment complété

Contact : Sandrine Laval

répondre maintenant!

Titre: Collaborateur dans un restaurant Fast Food

Description:
-Accueil du client
-Encaissement des transactions
-Préparation culinaire du menu
-**Entretien** et nettoyage du matériel ainsi que des installations

Profil : Une personne dynamique, souriante, autonome, rapide et efficace

Période: Du 1er Juillet au 31 août.

Rémunération : 10-13 €/hr **en fonction de** la productivité (35h/semaine)

Postuler :

Par email : superfastfood@local.fr

Modalités : Envoyez le formulaire de demande d'emploi (PDF) dûment complété

Contact : Fabian Larue

répondre maintenant!

Titre: Promeneur de chiens

Description:
Recherche une personne habitant ou étudiant à Lyon près de la rue des Églantiers. La mission consiste en 2 promenades quotidiennes de 20 à 30 minutes d'un chien de taille moyenne et d'un chien de petite taille. Du lundi au dimanche. La première promenade doit avoir lieu entre 7h00 et 8h00, la deuxième entre 13h00 et 14 h00. Possibilité de responsabilités supplémentaires si le candidat est sérieux et convient bien.

Profil : Vous êtes disponibles 7j/7 aux horaires mentionés. Vous êtes sérieux et ponctuel. Vous aimez les animaux et les personnes âgées

Période: Du 1er juillet au 15 juillet (possibilité de prolongation jusqu'à fin août)

Rémunération : 10€/jour

Postuler :

Par email : JMleschiens@local.fr

répondre maintenant!

6. LIRE ÉCRIRE

Regardez bien ces offres d'emploi. Faites correspondre les mots de vocabulaire ci-dessous avec leurs synonymes utilisés dans ces annonces.

MOT	SYNONYME	ANNONCE
Modèle: élève (n.f.)	étudiante (n.f.)	Annonce Babysitter/ Nounou
1. stipulation (n.f.)		
2. indemnité (n.f.)		
3. questionnaire (n.m.)		
4. gérance (n.f.)		
5. compétent (adj.)		
6. pétulant (adj.)		
7. pourvoir (v.)		
8. certificat (n.m.)		
9. précision (n.f.)		
10. recommandation (n.f.)		
11. hospitalité (n.f.)		
12. journalier (adj.)		
13. collecte (n.f.)		
14. allongement (n.m.)		

7. LIRE PARLER ÉCRIRE

Prenez le temps de lire ces annonces une fois de plus, et répondez aux questions suivantes. Justifiez votre réponse en donnant au moins deux raisons différentes.

1. Sachant ce que vous savez sur Arnaud, quel boulot trouvez-vous qu'il devrait postuler?

2. Si vous cherchiez un emploi d'étudiant, lequel choisiriez-vous et pourquoi?

3. Êtes-vous qualifié(e) pour les postes dans chacune de ces annonces?

4. Est-ce que vous avez (ou avez déjà eu) un job d'étudiant? En quoi est-il (était-il) similaire ou différent par rapport aux annonces sélectionnées par Arnaud?

5. Que pensez-vous des salaires offerts? Sont-ils appropriés?

8. ÉCOUTER LIRE ÉCRIRE

Le BAFA (Brevet d'Aptitude aux Fonctions d'Animateur) est

> **Vocabulaire**
> force vive
> sésame

une spécialisation qui est souvent requise lorsqu'on postule un poste dans le domaine du travail avec des enfants. Écoutez la sélection audio pour en apprendre plus. À l'écoute, essayez de prendre note des informations relatives aux questions suivantes.

1. Qu'est ce que le BAFA? (Description détaillée)

2. Pourquoi le BAFA a-t-il été créé? Quel en est le but?

3. Quels sont les avantages de ce brevet?

4. Quels sont les inconvénients de ce brevet?

9. PARLER

Partagez les informations recueillies dans l'activité précédente. Pour ce faire, vous pouvez créer un support visuel qui guidera votre présentation orale. Il peut s'agir d'un collage de photos/ dessins ou bien d'un collage de mots clés qui vous aideront à formuler des phrases complètes. Dans votre présentation, il s'agira du BAFA.

» OBJECTIF   *Postuler un emploi*

Adresse de l'expéditeur	Mlle Jeanne Dupont 36, rue Duvivier 69001 LYON 06.55.50.35 jdupont@monmail.fr
Destinataire	À l'attention de la Famille Grand Jean Lyon, le 14 mars
Objet de la lettre	Objet: Candidature au poste de babysitter/nounou
Formule d'appel	Madame, Monsieur,
Référence d'annonce Présentation de candidature	Suite à votre annonce, je vous écris pour poser ma candidature pour la période *du 1er juillet au 31 août.*
Qualifications	Titulaire du BAFA, j'ai travaillé comme **animatrice** dans une colonie de vacances l'été dernier. J'étais chargée de la création d'ateliers d'art et de musique pour les enfants âgés de 5 à 12 ans. J'adore les enfants et j'ai vraiment apprécié cette expérience. Je m'occupe souvent de mes petits cousins le weekend et normalement je prépare le déjeuner et un goûter pendant la journée. De plus, j'ai suivi un cours de premiers soins l'été dernier et je viens de faire mettre à jour mes qualifications. Comme j'ai une tante qui habite aux États-Unis, je parle couramment anglais, je **maîtrise** bien l'espagnol, et j'ai aussi quelques notions de chinois.
Clôture de lettre	Je me tiens à votre disposition pour un rendez-vous éventuel ou pour tout renseignement complémentaire. Dans l'attente d'une réponse favorable, je vous prie d'agréer Madame, Monsieur, l'expression de mes salutations distinguées.

Jeanne Dupont

Jeanne Dupont

---

1. **LIRE**

Il y a deux façons de postuler un emploi. La première est de rédiger une lettre de candidature. Lisez la lettre et faites attention aux éléments requis.

2. **LIRE** **ÉCRIRE**

Choisissez deux annonces qui pourraient bien vous convenir. Vous allez soumettre votre candidature.

1. Soulignez les éléments requis.

2. Faites une liste de vos points importants avant de formuler votre réponse.

3. Assurez-vous de bien suivre les consignes données dans l'annonce.

3. **SE CONNECTER**

Allons plus loin sur notre site. Une autre façon de postuler un emploi est de remplir le formulaire d'une agence de l'emploi. Faites cela en ligne en utilisant le contenu de votre CV.

» OBJECTIF   *Préparer un entretien*

	Zahara Einstein	Clémentine Bête
Pourquoi avez-vous répondu à notre annonce?	Depuis toute petite, j'aime les animaux, surtout les chiens. Après mes études universitaires, j'aimerais être vétérinaire. En fait, cet été je ferai un **stage** à la fourrière. Chez moi, nous avons deux petits chiens qui sont mes meilleurs amis. Je les promène chaque matin au parc. Je souhaite que votre chien puisse nous rejoindre.	Ben, je ne sais pas. J'avais besoin d'argent et ma mère m'a dit qu'il fallait que je trouve un boulot cet été.
Parlez-nous de vous.	J'ai seize ans et je suis au lycée. Je me considère **débrouillarde**, responsable, aimable. Je fais partie de l'équipe de basket locale, et à l'école les sciences m'intéressent beaucoup.	Je suis très populaire. J'aime bien dormir tard le matin parce que je sors souvent avec mes amis le soir. J'aime la musique rock et j'ai un chien qui s'appelle Rockstar.
Quelles sont vos deux qualités principales et vos deux plus gros défauts?	Bien que je n'aie pas encore beaucoup d'expérience, cela ne m'empêche pas d'être quelqu'un de mature. En tout cas, j'ai apprécié d'avoir eu des responsabilités durant mes stages et d'avoir pu montrer mes **compétences**. Je pense être quelqu'un d'énergique et de dynamique. Lorsqu'il faut régler un problème ou mettre les bouchées doubles pour terminer un dossier, je réponds présente. On m'a souvent dit que j'avais «de bonnes qualités relationnelles». C'est, je crois, ce qui me caractérise le mieux.	Ça c'est une question difficile. Je pense que je suis très amusante et fort appréciée par les garçons. Comme défauts, je ne suis pas trop certaine comment répondre à cette question. Désolée. Peut-être devrais-je travailler un peu mieux à l'école. J'ai tendance à être un peu **paresseuse** quand je dois faire quelque chose qui m'ennuie.
Que ferez-vous pour nous aider?	Je promènerai vos chiens sans question et sans problème. Je m'occuperai de vos chiens et ferai tout ce qui est nécessaire à leur bien-être. Je leur donnerai à manger, et je leur laisserai de l'eau. Je rangerai toujours les laisses, et je serai à l'heure.	Cela dépendra de votre chien. S'il est sympathique et qu'il me plaît bien je lui ferai faire une bonne promenade, et lui donnerai des biscuits pour chiens. S'il a mauvais caractère, je le promènerai juste les 30 minutes demandées et il peut oublier les biscuits.
Quel poste aimeriez-vous occuper dans 5 ans?	Dans 5 ans, je serai probablement à l'université, mais comme je l'ai déjà mentionné, j'aspire à devenir vétérinaire. Il est donc fort probable que dans 5 ans, mon travail d'étudiante sera dans le domaine des soins animaliers.	Dans 5 ans, je serai mariée avec mon petit copain. Lui, il travaillera, et avec un peu de chance, moi je serai femme au foyer, comme dans les séries réalité américaines.
Avez-vous des questions pour moi?	Comment s'appelle vos chiens? Sont-ils mâles ou femelles? Quel âge ont-ils? Ils sont de quelle(s) race(s)? Ont-ils un pédigrée?	Je n'ai pas vraiment de questions; j'aurai juste un petit service à demander. La dernière semaine, serait-il possible que ma petite sœur me remplace et s'occupe des chiens à ma place, car mon petit copain m'a invitée en vacances à la mer pour quelques jours.

1. ÉCRIRE  PARLER

Vous savez que passer un entretien est une expérience complexe. Il faut bien se préparer, et penser aux questions qui vont vous être posées. Pouvez-vous prédire au minimum 5 questions typiques formulées par les futurs employeurs lorsqu'ils rencontrent les candidats? Faites une liste et formulez votre réponse.

2. ÉCRIRE PARLER

Réflexion: Comparez les réponses de Zahara et Clémentine dans l'entretien ci-dessus pour identifier les éléments d'un bon entretien.

1. Qui est la meilleure candidate et pourquoi?

2. Quelle est la meilleure réponse de Zahara? Quelle est la réponse la moins bonne? Pourquoi?

3. Quelle est la meilleure réponse de Clémentine? Quelle est la réponse la moins bonne? Pourquoi?

4. Faites une liste détaillée des fautes commises par la pire candidate.

5. Quels conseils donneriez-vous à chaque candidate? (modèle: Soyez plus spécifique)

Titre: Babysitter/Nounou

Description: Vous serez disponible du lundi au vendredi de 8h à 17h. Vous assurerez votre trajet jusqu'au domicile familial et vous voua occuperez d'un enfant de 5 ans jusqu'au retour des parents. Vous devrez lui proposer des activités ludiques et éducatives. Vous serez également responsable des tâches nécessaires au bon déroulement de la garde (préparer le déjeuner et le goûter) tout en veillant à sa sécurité.

Profil: Étudiant(e) de 15 à 20 ans ayant de l'expérience dans la garde d'enfants (Références exigées) Formation aux premiers secours, BAFA sont les bienvenus mais pas exigés.

Période: Du 1er juillet au 31 juillet, ainsi que du 16 août au 31 août.

Rémunération: 180 €/semaine   **Postuler:**

Par email: famillegrandjean@local.fr

POINT**GRAMMAIRE**

Pour former le futur simple d'un verbe régulier, prenez l'infinitif du verbe comme radical et ajoutez les terminaisons **–ai, –as, –a, –ons, –ez, –ont**.

Pour les verbes en –re, supprimez le «e» de l'infinitif.

aider	choisir	apprendre
j'aider**ai**	je choisir**ai**	je apprendr**ai**
tu aider**as**	tu choisir**as**	tu apprendr**as**
il/elle/on aider**a**	il/elle/on choisir**a**	il/elle/on apprendr**a**
nous aider**ons**	nous choisir**ons**	nous apprendr**ons**
vous aider**ez**	vous choisir**ez**	vous apprendr**ez**
ils/elles aider**ont**	ils/elles choisir**ont**	ils/elles apprendr**ont**

savoir:	**saur–**	**vouloir:**	**voudr–**
pouvoir:	**pourr–**	**être:**	**ser–**
faire:	**fer–**	**avoir:**	**aur–**
aller:	**ir–**	**devoir:**	**devr–**

3. LIRE ÉCRIRE

Le futur simple pour parler des responsabilités.

Dans les annonces, on utilise souvent le futur simple pour parler des responsabilités.

Trouvez le radical des verbes suivants dans l'annonce ci-contre:

1. Vous _____ez disponible du lundi au vendredi de 8h a 17h.

2. Vous _____ez votre trajet jusqu'au domicile familial et vous vous _____ez d'un enfant de 5 ans jusqu'au retour des parents.

3. Vous _____ez lui proposer des activités ludiques et éducatives.

4. Vous _____ez également responsable des tâches nécessaires au bon déroulement de la garde (préparer le déjeuner et le goûter) tout en veillant à sa sécurité.

4. ÉCRIRE

Utilisez le futur simple pour parler des responsabilités. Mme Duboulot prépare une annonce pour le poste de secrétaire dans son entreprise. Elle utilisera le futur simple pour parler des responsabilités.

Modèle : Traiter le courrier.
   Vous traiterez le courrier.

1. Gérer le planning des patrons.

2. Répondre au téléphone.

3. Préparer des documents.

4. Organiser des réunions.

5. Faire des commandes.

6. Fournir des réponses aux questions.

5.  ÉCRIRE ? PARLER

En utilisant des adjectifs descriptifs et le futur simple, répondez bien aux questions de l'entretien à la page précédente.

Les avantages sociaux

POINTCULTURE

Les congés payés

L'idée de payer les salariés pendant leurs vacances est originaire de France au début du 20e siècle. Dans les années 1930, après des mouvements de grève à travers tout le pays, le prolétariat et les syndicats ont **remporté** de grandes victoires sociales, parmi lesquelles on trouve «les congés payés.» De 2 semaines payées en 1936, les Français sont maintenant passés à 5 semaines de vacances payées par an. Bien sûr, ce n'est le cas que pour les travailleurs salariés. Les indépendants, ceux qui sont leur propre patron, ne bénéficient pas de cet avantage social; car pour eux, chaque arrêt de travail signifie une perte de revenus.

POINTCULTURE

Le SMIC

Le SMIC, c'est-à-dire le salaire minimum interprofessionnel de croissance, est la somme d'argent minimale à rémunérer un salarié. Ce montant est réévalué une fois par an par le gouvernement. En 2014, le SMIC est de 9,53 € par heure (www.urssaf.fr). Attention – ce montant est un montant brut et il ne faut pas oublier de tenir compte des taxes. Comme pour chaque règle, il y a bien sûr des exceptions; par exemple, le SMIC n'est pas toujours utilisé pour les jeunes qui sont en stage ou sous contrat d'apprentissage. Il existe alors une autre forme de rémunération.

POINTCULTURE

Le chômage

En France, le taux de chômage en 2014 est aux alentours de 10 pourcent de la population active (http://data.lesechos.fr). Pour avoir droit aux indemnités de chômage, on doit remplir les conditions suivantes: être âgé de moins de 62 ans, avoir perdu son emploi de façon involontaire, être physiquement capable d'exercer un emploi, être inscrit comme demandeur d'emploi ou suivant une formation, recherchant un nouvel emploi de façon effective. Si toutes les conditions sont remplies, le chômeur recevra une indemnité. Le montant de cette indemnité est calculé en fonction du dernier salaire perçu et de la durée du dernier emploi détenu.

1.  PARLER ✏ ÉCRIRE

Qu'en pensez-vous?

Après avoir lu plusieurs fois les trois Points culture, à la page 147, organisez les informations importantes au tableau ci-dessous. Ensuite, comparez la situation en France avec celle qui existe aux États-Unis (Consultez Internet pour faire des recherches si nécessaire). Préparez vos réponses et comparez-les à celles de vos camarades de classe.

1. Quelles sont les similitudes?

2. Quelles sont les grandes différences?

3. À votre avis, quel pays a le meilleur système et pourquoi?

EN FRANCE		
Les congés payés	**Le SMIC***	**Le chômage**

AUX ÉTATS-UNIS		
Les congés payés	**Le SMIC**	**Le chômage**

*vocabulaire

>> Les cadres et la loi des 35 heures

— O X

http://www.vousmessage.fr/msg/142984.html

général > emploi

Je travaille trop!   28-2-14 à 13h 28

Florence
nouvel utilisateur

Je suis obligée de travailler + de 40h par semaine.

Mon salaire est le même qu'un employé qui travaille 35h et fait des heures supplémentaires. Dans mon entreprise, la pratique des 35h est d'actualité mais pas pour les cadres car ceux-ci n'ont pas d'horaire fixe. De plus, ils sont là avant tout le monde et sont encore là quand tous les employés sont partis.

Mon horaire habituel de travail est de 7h à 18/19h. Si je compte en plus le temps passé dans les trajets, je ne vois pas beaucoup ma famille.

Je n'aime pas du tout mon boulot qui est hyper stressant et pourtant je passe pratiquement tout mon temps au travail. Heureusement qu'il y a la fiche de paie pour adoucir ce sentiment.
Ce serait quand même mieux de travailler 35h avec un salaire moindre. Ainsi j'aurais beaucoup plus de temps pour vivre tout simplement et être auprès de ma famille et de mes amis.

messages: 4   Citer   Répondre

Re: Je travaille trop!   28-2-14 à 16h 02

Aimée
spécialiste
utilisateur

On sait que les cadres ont un statut particulier et ne bénéficient pas de la loi des 35h. Leur salaire plus important est justifié par de nombreuses contraintes et notamment le manque d'horaire fixe.

La convention collective cadre est à même de vous renseigner sur toutes les questions que vous vous posez et aussi vos droits.

Pourquoi ne pas postuler un poste d'employé, avec un salaire moindre et sans responsabilités, si vous n'aimez pas votre boulot à ce point?

Moi je l'ai fait lorsque j'ai décidé d'avoir une famille. Je gagnais confortablement ma vie, mais vu les horaires, j'aurais dû prendre des dispositions pour faire garder mes enfants.

messages: 43

Il faut voir quelles sont vos priorités dans la vie. On ne peut pas tout avoir!!!   Citer   Répondre

Re: Je travaille trop!   28-2-14 à 17h 12

Simon
spécialiste
utilisateur

J'ai atteint le sommet de l'échelle de ma catégorie. Le stade suivant est de passer cadre.

Cela ne m'intéresse nullement. Je préfère mon statut actuel: pas de responsabilités, pas d'heures sup, pas d'obligation de travailler le soir, ni de devoir renoncer à un jour de congé.

Mon but dans la vie n'est pas que le travail.

De plus, je suis certain qu'en comparant le tarif horaire, je suis gagnant par rapport au cadre et j'ai plus de temps pour mes loisirs que lui.
messages: 87
Que du bonheur pour moi.   Citer   Répondre

Re: Je travaille trop!   28-2-14 à 20h 13

Michel
spécialiste
utilisateur

Bien sûr qu'être cadre a ses bons côtés, notamment lors de votre retraite vous bénéficierez de 80% de votre salaire. Les conventions exigent d'un cadre qu'il n'ait pas d'horaire, qu'il soit disponible, etc.

Prenez contact avec l'ANPE* pour faire un bilan de vos compétences et voir vers quoi vous diriger si vous souhaitez changer de boulot.

Après, vous pourrez chercher une formation et prendre un congé de formation (fongécif).

Le patron est obligé de cotiser et ne peut refuser que 2 fois.

Si malgré tout, à la 3ème fois, il refuse, vous pourrez toujours démissionner ou alors négocier un licenciement à l'amiable!!!

messages: 107

Il ne faut jamais avoir peur d'exposer son problème car tout patron est plus heureux de voir ses employés bien dans leur peau que d'avoir du personnel non motivé.
Alors courage !

*Agence nationale pour l'emploi

---

2. **LIRE**

La semaine de 35 heures est une réforme sociale en France qui a pour but de diminuer le taux de chômage en réduisant et en partageant les heures de travail. Le succès de cette mesure est au centre d'une controverse. Lisez le forum «Les cadres et la loi des 35 heures» (ci-dessus) pour vous informer.

3. **PARLER**

Prenez quelques minutes pour discuter de ce sujet avec d'autres étudiants.

1. Combien d'heures par semaine travaille-t-on aux États-Unis généralement?

2. Que pensez-vous de la loi des 35 heures?

3. Quelle est votre réaction à ce que disent les gens dans le forum ci-dessus?

4. Avec quelle réponse vous identifiez-vous le plus?

4. ÉCOUTER 📖 LIRE

Vous allez écouter 5 entretiens avec des francophones provenant de 5 pays différents. Ils vont répondre à quelques questions.

Vocabulaire
SMIG

1. De tous les facteurs cités, à votre avis lequel est le plus important?

2. Dans votre pays, l'éducation est-elle gratuite ou payante ? Qui assume les frais?

3. Quelle est la durée moyenne des vacances pour les travailleurs? Cela inclue-t-il aussi les jours de maladie?

4. Quel est le salaire moyen d'un travailleur salarié?

5. En moyenne, combien d'heures par semaine travaille-t-on pour être considéré travailleur à temps plein?

6. À votre avis, quels sont les plus grands avantages sociaux de votre pays?

5. ÉCOUTER ÉCRIRE

En écoutant les entretiens, identifiez de quels pays ils proviennent et comparez leurs réponses. Pour ce faire il est nécessaire de prendre des notes détaillées et de les organiser de façon logique.

6. PARLER

Répondez aux questions suivantes.

1. À votre avis, quel pays a la meilleure qualité de vie et pourquoi?

2. Quels sont les facteurs/indicateurs qui comptent le plus à vos yeux?

3. Quels avantages sociaux mentionnés aimeriez-vous voir appliqués aux États-Unis?

POINT**GRAMMAIRE**

Le conditionnel sert à rapporter un fait qui n'est pas certain et qui est soumis à une condition. Pour former le conditionnel d'un verbe régulier, prenez l'infinitif du verbe et ajoutez les terminaisons **–ais, –ais, –ait, –ions, –iez, –aient.**

Pour les verbes en -re, supprimez le «e» de l'infinitif.

aider	choisir	apprendre
j'aider**ais**	je choisir**ais**	je apprendr**ais**
tu aider**ais**	tu choisir**ais**	tu apprendr**ais**
il/elle/on aider**ait**	il/elle/on choisir**ait**	il/elle/on apprendr**ait**
nous aider**ions**	nous choisir**ions**	nous apprendr**ions**
vous aider**iez**	vous choisir**iez**	vous apprendr**iez**
ils/elles aider**aient**	ils/elles choisir**aient**	ils/elles apprendr**aient**

7. ÉCRIRE  PARLER

On dit souvent que «rien n'est parfait.» Mais si vous aviez la possibilité de créer un monde parfait, quels critères seraient les plus importants? Imaginez que vous faites campagne pour la présidence du pays idéal, et que vous devez délivrer un discours. En utilisant les notes rassemblées à l'écoute des 5 entretiens précédents, préparez votre discours sur l'importance de la qualité de la vie. Assurez-vous de rassembler les meilleurs points pour créer votre idéologie, et laissez de côté les points négatifs.

> Bonjour à tous, comme vous le savez sans doute déjà, je m'appelle X et je suis devant vous aujourd'hui car je me présente comme candidat(e) à la présidence. Pour notre nouveau pays, je ne désire que ce qu'il y a de mieux. Pour créer ce monde parfait, voici ce que je suggère:
>
> - point 1 de Belgique, je prendrais...
> - point 2 et comme le font nos amis suisses, nous devrions...
> - point 3 et l'idée congolaise qu'il faudrait utiliser...
> - etc.
>
> Je vous remercie de m'avoir écouté(e) attentivement et j'espère que vous me donnerez l'occasion de réaliser tous ces projets.

LIRE

La sélection suivante est accompagnée de plusieurs questions. Pour chaque question, choisissez la meilleure réponse selon la sélection.

Introduction:

La sélection suivante fait référence au monde du travail et à la jeunesse. L'article original a été écrit par Hela Khamarou et publié le 11 mars 2011 par Rue89.com.

Chômage, stages, précarité: les jeunes, ces «esclaves modernes»

Le nouveau numéro d'Alternatives Economiques (n° 300 de mars 2011) fait sa couverture sur la jeunesse dite «Génération galère». Dans cette enquête, AE fait un état des lieux du chômage des 15-25 ans qui atteint les 24% en 2010. Notons qu'il
5   s'agit là d'une enquête sur la jeunesse qui est déjà dans la vie active, ou qui essaye désespérément de l'être.

Un autre chiffre me vient en tête, dans un article de *Time* du 28 février sur les révoltes de la jeunesse arabe. Il y était mentionné que le chômage des jeunes dans ces pays atteignait les 25%. Drôle de
10   coïncidence. Sauf que nous, jeunes Français, nous ne faisons rien pour changer les choses. Nous sommes pris dans ce **marasme**. Et pourtant, notre quotidien est de plus en plus difficile.

Selon les critères économiques et sociaux, la «jeunesse» est un terme bien plus vague qu'il y a cinquante ans. C'est pourquoi les
15   limites de cette enquête sont très vite atteintes. Le quart de siècle ne marque pas la fin de la jeunesse et l'entrée dans la vie active et le monde adulte. Au contraire, le concept évolue en fonction des difficultés économiques et sociales auxquelles font face ces nouvelles générations. À 30-35 ans, nous rentrons encore dans la
20   case «jeunesse». Nous sommes des «vieux-jeunes».

Aujourd'hui, être jeune est un réel défi. Entre faire des études plus longues car on nous a promis que plus d'études = plus de sécurité, trouver un stage, un premier emploi (souvent précaire), ou un CDI[1] (sésame du droit au bonheur?) ou encore
25   pouvoir être locataire, il semble bien loin le temps où la jeunesse française trouvera une stabilité pourtant bien méritée.

Ligne

La pauvreté frappe lourdement les jeunes: 20% des 20-24 ans et 12% des 25-29 ans. Alors que le SMIC a augmenté de 121 euros en quinze ans pour atteindre en 2011 la coquette somme de 1 071 euros mensuels net, la
30 jeunesse doit se battre pour joindre les deux bouts.

Nous sommes de plus en plus dépendants de nos parents. Et même si nous finissons par trouver un travail, celui-ci demeure précaire. Aujourd'hui, si un jeune trouve un premier emploi, il a de grandes chances pour que ce CDD[2] soit suivi d'une nouvelle période de chômage de plusieurs mois avant
35 de retrouver un emploi.

Il est donc difficile d'accéder à une toute relative indépendance financière sans retomber au moindre revers dans les pattes de papa et maman. Et qu'en est-il d'une partie de cette jeunesse qui ne peut pas compter sur un parent pour le nourrir?

40 En France aujourd'hui, une partie de la jeunesse vit en dessous du seuil de pauvreté. Et ce ne sont pas les dernières mesures du gouvernement permettant un RSA[3] jeune qui arrivent à **endiguer** ce phénomène.

Alors que les Français se battaient pour sauver leurs retraites à l'automne 2010, la jeunesse était dans la rue, consciente que son sort était lié à ce
45 mouvement. Nous étions aux côtés des manifestants et nous scandions ce message: «Laissez-nous payer vos retraites». Délibérément provocateur, ce slogan avait pour but de sensibiliser l'opinion publique sur le problème du chômage des jeunes.

La réalité est brutale: la crise économique de 2008 a aggravé la situation.
50 Aujourd'hui, la période d'essai payée est remplacée par un stage (rémunéré à 30% du SMIC au-delà de deux mois de stage) qui est loin d'être la garantie de l'embauche à la fin du stage.

(suite à la page suivante)

(SUITE):

Autre fait majeur, les postes dits «juniors» ont eux aussi été remplacés par des stages. En gros, c'est du travail dissimulé. J'irai même plus loin, c'est une
55 nouvelle forme d'esclavagisme moderne. D'ailleurs, quels sont les droits des stagiaires? Ils ne sont pas comptabilisés dans les effectifs de l'entreprise, ils n'ont pas le droit à des congés payés, et n'ont pas de **syndicat**.

Par contre, ils sont très productifs ces petits jeunes, souvent surqualifiés, acceptant des postes déclassés, et prêts à faire des heures supplémentaires
60 non rémunérées par espoir d'être embauchés à la fin de leur stage (ce qui demeure un fait assez rare). Il est bien loin le temps du stage café/ photocopieuse.

Le collectif Génération précaire se bat depuis 2005 pour amener le débat dans la sphère publique, mais pourtant les abus continuent. De 800 000 stagiaires
65 il y a quelques années, nous sommes passés à près de 1,5 million en 2010.

Les étudiants ne font plus un seul stage de fin d'études, mais plusieurs stages tout au long de leur parcours académique. La multiplication des stages par étudiant découle de cette pénurie d'emplois. Drôle de société dans laquelle nous vivons où il y a du travail (les stages le prouvent) mais pas d'emplois.

[1] CDI = contrat à durée indéterminée
[2] CDD = contrat à durée déterminée
[3] RSA = revenu de solidarité active

1. **Pour quelle raison l'article a-t-il été écrit?**

   a. motiver les jeunes

   b. raconter l'histoire des révoltes de la jeunesse arabe

   c. décrire les difficultés des jeunes d'aujourd'hui

   d. résoudre la crise économique des jeunes

2. **Dans cet article, quel est le ton de l'auteur?**

   a. optimiste

   b. pessimiste

   c. sarcastique

   d. humoristique

3. **Selon l'article, la fin de la jeunesse qui coïncide avec l'entrée dans la vie active:**

   a. commence plus tôt qu'autrefois.

   b. n'a pas changé depuis 50 ans.

   c. devient de plus en plus facile avec l'augmentation du SMIC.

   d. n'est plus à l'âge de 25 ans.

4. **Que veut dire «CDI»?**

   a. contrat qui n'est pas achevable

   b. contrat pour un nombre d'années qui n'est pas limité

   c. contrat d'une certaine importance

   d. contrat qui n'est pas décidé

5. **Selon l'article, après la crise économique de 2008,:**

   a. la vie devient plus facile pour les stagiaires.

   b. la vie n'a pas changé pour les stagiaires.

   c. les stagiaires font rarement des stages.

   d. les stagiaires acceptent beaucoup plus de responsabilités.

LIRE ÉCOUTER

Vous allez lire un passage et écouter une sélection audio. Pour la lecture, vous aurez un temps déterminé pour la lire. Pour la sélection audio, vous aurez d'abord un temps déterminé pour lire une introduction et pour parcourir les questions qui vous seront posées. La sélection sera présentée deux fois. Après avoir écouté la sélection une première fois, vous aurez 1 minute pour commencer à répondre aux questions; après avoir écouté la sélection une deuxième fois, vous aurez 15 secondes par question pour finir de répondre aux questions. Pour chaque question, choisissez la meilleure réponse selon la sélection audio ou la lecture et indiquez votre réponse sur votre feuille de réponse.

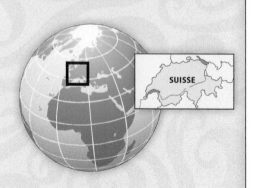

SUISSE

SOURCE 1:

Introduction:

La sélection suivante aborde le sujet des horaires dans les magasins en Suisse. Le reportage original a été publié le 16 juin 2010 en Suisse par Le Syndicat Interprofessionel de Travailleuses et Travailleurs.

Le personnel réuni en Assemblée et les syndicats Sit et Unia appellent à présent les parlementaires à prendre en considération l'extension des heures d'ouverture des commerces et invite la

Ligne population au rassemblement devant le parlement le jeudi 17 juin

5 dès 16h00, jour du débat parlementaire. «Non» à une extension des heures d'ouverture des magasins.

Contacts:

Syndicat SIT: Valérie Balleys et Lara Cataldi Syndicat Unia: Joël Varone

Le personnel de vente refuse l'extension des horaires des magasins

Communiqué de presse 16.6.2010

10 **Sans compensation suffisante: le personnel de vente refuse l'extension des horaires des magasins.** ▶ Réuni par les syndicats Sit et Unia en Assemblée générale le 15 juin 2010, le personnel de vente du canton de Genève s'est dit prêt, à une très large majorité, à combattre par référendum toute extension des

15 heures d'ouverture des commerces.

Au cours de cette assemblée, le personnel a été amené à se prononcer sur le résultat des négociations qui ont eu lieu de fin janvier à début juin entre les syndicats et les associations patronales. Ces négociations portaient sur une amélioration

20 de la Convention collective cadre du commerce de détail (qui

arrive à échéance fin 2010) contre une extension des heures d'ouverture des commerces à 19h30 en semaine, 19h le samedi et 2 dimanches par an. Après discussion et débats, le personnel a estimé que les améliorations concédées par les patrons dans le cadre de ces négociations étaient
25 clairement insuffisantes et bien en dessous des revendications syndicales. L'absence de compensation salariale pour tout le personnel (alors que le salaire médian stagne dans ce secteur depuis l'entrée en vigueur de la CCT*), le refus de compensations pour le travail au-delà de 19h et pour le travail du samedi, l'absence de protection contre de longues journées
30 de travail (dont l'amplitude peut aller jusqu'à 14 heures) et la dégradation continuelle des conditions de travail ces dernières années dans le secteur ont pesé dans la balance.

* CCT = convention collective de travail

SOURCE 2: SÉLECTION AUDIO 🎧

Vocabulaire
jour férié
rompre

Introduction:

La sélection traite de l'expansion des heures de travail à Genève. Cet extrait audio s'intitule *Entretien avec Pierre-François Unger concernant l'ouverture des magasins à Genève.* Il a été diffusé sur RTS, Radio Télévision Suisse.

1. **Quel est le sujet du débat à Genève?**

   a. Le gouvernement veut éliminer la flexibilité des heures de travail.

   b. Les marchands refusent de travailler le week-end.

   c. Les marchands sont mécontents quant au salaire minimum interprofessionnel de croissance.

   d. Un changement de l'horaire d'ouverture est proposé.

2. **Quel est le ton de la sélection audio?**

   a. optimiste

   b. persuasif

   c. pessimiste

   d. antagoniste

3. **Selon le passage, le personnel de vente refuse l'extension des horaires des magasins:**

   a. parce qu'il ne veut pas travailler le week-end.

   b. parce qu'il pense que les patrons sont déjà trop riches.

   c. parce qu'il n'y aurait pas assez de compensation pour tout le personnel.

   d. parce que les transports en commun sont fermés le dimanche.

4. **Selon l'article, quel facteur n'était pas l'une des causes du mécontentement du personnel?**

   a. le manque de sécurité concernant la durée de la journée de travail

   b. le personnel de vente ne veut jamais travailler le week-end

   c. aucune augmentation de salaire n'était inclue

   d. la continuité des mauvaises conditions de travail

5. **Selon la sélection audio, quelle est la cause principale de l'échec de cette initiative?**

   a. le manque d'harmonisation des heures de travail

   b. l'augmentation du tourisme

   c. le manque de soutien des partenaires sociaux

   d. l'augmentation des impôts locaux

» Interpretive Communication: AUDIO TEXTS

 ÉCOUTER

Vous allez écouter une sélection audio. Vous aurez d'abord un temps déterminé pour lire l'introduction et pour parcourir les questions qui vous seront posées. La sélection sera présentée deux fois. Après avoir écouté la sélection une première fois, vous aurez 1 minute pour commencer à répondre aux questions; après avoir écouté la sélection une deuxième fois, vous aurez 15 secondes par question pour finir de répondre aux questions. Pour chaque question, choisissez la meilleure réponse selon la sélection audio et indiquez votre réponse sur la feuille de réponse.

Introduction:

Dans cet extrait audio, on parle des nouveaux lieux pour travailler. C'est un podcast dans la série *Entreprise et Convivialité,* diffusée par Moustic, à Paris. Ce podcast s'intitule *Interview de Xavier Mazenod – Ces lieux sont-ils conviviaux?* © Entreprise et Convivialité, Moustic.fr

1. **Selon la sélection audio, quel serait un synonyme du mot convivial (conviviaux, pl.)?**

    a. ouvert

    b. organisé

    c. stagnant

    d. silencieux

2. **À quoi servent les petites pièces dans le contexte de cette sélection?**

    a. On peut les ranger sur des étagères.

    b. On peut faire des appels en privé.

    c. On peut organiser des fêtes.

    d. On peut rester dans son petit coin.

3. **D'après cet extrait, que comprend la structure architecturale de l'entreprise traditionnelle?**

    a. une grande pièce partagée

    b. une ferme

    c. des murs qui séparent les collègues les uns des autres

    d. des constructions solides

4. **Quel est une définition du mot ludique selon cette sélection?**

    a. qui a trait au jeu

    b. un rapport compétitif

    c. un aspect didactique

    d. un rapport conflictuel

5. **Comment peut-on résumer le concept des lieux conviviaux en une phrase?**

    a. «C'est un concept démodé.»

    b. «C'est un concept basé sur la concurrence.»

    c. «C'est une manière de s'échapper de son travail.»

    d. «C'est un concept basé sur le partage entre les gens.»

LIRE ÉCRIRE

Vous allez écrire une réponse à un message électronique. Vous aurez 15 minutes pour lire le message et écrire votre réponse. Votre réponse devrait débuter par une salutation et terminer par une formule de politesse. Vous devriez répondre à toutes les questions et demandes du message. Dans votre réponse, vous devriez demander des détails à propos de quelque chose mentionnée dans le texte. Vous devriez également utiliser un registre de langue soutenue.

Introduction:

C'est un message de Madame Sandrine Ledoyen, coordinatrice nationale des centres « Espace Enfants », centres spécialisés à l'animation des 6 à 12 ans, le mercredi après-midi. Elle vous écrit pour confirmer la réception de votre candidature ainsi que pour vous demander quelques informations supplémentaires avant de vous accorder un entretien.

De: Sledoyen@espace-enfant.fr

A: Cdubois@monmail.fr

Date: 19-04-2012

Mademoiselle,

J'accuse réception de votre courrier du 14 avril, relatif au poste d'animatrice, disponible dans notre centre de Lille. Afin que je puisse traiter
Ligne votre candidature dans les plus brefs délais, il
5 est nécessaire que vous nous fournissiez des renseignements supplémentaires et que vous confirmiez certaines données fournies sur votre formulaire de candidature.

Veuillez nous faire parvenir les documents
10 suivants:

- copie de votre BAC

- copie de votre BAFA

- lettre de recommandation de votre ancien employeur

15 Tous ces documents doivent être soumis en format PDF. Veuillez également confirmer les données suivantes:

- votre adresse physique

- votre numéro de téléphone

20 • votre date de disponibilité

- le nombre d'heures (par semaine) que vous désirez

Une fois en possession de ces documents et de ces renseignements et après révision **desdits**
25 documents, je vous contacterai afin de vous proposer une date pour un entretien avec Mr Guy Delorme, notre coordinateur national.

Je vous prie d'agréer, Mademoiselle, l'expression de mes salutations les meilleures.

Sandrine Ledoyen
Coordinatrice - Nord Pas de Calais
Espace Enfants

» Presentational Writing: PERSUASIVE ESSAY

 LIRE ÉCOUTER

 ÉCRIRE

Vous allez écrire un essai persuasif pour un concours d'écriture de langue française. Le sujet de l'essai est basé sur trois sources ci-jointes, qui présentent des points de vue différents sur le sujet et qui comprennent à la fois du matériel audio et imprimé. Vous aurez d'abord 6 minutes pour lire le sujet de l'essai et le matériel imprimé. Ensuite, vous écouterez l'audio deux fois; vous devriez prendre des notes pendant que vous écoutez. Enfin, vous aurez 40 minutes pour préparer et écrire votre essai. Dans votre essai, vous devriez présenter les points de vue différents des sources sur le sujet et aussi indiquer clairement votre propre point de vue que vous défendrez à fond. Utilisez les renseignements fournis par toutes les sources pour soutenir votre essai. Quand vous ferez référence aux sources, identifiez-les de façon appropriée. Organisez aussi votre essai en paragraphes bien distincts.

SUJET DE LA COMPOSITION:

Le **télétravail** est-il une bonne option?

SOURCE 1:

Introduction:

Dans cette sélection il s'agit du télétravail. Ces textes sont les réponses aux questions posées par Ginette Villa sur les avantages et les inconvénients de cette façon de travailler.

> **Delphine Giroud**
>
> Bonjour,
>
> Quels sont pour vous les inconvénients du télétravail?
>
> Pourriez-vous me donner vos avis et réactions sur le télétravail? En effet, je dois rédiger un article à ce sujet et vos témoignages m'intéressent.
>
> Merci de me dire aussi si vous acceptez d'être cités dans ledit article.
>
> Cordialement.

Ligne
5

10   **Christelle Dubois**

Bonjour,

Je suis télétravailleuse, bien que 30% de mon temps (cela est stipulé dans mon contrat), soit également prévu pour des déplacements sur nos sites de fabrication ainsi que pour l'accompagnement de nos commerciaux chez les clients.

15   Mon travail se résume au marketing de ma société ainsi que de son service création.

L'indépendance et l'organisation de son travail (sans personne derrière soi) sont pour moi des atouts majeurs.

Une très grande rigueur et de la structuration ainsi que la possibilité d'être joignable à tout moment, sont ultra nécessaires à cette formule de travail.

20   Cela peut être **contraignant**. C'est pourquoi, il est impératif de savoir mettre des barrières entre vie privée et vie professionnelle!

À cet effet, je me suis aménagé un espace privé, bien à moi, dans la maison. C'est important.

C'est aussi un avantage, car en cas de nécessité et d'urgence, on peut toujours retravailler sur un dossier ou autre mail, le soir après souper, et cela sans avoir l'inconvénient de rester 25   «coincé» au bureau.

Je pense également que l'on travaille plus rapidement chez soi, déjà du fait que l'on ne perd pas de temps en déplacements, bien que je doive, quand même, me rendre au bureau de poste qui ne se trouve pas à côté de la maison!

Cependant, le manque de contacts reste le plus gros inconvénient . . .

30   Le téléphone, Internet (des outils formidables, bien sûr) nous permettent de rester en contact avec la société, c'est évident, mais quand vous restez une ou deux semaines sans vous déplacer, ne voir personne de la journée devient pesant.

Un réseau de télétravailleurs dans ma région, que l'on pourrait rencontrer de temps en temps, serait l'idéal pour moi.

35   Cela me fait penser que finalement la pause-café dans les entreprises est très agréable et importante pour les échanges même si cela fait perdre un peu de temps de travail . . . !!! Voilà mon avis sur le sujet, n'hésitez pas à me contacter si vous le désirez.

(suite à la page suivante)

SOURCE 1 (SUITE):

Frédéric Hinix

40 Extrait de ma réponse via l'autre hub: www.portail-des-pme.fr/.../1351-le-teletravail

«Ce n'est pas nouveau de travailler chez soi. La plupart des commerçants ont commencé ainsi. Le monde moderne offre les outils appropriés au télétravail, c'est tout. Quelle est la signification du travail à domicile»?

45 Pour moi, les obligations sont PRATIQUEMENT identiques à celles du travail à l'extérieur.

Je ne pense pas qu'en entreprise, vous pourriez emmener votre enfant avec vous sur votre lieu de travail.

Madame Dubois, il y a aussi le fait que pas mal de personnes ne
50 savent pas faire la séparation nécessaire entre vie privée et vie professionnelle même s'ils travaillent à l'extérieur de chez eux.

Michel Denis

Christelle,

J'ai fonctionné comme vous pendant plusieurs années.

55 Je vous comprends donc très bien et l'importance des contacts «réels», sociaux et conviviaux sont primordiaux. Même les outils les plus performants ne les remplaceront jamais!

Pourtant, après avoir travaillé quelques années dans une multinationale américaine, j'ai apprécié la «co-présence» dans les «espaces virtuels» 3D immersifs
60 utilisables en télétravail à domicile.

J'ai donc récemment **démarré** ma petite société en France, spécialisée dans ce genre de solution, suite à cette expérience qui m'a parue très positive!

Michel

SOURCE 2: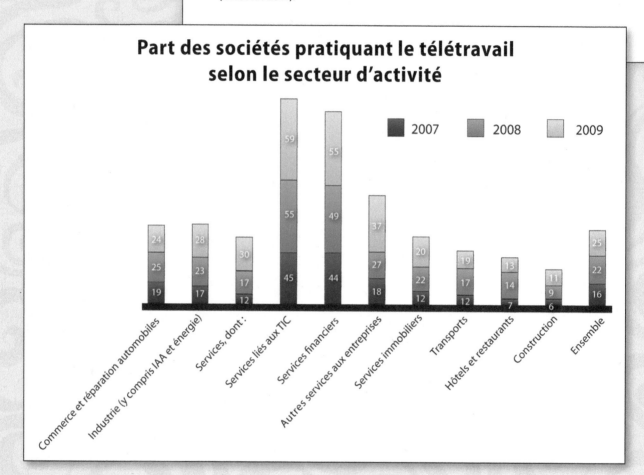

Introduction:

Cette sélection traite des possibilités du travail mobile, en fonction des catégories professionnelles
(Eurostat 2011).

Part des sociétés pratiquant le télétravail selon le secteur d'activité

Légende: 2007 · 2008 · 2009

Secteur d'activité	2007	2008	2009
Commerce et réparation automobiles	19	25	24
Industrie (y compris IAA et énergie)	17	23	28
Services, dont :	12	17	30
Services liés aux TIC	45	55	59
Services financiers	44	49	55
Autres services aux entreprises	18	27	37
Services immobiliers	12	22	20
Transports	12	17	19
Hôtels et restaurants	7	14	13
Construction	6	9	11
Ensemble	16	22	25

SOURCE 3:
SÉLECTION AUDIO 🎧

Introduction:

La sélection audio suivante présente certaines personnes qui participent à la journée suisse du télétravail (19 mai 2011); elles discutent des avantages du télétravail. L'extrait audio s'intitule *Pour ou contre le télétravail en Suisse* et a été diffusé sur RTS, Radio Télévision Suisse. ©RTS

Vocabulaire
accroître
concilier
en **chair** et en os
épanouissement

» Interpersonal Speaking: CONVERSATION

 LIRE   🎧 ÉCOUTER   ❓ PARLER

Vous allez participer à une conversation. D'abord, vous aurez une minute pour lire une introduction à cette conversation qui comprend le schéma des échanges. Ensuite, la conversation commencera, suivant le schéma. Quand ce sera à vous de parler, vous aurez 20 secondes pour enregistrer votre réponse. Vous devriez participer à la conversation de façon aussi complète et appropriée que possible.

Introduction:

Vous êtes en train de téléphoner au directeur des ressources humaines (DRH) de la société où vous avez posé votre candidature. Vous participez à cette conversation parce que vous passez un pré-entretien téléphonique avec cette société pour déterminer si votre candidature sera retenue pour un entretien d'embauche au siège central de la société, à Paris.

Directeur	Il vous salue et vous demande de confirmer votre identité.
Vous	Saluez-le et identifiez-vous.
Directeur	Il vous décrit la procédure et vous demande si vous êtes prêt(e).
Vous	Dites que vous êtes prêt et exprimez vos sentiments envers cette opportunité professionnelle.
Directeur	Il vous demande d'expliquer votre motivation pour le poste recherché.
Vous	Donnez au moins deux raisons pour votre candidature.
Directeur	Il vous demande des détails sur vos qualifications.
Vous	Décrivez votre expérience dans une entreprise concurrente ainsi que vos diplômes, brevets.
Directeur	Il vous demande de vous décrire.
Vous	Décrivez votre personnalité.
Directeur	Il vous interroge sur vos buts.
Vous	Expliquez vos buts dans votre vie professionnelle et dans votre vie personnelle.
Directeur	Il vous demande vos dates de disponibilité.
Vous	Informez-le que vous n'avez pas d'obligations pour les 3 semaines à venir.
Directeur	Il termine la conversation.
Vous	Dites au revoir et remerciez-le de son appel.

» Presentational Speaking: CULTURAL COMPARISON

 LIRE PARLER

Vous allez faire un exposé pour votre classe sur un sujet spécifique. Vous aurez 4 minutes pour lire le sujet de présentation et préparer votre exposé. Vous aurez alors 2 minutes pour l'enregistrer. Dans votre exposé, comparez votre propre communauté à une région du monde francophone que vous connaissez. Vous devriez montrer votre compréhension des facettes culturelles du monde francophone. Vous devriez aussi organiser clairement votre exposé.

Sujet de la présentation:

Comparez les heures de travail par semaine aux États-Unis à celles en France. N'oubliez pas d'expliquer les avantages et les inconvénients de chaque système.

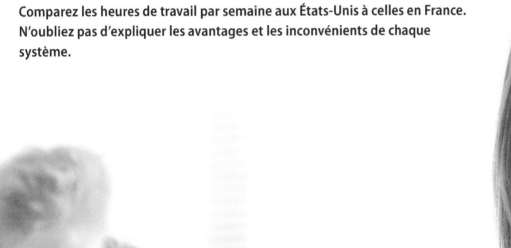

LIRE

La sélection suivante est accompagnée de plusieurs questions. Pour chaque question, choisissez la meilleure réponse selon la sélection.

Introduction:

Dans cette sélection, il s'agit du marché d'emploi au Burkina Faso. Cet article a paru sur le site de fr.globalvoices le 22 janvier 2014.
© Creative Commons

Les inquiétantes perspectives du marché du travail au Burkina Faso

L'AFDB (Banque Africaine de Développement) a publié son rapport sur le Burkina Faso, qui fait ressortir une inquiétante projection du marché du travail pour les dix prochaines années:

Ligne Sept burkinabè sur dix ont moins de 30 ans. Le nombre de
5 jeunes (15-24 ans), primo demandeurs d'emplois, doublera entre 2010 et 2030, passant de trois à six millions ce qui va créer une tension sur le marché du travail. Les opportunités de travail se limitent à celles qui ont une faible productivité ou qui génèrent peu de revenus: environ 80 % des travailleurs dépendent de
10 la production agricole; seuls 5 % des travailleurs sont **salariés** dans le secteur formel (public ou privé).

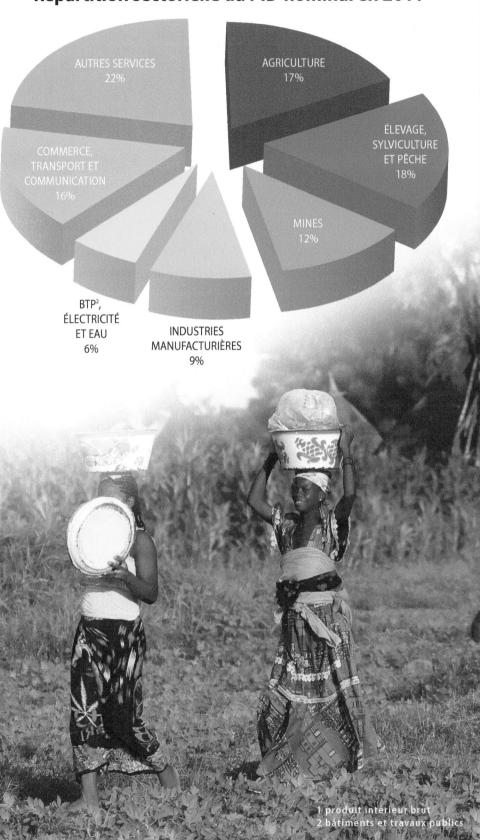

Répartition sectorielle du PIB¹ nominal en 2011

AUTRES SERVICES
22%

AGRICULTURE
17%

ÉLEVAGE,
SYLVICULTURE
ET PÊCHE
18%

COMMERCE,
TRANSPORT ET
COMMUNICATION
16%

MINES
12%

BTP²,
ÉLECTRICITÉ
ET EAU
6%

INDUSTRIES
MANUFACTURIÈRES
9%

1 produit intérieur brut
2 bâtiments et travaux publics

1. **La population de Burkina Faso est:**
   a. vieille.
   b. travailleuse.
   c. jeune.
   d. satisfaite.

2. **Selon cette sélection, la situation du marché du travail au Burkina Faso:**
   a. va s'aggraver dans les années qui viennent.
   b. a été grave ces dernières années.
   c. est sérieuse en ce moment.
   d. n'est pas très troublante en ce moment.

3. **D'après les données de la sélection, quel est le pourcentage du PIB rapporté par ceux qui travaillent avec des animaux?**
   a. 9 %   b. 12 %
   c. 18 %   d. 22 %

4. **Pourquoi les opportunités de travail ne sont-elles pas considérées très intéressantes selon cet article?**
   a. On ne gagne pas beaucoup d'argent.
   b. On gagne trop d'argent pour ne rien faire.
   c. Ces opportunités sont dans le secteur de l'énergie.
   d. Les opportunités sont limitées dans le domaine de l'agriculture.

5. **Dans le contexte de cet extrait, quelle est la définition du mot «salarié»?**
   a. le montant d'argent gagné
   b. le travail que l'on fait
   c. exercer une action professionnelle
   d. quelqu'un qui travaille

LIRE ÉCOUTER

Vous allez lire un passage et écouter une sélection audio. Pour la lecture, vous aurez un temps déterminé pour la lire. Pour la sélection audio, vous aurez d'abord un temps déterminé pour lire une introduction et pour parcourir les questions qui vous seront posées. La sélection sera présentée deux fois. Après avoir écouté la sélection une première fois, vous aurez 1 minute pour commencer à répondre aux questions; après avoir écouté la sélection une deuxième fois, vous aurez 15 secondes par question pour finir de répondre aux questions. Pour chaque question, choisissez la meilleure réponse selon la sélection audio ou la lecture et indiquez votre réponse sur votre feuille de réponse.

SOURCE 1:

Introduction:

Dans cette sélection, il s'agit du concept de la QVT, la qualité de la vie au travail. Ce texte a été écrit par Caroline Rome et publié sur le site laqvt.fr le 27 novembre 2013. © Novéquilibres

Les mammouths: ont-ils disparu?

Ce n'est pas parce que le concept de QVT (Qualité de Vie au Travail) est récent, d'autant plus à l'échelle de l'histoire de la planète, que je ne vais pas m'autoriser à revenir quelques années en arrière pour cette contribution métaphorique.

Ligne

5 Les mammouths sont des mammifères éteints de la famille des éléphantidés correspondant au genre Mammuthus et à de nombreuses espèces. Du temps de l'homme des cavernes, il est perçu à juste titre comme une menace et quand il débarque, la poussée d'adrénaline permet à l'homme des cavernes de

10 s'enfuir à toutes jambes, ou s'il est très courageux et surtout pas seul, de le combattre avec sa massue. C'est le combat ou la fuite, réaction très ancienne dans l'histoire de l'homme face à une poussée salutaire de stress lié à l'instinct de survie.

Comme le mammouth est une grosse bête, quand il n'est plus

15 là, ou quand il a été abattu et ne présente plus aucun danger, l'homme préhistorique voit bien qu'il n'y a plus de risque, et l'agent stressant étant absent son taux de cortisol (hormone du stress) redescend à la normale. Il lui suffit de s'adapter à son environnement plus tranquille et tout revient à un état

20 d'équilibre en adéquation avec la situation du moment.

De nos jours, l'animal a disparu, et seuls quelques spécimens sont retrouvés congelés dans les zones glaciaires. Du moins c'est ce que l'on croit, car en fait la réalité est tout autre . . . le monde est envahi de mammouths et plusieurs espèces vivent

25 parmi nous dont voici les principales:

- **Le mammouthason** est très bruyant. Selon les régions où il vit, il s'exprime différemment, mais avec toujours trop de puissance pour l'oreille humaine. Les sons les plus connus sont: marteaux piqueurs, voitures et motos, métros et trains, avions, **usines** et machines . . . L'animal nous envoie un nombre de décibels si important que bon nombre d'insomnies, 30 d'acouphènes entraînant même des surdités, en résultent. Il existe cependant quelques mammouthasons muets et innoffensifs sur une île déserte perdue dans le Pacifique.

- **Le technomammouth** est complètement addict à tout ce qui est nouveau en matière de technologie. Ceux qui vivent dans les entreprises sont utiles, certes, mais quand ils investissent les habitations, ils sont particulièrement dangereux. Certains vont même 35 jusqu'à suivre les humains sur leur lieu de vacances, et la nuit ils se tapissent sous le lit pour ne leur laisser aucun **répit**. Leur addiction est variée: téléphone portable, ordinateur, oreillette, vidéo conférence . . . certains cumulent le tout et hélas, ces derniers sont de plus en plus nombreux.

- **Le speedmammouth** est très rapide et il est très difficile de l'attraper. Il court tout le 40 temps après le temps et, résultat, il n'a jamais le temps de prendre son temps. Il dort très peu pour essayer de ne pas perdre de temps et gagner du temps, ce qu'il n'arrive jamais à faire par manque de temps. En fait l'animal est toujours pressé car il aime les citrons pressés et comme il prend les humains pour des citrons, son but est de les presser et les compresser . . . résultat, tout le monde est stressé, le speedmammouth et l'humain.

45 - **Le surpopmammouth** se reproduit très vite, à tel point que les humains en font autant pour protéger leur territoire. Résultat, beaucoup de monde, une surpopulation inquiétante tant en mammouths qu'en capital humain. Les ressources de la terre s'épuisent, et l'eau potable risque de manquer. Les cultures vont-elles pouvoir subvenir à nourrir les habitants de la planète? Beaucoup d'entreprises licencient pour **pallier** à ce problème.

50 - **Le flashmammouth** est un animal lumineux de tendance indigo qui éclaire outre mesure nos rues, nos villes, notre ciel, et même nos campagnes. Une photo satellite de la terre il y a une cinquantaine d'années la montre comme une boule tamisée, la même prise de nos jours à la même heure et c'est une boule digne d'un sapin de Noël qui clignote de tous ses feux. Certains vivent à demeure dans les entreprises. Les salariés y sont confrontés 55 du matin au soir sans relâche. D'autres ont investi les habitations et trônent dans le salon, et les familles **s'agglutinent** devant en extase. Souvent elles les emmènent dans les chambres, et si par malheur un technomammouth y est déjà, la rencontre est explosive . . .

(suite à la page suivante)

SOURCE 1 (SUITE):

• **Le burnmammouth** est très actif et ne s'arrête jamais de travailler. Il parle un dialecte qui lui est propre, le
60   workaholic, et en principe il jette son dévolu sur un seul individu. Comme il n'a pas de limite à son engagement, il déteint sur cette personne qui en arrive à ne plus avoir de relations sociales, à perdre le sommeil ou ne penser à rien d'autre qu'à son travail. De récentes études ont démontré
65   que le burnmammouth rendait l'humain ergomane (obsédé par le travail) jusqu'à être out.

L'ennui c'est que ces espèces sont invisibles et **nuisibles**. Personne ne les voit, résultat, quand ces mammouths ne sont plus là, les humains ne le savent pas et restent en alerte comme
70   s'ils étaient toujours présents. Le stress est alors excessif puisque trop important par rapport au besoin, et c'est alors qu'au lieu d'être aidant il va être destructeur.

De la fiction à la réalité, tout est possible! Au mois de mai une équipe scientifique russe a fait une découverte exceptionnelle
75   sur l'îlot Maly Liakhovski dans l'océan Arctique, celle d'une carcasse de mammouth congelée dont le sang est resté liquide. Grâce à l'ADN, des souris ont déjà été clonées grâce à une simple goutte de sang : faire la même chose avec des mammouths et le résultat sera impressionnant vue la taille de
80   l'animal…

Quand vous verrez des éléphants gambader, vérifiez si ce ne sont pas plutôt ses cousins les mammouths et non leurs ancêtres (voir photo plus haut), et chassez-les hors de nos frontières, et même par souci d'humanité, hors de la planète…

85   Retrouvons notre instinct de survie.

SOURCE 2: SÉLECTION AUDIO

Vocabulaire
convivialité
levier
tiers lieux
TPE

Introduction:

Dans cet extrait audio, on parle de l'atmosphère dans les lieux de travail. C'est un podcast dans la série *Entreprise et Convivialité,* diffusé par Moustic, à Paris. Dans ce podcast, intitulé *Votre avis sur ces tiers lieux,* il s'agit des Tiers lieux – des espaces physiques ou virtuels de rencontre entre des personnes qui ont des compétences différentes à partager.

© Entreprise et Convivialité, Moustic.fr

1. **Dans l'article, les espèces de mammouths différents sont comparées aux:**

   a. types de personnes dans le monde du travail.

   b. espèces d'éléphants de nos jours.

   c. espèces de souris étudiées dans le domaine de la biologie.

   d. façons d'atteindre des buts.

2. **Dans la sélection audio, quel est le ton des employés interviewés sur le concept des Tiers lieux?**

   a. positif

   b. embarrassé

   c. incertain

   d. humoristique

3. **Quel est le but de la sélection écrite?**

   a. convaincre le lecteur de s'identifier parmi les types de personnalité

   b. faire valoir la diversité de ceux qui sont présents sur le lieu de travail

   c. faire de la publicité pour l'exposition des mammouths au musée du quartier

   d. montrer les résultats scientifiques de leur étude

4. **Dans le contexte de l'extrait audio, quel est le meilleur synonyme pour le terme co-construction?**

   a. consommation

   b. solitude

   c. confidentialité

   d. échange

5. **Dans le contexte de l'extrait écrit, pourquoi ces mammouths sont-ils «nuisibles»?**

   a. parce qu'ils dorment la nuit

   b. parce qu'ils sont nocturnes

   c. parce qu'ils sont faciles à voir

   d. parce qu'ils sont dangereux

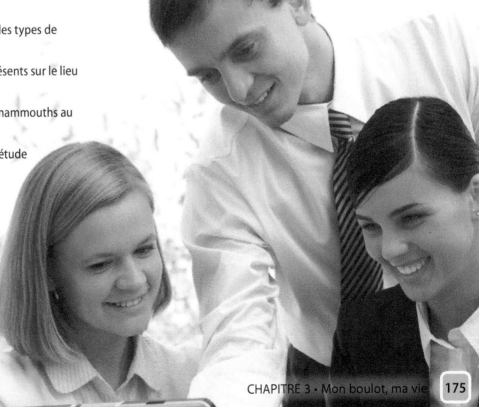

» Interpretive Communication: AUDIO TEXTS

Vocabulaire
réaliser

ÉCOUTER

Vous allez lire un passage et écouter une sélection audio. Pour la lecture, vous aurez un temps déterminé pour la lire. Pour la sélection audio, vous aurez d'abord un temps déterminé pour lire une introduction et pour parcourir les questions qui vous seront posées. La sélection sera présentée deux fois. Après avoir écouté la sélection une première fois, vous aurez 1 minute pour commencer à répondre aux questions; après avoir écouté la sélection une deuxième fois, vous aurez 15 secondes par question pour finir de répondre aux questions. Pour chaque question, choisissez la meilleure réponse selon la sélection audio ou la lecture et indiquez votre réponse sur votre feuille de réponse.

ÉCOUTER

Vous allez écouter une sélection audio. Vous aurez d'abord un temps déterminé pour lire l'introduction et pour parcourir les questions qui vous seront posées. La sélection sera présentée deux fois. Après avoir écouté la sélection une première fois, vous aurez 1 minute pour commencer à répondre aux questions; après avoir écouté la sélection une deuxième fois, vous aurez 15 secondes par question pour finir de répondre aux questions. Pour chaque question, choisissez la meilleure réponse selon la sélection audio et indiquez votre réponse sur la feuille de réponse.

Introduction:

Cette sélection est un extrait d'un podcast intitulé Vivre de son blog dont l'animateur s'appelle Ling-en Hsia. L'épisode s'appelle «14 Techniques pour se motiver au travail» et a été tiré du site www.vivredesonblog.com/37/. Dans cet extrait du podcast, il s'agit des deux premières techniques pour se motiver au travail.

© Ling-en Hsia

1. **Ling-en se motive par quel moyen?**

   a. en faisant du webmarketing

   b. en répétant des idées motivantes dans sa tête

   c. en lisant et en écoutant des gens passionnés

   d. en méditant en silence

2. **Quel est le premier conseil (la première technique) que propose Ling-en pour se motiver au travail?**

   a. trouver de la motivation

   b. se calmer en contrôlant sa respiration

   c. conserver son énergie

   d. trouver de l'inspiration

3. **La deuxième technique pour se motiver proposée par Ling-en est «manger la grenouille». Que représente la grenouille dans cette métaphore?**

   a. une tâche difficile

   b. une personne de nationalité française

   c. la cuisine française

   d. quelque chose de mignon

4. **Quel est le but principal de ce podcast?**

   a. développer l'efficacité chez les gens qui travaillent

   b. raconter des histoires de travail

   c. distraire ceux qui travaillent trop

   d. faire travailler les auditeurs encore plus

5. **Quel est le ton de ce podcast et de son animateur?**

   a. positif

   b. négatif

   c. moqueur

   d. blagueur

 **LIRE** ✎ **ÉCRIRE**

Vous allez écrire une réponse à un message électronique. Vous aurez 15 minutes pour lire le message et écrire votre réponse. Votre réponse devrait débuter par une salutation et terminer par une formule de politesse. Vous devriez répondre à toutes les questions et demandes du message. Dans votre réponse, vous devriez demander des détails à propos de quelque chose mentionnée dans le texte. Vous devriez également utiliser un registre de langue soutenue.

STRASBOURG, FRANCE

Introduction:

C'est un message de la part de Philippe Leduvier, qui travaille dans le Service recrutement de l'organisation Aide anglais. Il répond à votre lettre de motivation en candidature spontanée.

de: philippe.leduvier@aideanglais.fr

Strasbourg, le 23 septembre 2015

Cher candidat/Chère candidate,

Nous avons bien reçu votre candidature pour un poste en tant que tuteur de langue anglaise dans notre organisation et nous vous remercions de

Ligne
5 l'intérêt que vous manifestez ainsi pour notre groupe.

Votre candidature sera étudiée attentivement dans les meilleurs délais. **Entretemps**, veuillez nous indiquer les informations suivantes afin que
10 nous puissions mieux choisir le tuteur que nous recherchons:

- Le nombre de mois que vous aimeriez rester candidat à ce poste.

- La raison principale pour laquelle votre
15 candidature correspond à nos besoins, selon l'annonce à laquelle vous avez répondu.

- Ce qui vous motive le plus à postuler cet emploi (une raison concrète).

Nous vous invitons à consulter régulièrement
20 les offres d'emploi publiées sur notre site afin de
postuler à nouveau les emplois susceptibles de vous
intéresser à l'avenir.

Nous vous prions d'agréer, Madame/Monsieur,
l'expressions de nos sentiments distingués.

25 Philippe Leduvier

Service recrutement, Aide anglais

LIRE ÉCOUTER

ÉCRIRE

Vous allez écrire un essai persuasif pour un concours d'écriture de langue française. Le sujet de l'essai est basé sur trois sources ci-jointes, qui présentent des points de vue différents sur le sujet et qui comprennent à la fois du matériel audio et imprimé. Vous aurez d'abord 6 minutes pour lire le sujet de l'essai et le matériel imprimé. Ensuite, vous écouterez l'audio deux fois; vous devriez prendre des notes pendant que vous écoutez. Enfin, vous aurez 40 minutes pour préparer et écrire votre essai. Dans votre essai, vous devriez présenter les points de vue différents des sources sur le sujet et aussi indiquer clairement votre propre point de vue que vous défendrez à fond. Utilisez les renseignements fournis par toutes les sources pour soutenir votre essai. Quand vous ferez référence aux sources, identifiez-les de façon appropriée. Organisez aussi votre essai en paragraphes bien distincts.

SUJET DE LA COMPOSITION:

Les hommes et les femmes sont-ils véritablement égaux dans le monde du travail de nos jours?

SOURCE 1:

Introduction:

La sélection suivante a été tirée du site www.enquete-debat.fr. L'article a été écrit par Cyrille Godonou et publié le 9 mars 2013.
© Enquête et débat

Le mythe de l'écart salarial hommes-femmes de plus de 20% "à travail égal"

À l'occasion des déclarations surréalistes de la ministre des Droits des femmes Najat Vallaud-Belkacem, qui promet des sanctions dans les six mois aux entreprises qui ne luttent pas assez efficacement contre

Ligne
l'écart salarial homme femme, nous rediffusons un article de grande
5 *qualité que nous avions fait paraître le 21 avril 2011, de Cyril Godonou.*

Parité, communautarisme et discrimination positive sont les symptômes de l'égalitarisme. En effet, l'examen des données statistiques n'atteste pas d'une discrimination prétendument importante, notamment pour l'égalité salariale hommes – femmes.

10 Les écarts de salaires de 27 % brut s'expliquent surtout par les préférences de carrière (le temps partiel, la différence de secteur, d'heures supplémentaires et de responsabilité). Lorsqu'on se restreint au travail à temps complet, l'écart est de 10%, dont 5 points inexpliqués.

15 Toutefois, on constate un écart encore plus fort chez les non-salariés sans employeurs (33 % bruts dont 12 points inexpliqués)

que chez les salariés (27 % bruts dont 4,2 points inexpliqués). Chez les salariés à temps complet le différentiel est de 11 % dont 5,1 % inexpliqués. Ainsi, la part inexpliquée d'écart salarial de l'ordre de

20 5 % entre salariés masculins et féminins, est inférieure à la part inexpliquée chez les actifs sans employeurs (12 %). Des différences moyennes de "performance" expliquent donc probablement une partie de ces 5 % inexpliquées. La discrimination salariale hommes-femmes, à travail égal, semble ainsi tout à fait marginale.

25 L'énorme discrimination salariale que **subiraient** les femmes au travail est un exemple qui montre que la passion de l'égalité pousse certains à énoncer des contre-vérités.

Lors des débats sur l'écart salarial hommes-femmes, on entend souvent dire qu'à travail égal les femmes gagneraient 20 % à 30 %

30 de moins que les hommes en France, ce qui serait bien entendu un scandale absolu.

L'observatoire de la parité reprend d'ailleurs ces chiffres bruts: "Le salaire annuel moyen brut des femmes est inférieur à celui des hommes de 18.9 % dans le secteur privé et semi-public, 37% inférieur

35 si on intègre les heures des temps partiels." (www.observatoire-parite.gouv.fr)

Toutefois, ceci semble statistiquement inexact, sauf à considérer comme travail égal le seul fait de travailler, indépendamment de la durée, du domaine d'activité et du niveau hiérarchique.

40 En effet, l'écart de 27 % est brut et intègre donc le temps partiel, la différence de secteur, d'heures supplémentaires et de responsabilité. Techniquement, la part inexpliquée, assimilable à de la discrimination, par les experts est de l'ordre de 5 % en France.

SOURCE 2: 🔍

Introduction:

Dans cette sélection, il s'agit des données publiées par l'Institut national de la statistique et des études économiques (www.insee.fr). Le tableau présente des données concernant les hommes et les femmes dans le monde du travail en France métropolitaine en 2010. © INSEE

Écarts de revenu salarial, de nombre d'heures travaillées et de salaire horaire par secteur en 2010

	Proportion de femmes (%)	Proportion de cadres[1] (%)	Revenu salarial annuel net (en euros)			Nombre d'heures travaillées dans l'année			Salaire horaire (en euros)		
			Hommes	Femmes	écart H/F (%)	Hommes	Femmes	écart H/F (%)	Hommes	Femmes	écart H/F (%)
Tertiaire	**49,9**	**15,1**	**20 792**	**15 072**	**27,5**	**1 402**	**1 264**	**9,8**	**14,83**	**11,92**	**19,6**
dont commerce de détail à l'exception des automobiles et des motorcycles	64,0	7,1	16 120	11 928	26,0	1 401	1 233	12,0	11,51	9,67	15,9
dont action sociale	75,5	3,3	14 055	12 435	11,5	1 353	1 246	7,9	10,39	9,98	4,0
dont activités financières et d'assurance	58,5	34,3	43 565	24 567	43,6	1 668	1 577	5,4	26,13	15,58	40,4
dont activités spécialisées, scientifiques et techniques	51,0	33,6	32 214	20 930	35,0	1 558	1 425	8,6	20,67	14,69	28,9
Industrie	**23,2**	**12,3**	**23 496**	**19 069**	**18,8**	**1 645**	**1 512**	**8,1**	**14,28**	**12,61**	**11,7**
dont industrie textile	61,6	9,3	23 025	16 147	29,9	1 624	1 526	6,0	14,18	10,58	25,4
dont industrie pharmaceutique	52,7	23,6	36 191	29 386	18,8	1 765	1 672	5,2	20,51	17,57	14,3
Ensemble	**43,3**	**14,4**	**21 700**	**15 603**	**28,1**	**1 484**	**1 297**	**12,6**	**14,63**	**12,03**	**17,8**

1. Y compris chefs d'enterprises salariés

Champ : France métropolitaine, ensemble des salariés du privé, hors agriculture et salariés des particuliers-employeurs.

Source : Insee, DADS, exploitation au 1/12.

SOURCE 3:
SÉLECTION AUDIO 🎧

Vocabulaire
filière
fossé

Introduction:

Cet extrait audio vient du site www.jobat.be. La sélection s'intitule «5 raisons pour lesquelles les femmes gagnent moins.» © Jobat media

» Interpersonal Speaking: CONVERSATION

 LIRE ÉCOUTER PARLER

Vous allez participer à une conversation. D'abord, vous aurez une minute pour lire une introduction à cette conversation qui comprend le schéma des échanges. Ensuite, la conversation commencera, suivant le schéma. Quand ce sera à vous de parler, vous aurez 20 secondes pour enregistrer votre réponse. Vous devriez participer à la conversation de façon aussi complète et appropriée que possible.

Introduction:

Vous discutez avec votre professeur du français au sujet de votre futur professionnel.

Professeur	Il vous demande si vous avez le temps de parler.
Vous	Répondez à l'affirmatif et demandez-lui son avis sur les professions qui correspondent à vos compétences.
Professeur	Il vous suggère de penser d'abord aux professions qui ne vous intéressent pas pour pouvoir les éliminer.
Vous	Dites-lui un ou deux métiers qui ne vous intéresse(nt) pas et expliquez pourquoi.
Professeur	Il vous demande d'expliquer un de vos **atouts**.
Vous	Dites-lui un de vos atouts et mentionnez un métier qui correspond à cet atout.
Professeur	Il vous suggère de continuer vos études de langue étrangère.
Vous	Répondez-lui et expliquez si vous comptez faire ce qu'il vous propose.
Professeur	Il vous dit au revoir.
Vous	Remerciez-le et dites-lui au revoir.

» Presentational Speaking: CULTURAL COMPARISON

 LIRE  **PARLER**

Vous allez faire un exposé pour votre classe sur un sujet spécifique. Vous aurez 4 minutes pour lire le sujet de présentation et préparer votre exposé. Vous aurez alors 2 minutes pour l'enregistrer. Dans votre exposé, comparez votre propre communauté à une région du monde francophone que vous connaissez. Vous devriez montrer votre compréhension des facettes culturelles du monde francophone. Vous devriez aussi organiser clairement votre exposé.

Sujet de la présentation:

L'âge auquel on commence à travailler varie d'un pays à l'autre. Comparez le phénomène du travail chez les jeunes aux États-Unis à celui d'un pays francophone que vous connaissez. N'oubliez pas de commenter sur ce que ce phénomène révèle sur les pays que vous comparez.

Compréhension

accroître (v.) (167) augmenter

agence de l'emploi (n.m.) (144) entreprise qui propose des services entre l'offre et la demande d'emploi

animatrice (n.f.) (144) personne chargée d'animer certaines activités lors d'un divertissement ou d'un spectacle

atout (n.m.) (184) avantage qui permet de réussir

cabinet (n.m.) (142) bureau de travail

cadre (n.m.) (149) personne de la catégorie supérieure des salariés, membre du management

chômage (n.m.) (147) situation d'une personne qui n'a plus de travail

compétence (n.f.) (145) aptitude ou capacité reconnue dans un domaine

concilier (v.) (167) accorder des choses qui s'opposent

congé (n.m.) (147) courte période de vacances publiques ou personnelles

contraignant (adj.) (163) qui oblige à agir dans un certain sens, dans certaines limites

convivialité (n.f.) (175) caractère chaleureux dans une société

débrouillard(e) (adj.) (145) malin, astucieux

démarrer (v.) (164) commencer à faire fonctionner, mettre sur pied

desdits (adj.) (161) locution qui renvoie au sujet dont on vient de parler

écart (n.m.) (180) différence ou variation

en avoir ras-le-bol (loc.) (140) être exaspéré, en avoir assez

en chair et en os (loc.) (167) en personne

endiguer (v.) (153) bloquer

en fonction de (loc.) (142) agir en considérant les circonstances

entretemps (adv.) (178) pendant ce temps-là, dans cet intervalle de temps

entretien (n.m.) (142) entrevue, interview

épanouissement (n.m.) (167) développement heureux d'une personnalité

filière (n.f.) (183) secteur d'étude

force vive (n.f.) (143) personne dont les atouts et les actions contribuent à améliorer une situation

fossé (n.m.) (183) ce qui sépare

gestion (n.m.) (142) action ou manière d'organiser ou de surveiller un projet

jour férié (n.m.) (158) fête officielle où personne (ou presque) ne travaille; souvent religieux ou commémoratif

levier (n.m.) (175) moyen d'action

ludique (adj.) (142) qui tient du jeu

maîtriser (v.) (144) se rendre maître de quelque chose

marasme (n.m.) (152) crise ou arrêt de l'activité économique

nuisible (adj.) (174) menaçant

pallier (v.) (173) remédier à une difficulté plus ou moins bien

paresseux (-euse) (adj.) (145) inactif, lent

postuler (v.) (142) être candidat à un emploi, demander un poste

réaliser (v.) (176) accomplir

remporter (v.) (147) être vainqueur, obtenir un succès

rémunération (n.f.) (142) paiement

répit (n.m.) (173) pause, repos

rompre (v.) (158) cesser, arrêter

s'agglutiner (v.) (173) se réunir en groupe

salarié (n.m.) (170) personne dont le travail est payé

s'arranger (v.) (140) trouver une solution

sésame (n.m.) (143) ce qui permet d'ouvrir toutes les portes

SMIC (n.m.) (148) Salaire Minimum Interprofessionnel de Croissance, anciennement SMIG

SMIG (n.m.) (150) Salaire Minimum Interprofessionnel Garanti salaire horaire minimum fixé par la loi

stage (n.m.) (145) période d'apprentissage dans une entreprise, un service, ou une association

subir (v.) (181) endurer, supporter

syndicat (n.m.) (154) association ayant pour objectif la défense des intérêts des employés

tâche (n.f.) (142) travail qui doit être effectué dans un temps donné

télétravail (n.m.) (162) travail à distance de l'employeur grâce à la technologie

tiers-lieux (n.m.) (175) des espaces physiques ou virtuels de rencontres entre personnes et compétences variées qui n'ont pas forcément vocation à se croiser

TPE (n.f./pl.) (175) Très Petites Entreprises, toutes les entreprises de petite taille possédant moins de dix salariés et dont le chiffre d'affaires est en dessous de deux millions d'euros

trajet (n.m.) (142) distance à parcourir entre deux points

tune (n.f.) (140) argent (fam.)

usine (n.f.) (173) établissement industriel

Pour mieux s'exprimer à ce sujet

avancement (n.m.) promotion

bourreau de travail (n.m.) personne qui travaille beaucoup

démissionner (v.) renoncer à un emploi

domaine de travail (n.f.) type de profession, métier

fonctionnaire (n.m.) employé de l'état

gérant (n.m.) administrateur, directeur, chef de projet

licence (n.f.) grade universitaire, diplôme

retraite (n.f.) arrêt des activités professionnelles en fin de carrière

se faire embaucher (v.) commencer un travail, être accepté par un employeur

virer (v.) expulser quelqu'un d'un poste (fam.)

NANTES, FRANCE

QUESTIONS ESSENTIELLES

1. Qu'est-ce qui constitue une famille au 21e siècle?

2. Quels rôles la famille joue-t-elle dans votre pays et dans d'autres pays du monde?

3. En quoi l'expression de l'amitié et de l'amour est-elle influencée par la culture?

TUNISIE

Chapitre 4

Je t'aime

» OBJECTIF   *Décrire sa famille et sa communauté*

1.  PARLER ✏ ÉCRIRE

Regardez les photos ci-dessus de quatre familles venant du monde francophone. Discutez de ce que vous voyez avec un partenaire ou écrivez une description de ce que vous voyez sur les photos à l'aide des questions suivantes.

1. Quelles sont les caractéristiques de ces familles?

2. Comment sont-elles semblables les unes aux autres ou comment sont-elles différentes?

3. Combien d'enfants ont-elles? Sont-elles des familles nombreuses?

4. Voyez-vous des familles monoparentales sur les photos?

5. Voyez-vous la famille proche ou la famille élargie sur ces photos? Quels en sont les membres divers?

6. Combien de générations voyez-vous sur les photos?

2. ÉCOUTER LIRE

 ÉCRIRE

Témoignages

1. Lequel des trois témoins a la famille la plus nombreuse?

2. Quand voient-ils leurs familles élargies et qu'est-ce que leurs familles font ensemble?

3. Décrivez les similitudes et les différences entre ces familles francophones.

4. Comparez les caractéristiques de ces familles à celles de votre famille.

1. Je suis née en Guyane, une région et département d'outre mer français d'Amérique du Sud. J'ai seize frères et soeurs, mais on n'habite pas tous ensemble. J'ai décidé de quitter mes parents et mes jeunes frères et soeurs pour vivre en France avec ma grande soeur. Ma soeur travaille et je fais mes études à l'université publique et on se voit le soir pour dîner et passer du temps ensemble. Mes parents et moi nous écrivons toutes les semaines, mais je les vois rarement. Ils me manquent, mais j'aime ma nouvelle vie en France.

2. Je suis d'origine tunisienne. La famille est tout pour moi. Dans la génération de mes parents et mes grand-parents, tous les membres de la famille se voyaient pratiquement tous les jours car tout le monde vivait ensemble. Il est toujours important de consolider les liens familiaux, mais je ne vois que ma **famille nucléaire** quotidiennement. Nous sommes ensemble le soir, après le travail pour les grands et après l'école pour les jeunes, pour manger et discuter de nos journées. Pendant les fêtes religieuses, la Fête du prophète, la Fête de la fin du Ramadan, et la **Fête du mouton**, je suis avec toute ma famille: mon épouse, mes deux enfants, mes parents, mes frères et soeurs, mes oncles, mes tantes, mes cousins et mes grand-parents.

3. Je suis belge et fille **unique**. J'habite à Bruxelles la plupart du temps avec ma mère. Mes parents sont divorcés et mon père habite à Liège. Je passe tous les deux week-ends et deux mercredis par mois avec lui. Il s'est remarié, donc j'ai deux beaux-frères et une belle-mère. J'aime bien ma famille **recomposée**. Tout le monde **s'entend** bien et je suis heureuse de partager ma vie avec tout le monde. Je suis plus proche de ma mère car je la vois plus souvent et nous dînons ensemble tous les soirs que je suis à la maison. Pour les grandes fêtes, comme Noël et le Nouvel An, je change de maison tous les ans. Cela me donne l'occasion de profiter de tous les membres de ma famille.

3. ÉCRIRE

L'expression de l'amitié* et de l'amour

Il y a plusieurs types d'amour: celui entre parent et enfant, celui entre les frères et soeurs (l'amour fraternel) celui entre les ami(e)s et celui entre deux amoureux (l'amour romantique). L'amitié et l'amour s'expriment différemment selon la personnalité et la culture de chacun. Décrivez, en quelques mots, comment vous exprimez votre amitié ou votre amour envers les personnes suivantes. Ajoutez d'autres personnes à la liste si vous en avez envie.

personne dans votre vie	expression de l'amitié ou de l'amour
mère ou père	
frère ou soeur	
grand-parents	
ami(e)	
petit(e) ami(e)	

* vocabulaire

4. PARLER ÉCRIRE

L'amitié, l'amour et la culture

Regardez ce que vous avez écrit dans la grille de l'activité précédente. Réfléchissez à la manière dont vous exprimez l'amitié et l'amour et la relation de ces faits à votre culture et/ou à votre communauté. Comment votre culture influence-t-elle votre vie familiale et les relations amicales avec d'autres membres de la communauté? Soyez précis dans votre réponse en citant des exemples concrets.

» OBJECTIF   *Exprimer ses désirs*

1. **(?) PARLER (/) ÉCRIRE**

Regardez les images ci-dessus. Décrivez ce que vous voyez sur les photos en employant du vocabulaire de l'amour (ou du contraire!).

2. **(/) ÉCRIRE**

Décrivez votre compagnon ou compagne idéal(e). Faites une liste d'une dizaine de ses qualités. Dans cette liste, vous pourrez décrire ses activités favorites ou ses attributs personnels. Ensuite, arrangez les éléments de la liste selon leur importance.

Modèle: aime sortir, optimiste, souriant

1._____

2._____

3._____

4._____

5._____

3. **(?) PARLER**

À partir de la liste de qualités que vous avez faite, expliquez à l'oral à votre partenaire ce que vous cherchez dans un compagnon ou une compagne. Commencez chaque phrase par «je cherche quelqu'un qui». N'oubliez pas d'employer le subjonctif.

4. **(/) ÉCRIRE**

Maintenant écrivez quelques exemples de l'exercice précédent. Encore une fois, attention au subjonctif.

5. **(📖) LIRE (/) ÉCRIRE**

Examinez le camembert que Haylie a dessiné (à la page 193). Écrivez un paragraphe qui explique ce qu'elle recherche chez un compagnon. Expliquez comment les qualités qu'elle a choisies montrent sa personnalité aussi.

Haylie cherche quelqu'un qui . . . ?

Haylie décide d'organiser ses pensées en dessinant ce qu'elle cherche comme **compagnon**. Elle va suivre trois étapes:

1. Elle fait une liste de qualités qu'elle cherche dans un compagnon.

2. Elle met les qualités en ordre selon leur importance et elle met le pourcentage qui correspond à chaque qualité. Attention – il faut que que la somme des pourcentages forment un total de 100.

3. Elle fait un camembert dans lequel chaque qualité a sa taille (par rapport au pourcentage) et sa couleur (pour différencier les qualités).

Modèle: Cela se voit que Haylie adore les animaux puisqu'elle veut que son compagnon puisse vivre avec un chien.

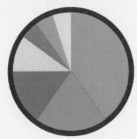

les qualités que je cherche

- 5% beau
- 5% gourmand
- 5% travailleur
- 10% positif
- 15% aime sortir
- 20% puisse vivre avec un chien
- 40% respectueux de tous

POINT**CULTURE**

Faire un camembert – ce n'est pas que pour les fromagers! Un camembert est un graphique qui ressemble à un fromage coupé en tranches. Les Français adorent leur fromage! Et les camemberts sont une excellente façon d'organiser ses pensées!

6. ÉCRIRE PARLER

Avec la liste des qualités que vous recherchez dans un compagnon ou une compagne organisées par ordre d'importance, écrivez le pourcentage qui correspond à chaque qualité. Attention – ne dépassez pas un total de 100%! Ensuite, dessinez un camembert qui montre ce que vous recherchez. Expliquez-le à un partenaire et/ou essayez de lire le camembert de votre partenaire.

7. LIRE

 ÉCOUTER PARLER

Vocabulaire
doué(e)

Lisez la description de Nachida.

Salut! Je m'appelle Nachida et je suis d'origine algérienne. Maintenant je vis et travaille en région parisienne et je **suis à la recherche d'**un compagnon. Plutôt extrovertie et énergique, je cherche quelqu'un qui soit prêt à sortir tous les week-ends. J'adore voir des spectacles et danser toute la nuit. En même temps, j'apprécie beaucoup le calme pendant la semaine – un peu de lecture le soir avec mon thé vert avant de me coucher. Par contre, le sport, ce n'est pas ma tasse de thé! J'ai envie de rencontrer quelqu'un avec qui partager ma vie. Trouve-moi, s'il te plaît!

Écoutez les introductions des trois garçons: Lequel serait le plus compatible avec Nachida? Pourquoi? Citez plusieurs raisons.

POINT**GRAMMAIRE**

Je cherche quelqu'un qui est une expression qui exige le subjonctif car c'est une proposition hypothétique. On ne sait pas si la personne en question existe en réalité! Pensez à des phrases qui expriment ce que la personne veut faire, peut faire, aime faire aussi bien que des traits physiques et des attributs de sa personnalité.

Modèles:

Elle cherche quelqu'un qui **soit** *intellectuel et optimiste.*

Tu cherches quelqu'un qui **puisse** *parler une deuxième langue.*

POINTGRAMMAIRE

L'INTERROGATION: Les questions en français

Il y a quatre formes de questions qui sont employées le plus souvent en français. Remarquez leurs différences en ce qui concerne l'ordre des mots et le registre de langue.

Question	Registre de langue	Ordre des mots	Mode d'emploi
Où habites-tu?	soutenu	mot interrogatif > verbe > sujet (inversion)	employée à l'écrit et à l'oral
Où est-ce que tu habites?	courant	mot interrogatif > *est-ce que* > sujet > verbe	généralement employée à l'oral
Où tu habites?	familier	mot interrogatif > sujet > verbe	réservée à l'oral
Tu habites où?	familier	sujet > verbe > mot interrogatif	réservée à l'oral

La grammaticalité de la question dépend de son mot interrogatif.

Modèles:

1. La question *Quand tu commences?* n'est PAS grammaticale. Le mot interrogatif *quand* ne s'emploie pas à la forme mot interrogatif > sujet > verbe.

2. Le mot interrogatif *que* devient *quoi* à la forme sujet > verbe > mot interrogatif. *Que* fait-elle ce soir? Elle fait *quoi* ce soir?

Les francophones ont tendance à alterner ces quatre formes interrogatives selon le contexte.

---

8. LIRE PARLER

Lisez chaque question et reformulez des questions orales en utilisant deux ou trois structures différentes. Demandez à un partenaire de répondre à l'oral pour que vous appreniez ses désirs.

1. Où est-ce que vous allez pour rencontrer des gens?

2. Qu'est-ce que vous faites pour vous amuser le soir?

3. Comment est-ce que vos parents réagissent quand vous leur présentez un(e) ami(e)?

4. Quand est-ce que vous aimeriez vous marier? Ou sinon, pourquoi est-ce que vous n'aimeriez pas vous marier?

5. Combien de fois est-ce que vous êtes déjà tombé(e) amoureux (-euse)?

9. ÉCRIRE

Maintenant transformez vos questions encore une fois. Utilisez le registre soutenu, ce qui est la forme la plus appropriée du langage écrit. Écrivez vos propres réponses qui montreront vos désirs à ces sujets.

1. _____

2. _____

3. _____

4. _____

5. _____

10. PARLER

Imaginez que vous participez à une séance de speed-dating. Inventez au moins dix questions qui vous semblent importantes à poser lorsqu'on est à la recherche de l'amour. Assurez-vous d'employer le registre de la langue orale.

11. ÉCRIRE

Écrivez les mêmes questions en employant le registre de la langue écrite.

» OBJECTIF   *Donner des conseils*

1.   ÉCRIRE ❓ PARLER

Avez-vous eu des problèmes d'amour? Lesquels? Vos amis vous ont-ils donné des conseils? Avaient-ils raison? Écrivez vos histoires d'amour ou partagez-les avec un partenaire.

1 Cher Docteur Amour,

J'ai 14 ans et je ne suis jamais sortie avec quelqu'un. C'est grave? Je suis la seule à rester à la maison le samedi soir et j'en ai marre. J'ai bien été amoureuse une fois, mais il n'a pas voulu de moi. Je suis hyper timide et je ne m'habille pas aussi bien que les autres – je crois que c'est le problème. Si mes vêtements étaient plus stylés, peut-être que j'aurais plus de chance. Mais je ne sais pas par où commencer! Je suis désespérée! Que me conseillez-vous?

Prendsmamain

Chère Prendsmamain,

Ne me dites pas qu'il vous faut des **fringues** *pour leur plaire! Là, vous vous trompez! La vraie beauté vient de l'intérieur. Bon, si ça vous fait du bien, allez acheter deux trucs, mais ce qu'il vous faut, c'est travailler sur votre confiance. Plus vous êtes sûre de vous, plus vous aurez du succès. Adoptez la nouvelle devise, «je vaux la peine d'être aimée!» Si vous démarrez votre nouvelle vie avec cette* **devise**, *vous ne pourrez pas vous tromper. Alors, je recommand e que vous vous arrêtiez de vous ronger les ongles! Et surtout ne me remerciez pas. Vous avez déjà tout pour plaire – il suffit de vous lancer!*

Docteur Amour

2 Cher Docteur Amour,

Je suis en 3ème au Collège François Truffaut à Lyon, et j'ai un gros problème. À 15 ans, je ne suis jamais sorti en couple avec quelqu'un. Ce n'est pas ce fait qui me dérange, mais le souci c'est que celle dont je suis amoureux vient des États-Unis. Je n'**ose** pas lui dire que je suis amoureuse d'elle et en même temps j'hésite car elle va sûrement retourner aux États-Unis et m'oublier après. Si seulement je savais comment aborder la situation, elle dirait sans doute «oui» - je joue au foot et c'est un sport qui intéresse tout le monde, non? Pourrez-vous me rendre service en me disant comment lui parler pour la première fois? Au secours!

Battementdecoeur

Cher Battementdecoeur,

Tout d'abord, je trouve que vous êtes très jeune pour vous inquiéter tant! Si vous invitiez votre **toquade** *pour un dîner entre copains, vous pourriez la connaître mieux. Et puis si elle vous plaît toujours, vous lui écrirez une belle lettre pour exprimer vos sentiments envers elle. Mais, je suis d'accord avec vous! Attention – le seul* **bémol** *sera son éventuel départ pour son pays et qu'est-ce que ça vous fera? À votre place, je verrais si ça vaut le coup avant d'y aller à fond.*

Docteur Amour

P.S. Tout à fait! Qui n'aime pas le foot?!

3 Cher Docteur Amour,

J'ai un gros problème! Peut-être que vous ne le trouverez pas si grave, mais pour moi ça l'est! J'aime quelqu'un qui est super beau et archi gentil avec moi, mais malheureusement ma mère ne l'aime pas. Si je sors avec lui et ma mère l'apprend, elle sera en colère. Elle le trouve dangereux, ce qui n'est pas vrai à mon avis. J'essaie de lui expliquer, mais elle ne veut pas m'écouter. Qu'est-ce que je devrais faire??

Bises de Côte d'Ivoire

Larcetlaflèche

Chère Larcetlaflèche,

La première chose que je vous dirais, c'est de vous assurer qu'il vous aime vraiment, car ce serait triste de rompre la relation avec votre mère pour rien. Si sa réponse est définitive, vous n'aurez pas une minute à perdre. Je vous conseille de parler à votre mère – choisissez un moment où elle n'est pas trop occupée. Ensuite je vous propose de lui poser la question suivante «Maman, as-tu peur qu'il m'arrive quelque chose avec lui au point que tu ne veuilles pas que je sois heureuse?». Cette question va la faire réfléchir. Vous êtes sa fille et elle ne veut pas vous perdre. Donnez-lui le temps de réfléchir après en lui montrant que vous l'aimez aussi. Si c'est écrit dans les étoiles, vous serez ensemble. Soyez patiente – bonne chance!

Docteur Amour

2. LIRE ÉCRIRE **?** PARLER

Lisez les lettres des amoureux et les réponses de Docteur Amour à la page précédente.
Résumez les problèmes qui sont présentés à Docteur Amour dans les trois lettres.

lettre	auteur	problème
1	prendsmamain	Elle est timide et n'est jamais sortir avec quelqu'un et se dérann
2	battementdecoeur	il n'est jamais sortie avec quelqu'un et ne connais pas
3	larcetlaflèche	son mère n'aime pas le garçon il aime

comment parler a un pour le premier fois et la personne il aime n'est pas de la France

3. LIRE ÉCRIRE

En lisant les lettres, pouvez-vous identifier les filles et les garçons? Quels sont les mots qui les
identifient dans les lettres?

lettre	auteur	fille ou garçon?	mots indicateurs
1	prendsmamain	Fille	amoureuse, timide
2	battementdecoeur	garçon	amoureuxe
3	larcetlaflèche	fille	chère

4. ÉCRIRE PARLER

Expliquez le sens des trois pseudonymes utilisés par les auteurs des lettres. Que veulent-ils dire?
Pourquoi sont-ils appropriés?

take my hand

1. prendsmamain est approprié parce que la personne qui écrit a besoin de conseils et essaie aussi

heart beat

2. battementdecoeur il aime quelqu'un mais elle ne connais pas et il ne connais pas comment de lui parler alors il est tout

bow and arrow

3. larcetlaflèche Elle est en opposition avec sa maman son cœur dans

4. Quel pseudonyme choisiriez-vous et pourquoi?

trop occupé

5. LIRE ÉCRIRE

Les mots d'amour – Trouvez du vocabulaire d'amour dans les lettres et ailleurs dans le chapitre.
Définissez ou trouvez un synonyme pour chacun.

Modèle: la flamme = synonyme pour l'amour

1. vaux le peine = méritant
2. fringues = vêtements
3. toquade = béguin
4. devise = adage

5. bémol = idiomatic (flat in music)
6. un câlir = cuddle
7. Draguer = to hit on
8. _____

Quelques expressions utiles pour les conseils

partager son opinion	être d'accord	ne pas être d'accord
je pense que …	je suis d'accord	je crois que là tu te trompes (vous vous trompez)
je crois que …	je partage ton/votre point de vue	je ne suis pas (tout à fait) d'accord
à mon avis …	tout à fait!	au contraire
je trouve que …	je vois ce que tu veux (vous voulez) dire	par contre
je considère que …	je te/vous concède que …,	tu vas/vous allez trop loin en disant que …
il me semble que …		tu as/vous avez tort de croire que …
je suis convaincu(e) que …		il est inexact de dire que …
je suis persuadé(e) que …		mais …
je recommande que … (+subj.)		
à ta place / à votre place, je … (+cond.)		
je te/vous conseille de … (+inf.)		
tous ces facteurs semblent indiquer que … (+indicatif)		
si tu/vous … (+imparfait)		

6. **ÉCRIRE**

En lisant les réponses de Docteur Amour, pouvez-vous identifier ses conseils? Quels sont les mots et les expressions qui les identifient?

lettre	auteur	les conseils donnés par Docteur Amour
1	prendsmamain	
2	battementdecoeur	
3	larcetlaflèche	

7. **ÉCRIRE** ? **PARLER**

Êtes-vous d'accord avec les conseils donnés? Pourquoi ou pourquoi pas?

_____

_____

_____

_____

Leçon 1 | Ah, l'amour

» OBJECTIF   *Composer une lettre personnelle*

Vous avez lu les conseils de Docteur Amour pour Battementdecoeur (à la page 195) – c'est le pseudo d'Arnaud! Il a décidé de suivre ses conseils en écrivant une lettre à Maddi, mais il ne sait pas par où commencer. Il demande à Haylie de lui donner des conseils pour la lettre.

À... Haylie
Objet rencontre

Chère Haylie,

Je viens de rencontrer une jolie Américaine à l'école. Elle vient de Caroline du Sud. Elle s'appelle Maddi, peut-être que tu la connais? Nous sommes partenaires de laboratoire en biologie et elle est toute mignonne. Je sais qu'elle aime les films de Scorsese et il y a un festival de films à Grenoble le week-end prochain. Si je lui demande d'y aller avec moi? Qu'est-ce que tu en penses? Je vais lui écrire une lettre et la lui donner en cours. Je ne sais pas si elle va vouloir sortir avec moi, mais je veux qu'elle me dise «oui!». J'ai besoin de ton aide pour la lettre. As-tu des conseils à partager?

Bises,

Arnaud

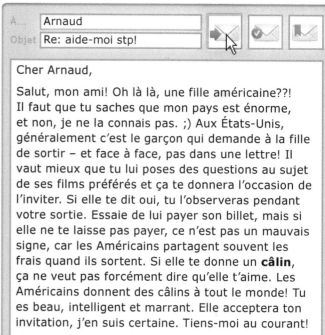

À... Arnaud
Objet Re: aide-moi stp!

Cher Arnaud,

Salut, mon ami! Oh là là, une fille américaine??! Il faut que tu saches que mon pays est énorme, et non, je ne la connais pas. ;) Aux États-Unis, généralement c'est le garçon qui demande à la fille de sortir – et face à face, pas dans une lettre! Il vaut mieux que tu lui poses des questions au sujet de ses films préférés et ça te donnera l'occasion de l'inviter. Si elle te dit oui, tu l'observeras pendant votre sortie. Essaie de lui payer son billet, mais si elle ne te laisse pas payer, ce n'est pas un mauvais signe, car les Américains partagent souvent les frais quand ils sortent. Si elle te donne un **câlin**, ça ne veut pas forcément dire qu'elle t'aime. Les Américains donnent des câlins à tout le monde! Tu es beau, intelligent et marrant. Elle acceptera ton invitation, j'en suis certaine. Tiens-moi au courant!

Bisous,

Haylie

---

1. **LIRE**   **ÉCRIRE**

Lisez les messages ci-dessus. Quelle est la distinction entre une lettre officielle et une lettre personnelle?

L'échange entre Haylie et Arnaud est-il plutôt officiel ou personnel? Expliquez les éléments de leur communication qui le prouvent.

2. **LIRE**   **ÉCRIRE**

Relisez les messages de Haylie et d'Arnaud ci-dessus. Identifiez et réécrivez cinq phrases où vous voyez un pronom d'objet direct ou indirect et soulignez le pronom. Si le pronom se réfère à la troisième personne, réécrivez la phrase une deuxième fois sans le pronom et avec le mot auquel le pronom se réfère. Si la phrase ne se réfère pas à la troisième personne, il ne faut pas réécrire la phrase.

Modèle: *Si je <u>lui</u> demande d'y aller ensemble?* (dans le message d'Arnaud)
   lui est à la troisième personne

   Si je demande <u>à Maddi</u> d'y aller ensemble?

   Si elle <u>te</u> dit oui... (dans le message de Haylie)

POINT**CULTURE**

Les **cadenas** d'amour

Les amoureux de Paris qui traversent le Pont de l'Archevêché ou le Pont des Arts attachent un cadenas au pont pour déclarer leur flamme et concrétiser leur **coup de foudre**. Si vous désirez participer à cette déclaration d'amour, le Pont de l'Archevêché se situe entre l'Île de la Cité et la rive gauche, tout près de la Cathédrale de Notre Dame et Le Pont des Arts se trouve devant l'Institut de France, dans le 6e arrondissement.

POINT**GRAMMAIRE**

Les pronoms d'objet direct et indirect

les pronoms d'objet direct	singulier	pluriel
1ère personne	me (m')	nous
2ème personne	te (t')	vous
3ème personne	**le (l')**	**les**
	la (l')	

les pronoms d'objet indirect	singulier	pluriel
1ère personne	me (m')	nous
2ème personne	te (t')	vous
3ème personne	**lui**	**leur**

ASTUCE! Remarquez que la seule différence entre les pronoms d'objet direct et indirect est la forme de la 3ème personne (singulier et pluriel).

ASTUCE! Les pronoms d'object direct **le**, **la** et **les** peuvent remplacer des choses OU des personnes. Tous les autres pronoms (directs et indirects) remplacent les personnes.

C'est le verbe qui détermine si on emploie un pronom d'objet direct ou indirect. Les verbes qui sont suivis par la préposition à + une personne prennent un pronom d'objet indirect. Si le verbe ne prend pas de préposition, on emploie le pronom d'object direct.

Exemples:

Je plais à mes parents. > Je <u>leur</u> plais.
[*plaire à quelqu'un* prend un pronom d'objet indirect]

Il parle à son ami. > Il <u>lui</u> parle.
[*parler à quelqu'un* prend un pronom d'objet indirect]

Elle adore les chiens. > Elle <u>les</u> adore.
[*adorer* prend un pronom d'objet direct]

Nous ne connaissons pas cette fille. >
Nous ne <u>la</u> connaissons pas.
[*connaître* prend un pronom d'objet direct]

direct

regarder quelqu'un/quelque chose

aimer quelqu'un/quelque chose

détester quelqu'un/quelque chose

voir quelqu'un/quelque chose

direct et indirect

demander quelque chose à quelqu'un

expliquer quelque chose à quelqu'un

dire quelque chose à quelqu'un

indirect

parler à quelqu'un

plaire à quelqu'un

répondre à quelqu'un

3. 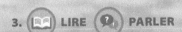 LIRE ❓ PARLER

Refaites l'exercice précédent à l'oral avec les lettres de Docteur Amour à la page 195.

4.  **LIRE** **PARLER**

Lisez l'invitation de mariage d'Arnaud (il rêve!). Identifiez le pronom d'objet direct ou indirect sur l'invitation. Puis partagez votre avis sur le mariage d'Arnaud avec un partenaire.

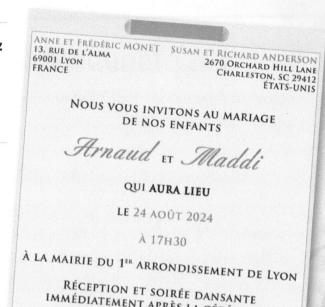

ANNE ET FRÉDÉRIC MONET
13, RUE DE L'ALMA
69001 LYON
FRANCE

SUSAN ET RICHARD ANDERSON
2670 ORCHARD HILL LANE
CHARLESTON, SC 29412
ÉTATS-UNIS

NOUS VOUS INVITONS AU MARIAGE
DE NOS ENFANTS

Arnaud ET *Maddi*

QUI AURA LIEU

LE 24 AOÛT 2024

À 17H30

À LA MAIRIE DU 1ER ARRONDISSEMENT DE LYON

RÉCEPTION ET SOIRÉE DANSANTE
IMMÉDIATEMENT APRÈS LA CÉRÉMONIE
AU RESTAURANT L'AIGLE D'OR

VOTRE RÉPONSE EST SOUHAITÉE AVANT LE 1ER AOÛT 2024

5.  **LIRE** **ÉCRIRE**

Remplacez les mots soulignés par le pronom d'objet direct ou indirect qui convient.

Modèle: *Les femmes adorent <u>les fleurs</u>.*

Les femmes *les* adorent.

1. Elle écrit <u>le message romantique</u>.

2. Tu regardes <u>ton ami</u> droit dans les yeux.

3. Le garçon plaît <u>à toutes les filles</u>.

4. On ne déteste jamais <u>l'amour</u>.

5. Le garçon demande <u>à la fille</u> de sortir.

6. **LIRE** **ÉCRIRE**

Répondez aux questions par une phrase complète et le(s) pronom(s) d'objet direct ou indirect qui convient/ conviennent.

1. Chéri, tu m'aimes?

2. T'ai-je déjà dit que je t'aime?

3. Vous, les garçons, vous nous regardez?

4. Nous vous tentons avec ces bonbons au chocolat?

« *Amour rime avec toujours, aimer rime avec éternité, et toi rime avec moi.* »

7.  LIRE 🎧 ÉCOUTER

Pensez aux couples célèbres de l'histoire: Romeo et Juliette, Napoléon et Joséphine, Abélard et Héloïse . . . Écoutez, puis lisez la lettre d'amour ci-contre que Joséphine aurait pu écrire à Napoléon.

Mon très cher Napoléon,

*Mon amour, tu me manques infiniment. Je ne fais que penser à toi jour et nuit. Quand reviendras-tu me voir? Mon coeur t'appelle — tu l'entends? Il devient de plus en plus impatient, mais sera ravi à ton retour. Je suis la plus **amoureuse** des amoureuses — ne l'oublie pas et ne m'oublie pas. Reviens vite me voir. Tu es mon amour, tu ES l'amour. Je t'aime **tellement**. Je t'**aime à la folie**.*

Je t'embrasse très fort,

Joséphine

«Avec un ami à ses côtés, aucune route ne semble trop longue.»

8. ✏️ ÉCRIRE

Choisissez l'une des deux activités.

1. Avez-vous un très bon ami/bonne amie? Écrivez deux lettres d'amitié, la lettre que vous envoyez et, ensuite, la réponse de la personne sous forme de lettre personnelle. Employez plusieurs pronoms d'objet direct ou indirect.

2. Êtes-vous amoureux (-euse) de quelqu'un? Écrivez deux lettres d'amour, la lettre que vous envoyez et, ensuite, la réponse de la personne sous forme de lettre personnelle. Employez plusieurs pronoms d'objet direct ou indirect.

Pour commencer une lettre personnelle	Pour terminer une lettre personnelle	
Cher Julien	Chaleureusement	Je t'embrasse
Chère Noémie	Bien amicalement	Je t'embrasse très fort
Chers Luc et Marine	Amitiés	Grosses bises
Ma très chère Lise	Bien des choses à tous	Bises
	Bien à toi	Bisous
	À bientôt	Biz (langue de texto)

«C'est dans la flamme de tes yeux que brûle mon avenir.»

LIRE

La sélection suivante est accompagnée de plusieurs questions. Pour chaque question, choisissez la meilleure réponse selon la sélection.

Introduction:

La sélection suivante est une lettre d'amour écrite par lame-de-geisha (son pseudonyme) pour son blog sur Skyrock.com. La lettre parle de la matinée d'un couple à la maison. © Lame-de-geisha, Jade Gardais

Mon amour,

Je te regarde dormir, et j'aimerais que cet instant dure toujours. Tu dois rêver, . . . sûrement . . . Un léger frisson parcourt ta
Ligne nuque, je ne peux résister. J'effleure ton cou de mes lèvres.
5 Une trace rouge sang fleurit sur ta peau, tu vas encore m'en vouloir.

J'ai peur de te réveiller, alors je m'en vais préparer le petit déjeuner. Enfoui parmi les draps tu me murmures un «ne me laisse pas . . . ». Je me contente de sourire, un dernier regard et je
10 **m'arrache** à ma contemplation.

Tu sais, parfois je me lève le matin, en me disant que la même journée commence sans relâche, morne et grise. Je me sens **lasse**, et pourtant, en regardant le ciel, accoudée au balcon, je sais que je donnerais tout pour que la vie ne change pas, que
15 tu restes là, à dormir, et moi d'observer, que le ciel, témoin de notre existence **éphémère**, continue de veiller sur nous.

Je me perds dans mes métaphores à l'eau de rose, et je pense que je suis en retard . . . je te laisse, à ce soir . . . peut-être . . .

P.S. Je crois bien que je t'aime . . .

1. **Pour quelle raison le document a-t-il été écrit?**

   a. pour que l'auteur exprime ses sentiments

   b. pour donner des conseils à son compagnon

   c. pour expliquer la situation au lecteur

   d. pour dire ce que l'auteur va faire de sa journée

2. **Dans cet article, quel est le ton de l'auteur?**

   a. ludique → playful

   b. persuasif

   c. pensif

   d. comique

3. **Que veut dire la métaphore «Une trace rouge sang fleurit sur ta peau»?**

   a. Il y a une fleur qui pousse chez eux.

   b. Il y a une trace de rouge à lèvres qu'elle a laissée.

   c. Il saigne car il s'était fait mal.

   d. Il dessine avec un crayon de couleur rouge.

4. **Qu'est-ce que l'auteur contemple de son balcon?**

   a. son petit déjeuner ce matin

   b. le sourire de son compagnon

   c. les roses sur le balcon

   d. sa vie en couple

5. **Imaginez que vous allez répondre à l'auteur. Comment devriez-vous formuler votre réponse?**

   a. Cher Monsieur, pourquoi m'avez-vous regardée?

   b. Coucou! Je t'aime chérie . . . à plus!

   c. T'es comme un ange qui me regarde. Je crois que je t'aime aussi.

   d. Vous n'êtes pas en retard, allez chercher le journal et du café.

» Interpretive Communication: PRINT AND AUDIO TEXTS

 LIRE ⬤ ÉCOUTER

Vous allez lire un passage et écouter une sélection audio. Pour la lecture, vous aurez un temps déterminé pour la lire. Pour la sélection audio, vous aurez d'abord un temps déterminé pour lire une introduction et pour parcourir les questions qui vous seront posées. La sélection sera présentée deux fois. Après avoir écouté la sélection une première fois, vous aurez 1 minute pour commencer à répondre aux questions; après avoir écouté la sélection une deuxième fois, vous aurez 15 secondes par question pour finir de répondre aux questions. Pour chaque question, choisissez la meilleure réponse selon la sélection audio ou la lecture et indiquez votre réponse sur votre feuille de réponse.

SOURCE 1: 📖

Introduction:

Dans cette sélection il s'agit de la fête de la Saint-Valentin au Liban. L'article original, dont nous vous présentons quelques extraits, a été publié sur globalvoicesonline.org par Antoun Issa le 15 février 2009. © Global Voices, Creative Commons

La Saint-Valentin pour le mariage civil

De nouveaux appels à ce que le Liban autorise le mariage civil ont été lancés lors d'une fête de la Saint-Valentin dans un bar de Beyrouth ce week-end.

Ligne
5 Plusieurs couples interreligieux ont mis en scène des **simulacres** de mariage dans un bar du quartier à la mode de Gammayze à Beyrouth, pour protester contre la législation rigide du mariage dans ce pays.

Dans l'état actuel des choses, le mariage de couples interreligieux n'est reconnu que s'il n'a pas eu lieu sur le
10 territoire libanais. Dans un pays de nombreuses religions, ceci met dans une situation délicate beaucoup de couples de confessions différentes.

Cette manifestation est un élément d'une campagne générale dans le pays pour remplacer la domination religieuse et sectaire
15 étouffante exercée sur les institutions politiques libanaises par un système laïque et égalitaire.

La cérémonie de la Saint-Valentin n'a suivi que de quelques jours la déclaration du ministre de l'Intérieur Ziad Baroud, affirmant que les citoyens peuvent désormais faire supprimer
20 leur **appartenance** religieuse de leur carte d'identité s'ils le souhaitent.

Cette action a été applaudie par de nombreux blogueurs libanais, bien que d'autres soient restés sceptiques.

SOURCE 2: SÉLECTION AUDIO 🎧

Introduction:

Dans cette sélection il s'agit également de la fête de la Saint-Valentin.
Cet extrait audio s'intitule *Emma Daumas - Interview St. Valentin* et a été diffusé
sur **www.lci.fr.** © WAT TV

Vocabulaire
bander les yeux
Cupidon

1. **Quel est le sujet du passage écrit?**

   a. la violence dans un bar le 14 février au Liban

   b. une protestation contre une législation

   c. une fête joyeuse de Saint-Valentin

   d. une cérémonie religieuse à Beyrouth

2. **Le passage audio indique que la fête de la Saint-Valentin:**

   a. devient de plus en plus populaire.

   b. est la pire des fêtes.

   c. a un sens différent pour chaque personne.

   d. existe pour vendre des fleurs.

3. **Dans le passage, que veut dire la phrase «le mariage de couples interreligieux n'est reconnu que s'il n'a pas eu lieu sur le territoire libanais»?**

   a. aucun mariage interreligieux n'est accepté au Liban

   b. tout mariage doit se faire sur le territoire libanais pour être reconnu

   c. les mariages interreligieux au Liban sont reconnus s'ils sont faits ailleurs

   d. les mariages interreligieux sont reconnus par le gouvernement libanais

4. **La sélection audio a pour but de/d':**

   a. faire pleurer.

   b. vendre des produits.

   c. instruire.

   d. distraire les auditeurs.

5. **Quel est le ton du passage écrit?**

   a. sérieux

   b. humoristique

   c. gai

   d. festif

BEYROUTH, LIBAN

» Interpretive Communication: AUDIO TEXTS

Vocabulaire
baptême
moyens

 ÉCOUTER

Vous allez lire un passage et écouter une sélection audio. Pour la lecture, vous aurez un temps déterminé pour la lire. Pour la sélection audio, vous aurez d'abord un temps déterminé pour lire une introduction et pour parcourir les questions qui vous seront posées. La sélection sera présentée deux fois. Après avoir écouté la sélection une première fois, vous aurez 1 minute pour commencer à répondre aux questions; après avoir écouté la sélection une deuxième fois, vous aurez 15 secondes par question pour finir de répondre aux questions. Pour chaque question, choisissez la meilleure réponse selon la sélection audio ou la lecture et indiquez votre réponse sur votre feuille de réponse.

 ÉCOUTER

Vous allez écouter une sélection audio. Vous aurez d'abord un temps déterminé pour lire l'introduction et pour parcourir les questions qui vous seront posées. La sélection sera présentée deux fois. Après avoir écouté la sélection une première fois, vous aurez 1 minute pour commencer à répondre aux questions; après avoir écouté la sélection une deuxième fois, vous aurez 15 secondes par question pour finir de répondre aux questions. Pour chaque question, choisissez la meilleure réponse selon la sélection audio et indiquez votre réponse sur la feuille de réponse.

Introduction:

Dans cet extrait audio, la locutrice marocaine, Ghania Baghdadi, parle de sa conception de la famille au Maroc. © Elizabeth Rench

MAROC

1. **Selon la sélection audio, pour quelles activités la famille de Ghania se rassemble-t-elle?**

   a. regarder la télé

   b. aller au restaurant

   c. célébrer les baptêmes et les mariages

   d. toutes les réponses précédentes

2. **Lorsque Ghania dit que l'on a «moins de moyens», qu'est-ce que cette expression veut dire dans le contexte de l'extrait audio?**

   a. On a moins d'argent car la vie coûte cher.

   b. On n'est ni grand ni petit.

   c. Le transport est parfois difficile.

   d. La famille reste une valeur importante.

3. **D'après cet extrait, dans quel type de logement vivent sa famille et ses proches?**

   a. un appartement

   b. une villa

   c. une maison individuelle

   d. un studio

4. **Quelle phrase correspond à ce que dit Ghania concernant la transformation de la structure familiale de nos jours?**

   a. Toute la famille élargie habite une grande maison ensemble.

   b. Il y avait moins d'enfants dans une famille dans le passé.

   c. Il y avait plus d'enfants dans une famille dans le passé.

   d. Les familles ne se réunissent plus pour les fêtes.

5. **Quel est le but de cette sélection audio?**

   a. convaincre l'auditeur de visiter le Maghreb

   b. parler de ce qu'elle mange quotidiennement

   c. partager un aspect de sa culture avec l'auditeur

   d. comparer des aspects de la famille dans deux cultures

» Interpersonal Writing: E-MAIL REPLY

 LIRE ✎ ÉCRIRE

Vous allez écrire une réponse à un message électronique. Vous aurez 15 minutes pour lire le message et écrire votre réponse. Votre réponse devrait débuter par une salutation et terminer par une formule de politesse. Vous devriez répondre à toutes les questions et demandes du message. Dans votre réponse, vous devriez demander des détails à propos de quelque chose mentionnée dans le texte. Vous devriez également utiliser un registre de langue soutenue.

Introduction:

C'est un message électronique de Flore Lacolombe, Présidente, Association amideplume à Basse Terre, en Guadeloupe. Vous recevez ce message parce que vous avez contacté l'association pour demander des informations concernant un ami de plume francophone à l'étranger.

De: florelacolombe@amideplume.gq

Objet: demande d'informations

Basse Terre, le 2 septembre 2014

Mademoiselle, Monsieur,

Je vous remercie de votre demande auprès de notre association concernant un(e) correspondant(e) francophone. Nous sommes ravis que vous compreniez la valeur d'une amitié à l'étranger. Basés en Guadeloupe, nous pouvons vous proposer un(e) correspondant(e) qui puisse vous écrire en français et vous montrer d'autres horizons en partageant notre pays avec vous à travers un échange de conversation sur Internet. Nous vous demandons de répondre à ce message en nous communiquant les informations suivantes afin que nous puissions vous mettre en contact avec un(e) correspondant(e) compatible.

Veuillez nous indiquer:

- d'où vous venez

- pourquoi vous désirez un(e) correspondant(e)

- si vous préférez un correspondant ou plutôt une correspondante

Ligne
5
10
15

20   • combien de fois par mois vous comptez écrire

• quelques **traits** importants de votre personnalité

• ce que vous avez à offrir à un(e) correspondant(e)

25 Une fois que nous aurons ces informations, nous vous communiquerons le nom et l'adresse électronique de votre correspondant(e). Si jamais il y a un problème qui se pose, n'hésitez pas à contacter l'Association amideplume.

30 Je vous prie d'agréer, Madame/Monsieur, l'expression de mes sentiments les meilleurs.

Flore Lacolombe
Présidente, Association amideplume

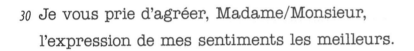

GUADELOUPE

LIRE ÉCOUTER

 ÉCRIRE

Vous allez écrire un essai persuasif pour un concours d'écriture de langue française. Le sujet de l'essai est basé sur trois sources ci-jointes, qui présentent des points de vue différents sur le sujet et qui comprennent à la fois du matériel audio et imprimé. Vous aurez d'abord 6 minutes pour lire le sujet de l'essai et le matériel imprimé. Ensuite, vous écouterez l'audio deux fois; vous devriez prendre des notes pendant que vous écoutez. Enfin, vous aurez 40 minutes pour préparer et écrire votre essai. Dans votre essai, vous devriez présenter les points de vue différents des sources sur le sujet et aussi indiquer clairement votre propre point de vue que vous défendrez à fond. Utilisez les renseignements fournis par toutes les sources pour soutenir votre essai. Quand vous ferez référence aux sources, identifiez-les de façon appropriée. Organisez aussi votre essai en paragraphes bien distincts.

SUJET DE LA COMPOSITION:

Le choix d'un époux ou d'une épouse joue-t-il un rôle important dans le bonheur éventuel du couple?

SOURCE 1:

Introduction:

La sélection suivante vient de la Revue Terrain, une publication du Ministère de la Culture et de la Communication en France. L'article, dont nous vous présentons des extraits, a été publié en septembre 1996 par Kate Gavron. © Terrain

Du mariage arrangé au mariage d'amour

«Aujourd'hui les filles, les jeunes, elles aimeraient beaucoup pouvoir choisir elles-mêmes leur mari, je pense que ça leur tient vraiment à coeur. C'est peut-être le système qui les

Ligne influence, ou autre chose, mais en tout cas c'est quelque chose
5 qu'elles aimeraient vraiment pouvoir faire, et c'est le problème qu'elles ont chez elles. Mais je crois que ce sont les familles qui reconnaissent que leurs enfants, leurs jeunes, veulent choisir eux-mêmes leurs **époux**, que ce sont ces familles qui sont assez intelligentes pour parler à leurs enfants et qui leur disent: «Bon,
10 on va aller au Bangladesh et vous pourrez choisir», ou qui les font participer au choix de quelqu'un, ce sont ces familles-là qui arrivent encore à garder leurs enfants. Mais celles qui ont **tendance** à ne pas communiquer avec eux, qui n'ont pas l'air de trouver des solutions, moi je pense que ce sont celles qui
15 perdent leurs enfants» (jeune femme de 23 ans) (p. 1-2).

Ce sont généralement les parents qui trouvent et choisissent les époux de leurs enfants, qu'ils soient garçons ou filles. Habituellement, les futurs mariés ne sont autorisés à se rencontrer qu'une fois un accord passé entre leurs parents. Ils
20 se verront parfois officiellement une ou deux fois, leurs frères et soeurs faisant alors office de chaperons, mais dans tous les cas, ils n'auront eu que très peu d'occasions d'apprendre à se connaître avant la cérémonie du mariage.

Quel que soit le discours tenu sur la possibilité de refuser de se
25 marier, cela est difficile en réalité car les parties considèrent que
la question du mariage est **réglée** avant même que le couple se
soit rencontré (p. 10).

«Bon, elle n'était pas obligée, mais d'une certaine manière,
elle était forcée de dire oui. Vous savez comment c'est, avec le
30 mariage? Si vos parents sont contents, s'ils aiment bien leur futur
gendre, alors ils vous demandent, parce que ma soeur, elle avait
le choix. En fait, c'est pas tout à fait vrai, ils lui ont dit: «Tu veux
te marier avec lui?» Ils lui ont montré sa photo et tout, et elle ne
savait pas quoi faire, elle avait dans l'idée d'aller un peu plus loin.
35 Et puis, parce que tous les autres étaient vraiment contents de
ce mariage, enfin, mon père s'en fichait un peu, ça ne lui aurait
rien fait si elle avait dit non, mais c'était ma mère et mes oncles,
ils voulaient qu'elle se marie. Et elle se disait: «Si je dis non, ma
mère va peut-être penser qu'il y a quelque chose, que j'ai un petit
40 ami, ou un truc comme ça». Alors elle a dit oui. Et après ça, ils
ont fait ce … il est venu, et on a fait ce … ça s'appelle un sinifan,
c'et quand les futurs mariés se rencontrent avant les fiançailles,
et qu'ils peuvent se parler. Alors elle ne lui a parlé que pendant
une heure – qu'est-ce qu'on peut savoir en une heure? C'était un
mariage arrangé» (fille de 17 ans) (p. 11).

Il semble qu'il y ait un mouvement général, provoqué par les
jeunes eux-mêmes, hommes et femmes, vers une plus grande
participation dans le choix de leur **conjoint**. Ils pensent que
c'est inévitable. Il est cependant intéressant de noter que
50 presque toutes les jeunes femmes rencontrées qui participaient
activement au choix de leur mari étaient aussi pragmatiques
et **exigeantes** que l'auraient été leurs parents pour elles. En
conclusion, je voudrais suggérer que, pour la majorité des jeunes
Bengali et leurs parents, la tête gouverne le coeur quand il faut
55 faire un choix, et le coeur est **conquis** après le mariage quand les
couples construisent leurs **rapports** (p. 21).

SOURCE 2:

Introduction:

Dans cette sélection il s'agit du nombre de mariages et de divorces en Belgique.
Les statistiques originales ont été publiées en 2011 par EuroStat.

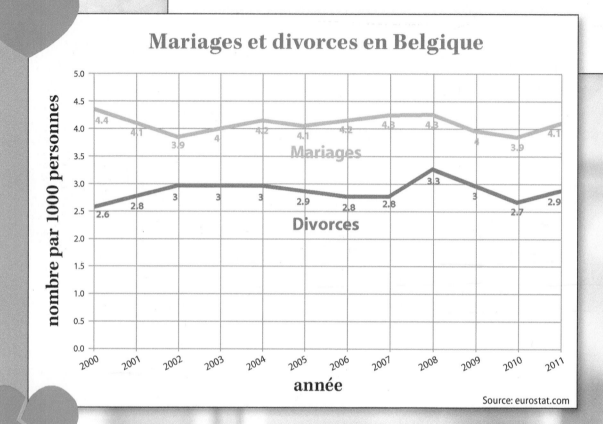

Mariages et divorces en Belgique

Source: eurostat.com

SOURCE 3:
SÉLECTION AUDIO

Introduction:

La sélection audio suivante présente les avis du fondateur de Net Dating Assistant, Vincent Fabre. Net Dating Assistant est un site de rencontres qui se trouve sur http://frenchweb.fr/saint-valentin-netdatingassistant-coach-drague-en-ligne-60737/47976. L'entretien a eu lieu le 14 février 2012. © French Web

Vocabulaire
charme
rédiger
rencontre
séduire
se focaliser

» Interpersonal Speaking: CONVERSATION

 LIRE ÉCOUTER PARLER

Vous allez participer à une conversation. D'abord, vous aurez une minute pour lire une introduction à cette conversation qui comprend le schéma des échanges. Ensuite, la conversation commencera, suivant le schéma. Quand ce sera à vous de parler, vous aurez 20 secondes pour enregistrer votre réponse. Vous devriez participer à la conversation de façon aussi complète et appropriée que possible.

Introduction:

Vous parlez au téléphone avec un copain afin d'organiser une surprise-partie pour votre amie en commun.

Copain	Il vous salue.
Vous	Identifiez-vous. Expliquez ce que vous proposez de faire.
Copain	Il répond à l'affirmative et vous pose une question au sujet de l'endroit pour la fête.
Vous	Expliquez où se trouve l'endroit que vous proposez et demandez ce qu'il en pense.
Copain	Il vous demande l'heure de la fête et s'il peut vous aider avec les préparatifs.
Vous	Dites-lui l'heure que vous proposez et donnez-lui deux choses à faire pour vous aider.
Copain	Il accepte et demande si vous pouvez vous voir avant l'évènement pour faire le point.
Vous	Assurez-le que vous l'appellerez la semaine prochaine et dites-lui deux choses que vous comptez faire comme préparatifs.
Copain	Il vous remercie d'avoir eu l'idée et reconfirme ce qu'il fera.
Vous	Exprimez vos sentiments au sujet de la soirée à venir et dites au revoir.

amour rompre

» Presentational Speaking: CULTURAL COMPARISON

 LIRE  PARLER

Vous allez faire un exposé pour votre classe sur un sujet spécifique. Vous aurez 4 minutes pour lire le sujet de présentation et préparer votre exposé. Vous aurez alors 2 minutes pour l'enregistrer. Dans votre exposé, comparez votre propre communauté à une région du monde francophone que vous connaissez. Vous devriez montrer votre compréhension des facettes culturelles du monde francophone. Vous devriez aussi organiser clairement votre exposé.

Sujet de la présentation:

Décrivez les façons d'exprimer ses sentiments, son amitié, ou son amour aux États-Unis. Comparez-les à celles du monde francophone.

LIRE

La sélection suivante est accompagnée de plusieurs questions. Pour chaque question, choisissez la meilleure réponse selon la sélection.

Les adresses:

Pinceloup
Toilettage et massage canin
53, quai des Grands Augustins - Paris 6e.

Mon Bon Chien
12, rue Mademoiselle - Paris 15e
M°: Commerce

Animado
Les taxis pour chien
Tél.: 01.40.35.71.51

La Canicrèche
24, rue du Renard - Paris 4e
www.canicreche.fr

Les Cadors
12, rue Ferdinand Duval - Paris 4e
et 11, rue Princesse - Paris 6e

Introduction:

«Les Français adorent les animaux et avec plus de 44,3 millions sur son territoire, la France est le pays d'Europe où il y a le plus d'animaux familiers» [www.caloundracity.asn.au]. **Dans cette sélection, Pas bêtes! Animaux de compagnie chics et chocs, il s'agit de l'amour pour son animal domestique. Cet article a paru dans Temps Libre Magazine sur le site http://www.temps-libre.info/article71.html.**
© Temps Libre Magazine

Pas bêtes! Animaux de compagnie chics et chocs

Vie de chien? Cette expression ne veut plus dire grand chose. À Paris , c'est plutôt «Tout, pour mon **toutou**». Haute-couture, pâtisserie, salon de thé et . . . SPA pour chiens, la Toutou-mania débarque!

Ligne

5 Un véritable marché est né, celui des services et accessoires **haut de gamme** pour bêtes de luxe. Les professionnels de la Toutou-mania ne s'y sont pas trompés . . . Ils s'adressent à près de 6 millions de consommateurs canins potentiels en France et 200 000 rien qu'à Paris!!!

Des pâtisseries pour chien

10 «Mon Bon Chien» n'est autre qu'une boulangerie pour chiens! Ancienne psychologue, Harriet Sternstein, y propose des pâtisseries sans sel ni sucre, c'est mieux pour Loulou. En plus, il pourra même déguster! La toute première boutique parisienne à avoir flairé le gros nonos, c'est les Cadors en 2003. On y

15 trouve des produits décalés et design: du canapé pour chiens, aux bijoux, en passant par les lunettes et les jouets. D'autres ont suivi, comme «Un Chien dans le Marais» ou «Pinceloup», boutique et salon de beauté, avec massages anti-stress et soins esthétiques canins, épilation comprise! «J'ai voulu transposer

20 l'art de vivre à l'animal», explique Couli Joubert, ancienne styliste de mode et instigatrice du genre.

La Toutou-mania

En fait, le phénomène touche tous les secteurs. La presse, avec le bimestriel Trésor, «magazine de l'animal moderne», attaquant le segment des «Very Important Pet».

25 L'hôtellerie, avec le développement d'un accueil spécifique dans les palaces. Les vêtements **griffés**: tel Burberry et ses trench-coats sur mesure pour chiens. Collier-montre, lunettes de plongée, tente de camping, treillis militaire . . . Rien n'est trop beau pour eux mais, à produit haut-de-gamme correspond tarif

30 hors-norme! L'apposition des «griffes» peut faire grimper le prix d'une niche de couchage à plus de 120 Euros!

Du service

Les services pour animaux à poils se multiplient aussi, avec la création de sociétés de taxis, de colonies de vacances et de haltes-garderies. Sans oublier la cosmétique avec les

35 shampooings ou le parfum «Oh, my dog !». Si avec tout ça, Loulou n'est toujours pas content, emmenez-le voir un psy!

1. **D'après le texte, combien de chiens habitent à Paris?**
   a. 20.000
   c. 44,3 millions
   b. 6 millions
   d. 200.000

2. **Les chiens comptent de plus en plus services uniquement pour eux. Quel service n'est pas mentionné dans l'article?**
   a. la haute couture
   b. une boucherie
   c. une colonie de vacances
   d. des taxis

3. **Dans cette phrase « Si avec tout ça, Loulou n'est toujours pas content, emmenez-le voir un psy! » l'objet direct « le » fait référence à quoi?**
   a. Loulou
   b. tout ça
   c. le psychologue
   d. l'être-humain

4. **Que veut-dire « J'ai voulu transposer l'art de vivre à l'animal »?**
   a. Je préfère les chiens aux êtres-humains.
   b. J'ai inventé de la musique spécifiquement pour les chiens.
   c. J'ai voulu créer des produits de luxe pour les animaux.
   d. J'aime peindre les portraits des animaux.

5. **À la page 216, il y a des coordonnées pour les boutiques mentionnés. Que veut dire « M°: Commerce »?**
   a. Monter la rue de Commerce
   b. Membre de la chambre de commerce
   c. La station de métro la plus proche
   d. Membre de l'union de commerce

 LIRE ÉCOUTER

Vous allez lire un passage et écouter une sélection audio. Pour la lecture, vous aurez un temps déterminé pour la lire. Pour la sélection audio, vous aurez d'abord un temps déterminé pour lire une introduction et pour parcourir les questions qui vous seront posées. La sélection sera présentée deux fois. Après avoir écouté la sélection une première fois, vous aurez 1 minute pour commencer à répondre aux questions; après avoir écouté la sélection une deuxième fois, vous aurez 15 secondes par question pour finir de répondre aux questions. Pour chaque question, choisissez la meilleure réponse selon la sélection audio ou la lecture et indiquez votre réponse sur votre feuille de réponse.

SOURCE 1:

Introduction:

En France le dimanche est souvent réservé aux activités en famille. Dans cette sélection, il s'agit des suggestions d'activités pour le dimanche. L'article, intitulé *Que faire le dimanche*, a été tiré du site www.meetinggame.fr, le réseau des loisirs et de l'amitié.
© meetinggame.fr

Que faire le dimanche . . .

Certains d'entre nous détestent les dimanches. Juliette Greco chantait: *Je hais les dimanches!* Sans doute que nous gardons de nos souvenirs d'enfants, l'angoisse de reprendre l'école le
Ligne lundi matin. Cependant d'autres ont repris cette même phrase
5 comme thème, pour organiser des après-midi dominicaux festifs, avec collation et musique.

Le dimanche est bien un jour particulier, la majorité des magasins sont fermés et les rues commerçantes désertées. Les traditions se perdent, aujourd'hui les déjeuners familiaux
10 autour du poulet rôti, avec l'oncle Léon qui attend le **digestif** pour aller faire sa sieste, ne sont plus d'actualité. Il faut dire que la télé est passée par là et comme chacun le sait, on dort très bien devant la télé et ses programmes du dimanche, sans avoir recours aux digestifs . . .

15 ### Que fait-on généralement le dimanche?
La grasse matinée évidemment, puisque c'est le seul jour où les bonnes **mœurs** nous l'autorisent. Et puis pour peu que le samedi soir ait été un peu agité, il faut bien récupérer de ses excès de la veille. Ensuite pour ne pas briser la tradition, on se vautre sur le
20 canapé devant la télé, ou un bon jeu vidéo, et retour à la case sieste . . . Le dimanche passe, et comme une punition même si on ne va plus à l'école, arrive l'angoisse de reprendre le travail lundi matin.

Que faire d'autre le dimanche?
C'est le jour privilégié pour beaucoup d'entre nous pour aller
25 faire du sport ou pratiquer une activité qui nous passionne, et comme par hasard, dans ce cas le réveil n'est pas si difficile. On va retrouver ses amis pour une partie de foot ou de golf, un tour en vélo, un jogging ou une balade en moto.

De nombreuses villes ou villages de France ont des terrains de
30 sports ouverts au public. Jeunes et moins jeunes s'y retrouvent
pour pratiquer leur sport préféré, allez les voir jouer, cela vous
donnera peut-être envie de vous joindre à eux pour un prochain
dimanche. Et même si vous n'êtes pas sportif dans l'âme, de toute
façon c'est à un véritable spectacle que vous allez assister. Si l'on
35 n'est pas encore inscrit dans un club de sport, c'est l'occasion
d'aller prendre des renseignements pour commencer à se mettre à
nager, à faire du golf, du tennis ou de l'équitation. Étonnement, le
dimanche dans les clubs de sport, l'accueil est souvent plus sympathique
que les jours de semaine. Le dimanche est également un jour idéal pour
40 vous inscrire sur un site de rencontres amicales. Le dimanche les gens sont
disponibles pour correspondre avec vous, alors profitez de votre dimanche
pour trouver de nouveaux amis, et ainsi organiser vos prochains loisirs
avec eux.

C'est dimanche! inscrivez-vous, pour trouver des amis sur
45 *le réseau amical de loisirs meetinggame.*

Si le sport ne nous attire pas trop, ce ne sont pas les idées d'activités à faire le dimanche, qui manquent…

Avez-vous été vous promener au marché le dimanche
50 matin? Les marchés des villes de France, qu'ils soient
traditionnels, bios, ou originaux, sont des espaces où il
fait bon **flâner**. C'est l'occasion de sortir votre appareil
photo, et vous ferez d'une pierre deux coups, en vous
préparant ainsi une prochaine soirée scrapbooking avec toutes vos
55 images. Bien entendu, il y a le traditionnel ciné du dimanche après-midi,
les musées et certaines galeries d'art sont ouverts le dimanche, c'est
l'occasion de développer sa sensibilité artistique, et d'avoir quelques sujets
de conversation originaux pour le lundi, autour de la machine à café. En
vous y prenant un peu à l'avance organisez avec vos amis une sortie au
60 théâtre, les fameuses matinées du dimanche sont l'occasion de voir ou
revoir les grands classiques. Consultez le site de votre mairie ou de l'office
du tourisme, vous serez surpris par le nombre d'évènements proposés
le dimanche, souvent certains sont gratuits. Chaque grande ville à ses
curiosités, et elles ne sont pas réservées aux touristes.

(suite à la page suivante)

SOURCE 1 (SUITE):

65 À **Paris**, sur les quais de Seine, le dimanche est le jour des **bouquinistes**, du quai de la Mégisserie au quai de Gesvres. Plongez-vous dans leurs caissons à malices, à la recherche de la

70 carte postale ou de l'affiche de cinéma qui trouvera sa place à votre retour, dans votre entrée ou votre chambre.

Lyon a également ses puces du Canal, où brocanteurs et chineurs vous feront partager cette ambiance de « bric et de broc » . . . une promenade

75 qui vous aura autant épuisée qu'un jogging dans le parc, mais vous pourrez récupérer à la table d'un des bars du quartier, encore eux aussi assez typiques. À **Marseille**, et même si vous avez déjà fait cette balade, on ne peut pas se lasser de la traversée en navette du Vieux Port à L'Ile du Frioul. Le dimanche à Lille, vous pouvez faire le tour des bouquinistes à

80 la recherche d'un bouquin pour passer la soirée, et également observer les joueurs d'échec, dans la cour de la Vieille Bourse. **Bordeaux** a sa brocante du dimanche, place Duburg et Quai des Salinières. Sur le Quai des Chartrons vous trouverez également quelques bouquinistes. Le dimanche, si le temps s'y prête, sortez votre vélo de la cave ou du garage, et profitez de

85 la plus faible circulation dans les centres ville, pour aller faire du shopping ou pour redécouvrir votre ville à votre rythme, tout en faisant un peu d'exercice.

À lire également: Faire du vélo en ville.

Jouez au touriste: prenez un bus touristique, vous savez, ces

90 grands bus avec un étage découvert, vous allez découvrir votre ville avec un autre regard. Et là aussi c'est l'occasion de prendre votre appareil photo, pour un mini reportage sur votre ville ou votre quartier. Votre toutou s'ennuie aussi le dimanche, alors amenez le faire une grande balade, les

95 chiens aussi contribuent aux liens sociaux, et vous rencontrerez sûrement à l'occasion de cette balade d'autres promeneurs avec qui engager la conversation.

Aux beaux jours, conviez vos amis pour un petit pique-nique dans un espace vert près de chez vous. Les jeux de société: si le temps vous incite à

100 rester à l'intérieur, organisez un jeu de société chez l'un ou chez l'autre. Les

jeux de société sont un prétexte sympathique pour passer un dimanche
après-midi entre amis. Nous avons tous dans un coin d'une pièce, des jeux
de société que nous avons un peu oubliés. Le dimanche, c'est
l'occasion de sortir ces jeux du placard, et de convier quelques
105 amis pour une partie de Pictionary ou de Monopoly, et de passer
ainsi un moment convivial qui risque de se prolonger tard dans
la soirée du dimanche. Terminez la journée du dimanche avec
vos amis autour d'une fondue ou d'une raclette, et vous voilà
tous prêt à vous replonger avec entrain dans la semaine à venir.

110   *À lire également: Les Jeux de Société, pour se divertir entre Amis.*

Invitez vos voisins: Faites un effort pour aller à la rencontre
de vos voisins, surtout si vous ne faites que les croiser, sans
jamais communiquer avec eux. Invitez ceux qui vous semblent
sympathiques à prendre un verre ou un café, apprenez à vous
115 connaître. Et pour joindre l'utile à l'agréable, ce sera plus facile
quand vous en aurez besoin, de demander un coup de main à
vos voisins, pour vous aider à déplacer un meuble, ou pour jeter un coup
d'oeil sur votre maison ou votre appartement pendant vos absences.

À lire également: La Fête des Voisins; voisins, voisines, la proximité . . .

[. . .]

120   Comment trouver des amis pour organiser des activités le dimanche?

Meetinggame est un réseau social amical, qui vous permet d'entrer en
relation et de rencontrer d'autres amis ayant les mêmes affinités que vous.
En vous inscrivant sur le réseau amical de loisirs meetinggame.fr, vous
125 allez communiquer et rencontrer des amis, et partager des affinités avec
eux, pour la culture, les loisirs, et tout simplement l'amitié . . .

Inscrivez-vous pour trouver des amis et partager des loisirs, sur le réseau amical
meetinggame.

SOURCE 2: SÉLECTION AUDIO 🎧

Vocabulaire
autour de
pétanque

Introduction:

Dans cet extrait audio, un oncle parle d'une sortie avec son neveu. C'est un podcast dans la série *Paris en famille* de Ling-en Hsia, tiré du site www.parisenfamille.com. C'est un site qui donne des idées de sorties pour les enfants de 6 à 12 ans. Dans ce podcast, intitulé *Paris plages,* il s'agit d'un jeu qui les intéresse. © Ling-en Hsia, parisenfamille.com

1. **Selon la sélection écrite, quelle phrase décrit le mieux le dimanche en France actuellement?**

    a. Il y a un grand repas de famille.

    b. Tous les magasins sont ouverts.

    c. Beaucoup de gens pratiquent une activité sportive.

    d. Les gens se promènent plus souvent en voiture qu'à pied.

2. **Dans la sélection audio, pourquoi l'oncle et son neveu ont-ils été absents pendant plusieurs semaines?**

    a. L'oncle a été malade.

    b. Ils ont aidé à étaler du sable pour *Paris plages.*

    c. Ils ont participé à un événement avec leur église.

    d. Le neveu a participé à un tournoi de boules.

3. **D'après l'article, quel type de marchand vend des livres, des cartes postales, des affiches de cinéma, parmi d'autres articles et se trouve très souvent sur les quais?**

    a. les bouquinistes

    b. les maraîchers

    c. les brocanteurs

    d. les poissonniers

4. **Dans le contexte de l'extrait audio, quel est le but de la pétanque?**

    a. lancer une boule pour la rapprocher d'une autre boule

    b. jeter une boule à la poubelle

    c. lancer une boule le plus loin possible

    d. jeter une boule pour frapper les autres boules

5. **Dans le contexte de l'extrait écrit, quelle activité serait la plus appropriée dans un espace vert?**

    a. une raclette

    b. des jeux de société

    c. une série télévisée

    d. un repas sur l'herbe

» **Interpretive Communication: AUDIO TEXTS**

 ÉCOUTER

Vous allez écouter une sélection audio. Vous aurez d'abord un temps déterminé pour lire l'introduction et pour parcourir les questions qui vous seront posées. La sélection sera présentée deux fois. Après avoir écouté la sélection une première fois, vous aurez 1 minute pour commencer à répondre aux questions; après avoir écouté la sélection une deuxième fois, vous aurez 15 secondes par question pour finir de répondre aux questions. Pour chaque question, choisissez la meilleure réponse selon la sélection audio et indiquez votre réponse sur la feuille de réponse.

Vocabulaire
aîné(e)
esthétique
s'épanouir
valeur

Introduction:

Dans cet extrait audio, on parle de la notion du bonheur chez les Français. C'est un podcast dans la série *Claireco*, diffusé par Moustic The Audio Agency, à Paris. Le podcast s'intitule *C'est quoi le bonheur pour les Français?*. © Claireco, Moustic.fr

1. **D'après les résultats de ce sondage, il y a trois valeurs principales attachées au bonheur. Laquelle n'en fait pas partie?**

   a. la santé

   b. la famille

   c. le travail

   d. l'amour

2. **Qui identifie la famille en tant que valeur importante plus souvent?**

   a. les hommes

   b. les femmes

   c. les ados

   d. les cadres

3. **D'après l'extrait audio, lequel des aspects suivants souligne l'idée que « la famille est devenue plus libérale »?**

   a. le taux de natalité en baisse

   b. l'obéissance des parents

   c. l'épanouissement des enfants

   d. la diminution du taux de divorce

4. **Les années 80 marquent un changement dans l'objectif de la famille. Quelle phrase représente cet objectif selon l'extrait audio?**

   a. reconnaître les individus

   b. créer la solidarité

   c. obéir à la hiérarchie

   d. dîner ensemble

5. **Le principe fondamental d'une famille, d'après l'extrait audio, est:**

   a. l'amour.

   b. le respect.

   c. l'obéissance.

   d. la coopération.

LIRE | **ÉCRIRE**

Vous allez écrire une réponse à un message électronique. Vous aurez 15 minutes pour lire le message et écrire votre réponse. Votre réponse devrait débuter par une salutation et terminer par une formule de politesse. Vous devriez répondre à toutes les questions et demandes du message. Dans votre réponse, vous devriez demander des détails à propos de quelque chose mentionnée dans le texte. Vous devriez également utiliser un registre de langue soutenue.

Introduction:

Dans cette sélection, il s'agit de l'amour fraternel, c'est à dire l'amour entre frère et soeur ainsi que l'amour familiale. C'est un message de la part de Claudette Lemoine, qui est l'organisatrice du Festival des jumeaux. Elle répond à l'enquête que vous avez effectuée auprès de l'organisation sur son site Internet.

de: claudettel@festivaljumeaux.fr

Rennes, le 12 janvier 2015

Cher participant/Chère participante,

Nous accusons réception de votre demande d'informations sur le site du Festival des **jumeaux**.

Ligne

5

Le Festival des jumeaux a lieu tous les ans au printemps en Bretagne. Les dates précises pour cette année sont les suivantes: du 15 au 17 avril. Le festival a pour but de rassembler les jumeaux, les triplés, les quadruplés (etc.) avec leurs familles et leurs amis pour renforcer les liens d'amour

10 et célébrer la relation unique que possèdent les jumeaux.

Si vous désirez participer à cet événement cette année, veuillez nous fournir les informations suivantes afin que nous puissions mieux vous

15 accueillir.

- Votre nom et votre date de naissance.

- Votre situation familiale (Êtes-vous jumeau/ jumelle? Avez-vous des jumeaux dans votre famille? Êtes-vous ami(e) avec un jumeau/une
20   jumelle?)

- Désirez-vous assister:

  au repas du soir?

  au défilé?

  à la séance de photographie professionnelle?

25 - Pourquoi vous intéressez-vous particulièrement à cet événement?

- Qu'est-ce que vous désirez en **tirer**?

Les sentiments partagés entre frère et soeur sont **inégalables**, surtout dans le cas d'une naissance
30 multiple. Nous vous encourageons à partager ce moment de fête avec nous ce printemps. N'hésitez pas à nous contacter pour plus d'informations.

En espérant vous rencontrer prochainement, nous vous prions d'agréer, Madame/Monsieur,
35 l'expression de nos meilleurs sentiments.

Claudette Lemoine
Organisatrice, Festival des jumeaux

LIRE ÉCOUTER

 ÉCRIRE

Vous allez écrire un essai persuasif pour un concours d'écriture de langue française. Le sujet de l'essai est basé sur trois sources ci-jointes, qui présentent des points de vue différents sur le sujet et qui comprennent à la fois du matériel audio et imprimé. Vous aurez d'abord 6 minutes pour lire le sujet de l'essai et le matériel imprimé. Ensuite, vous écouterez l'audio deux fois; vous devriez prendre des notes pendant que vous écoutez. Enfin, vous aurez 40 minutes pour préparer et écrire votre essai. Dans votre essai, vous devriez présenter les points de vue différents des sources sur le sujet et aussi indiquer clairement votre propre point de vue que vous défendrez à fond. Utilisez les renseignements fournis par toutes les sources pour soutenir votre essai. Quand vous ferez référence aux sources, identifiez-les de façon appropriée. Organisez aussi votre essai en paragraphes bien distincts.

SUJET DE LA COMPOSITION:

En quoi les différentes structures familiales ont-elles un effet positif ou négatif sur la société?

SOURCE 1:

Introduction:

La sélection suivante a été tiré du site http://autonote.net/ses. Dans cet article, il s'agit des transformations de la famille et le rôle de cette dernière dans la société de nos jours. © Guy Bonvallet.

Les transitions de la famille ont-elles affaibli son rôle intégrateur?

Introduction: L'insécurité et la violence urbaine sont devenus des thèmes importants des discours sur la société française, qu'ils soient tenus par des journalistes, des responsables politiques

Ligne ou des chercheurs. Ces discours mettent souvent en cause le

5 rôle éducatif joué par les familles, qui serait parfois **défaillant**, dans le cas des parents de jeunes délinquants notamment. Le changement des mentalités en France, à partir des années 60, sur les questions du mariage, du divorce, de la contraception, ou du travail des femmes, a eu en effet des conséquences sur la

10 composition des familles et sur les rôles qu'elles peuvent jouer. Dans quelle mesure ces transformations ont-elle affecté la façon dont les familles contribuent à l'apprentissage des règles sociales, et entretiennent le respect de celles-ci? Favorisent-elles autant qu'auparavant la cohésion sociale, notamment le sentiment

15 d'appartenance à la société chez les individus?

I.- L'évolution des structures familiales a en partie modifié la façon dont les familles assument leur fonction de socialisation

A) La famille joue traditionnellement un rôle majeur dans
20 **la socialisation primaire et secondaire des individus**

1. Son rôle est essentiel dans la socialisation primaire, c'est-à-dire le premier apprentissage des règles de la vie sociale par les plus jeunes, l'éducation. D'autres instances de

25 socialisation, comme l'école, participent à ce processus, mais le rôle des parents est primordial. Ce sont eux qui peuvent incarner, en tant que personnes, à la fois la satisfaction de certains désirs des enfants et leur frustration par rapport à d'autres désirs. Ceci facilite l'acceptation des **contraintes**, des limites au désir, que sont les règles sociales.

30 2. Mais la fonction de socialisation des familles ne s'arrête pas là: tout au long de la vie, en effet, elles contribuent à encadrer le comportement des individus par des règles. C'est valable non seulement entre parents et enfants par exemple, mais dans les relations entre conjoints. Ces derniers s'imposent
35 mutuellement des contraintes dans la vie quotidienne, et ils relaient notamment, chacun vis-à-vis de son partenaire, les habitudes culturelles des groupes auxquels ils appartiennent. C'est une forme de socialisation secondaire.

B) Cette fonction a dû s'adapter à l'évolution des structures
40 **familiales**

1. Le fonctionnement et la composition des familles ont profondément évolué, en France et dans la plupart des pays développés, depuis les années 60. La **solennité** de l'engagement dans les liens du mariage a décliné, avec un mariage sur trois qui
45 débouche aujourd'hui sur un divorce en moyenne, à comparer avec un sur dix en 1965. Cela a conduit en particulier au développement du nombre d'enfants vivant avec un seul adulte, autrement dit dans une famille **monoparentale**: un mineur sur huit actuellement.

50 2. Ces évolutions ont pu être accusées d'être un facteur d'**affaiblissement** de la fonction de socialisation tenue par les familles. L'instabilité de l'entourage familial rend moins cohérent le système de contraintes qui s'exercent sur les
55 individus, notamment les plus jeunes. Le manque de solidarité des divorcés par rapport aux décisions que chacun prend pour l'éducation des enfants, assez fréquent compte tenu de l'enjeu affectif que les petits représentent, peut aussi
60 déboucher sur un affaiblissement de leur autorité.

(suite à la page suivante)

SOURCE 1 (SUITE):

II.- Cependant non seulement l'importance de la famille ne décline pas, mais les difficultés économiques ont plutôt renforcé son rôle

65 **intégrateur**

A) Le développement des nouvelles formes de famille montre la permanence du besoin éprouvé par les individus d'entretenir des liens familiaux

1. La diminution du nombre des mariages et l'augmentation du

70 nombre des divorces ont sans doute traduit le déclin relatif du mariage, au cours des années 70 et 80 principalement, mais cela ne signifie pas un déclin de la famille et de ses fonctions. Le mode de vie célibataire ne s'est pas généralisé. La garde des enfants au quotidien se fait peut-être un peu plus souvent

75 par des professionnels, mais elle reste principalement l'affaire des parents, y compris dans les familles monoparentales ou recomposées.

2. On peut même défendre l'idée que les nouvelles formes de famille présentent quelques avantages pour la socialisation

80 des jeunes qui en sont issus. Dans les familles recomposées, où les enfants vivent avec le nouveau conjoint de leur père ou de leur mère, parfois avec des demi-frères, des beaux-frères, des demi-sœurs ou des belles-sœurs, les jeunes sont confrontés plus tôt à des façons d'agir ou de penser

85 différentes, et peuvent en retirer une certaine forme d'ouverture d'esprit utile à leur insertion dans la société.

B) La famille apparaît même de plus en plus souvent comme le dernier rempart contre l'exclusion sociale

1. Dans un environnement marqué par un niveau élevé de
90 chômage, la famille apparaît comme une protection plus importante que jamais contre l'exclusion sociale. Les études menées sur les « sans domiciles fixes » (SDF) montrent que ce sont souvent des personnes en rupture à la fois de liens professionnels et de liens familiaux. La famille protège de la
95 marginalité sociale non seulement par l'aide matérielle qu'elle peut apporter, mais aussi par le **soutien** moral et le cadre réglé qu'elle offre à ses membres.

2. Face aux difficultés qui affectent l'intégration par le travail, c'est-à-dire la forme de solidarité organique décrite par
100 Durkheim, la cohésion sociale repose d'autant plus sur le rôle intégrateur des familles que l'État-providence est également en crise. La priorité donnée à la baisse des prélèvements, dans un contexte de croissance économique plus faible que pendant les 30 glorieuses, réduit les possibilités d'intervention de l'État
105 dans les domaines qui favorisent la cohésion sociale, comme l'éducation ou la sécurité sociale.

Conclusion: L'importance de la fonction de socialisation exercée des familles n'a donc pas diminué, et se serait même plutôt renforcée, malgré la transformation des formes de la famille
110 avec le déclin relatif du mariage. La crise d'autres instances d'intégration comme les églises ou l'État est peut-être plus profonde que celle de la famille. Cela pose d'ailleurs d'autres questions, car si les services de l'État comme l'enseignement public ne jouent pas un rôle de socialisation capable de rivaliser
115 avec celui des familles, l'inégalité des chances risque de s'accroître à cause des différences de capital social et culturel entre les familles.

SOURCE 2:

Introduction:

Dans cette sélection, il s'agit des données publiées par l'Institut national de la statistique et des études économiques (www.insee.fr). Le tableau présente des données concernant la famille et le logement ainsi que les relations familiales intergénérationnelles en France métropolitaine en 2005 et en 2011, respectivement. © INSEE

Tableau A: Plus d'un tiers des enfants en famille recomposée vit avec ses deux parents

Réparition des enfants par type de familles

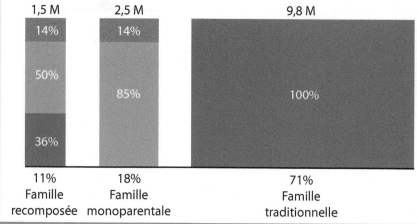

vit avec son père: 0,5 M

vit avec sa mère: 2,9 M

vit avec ses deux parents: 10,3 M

Unité – millions d'individus

Champ: enfants de moins de 18 ans vivant en famille, France métropolitaine.

Source: Insee, enquête Famille et logements 2011.

Tableau B: Famille monoparentale, une situation familiale de transition?

	en %
Part des femmes et des hommes vivant seuls avec des enfants qui déclarent . . .	
. . . ne pas avoir de «relation amoureuse stable»	77
. . . avoir une «relation amoureuse stable» sans souhaiter vivre avec la personne concernée	10
. . . avoir une «relation amoureuse stable», mais être contraints de vivre séparés (raisons professionnelles, financières . . .)	13
Total	100

Champ: hommes et femmes vivant sans conjoint cohabitant avec des enfants de 24 ans ou moins.

Source: Insee, enquête Études des relations familiales intergénérationnelles (Erfi), 2005.

Tableau C: La plupart des enfants gardent un lien avec leur mere et leur père après une séparation

	en %	
	Mères	Pères
Enfants déclarés spontanément par le parent comme faisant partie du ménage 1	68	17
Sinon, fréquence des rencontres		
Au moins une fois par semaine	9	25
Au moins une fois par mois	8	18
Quelques fois par mois	9	22
Jamais	6	18
Total	100	100

Champ: relations entre adulte et ses enfants de 24 ans ou moins issus d'une union rompue, qu'ils soient cohabitants ou non.

Source: Insee, enquête Études des relations familiales intergénérationnelles (Erfi), 2005.

SOURCE 3:
SÉLECTION AUDIO

Introduction:

Cette sélection a été tiré du site blogue.travailsantevie.com. Il a été écrit par Natalie et publié le 17 février 2014. © 2014 Shepell. Message original http://blogue.travailsantevie.com

© Shepell, 2014. Article offert par Shepell, chef de file dans le domaine des solutions intégrées en santé et productivité. Shepell offre des services qui permettent de gérer les problèmes de santé mentale, physique et émotionnelle ou sociale ayant des répercussions négatives en milieu de travail. Cet article a été rédigé à des fins d'information et son contenu pourrait ne pas refléter nécessairement les opinions des organisations individuelles. Pour de plus amples renseignements, veuillez communiquer avec votre Programme d'aide aux employés et à la famille (PAEF) ou consulter un autre professionnel.

Vocabulaire
animal de compagnie
fidèle
surgir

LIRE ÉCOUTER PARLER

Vous allez participer à une conversation. D'abord, vous aurez une minute pour lire une introduction à cette conversation qui comprend le schéma des échanges. Ensuite, la conversation commencera, suivant le schéma. Quand ce sera à vous de parler, vous aurez 20 secondes pour enregistrer votre réponse. Vous devriez participer à la conversation de façon aussi complète et appropriée que possible.

Introduction:

Vous avez un problème avec un(e) ancien(ne) petit(e) ami(e) qui cependant continue à vous parler. Vous discutez du problème avec votre meilleure amie. Elle vous donne des suggestions et vous pose des questions.

Amie	Elle vous salue.
Vous	Saluez votre amie et racontez-lui le problème.
Amie	Elle vous montre de la compassion et elle vous demande si la relation est finie.
Vous	Réaffirmez que la relation est terminée et demandez-lui des suggestions pour résoudre le problème. *est-ce que tu peux mu donne*
Amie	Elle vous donne une suggestion pour répondre à votre ancien(ne) ami(e).
Vous	Donnez votre opinion sur sa suggestion.
Amie	Elle vous pose une question au sujet de l'avenir de votre vie amoureuse.
Vous	Répondez à la question soit par une description de l'autre personne soit par une explication de la situation.
Amie	Elle vous encourage en partant.
Vous	Rassurez-la que vous resterez en contact et dites-lui au revoir.

» Presentational Speaking: CULTURAL COMPARISON

 LIRE  PARLER

Vous allez faire un exposé pour votre classe sur un sujet spécifique. Vous aurez 4 minutes pour lire le sujet de présentation et préparer votre exposé. Vous aurez alors 2 minutes pour l'enregistrer. Dans votre exposé, comparez votre propre communauté à une région du monde francophone que vous connaissez. Vous devriez montrer votre compréhension des facettes culturelles du monde francophone. Vous devriez aussi organiser clairement votre exposé.

Sujet de la présentation:

La qualité et la quantité de temps que l'on passe en famille varie d'un pays à l'autre. Comparez l'importance de la famille dans la vie quotidienne aux États-Unis à celle d'un pays francophone que vous connaissez.

affaiblissement (n.m.) (227) diminution des forces ou de l'énergie

aimer à la folie (loc.) (201) aimer quelqu'un passionnément

aîné (n.m.) (223) enfant qui est né le premier par rapport à ses frères et sœurs

amitié (n.f.) (191) relation cordiale entre deux personnes

amoureux (-euse) (n.m.) (201) qui éprouve de l'amour pour quelqu'un

animal de compagnie (n.m.) (231) animal domestique

appartenance (n.f) (204) affiliation à un groupe

autour de (prép.) (222) dans l'espace environnant

avoir lieu (v.) (200) signifie que tel ou tel événement va se dérouler

bander les yeux (v.) (205) couvrir les yeux

baptême (n.m.) (206) premier sacrement religieux

bémol (n.m.) (195) restriction, problème

bouquiniste (n.m./f.) (220) vendeur de livres d'occasion

cadenas (n.m.) (198) mécanisme fonctionnant avec une clé, permettant de fermer

câlin (n.m.) (198) marque de tendresse, échange de caresses

charme (n.m.) (213) ensemble de caractéristiques qui plaisent et attirent chez une personne

compagnon/compagne (n.m.) (193) personne qui partage la vie d'une autre

conjoint(e) (n.m.) (211) femme ou mari

conquis(e) (adj.) (211) séduit, captivé

contrainte (n.f.) (227) obligation ou pression

coup de foudre (loc.) (198) amour soudain contre lequel on ne peut pas lutter

Cupidon (n.m.) (205) dieu romain de l'amour

défaillant (adj.) (226) faible

devise (n.f.) (195) inscription, maxime

digestif (n.m.) (218) alcool servi après le repas

doué(e) (adj.) (193) qui a des dons, des aptitudes

entretenir (v.) (228) maintenir en état, faire durer

éphémère (adj.) (202) qui dure peu de temps

époux (-se) (n.m./f.) (210) conjoint(e)

esthétique (n.f.) (223) beauté

être à la recherche de (v.) (193) chercher quelqu'un ou quelque chose

exigeant(e) (adj.) (211) strict, précis

famille nucléaire (n.f.) (191) famille composée d'un couple et des enfants

flâner (v.) (219) se promener lentement

fête du mouton (n.f.) (191) fête musulmane, Aïd-al-Adha

fidèle (adj.) (231) devoué, attaché

fringues (n.f./pl.)(195) vêtements (fam.)

gendre (n.m.) (211) beau-fils

griffé(e) (adj.) (217) qui porte l'étiquette d'une grande marque

haut de gamme (adj.) (216) modèles supérieurs

inégalable (adj.) (225) unique

jumeaux (n.m./pl.) (224) enfants né en même temps de la même mère

las(se) (adj.) (202) fatigué, manquant d'énergie

mœurs (n.f./pl.) (218) coutumes ou habitudes particulières

monoparental(e) (adj.) (227) famille composée uniquement d'un seul parent avec des enfants

moyens (n.m./pl.) (206) ressources

oser (v.) (195) avoir le courage de faire

pétanque (n.f.) (222) jeu de boules d'origine méditerranéenne

rapport (n.m.) (211) lien, relation

recomposé(e) (adj.) (191) famille formée de parents ayant eu des enfants d'une précédente union

rédiger (v.) (213) écrire

réglé(e) (adj.) (211) résolu

rencontre (n.f.) (213) entrée en contact

s'arracher (v.) (202) se séparer avec effort de quelque chose

séduire (v.) (213) charmer volontairement

s'épanouir (v.) (223) trouver un équilibre psychique, se développer

s'entendre (v.) (191) sympathiser, s'accorder

se focaliser (v.) (213) se concentrer sur un point précis

simulacre (n.m.) (204) d'une apparence de quelque chose qui ressemble à la réalité

solennité (n.f.) (227) célébration ou cérémonie importante

soutien (n.m.) (229) action de soutenir, d'aider, de défendre, de protéger

surgir (v.) (231) apparaître ou émerger brusquement

tellement (adv.) (201) tant, beaucoup

tendance (n.f.) (210) disposition naturelle, inclination

tirer (v.) (225) prendre de, recevoir de

toquade (n.f.) (195) amourette

toutou (n.m.) (216) chien (fam.)

trait (n.m.) (209) attribut, caractéristique

unique (adj.) (191) seul enfant

valeur (n.f.) (223) élément d'un ensemble de principes

Pour mieux s'exprimer à ce sujet

âme sœur (loc.) personne qui semble prédestinée pour une autre personne

à la folie (loc.) passionnément

benjamin(e) (n.m./f.) enfant le plus jeune des frères et des sœurs, dernier né

cadet(te) (n.m./f.) qui est né après l'aîné

caprice (n.m.) amour bref et passager

chéri(e) (n.m./f., adj.) appellation affectueuse entre amoureux

extroverti(e) (adj.) d'un esprit ouvert vers les autres

platonique (adj.) relation de pure amitié

tendresse (n.f.) sentiment doux et tendre

tomber amoureux (loc.) aimer quelqu'un de façon soudaine

PARIS, FRANCE

QUESTIONS ESSENTIELLES

1. Comment la technologie change-t-elle notre mode de vie?

2. Qu'est-ce qui fait avancer l'innovation dans le domaine de la technologie?

3. Quel est le rôle de l'éthique dans l'innovation technologique?

PROVENCE, FRANCE

Chapitre 5

Suivez le rythme du 21ᵉ siècle

» OBJECTIF   *Expliquer les étapes vers un objectif*

🎧 ÉCOUTER   📖 LIRE

BÉATRICE – Allô, Arnaud? C'est Tante Béa à l'**appareil**.

ARNAUD – Bonjour, Tata Béa! Ça va?

BÉATRICE – Oui, ça va très bien! Devine ce que je viens d'acheter . . .

ARNAUD – Enfin – tu as acheté la voiture que tu regardais! Je t'ai dit qu'il était essentiel que tu prennes une nouvelle voiture avant l'hiver.

BÉA – Mais, non! J'ai acheté un smartphone! T'inquiète pas, j'ai toujours mon **téléphone fixe** au cas où, mais n'es-tu pas fier de ta tata?

ARNAUD – Dis donc! Impressionnant! Bienvenue au 21e siècle, Tantine! Félicitations! Il est absolument primordial que tout le monde ait un **portable**. On ne peut plus vivre sans. Mais, au fait, je vois que tu m'appelles de ton fixe. Pourquoi?

BÉA – Mais comment tu vois ça?

ARNAUD – Il est très utile que tu regardes la **présentation du nom** avant de répondre. Comme ça tu peux **filtrer** tes appels. Il est obligatoire que tu apprennes à te servir de ton smartphone tout de suite!

BÉA – Ben . . . justement, c'est pour ça que je t'appelle. Apprends-moi à envoyer un SMS, s'il te plaît. J'ai envie de communiquer avec toi tous les jours comme mes copines avec leurs neveux.

ARNAUD – D'accord, Tata. Avant d'envoyer un SMS, il est nécessaire d'**allumer** le téléphone. Allume-le en appuyant sur la **touche Marche/Arrêt** et attends quelques secondes.

BÉA – Bon, c'est fait . . .

ARNAUD – Ensuite, tu vois une flèche marquée **déverrouiller**? Fais **glisser** la flèche en bas de l'écran de gauche à droite.

BÉA – Ah, super! Je vois des icônes!

ARNAUD – Impecc! Tape sur l'icône qui ressemble à une **bulle de BD**. Elle est verte et blanche.

BÉA – Mais . . . je ne comprends pas – il n'y a pas de touches sur ce portable!

ARNAUD – Si, mais ce sont des touches tactiles – il suffit de toucher l'icône sur l'**écran tactile**.

BÉA – Oh là là! On dirait de la magie!

ARNAUD – Alors, compose mon numéro de téléphone. Il est indispensable que tu fasses le bon numéro! C'est le 04 72 04 06 27 85. Et puis, en bas de l'écran tape-moi un petit message. Après avoir terminé le message, tape sur la touche marquée Envoyer.

BÉA – C'est fait!

ARNAUD – Ça y est! Je l'ai eu!

BÉA – Incroyable – il est inutile que nous nous envoyions des lettres par la poste. Tu m'as convaincue. À partir de maintenant, je suis Tata Technologie! Merci, bouchon!

ARNAUD – De rien – ça fait plaisir d'initier des gens à la technologie. À bientôt, Tata!

BÉA – Au revoir, Arnaud!

1. **LIRE** **PARLER** **ÉCRIRE**

Relisez la conversation entre Arnaud et Béa. Pouvez-vous deviner le sens des mots du vocabulaire de la technologie dans le passage d'après le contexte? Discutez-en avec un partenaire ou faites une liste de ces mots.

2. **PARLER** **ÉCRIRE**

Avez-vous bien deviné? Vérifiez vos réponses à l'aide de la liste ci-dessous. Notez les mots que vous ne connaissez pas.

POINT**LEXIQUE**

allumer (v.)	faire fonctionner, actionner un appareil électrique
appuyer sur (v.)	exercer une pression sur
arrêt (n.m.)	fait de s'arrêter
bulle de BD (n.f.)	élément d'une bande dessinée où sont inscrites les pensées et paroles des personnages
déverrouiller (v.)	ouvrir
écran tactile (n.m.)	moniteur informatique qui réagit au contact des doigts
filtrer (v.)	soumettre à un contrôle
glisser (v.)	se déplacer sur l'écran par un mouvement continu
marche (n.f.)	fonctionnement d'un appareil
portable (n.m.)	téléphone ou ordinateur mobile
présentation du nom (n.f.)	service qui donne des informations sur l'appel
téléphone fixe (n.m.)	téléphone dont la ligne terminale d'abonné est située à un emplacement fixe
texto/SMS (n.m.)	message envoyé par téléphone mobile
touche (n.f.)	bouton

3.  **LIRE** **PARLER**

Réorganisez par ordre chronologique les différentes étapes à suivre pour télécharger une chanson d'Internet. Ensuite, réécrivez ces étapes avec des phrases complètes en employant une expression impersonnelle et le subjonctif.

1. Taper votre mot de passe. _____

2. Rechercher l'artiste. _____

3. Ouvrir le programme. _____

4. Synchroniser votre lecteur de MP3. _____

5. Cliquer sur télécharger. _____

6. Écouter la chanson pour l'identifier. _____

7. Écouter la chanson pour le plaisir. _____

4. **LIRE** ✎ **ÉCRIRE**

Regardez le passage et trouvez des exemples du subjonctif avec des expressions impersonnelles. Faites-en une liste. Il y en a six.

Modèle : Il est important que vous éteigniez l'ordinateur le soir.

1. _____

2. _____

3. _____

4. _____

5. _____

6. _____

POINT**GRAMMAIRE**

Le subjonctif est employé après des expressions impersonnelles dans lesquelles le sujet est un il impersonnel.

Voici quelques exemples d'expressions impersonnelles:

Pour former une phrase avec les expressions impersonnelles ci-dessous, il y a trois éléments obligatoires:

il suffit que	il vaut mieux que	il faut que
il est bon que	il est (in)utile que	il est primordial que
il est essentiel que	il est indispensable que	il est obligatoire que

(1) l'expression impersonnelle avec que
(2) un deuxième pronom sujet
(3) un verbe conjugué au subjonctif

Le présent du subjonctif se forme en français avec le radical de la 3e personne du pluriel du présent de l'indicatif (REGARDER- ils regard - ~~ent~~) et les terminaisons - **e, -es, - e, ions, iez, ent**.

Modèle: parlent > parl~~ent~~ > parl + iez

<u>Il est bon que</u>   <u>vous</u>   <u>parliez</u> français en cours.
　　　　 1　　　　　 2 　　　　 3

Attention! Les verbes aller et vouloir ont deux radicaux.
Un radical pour les formes de 'la botte'* et un autre pour les formes nous et vous.

aller	
que j'aill**e**	que nous all**ions**
que tu aill**es**	que vous all**iez**
qu'il/elle aill**e**	qu'ils/elles aill**ent**

vouloir	
que je veuill**e**	que nous voul**ions**
que tu veuill**es**	que vous voul**iez**
qu'il/elle veuill**e**	qu'ils/elles veuill**ent**

*Avez-vous remarqué qu'aux pronoms sujets pronoms sujets *je, tu, il/elle/on, ils/elles* les formes du verbe se ressemblent. C'est la botte!

POINT**GRAMMAIRE**

D'autres verbes à deux radicaux		
verbe	**radical 1** **je, tu, il(s), elle(s)**	**radical 2** **nous, vous**
venir (tenir, revenir, devenir)	vienn-	ven-
croire (voir)	croi-	croy-
prendre (comprendre, surprendre, apprendre)	prenn-	pren-
devoir	doiv-	dev-
apercevoir	aperçoiv-	apercev-
essayer*	essai-	essay-

*Pour tous les verbes en *–yer,* on emploie le *i* pour le premier radical et le *y* pour le deuxième radical.

N'oubliez pas que les expressions impersonnelles peuvent également s'employer avec de + infinitif si la phrase n'a qu'un seul sujet.

Modèle: **Il** est bon de vérifier son orthographe dans un courriel. (un seul sujet)

Il vaut mieux qu'**ils** fassent scanner le document. (deux sujets différents)

POINT**RAPPEL**

N'oubliez pas qu'il y a des verbes où le radical reste irrégulier à toutes les personnes:

verbe	**radical**
faire	fass-
pouvoir	puiss-
savoir	sach-

5. LIRE

Dans les phrases que vous avez trouvées pour l'exercice 4, soulignez la cause, la conjonction *que,* et le verbe au subjonctif de chacune.

Modèle: Il est important que vous éteigniez l'ordinateur le soir.

6. LIRE ÉCRIRE

Regardez à nouveau le passage et trouvez les deux propositions avec une expression impersonnelle, *de,* et un infinitif. Ensuite reformulez les phrases au subjonctif; il va falloir ajouter un deuxième sujet.

*Modèle: **Il** est naturel de taper au lieu d'écrire à la main.*

***Il** est naturel qu'**ils** tapent au lieu d'écrire à la main.*

7. ÉCRIRE

Faites une liste des étapes à suivre pour réaliser les objectifs suivants. Employez plusieurs expressions impersonnelles suivies du subjonctif pour chaque liste.

1. joindre un fichier à un mail (ou une photo ou un document)

2. créer un nouveau document

3. taper avec des accents sur l'ordinateur

4. télécharger une application sur une tablette numérique

5. autre?

Qu'est-ce que tu fais avant, pendant, et après l'envoi d'un message électronique ou un SMS?

Jeanne *16 ans* *Saguenay*

Avant d'envoyer un message électronique, je réfléchis un peu. En l'envoyant j'ajoute quelques émoticônes. Après avoir envoyé le mel, j'attends impatiemment la réponse.

Marc *14 ans* *Annecy*

Avant d'envoyer un SMS à une fille, il est bon de discuter du message avec ses amis. Je tremble en envoyant des textos à des filles. Après avoir envoyé un texto, très souvent, je me rends compte que j'avais fait une faute de frappe, et je me sens bête.

Pauline *17 ans* *Nîmes*

C'est toujours une bonne idée de vérifier le numéro de téléphone avant d'envoyer un message électronique. Je crois que la plupart des jeunes ne pensent pas en tapant un SMS. C'est toujours après l'avoir envoyé que je pense à une réponse créative et drôle.

1. **LIRE** **ÉCRIRE**

Lisez les réponses de Jeanne, Marc et Pauline. Déterminez l'ordre chronologique des étapes que chacun a suivies. Ensuite recopiez la phrase du texte original qui correspond à chaque définition.

Ordre (n°)	Description	Phrase originale
	JEANNE	
	Elle envoie le message.	
	Elle réfléchit.	
	MARC	
	Il se sent bête.	
	Il discute avec ses amis.	
	Il tremble et envoie en texto.	
	PAULINE	
	Elle vérifie le numéro.	
	Elle envoie un SMS, mais ne pense pas.	
	Elle pense à une phrase créative et drôle.	

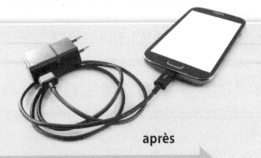

POINT**GRAMMAIRE**

Pour exprimer l'ordre dans lequel l'action se déroule -
Ce que l'on fait avant, pendant, et après un évènement

Évènement

avant pendant après

AVANT

Pour parler d'un évènement qui a lieu avant un deuxième évènement, on peut employer la structure **avant de** + *infinitif*.

Exemple: Avant de me coucher, je branche mon ordinateur dans une prise électrique.

Cela veut dire que la personne a branché son ordinateur en premier lieu et ensuite s'est couchée.

PENDANT

Pour parler d'une action qui se déroule en même temps qu'une autre action, on utilise la préposition *en + le participe présent*. Il se forme avec le radical de la forme *nous* du verbe au présent + *ant*.

Exemple: La forme nous du verbe taper = tapons. Le radical de ce verbe est *tap-*. Ajoutez *-ant*. Le participe présent est *tapant*, alors (*en tapant = while typing* en anglais)

En tapant un SMS, elle a fait une faute de frappe car les touches sont si petites!

APRÈS

Pour parler d'un évènement qui s'est déroulé avant un autre évènement déjà passé, on peut employer **l'infinitif passé** qui est formé de l'auxiliaire avoir ou être et du participe passé du verbe. On l'utilise souvent avec la préposition *après*.

Exemple: Après avoir sauvegardé le document, il a éteint son ordi.

Après être parti, il a changé son statut sur son réseau social.*

*les verbes qui se conjuguent avec *être* au passé composé exigent l'auxiliaire *être* pour l'infinitif passé également.

---

2. LIRE ✏️ ÉCRIRE ❓ PARLER

Terminez chaque début de phrase de façon logique en employant du vocabulaire de la technologie.

1. Après avoir allumé ma tablette, …
2. En téléchargeant un document, …
3. Avant de mettre une photo sur un réseau social, …
4. Après avoir déverrouillé le portable, …
5. Avant d'éteindre l'ordinateur, …
6. En faisant mes devoirs sur l'ordi, …

3. LIRE ÉCRIRE PARLER

Cette fois-ci, inventez le début de chaque phrase en employant *avant de* et le participe présent ou *après* et l'infinitif passé.

1. … , elle vide sa boîte de réception.
2. … , je commande un express au cybercafé.
3. … , il écoute de la musique.
4. … , il faut s'assurer d'avoir bien attaché la pièce jointe.
5. … , on met tous les brouillons dans la corbeille.

4. LIRE ÉCRIRE

Faites une liste chronologique des étapes que vous suivez pour accomplir les tâches ci-dessous en employant *avant de* et le participe présent ou *après* et l'infinitif passé. N'oubliez pas que l'ordre que vous proposez montre votre façon de gérer vos priorités!

1. mettre une vidéo sur un site Internet
   -
   -
   -
2. créer un diaporama pour un cours
3. télécharger une chanson d'Internet
4. mettre un blog à jour
5. taper un devoir sur l'ordi
6. changer votre statut sur un réseau social
7. identifier la photo d'un(e) ami(e) sur un réseau social

» OBJECTIF   *Être un bon citoyen numérique*

Sondage sur le comportement des internautes

	Zahara Einstein	Clémentine Bête	Et vous?
Avez-vous une page sur un réseau social?	J'ai ma page personnelle depuis l'âge de 13 ans, ce qui est la règle de mon réseau social. Avoir une page sur un réseau social est quelque chose qu'il faut éviter quand on est trop jeune.	Ça fait déjà 5 ans que j'ai ma page. Je ne suis pas quelqu'un qui suit les règles en général. Je suis plutôt individualiste! Ce que je fais dans la vie, ça ne regarde personne d'autre.	
Qu'est-ce que vous mettez sur votre page?	J'aime bien mettre des photos qui sont drôles, mais sans identifier les personnes qui paraissent dessus. Ce que j'adore faire sur mon réseau, c'est changer mon statut – c'est rigolo!	Tout! Des photos de l'équipe de basket de l'école (qu'est-ce que ça prend du temps pour identifier tout le monde!), mon statut qui change toutes les heures (je raconte tout – où je suis, ce que je fais …)	
Qu'est-ce que vous ne mettez surtout pas sur votre page?	Les informations personnelles que j'ai envie de cacher, comme mon adresse, mon numéro de portable, le nom de mon école, etc.	Rien! Tout ce qui fait partie de ma vie y paraît! Il y a des paramètres de sécurité pour une raison, non?	
Qui a le droit de regarder votre page?	Mes amis et mon père – je lui ai demandé en ami. C'est lui qui m'aide à la surveiller – c'est très gentil!	C'est une page qui est ouverte à tout le monde. Je cherche toujours à me faire plus d'amis, donc ce que je donne comme information va m'aider à prendre contact avec des gens intéressants – mon adresse postale, mon courriel, mon numéro de téléphone.	
Faut-il se méfier des réseaux sociaux?	Oui, bien sûr! Je me méfie des cybercriminels (c'est très courant de nos jours!) et je sais que mes futurs employeurs vont essayer de trouver ma page avant de m'offrir un emploi.	Non, je crois que les gens qui pensent à ça exagèrent.	
En dehors de la vie sociale, les réseaux sociaux ont-ils une raison d'être?	Ce qui m'impressionne le plus, c'est qu'un réseau social peut servir d'une sorte de CV moderne et ça demande beaucoup de responsabilité chez l'utilisateur.	Je pense qu'à l'avenir, je m'en servirai pour le boulot, mais pour l'instant c'est rigolo – c'est tout. Ce n'est pas une activité qui sert à grand-chose.	

1. LIRE ÉCRIRE

Lisez le tableau intitulé *Sondage sur le comportement des internautes* à la page 244. Sur une feuille de papier, dessinez un diagramme de Venn pour illustrer les similarités et les différences dans les réponses de Zahara Einstein et Clémentine Bête.

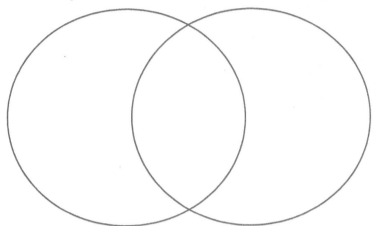

2. LIRE ÉCRIRE

Cherchez les phrases où se trouvent les pronoms du tableau (ci-dessous) sur le comportement des internautes de la lecture à la page 244. Écrivez deux exemples de phrases pour chaque pronom. Soulignez son environnement, c'est-à-dire les mots qui entourent ce pronom relatif dans chaque phrase.

Phrases	environnement de la structure
ce que	
ce que	
que	
que	
ce qui	
ce qui	
qui	
qui	

POINT**CULTURE**

Le téléphone mobile

Plus de 40 millions de Français sont désormais équipés d'un téléphone mobile. 90% des jeunes de 18 à 29 ans en sont pourvus. Les jeunes sont très attirés par les nouveaux services: 92% des adolescents disposant d'un téléphone mobile ont déjà envoyé des SMS et 23% des MMS (un message contenant une image, une photo, ou du son). Cependant, en 3 ans, seuls 4% des foyers semblent avoir abandonné leur ligne fixe au profit de leur mobile.

Source: www.futura.sciences.com/fr
Permission Creative Commons

3.  PARLER ÉCRIRE

Terminez les phrases suivantes à l'aide du pronom relatif qui convient.

1. _____ tu trouves le plus utile, c'est la tablette numérique.

2. Les touches _____ sont sur le clavier du portable sont minuscules!

3. Le pavé tactile sur l'ordi _____ j'utilise à l'école est plus difficile à utiliser que la souris.

4. Certains adultes ne voient pas l'utilité de _____ les jeunes font sur l'ordi, des jeux vidéo par exemple.

5. Tchatter sur Internet, voilà _____ attire le plus les ados, de nos jours.

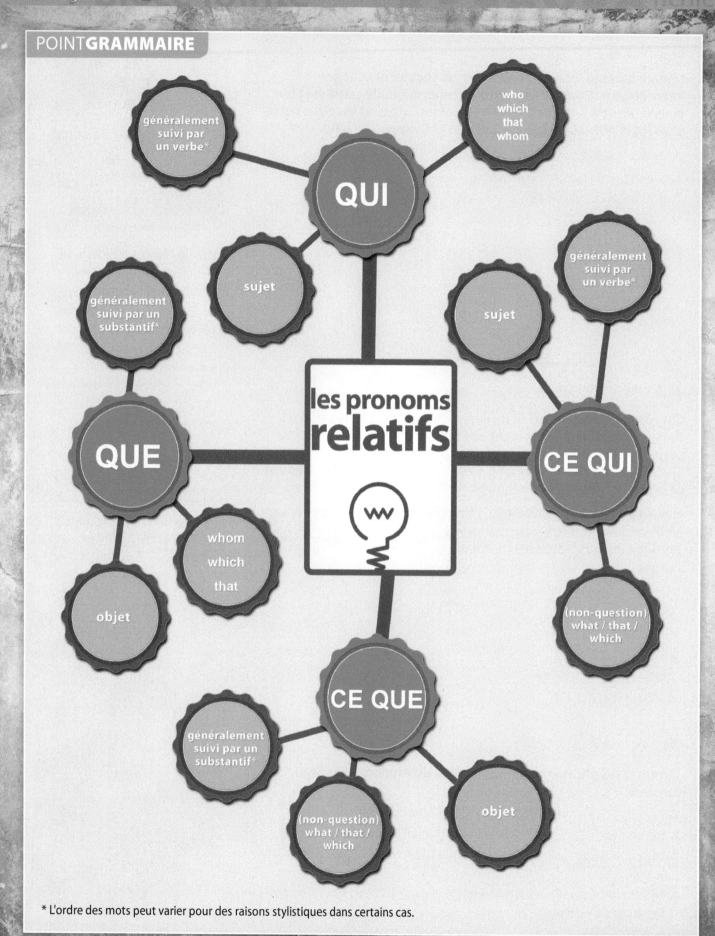

* L'ordre des mots peut varier pour des raisons stylistiques dans certains cas.

4.  ÉCRIRE

Composez des phrases pour expliquer comment vous gérez votre vie d'internaute. Utilisez les commentaires de Zahara Einstein et Clémentine Bête comme modèles.

1. ce que vous mettez sur Internet:

2. les gens que vous ajoutez sur votre page perso d'un réseau social:

3. ce qui est votre application préférée:

4. les gens qui vous demandent en ami:

La citoyenneté numérique

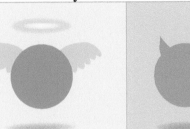

maîtrisez votre réputation sur Internet	téléchargez une chanson que vous n'avez pas achetée
soyez responsable	utilisez un traducteur électronique
pensez à votre avenir	commettez un plagiat

5. ÉCRIRE

Écrivez une composition qui décrit les responsabilités et les dangers d'Internet pour les étudiants du 21ᵉ siècle. Soyez précis et donnez des exemples. Employez du vocabulaire de la technologie et les quatre types de pronoms relatifs abordés dans ce chapitre. Vous pourrez utiliser le tableau ci-dessus sur la citoyenneté numérique pour vous aider à penser aux idées.

LIRE

La sélection suivante est accompagnée de plusieurs questions. Pour chaque question, choisissez la meilleure réponse selon la sélection.

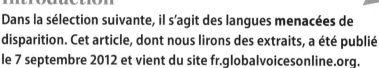

SALUT

Introduction

Dans la sélection suivante, il s'agit des langues menacées de disparition. Cet article, dont nous lirons des extraits, a été publié le 7 septembre 2012 et vient du site fr.globalvoicesonline.org.
© Global Voices, Creative Commons

Garder vivantes les langues menacées de disparition, grâce à l'Internet

Ne restera-t-il bientôt que l'anglais et le chinois sur le web? Ou bien la technologie aidera-t-elle à maintenir en vie nos multiples langues maternelles?

Eddie Avila, directeur de Rising Voices, souligne la différence entre langues menacées de disparition et langues sous-représentées. Trois des membres du panel travaillent sur ces dernières dans des langues africaines sans présence proportionnelle en ligne. Pour que les jeunes comprennent que leur langue appartient à l'avenir et non au passé, il faut qu'ils la voient présente sur internet et dans des
10 logiciels localisés (comme OpenOffice).

CIAO

Boukary Konate

Boukary (@fasokan, il blogue sur Fasokan.com), vient du Mali, et parle le bambara, une des quelque quinze langues du Mali. Le bambara est parlé par environ 80% de la population. L'enseignement commence en langue maternelle, et se poursuit
15 en français et anglais. Il pense qu'il est crucial de conserver sa langue natale en ligne, c'est pourquoi il blogue en bambara et en français. La langue se transmet dans les villages avec les cours **d'alphabétisation**, Boukary a donc créé des cours pour encourager les enfants à écrire et raconter des histoires dans
20 leur langue maternelle.

Le bambara nécessite quatre caractères qui lui sont propres, et que ne possèdent pas les claviers **occidentaux**. Mais le clavier QWERTY standard dispose de caractères inutilisés, comme le Q, qui n'existe pas en bambara, des substitutions peuvent donc
25 être faites manuellement et des caractères échangés. Quelqu'un a développé une application Facebook / Twitter compatible avec le bambara, permettant de poster des statuts en langue maternelle.

Est-ce que des claviers virtuels, basés sur des logiciels, pourraient nous aider à surmonter les limitations des claviers physiques
30 créés pour les langues dominantes? (Voir plus d'informations sur la page des claviers langues d'ANLOC). Accentuate.us est une autre solution. C'est une excellente extension Firefox qui "vous permet de taper vite et facilement dans plus de 100 langues sans touches supplémentaires ni clavier spécial."

Abdoulaye Bah

35 Abdoulaye est un blogueur de Global Voices du groupe francophone. Originaire de Guinée, il vit en Italie et France. Au courant de sa vie, il a parlé 8 langues, mais celle qu'il connaît le moins est la sienne, le peul. Il a pratiqué davantage les autres langues, dont il avait besoin pour des raisons concrètes. Le peul
40 est parlé comme première ou seconde langue dans pas moins de 18 pays africains, dont la Guinée, où 40% de la population le parle, ainsi que la Mauritanie, le Cameroun, le Tchad, et des parties de l'Éthiopie.

Beaucoup de problèmes qu'affronte cette langue viennent de ce
45 qu'elle n'est pas enseignée à l'école. Les gens apprennent à l'écrire par des cours particuliers, ou pas du tout. Abdoulaye voit dans la pratique des blogs l'une des seules voies pour garder la langue vivante. Il y a de nombreux blogs en peul. Les vidéos en ligne sont une autre présence de la langue en ligne, qui surmonte l'obstacle
50 que plus de gens parlent la langue que ne l'écrivent.

La semaine passée, Google a lancé son opération EndangeredLanguages.com avec l'Alliance pour la Diversité Linguistique. Le premier défi est de compter les langues menacées de disparition. L'initiative Google liste plus de
55 3.000 langues, dont certaines sont plutôt sous-représentées que menacées. Seules 285 langues ont une édition Wikipedia de quelque importance (et beaucoup moins, une édition consistante). Le **fossé** entre les 3.054 langues recensées par Google et les 285 éditions Wikipedia illustre le défi de mettre en
60 ligne les langues en danger.

1. **Quel est le but de l'article?**
   a. vendre des appareils numériques au Mali et en Guinée
   b. faire rire le lecteur
   c. encourager une diversité linguistique sur Internet
   d. changer l'enseignement des langues dans le système éducatif

2. **Quelle langue ne représente pas une menace envers d'autres langues?**
   a. le peul
   b. le chinois
   c. le français
   d. l'anglais

3. **Quel est le ton de l'auteur dans cet article?**
   a. ludique
   b. instructif
   c. humoristique
   d. moqueur

4. **Qu'est-ce qu'on apprend dans un cours d'alphabétisation?**
   a. les lettres de l'alphabet
   b. l'orthographe des mots
   c. à taper sur le clavier d'un ordinateur
   d. à lire et écrire une langue

5. **Quel est le plus grand obstacle que rencontre le bambara en ligne?**
   a. Les claviers européens et nord-américains ne correspondent pas au bambara.
   b. Les grandes langues essaient de dominer Internet.
   c. Il n'y a pas d'appli qui correspond aux caractères en bambara.
   d. Le bambara est uniquement une langue orale.

LIRE ÉCOUTER

Vous allez lire un passage et écouter une sélection audio. Pour la lecture, vous aurez un temps déterminé pour la lire. Pour la sélection audio, vous aurez d'abord un temps déterminé pour lire une introduction et pour parcourir les questions qui vous seront posées. la sélection sera présentée deux fois. Après avoir écouté la sélection une première fois, vous aurez 1 minute pour commencer à répondre aux questions; après avoir écouté la sélection une deuxième fois, vous aurez 15 secondes par question pour finir de répondre aux questions. Pour chaque question, choisissez la meilleure réponse selon la sélection audio ou la lecture et indiquez votre réponse sur votre feuille de réponse.

SOURCE 1:

Introduction:

Cette sélection, qui parle de l'accès à Internet, vient du site www.futura-sciences.com. Dans cet extrait, il s'agit des résultats d'une enquête sur la diffusion des technologies de l'information (TIC) dans la société française, menée par l'Autorité de régulation des télécommunications (ART), le Conseil Général des technologies de l'Information (Cgti) et le Centre de recherche pour l'étude et l'observation des conditions de vie (Crédoc). © Futura Sciences

L'accès à Internet

Selon l'étude, 30 % des personnes de plus de 18 ans, et 40 % des 12–17 ans avaient accès à l'internet depuis leurs domiciles en juin 2003, dont un tiers à haut débit.

Ligne

Les inégalités d'accès à l'internet sont manifestes. Le taux

5 d'équipement des **ménages** les plus **aisés** (67 %), des cadres supérieurs (66 %) comme des diplômés du supérieur (60 %) est nettement supérieur à celui des foyers les plus modestes (14 %), des ouvriers (21 %) et des femmes au **foyer** (19 %).

40 % des internautes visionnent des mini-clips vidéo sur

10 l'internet, 30 % utilisent le réseau en mode peer to peer pour télécharger de la musique, des films ou des logiciels. En revanche, les services de messagerie instantanée et de jeux en réseau s'adressent à un public plus ciblé d'adolescents et de jeunes de 18–24 ans.

15 Les achats sur l'internet sont en progression: 7 % des personnes de 18 ans et plus avaient déjà utilisé ce mode d'achats en juin 2001; ils sont 13 % en juin 2003. Mais 79 % des personnes ne pensent toujours pas effectuer des achats par internet dans les douze mois.

20 Les personnes les plus âgées ressentent moins le besoin de recourir aux technologies de l'information: à partir de 60 ans, moins de la moitié des personnes disposent d'un téléphone mobile, et moins d'un quart à partir de 70 ans; 14 % des retraités seulement disposent d'un ordinateur à leur domicile, et, parmi

25 eux, la moitié seulement l'utilise effectivement.

Selon le Crédoc, il n'y a quasiment plus aucun adolescent pour considérer que «l'internet n'est pas utile à la vie quotidienne», et seulement un quart des personnes de plus de soixante ans. En revanche, le coût apparaît toujours comme étant le principal

30 frein tant à l'accès au micro-ordinateur qu'à l'internet, qu'il s'agisse du coût des communications ou du coût du matériel.

SOURCE 2: SÉLECTION AUDIO 🎧

Vocabulaire
boulverser
diffuser
onde
sans fil

Introduction:

Dans cette sélection audio il s'agit d'une façon de se connecter à Internet. Cet extrait audio vient de l'émission *De quoi je me mail,* dirigée par François Sorel et **diffusée sur la radio RMC le 12 octobre 2012.** © François Sorel, RMC

1. **Selon le passage, quel est le principal obstacle à l'utilisation d'Internet à la maison?**

   a. l'âge des gens

   b. le prix

   c. le nombre de pièces de la maison

   d. le caractère modeste des gens

2. **Selon l'extrait audio, en quoi cette nouvelle technologie est-elle limitée?**

   a. Elle ne fonctionne que dans une seule pièce.

   b. Elle transmet des données.

   c. L'appareil s'attache au mur.

   d. Elle n'est pas assez lumineuse.

3. **Dans le passage, qu'est-ce que les mots «il n'y a quasiment plus aucun adolescent» veulent dire?**

   a. seulement un adolescent

   b. pas un seul adolescent

   c. tous les adolescents

   d. pratiquement pas d'adolescent

4. **Qu'est-ce qu'on a dit pendant l'extrait audio au sujet du wifi?**

   a. Le lifi remplace complètement le wifi.

   b. On n'a pas besoin de wifi dans les hôpitaux.

   c. Le wifi est déjà démodé et ne va pas durer longtemps.

   d. Les gens auraient beaucoup de mal à survivre sans le wifi.

5. **Selon le passage, quelle activité est pratiquée plus souvent que télécharger de la musique?**

   a. faire du shopping en ligne

   b. regarder des vidéoclips

   c. communiquer avec des amis

   d. jouer aux jeux virtuels

» Interpretive Communication: AUDIO TEXTS

 ÉCOUTER

Vous allez écouter une sélection audio. Vous aurez d'abord un temps déterminé pour lire l'introduction et pour parcourir les questions qui vous seront posées. La sélection sera présentée deux fois. Après avoir écouté la sélection une première fois, vous aurez 1 minute pour commencer à répondre aux questions; après avoir écouté la sélection une deuxième fois, vous aurez 15 secondes par question pour finir de répondre aux questions. Pour chaque question, choisissez la meilleure réponse selon la sélection audio et indiquez votre réponse sur la feuille de réponse.

Introduction:
Dans cet extrait audio, un professeur de français langue étrangère (FLE), Jean Michel Quarantotti, parle du rôle de la technologie dans la salle de classe. Monsieur Quarantotti travaille à Casablanca American School au Maroc. © Elizabeth Rench

Vocabulaire
péjoratif (-ve)

1. **Quel adjectif représente le mieux l'idée de «presse-bouton» selon cet extrait?**
   a. ennuyeux
   b. patient
   c. ambitieux
   d. paresseux

2. **D'après l'ancien instituteur de Jean Michel, les élèves faisaient partie de cette génération «presse-bouton». Quel est le ton de cette classification?**
   a. informatif
   b. amusant
   c. éducatif
   d. défavorable

3. **Le portable a complètement reformé la vie de tous les jours. Quel exemple Jean Michel donne-t-il?**
   a. la correspondance écrite
   b. les leçons de français
   c. l'heure d'un rendez-vous
   d. ça donne des directives pour aller à un endroit précis

4. **Les élèves de Monsieur Quarantotti ne s'intéressent pas beaucoup à écrire une lettre. D'après lui, pourquoi?**
   a. L'écriture à l'encre est trop difficile.
   b. Les autres formats sont plus pertinents.
   c. Ils ne connaissent pas de destinataire.
   d. Les timbres coûtent trop cher.

5. **D'après cet extrait audio, en ce qui concerne la technologie, Jean Michel a une attitude plutôt:**
   a. optimiste.   c. inquiète.
   b. pessimiste.   d. irritable.

ÉCRIRE  **LIRE**

Vous allez écrire une réponse à un message électronique. Vous aurez 15 minutes pour lire le message et écrire votre réponse. Votre réponse devrait débuter par une salutation et terminer par une formule de politesse. Vous devriez répondre à toutes les questions et demandes du message. Dans votre réponse, vous devriez demander des détails à propos de quelque chose mentionnée dans le texte. Vous devriez également utiliser un registre de langue soutenue.

Introduction:

C'est un message électronique de Mamadou Ndiaye de techinfo. sn. Vous recevez ce message parce que vous avez contacté le service pour demander des informations précises concernant votre problème technologique.

De: Mamadou Ndiaye <technifo.sn>

Objet: **abonnement**

Dakar, le 21 avril 2013

Monsieur ou Mademoiselle,

Félicitations et bienvenue sur techinfo.sn! Nous vous remercions de votre abonnement et vous demandons quelques informations supplémentaires *Ligne* en ce qui concerne votre problème technologique 5 afin de vous aider à trouver une solution.

- Quel genre d'appareil numérique est en panne?

- Quelle est la marque et quel est le modèle de l'appareil?

10 • En quelle année l'avez-vous acheté?

- Précisez les problèmes dans la mesure du possible.

- Qu'est-ce que vous avez essayé de faire jusqu'à présent pour résoudre le problème?

15 Dès que je serai en possession de toutes les informations nécessaires, je vous contacterai pour que notre technicien puisse vous fixer un rendez-vous.

Bien cordialement,

Mamadou Ndiaye

LIRE ÉCOUTER

 ÉCRIRE

Vous allez écrire un essai persuasif pour un concours d'écriture de langue française. Le sujet de l'essai est basé sur trois sources ci-jointes, qui présentent des points de vue différents sur le sujet et qui comprennent à la fois du matériel audio et imprimé. Vous aurez d'abord 6 minutes pour lire le sujet de l'essai et le matériel imprimé. Ensuite, vous écouterez l'audio deux fois; vous devriez prendre des notes pendant que vous écoutez. Enfin, vous aurez 40 minutes pour préparer et écrire votre essai. Dans votre essai, vous devriez présenter les points de vue différents des sources sur le sujet et aussi indiquer clairement votre propre point de vue que vous défendrez à fond. Utilisez les renseignements fournis par toutes les sources pour soutenir votre essai. Quand vous ferez référence aux sources, identifiez-les de façon appropriée. Organisez aussi votre essai en paragraphes bien distincts.

SUJET DE LA COMPOSITION:

La technologie est-elle une nécessité absolue au 21ᵉ siècle?

SOURCE 1:

Introduction:

Dans cette sélection il s'agit de vivre avec ou sans la technologie. Cet article a été écrit par Éric Dupin et vient du site www.presse-citron.net. © Éric Dupin, Presse citron

Peut-on vivre sans la technologie?

J'entends dire parfois que la science a remplacé la religion (enfin, pas partout) et que certains s'effraient de l'omnipotence de la technologie.

Ligne
5

N'étant ni scientifique ni religieux j'aurais du mal à me prononcer sur cette assertion, mais je constate avec surprise au hasard de certaines rencontres qu'il existe encore autour de nous des gens qui n'utilisent pas la technologie. Mais alors pas du tout.

10

Ainsi ai-je dans mes relations deux personnes (2) qui ne possèdent pas de téléphone mobile. Je ne parle pas de smartphone, mais bien du bon vieux mobile basique qui sert juste à téléphoner, un truc purement pratique, vous savez. L'un d'entre eux ne possède d'ailleurs pas de voiture, et je le soupçonne même de ne pas avoir le permis de conduire (oui

15

c'est suspect ☺). Bizarre pour un père de famille quadragénaire urbain bobo quand même, non?

Je constate également que les personnes en question sont divisées en deux catégories.

20

Dans la première catégorie, celles qui font de l'hostilité aux nouvelles technologies une affaire de principe qui confine à l'engagement politico-idéologique, dans lequel on retrouve **pêle-mêle** altermondialisme, refus de la société de consommation et militantisme écologique (ce qui va souvent ensemble d'ailleurs). Ces personnes n'ont rien contre les

25

technologies en tant que telles, mais les refusent pour tous les dommages collatéraux qu'elles seraient supposées occasionner, en omettant quand même de mettre dans la balance les progrès qu'elles constituent pour l'homme, et même pour l'humanité, soyons fous.

30 Dans la deuxième catégorie, on trouve des personnes qui, malgré un niveau socio-culturel et professionnel plutôt élevé, ignorent les nouvelles technologies parce qu'elles n'en voient pas l'utilité, préférant privilégier un mode de vie dans lequel le contact dans la vie réelle serait fondamental. Je parle de

35 *contact dans la vie réelle à* défaut de trouver une meilleure terminologie car je fais la différence avec le contact humain: l'erreur la plus fréquente que commettent ceux qui sont réfractaires à internet par exemple, est de penser que c'est un outil d'aliénation et d'isolement. Nous savons tous que, bien utilisé, c'est exactement l'inverse:

40 voir l'engouement pour les réseaux sociaux, les forums, et les messageries instantanées. Pour un exemple de prétendue aliénation je peux donner 10 exemples de socialisation.

Les *yes-life* (en opposition aux no-life, hahaha) sont aussi ceux qui n'utilisent pas les guichets automatiques mais vont retirer leur argent à la banque pour

45 tout payer en espèces (comme certains commerçants, mais pour d'autres raisons . . .). Nous pourrions certainement trouver de nombreux autres exemples de refus de la technologie.

Bien sûr, on peut vivre et être heureux sans la technologie, c'est parfois un choix délibéré et parfaitement respectable qui nous amène accessoirement

50 à réfléchir sur la vanité de la course au dernier gadget (je sais de quoi je parle . . .), mais il y a une certitude: ceux qui font ce choix par peur de voir disparaître les «vrais» rapports humains se trompent.

C'est un **leurre** de penser que la technologie est aliénante pour l'homme. Toute l'histoire de l'évolution, et son accélération phénoménale aux 20ème

55 et 21ème siècles tendent à prouver le contraire: de l'imprimerie au chemin de fer, de l'aviation à la TSF (transmission sans fil), de la presse écrite à la télévision, les grandes innovations adoptées en masse sont celles qui ont permis à l'homme de communiquer, et aux hommes de se rapprocher.

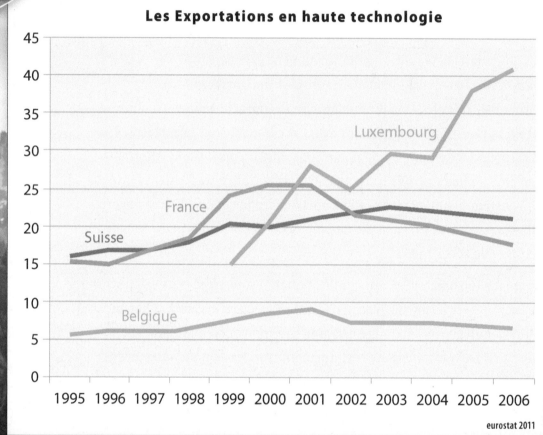

SOURCE 2:

Introduction:

Dans cette sélection il s'agit des exportations en haute technologie de Belgique, de France, du Luxembourg, et de Suisse. Le graphique original a été publié en 2011 par EuroStat. © Eurostat

Les Exportations en haute technologie

Luxembourg

France

Suisse

Belgique

eurostat 2011

SOURCE 3:
SÉLECTION AUDIO

Vocabulaire
milliampère

Introduction:

Dans cette sélection audio il s'agit de l'utilité des appareils numériques et la possibilité de s'en servir dans des endroits inattendus. Cet extrait audio vient de l'émission *De quoi je me mail,* dirigée par François Sorel et diffusée sur la radio RMC le 5 octobre 2012. © François Sorel, RMC

 LIRE ÉCOUTER PARLER

Vous allez participer à une conversation. D'abord, vous aurez une minute pour lire une introduction à cette conversation qui comprend le schéma des échanges. Ensuite, la conversation commencera, suivant le schéma. Quand ce sera à vous de parler, vous aurez 20 secondes pour enregistrer votre réponse. Vous devriez participer à la conversation de façon aussi complète et appropriée que possible.

Introduction

C'est une conversation avec Amina, une copine qui voudrait acheter un appareil numérique et vous demande des conseils. Vous participez à cette conversation parce que vous en avez plusieurs.

Amina	Elle vous salue et vous informe qu'elle a une question.
Vous	Dites que vous avez le temps et que vous aimeriez l'aider si possible.
Amina	Elle vous demande ce que vous pensez de votre ordinateur portable.
Vous	Donnez deux raisons pour lesquelles vous aimez cet ordinateur et parlez d'une caractéristique qui ne vous plaît pas.
Amina	Elle vous demande ce que vous pensez de votre nouvelle tablette numérique.
Vous	Dites-lui combien vous adorez la tablette et expliquez pourquoi en donnant plusieurs exemples.
Amina	Elle vous demande de recommander l'un ou l'autre appareil.
Vous	Recommandez un appareil de préférence à l'autre et expliquez pourquoi vous faites cette recommandation.
Amina	Elle vous remercie et vous dit quand elle vous reverra.
Vous	Dites-lui au revoir et quand vous la reverrez.

» Presentational Speaking: CULTURAL COMPARISON

 PARLER  LIRE

Vous allez faire un exposé pour votre classe sur un sujet spécifique. Vous aurez 4 minutes pour lire le sujet de présentation et préparer votre exposé. Vous aurez alors 2 minutes pour l'enregistrer. Dans votre exposé, comparez votre propre communauté à une région du monde francophone que vous connaissez. Vous devriez montrer votre compréhension des facettes culturelles du monde francophone. Vous devriez aussi organiser clairement votre exposé.

Sujet de la présentation:

Décrivez les nouvelles technologies en salle de classe aux États-Unis et comparez-les à celles dont on dispose en Europe et en Afrique francophone.

LIRE

La sélection suivante est accompagnée de plusieurs questions. Pour chaque question, choisissez la meilleure réponse selon la sélection.

PHNOM PENH, CAMBODGE

Introduction:

Cette sélection parle de la liberté d'expression en ligne au Cambodge, un pays francophone en Asie. L'article a été publié le 19 avril 2014 sur le site de Global Voices Advocacy, qui sert à combattre la cyber-censure. © Global Voices, Creative Commons

Cambodge: Un projet de loi liberticide pour Internet

Les internautes cambodgiens et les organisations de défense des droits de l'homme dénoncent un **projet de loi** contre la cybercriminalité contenant des dispositions qui pourraient nuire à la liberté d'expression.

Ligne

5   Bien que le gouvernement ait refusé de commenter le projet de loi, Article 19, une organisation de défense des médias, basée à Londres, a obtenu une traduction anglaise non officielle du projet. Le gouvernement avait annoncé son intention d'adopter une loi anti-cybercriminalité en 2012, mais il n'a tenu aucune

10   consultation publique à propos de cette proposition au cours de ces deux dernières années.

Selon le Phnom Penh Post, le principal quotidien du Cambodge de langue anglaise, le projet de loi a été rédigé par le Groupe de travail du Conseil des ministres pour la formulation de la loi sur

15   la cybercriminalité.

De nombreux internautes ont condamné les dispositions répressives du projet de loi, en particulier l'article 28, qui criminalise le contenu web qui «**entrave** la souveraineté et l'intégrité du Royaume du Cambodge.» Comme si cela ne

20   suffisait pas, la même disposition pénalise la publication en ligne qui «génère l'insécurité, l'instabilité et la cohésion politique». Il y a peu d'information de la population sur le délit contre la «cohésion politique».

[...]

Les personnes reconnues coupables de cyber **délits** seront

25 sanctionnées par une amende allant de 2 000 000 à 6 000 000 de riels (500 à 1 500 dollars US). Les critiques soulignent que les sanctions prévues dans le projet de loi sont plus lourdes que celles appliquées aux mêmes délits lorsqu'ils sont commis hors ligne.

30 Chak Sopheap, directeur exécutif du Centre cambodgien pour les droits de l'homme, a écrit que ce projet de loi sur Internet pourrait être utilisée pour harceler et punir les critiques du gouvernement.

[...]

L'Internet s'est avéré être une plate-forme efficace pour le
35 partage et la diffusion de nouvelles et d'informations sur la vie politique cambodgienne. À l'occasion des élections de l'année dernière, les partis d'opposition avaient exploité avec succès la puissance des médias sociaux pour recruter des militants et gagner des voix. Les jeunes avaient ouvertement critiqué les
40 politiciens et la corruption dans le gouvernement par le biais des réseaux en ligne. Comme les stations de télévision sont financées par des entreprises pro-gouvernement, des nouvelles sur les grèves et les manifestations de l'opposition ces derniers mois n'ont principalement été rapportées que sur Internet.

45 S'il est adopté, le projet de loi sur la cybercriminalité pourrait constituer un des principaux obstacles juridiques pour les journalistes, les empêchant de publier en ligne leurs articles sur des questions d'intérêt public, et pour les militants des partis politiques qui cherchent à critiquer ou exiger des changements
50 des dirigeants politiques. S'il est adopté, il pourrait exposer les Cambodgiens à des peines sévères pour leurs écrits critiques en ligne, par une réglementation plus stricte d'Internet et la censure sur les médias sociaux.

1. **Pourquoi les organisations de défense des droits de l'homme dénoncent-elles cette loi cambodgienne?**

   a. Ce que l'on trouve sur Internet n'est pas toujours juste.

   b. C'est une violation des droits fondamentaux.

   c. Les Cambodgiens ne veulent pas de grande compagnie technologique basée à *Phnom Penh*.

   d. Il est dangereux pour la culture cambodgienne d'accepter la technologie occidentale.

2. **Le gouvernement cambodgien a demandé des consultations et des remarques concernant cette loi de la part:**

   a. du public et de la presse.

   b. de plusieurs associations bénévoles.

   c. d'un comité de professionnels.

   d. d'aucune personne en dehors du gouvernement.

3. **D'où vient la plupart de cette information au sujet de la loi proposée?**

   a. du gouvernement cambodgien

   b. du quotidien *Phnom Penh Post*

   c. d'une traduction non-officielle

   d. de l'Article 28, une ONG

4. **Les amendes et les sanctions pour les cybers délits sont:**

   a. plus sévères que les mêmes délits hors ligne.

   b. aussi sévères que les mêmes délits hors ligne.

   c. moins strictes que les mêmes crimes dans la vraie vie.

   d. aussi strictes que les mêmes crimes dans la vraie vie.

5. **Pourquoi Internet est-il essentiel pour les partis politiques d'opposition?**

   a. pour recruter les gens, surtout les jeunes

   b. pour diffuser leur message sans censure

   c. pour informer le peuple sur les manifestations

   d. pour toutes les raisons ci-dessus

SOURCE 1:

Introduction:

Dans cette sélection il s'agit des distributeurs automatiques de nourriture et de boissons à l'école, des appareils qui permettent aux élèves de se servir sans la surveillance d'un adulte. C'est un article qui paraît sur le site guide-ecole.ch, un guide qui sert à promouvoir la bonne santé dans les écoles en Suisse. © www.guide-ecole.ch

Promouvoir une alimentation équilibrée en supprimant les distributeurs ou en proposant une gamme de produits équilibrés dans ces derniers

Pourquoi est-ce important?

Les distributeurs incitent très souvent les enfants à une surconsommation de boissons sucrées, de chocolats et d'autres sucreries. La corrélation entre la consommation de

Ligne boissons sucrées et la prise de poids est significative. De plus

5 la consommation de tels produits favorise le développement de caries et de diabète de type 2.

La problématique des distributeurs est relativement complexe. S'il est évident qu'en terme d'exemplarité, la présence de distributeurs à l'école doit être combattue, les données de la

10 littérature scientifique ne sont pas claires quand à l'impact d'une telle mesure (légèrement bénéfique). Toutefois un lien existe entre le nombre de distributeurs de boissons sucrées dans les établissements et leur consommation, de même qu'entre une politique publique restrictive et le nombre de distributeurs.

15 Par ailleurs, les distributeurs génèrent des revenus pour l'école ou le propriétaire de la cafétéria (caisse pour des voyages d'étude ou sorties scolaires, financement du personnel) et leur

(suite à la page suivante)

LIRE ÉCOUTER

Vous allez lire un passage et écouter une sélection audio. Pour la lecture, vous aurez un temps déterminé pour la lire. Pour la sélection audio, vous aurez d'abord un temps déterminé pour lire une introduction et pour parcourir les questions qui vous seront posées. la sélection sera présentée deux fois. Après avoir écouté la sélection une première fois, vous aurez 1 minute pour commencer à répondre aux questions; après avoir écouté la sélection une deuxième fois, vous aurez 15 secondes par question pour finir de répondre aux questions. Pour chaque question, choisissez la meilleure réponse selon la sélection audio ou la lecture et indiquez votre réponse sur votre feuille de réponse.

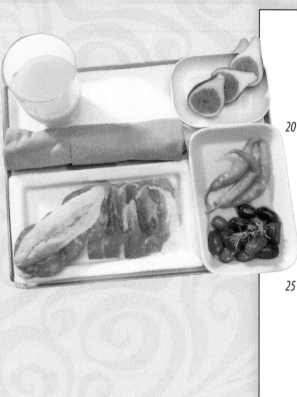

SOURCE 1 (SUITE):

suppression en est complexifiée. Enfin, à partir d'un certain âge (enseignement postobligatoire), l'interdiction peut être

20 contradictoire à l'acquisition de responsabilité et d'autonomie. Il en ressort que la suppression est à évaluer de manière différente entre l'enseignement obligatoire et le postobligatoire.

Recommandations

Selon la littérature scientifique, l'influence de l'école sur la façon de se nourrir est non négligeable, d'autant plus que les

25 enfants et adolescents passent la plus grande partie de leur journée à l'école et qu'ils y mangent régulièrement lors des récréations et des repas de midi. Afin d'être cohérent, l'offre alimentaire doit soutenir le message de promotion d'une alimentation équilibrée.

30 Il est par conséquent recommandé de réfléchir à la pertinence et à la nécessité de mettre des distributeurs de boissons et d'aliments à disposition des élèves à l'école obligatoire et de modifier leur contenu en proposant une offre équilibrée au postobligatoire.

Comment agir?

35 • Renoncer si possible aux distributeurs dans les établissements de la scolarité obligatoire.

• Si un distributeur d'aliments et de boissons est nécessaire, négocier l'offre afin d'y intégrer des aliments d'une meilleure valeur nutritionnelle: eaux minérales gazeuses

40 (pour l'eau plate, valoriser l'eau du robinet), jus de fruits (sans sucre ajouté), yogourts, yogourts à boire, lait, barres de céréales au naturel, fruits, sandwiches, salades. Éviter les produits **édulcorés** dont la consommation n'est pas recommandée pour les enfants, limiter également la

45 possibilité pour ceux-ci d'acheter du café, des boissons énergisantes et bien sûr interdire les boissons alcoolisées.

- Identifier la/les personne(s) validant le choix des produits mis en vente dans l'appareil et vérifiant chaque semestre le respect de ce choix ainsi que les prix.

50 - Vendre les produits équilibrés à un prix plus attractif que ne le sont les barres chocolatées ou les boissons sucrées dans les commerces **de proximité**.

- Choisir un distributeur de pommes ainsi que ses variations (pommes séchées, jus de pommes).

55 - Faire participer les enfants au choix des produits après les avoir sensibilisés à l'importance d'une alimentation équilibrée.

- Varier l'offre alimentaire malgré la présence de distributeurs: par ex. organiser des ventes de fruits ou de produits laitiers
60 avec certaines classes.

- Mettre à disposition une fontaine à eau potable branchée sur le secteur.

- Favoriser la consommation d'eau du **robinet** et son accès en autorisant l'utilisation de bouteilles personnelles.

SOURCE 2: SÉLECTION AUDIO 🎧

Introduction:

Dans cette sélection audio, on parle d'une application qui sert à l'achat des billets de trains sans l'intermédiaire de l'employé qui travaille au guichet. L'extrait audio s'appelle *Prendre le train sans billet avec l'application Voyages SNCF* et a été tiré du site **applegeek.fr.** © Ling-en Hsia

1. **Pourquoi le locuteur dans l'extrait audio a-t-il décidé de se servir de cette application sur son téléphone?**

   a. Il a oublié son billet pour le retour.

   b. Il a oublié son billet pour l'aller.

   c. Il a oublié ses chaussons.

   d. Il n'a rien oublié.

2. **Les distributeurs automatiques laissent les jeunes gérer leurs choix alimentaires. D'après l'article, pour quelle raison ne doit-on pas enlever ces distributeurs?**

   a. Les parents d'élèves veulent qu'ils soient à la disposition de leurs enfants.

   b. Les distributeurs ne gagnent pas d'argent pour l'école.

   c. Les écoles n'ont pas les moyens d'embaucher des employés pour vendre ces aliments et boissons.

   d. Il faut que les élèves apprennent à bien choisir leurs aliments et leurs boissons.

3. **Dans le contexte de la sélection audio, que veut dire l'onglet *mes billets*?**

   a. Quelque chose que l'on met sur le doigt pour utiliser l'application.

   b. Le bouton sur lequel on clique pour fixer son rendez-vous pour une manucure dans le train.

   c. Le bouton sur lequel on clique pour acheter un billet.

   d. Le bouton sur lequel on clique pour réserver un repas dans le train.

4. **Dans le contexte de l'extrait écrit, quelle solution potentielle remplace la technologie non surveillée des distributeurs par une vente surveillée?**

   a. le fait de remplacer les produits sucrés par des produits sains

   b. demander aux élèves d'acheter à boire et à manger dans les magasins du quartier

   c. demander aux élèves de boire de l'eau du robinet au lieu de l'eau minérale du distributeur

   d. le fait de remplacer le distributeur classique par un distributeur de pommes

5. **Selon le podcast, comment le contrôleur peut-il régler le problème d'un billet oublié ou perdu dans le cas d'un portable oublié ou perdu?**

   a. Il peut téléphoner directement à la SNCF avec votre portable.

   b. Il accepte les cartes de crédit dans le train.

   c. Il peut faire scanner le flashcode.

   d. Il peut faire une recherche pour voir votre billet si vous avez une pièce d'identité.

» Interpretive Communication: AUDIO TEXTS

 ÉCOUTER

Vocabulaire
dégivrage
tergiversation

Vous allez écouter une sélection audio. Vous aurez d'abord un temps déterminé pour lire l'introduction et pour parcourir les questions qui vous seront posées. La sélection sera présentée deux fois. Après avoir écouté la sélection une première fois, vous aurez 1 minute pour commencer à répondre aux questions; après avoir écouté la sélection une deuxième fois, vous aurez 15 secondes par question pour finir de répondre aux questions. Pour chaque question, choisissez la meilleure réponse selon la sélection audio et indiquez votre réponse sur la feuille de réponse.

Introduction:

Dans cette sélection audio, il s'agit de la technologie aéronautique. Le podcast s'intitule _Visite à Roissy de l'A380_ et a été diffusé le 6 juin 2007 sur le site aeroweb-fr.net. L'auteur de cet extrait s'appelle Guillaume Boucherat. © Aeroweb-fr.net

1. **Airbus, un constructeur aéronautique basé en France, et Boeing, un constructeur aéronautique basé aux États-Unis sont concurrents. Comment s'appelle l'un des modèles de Boeing qui a reçu une énorme commande cette semaine-là selon le podcast?**

   a. 380
   b. 737
   c. 350
   d. 747

2. **L'Aéroport de Roissy, Charles de Gaulle, accueillera combien d'avions A380 le 1er juin?**

   a. 10
   b. 80
   c. 6
   d. 30

3. **L'avion A380 subit une batterie de tests. Dans le contexte de l'extrait audio, quelle serait la définition la plus appropriée du mot «dégivrage»?**

   a. faire baisser le niveau d'alcool dans le carburant
   b. faire augmenter le niveau d'alcool dans le carburant
   c. maintenir le verglas pour le bon fonctionnement de l'avion
   d. enlever le verglas de l'extérieur de l'avion

4. **Beaucoup de chiffres sont cités dans cette sélection. De quoi s'agissent-ils pour la plupart?**

   a. la date des commandes importantes
   b. les prix et le moyen de paiement
   c. le nombre de lignes aériennes concernées
   d. le nombre d'avions et les modèles commandés

5. **Quel est le but de ce podcast?**

   a. distraire
   b. informer
   c. chercher de la clientèle
   d. vendre dans le domaine de l'aéronautique

LIRE  ÉCRIRE

Vous allez écrire une réponse à un message électronique. Vous aurez 15 minutes pour lire le message et écrire votre réponse. Votre réponse devrait débuter par une salutation et terminer par une formule de politesse. Vous devriez répondre à toutes les questions et demandes du message. Dans votre réponse, vous devriez demander des détails à propos de quelque chose mentionnée dans le texte. Vous devriez également utiliser un registre de langue soutenue.

Introduction:

Dans cette sélection, il s'agit d'un stage pour lequel vous avez posé votre candidature. C'est un stage d'été où vous aideriez des utilisateurs d'Internet à résoudre leurs problèmes informatiques. Le directeur des ressources humaines vous pose quelques questions sur la dimension éthique de travailler avec les données personnelles des autres.

de: <u>damien@aidetechno.ci</u>

Abidjan, le 3 septembre 2015

Cher/chère stagiaire potentiel(le),

Nous accusons réception de votre lettre de motivation pour le stage d'été chez Aidetechno.ci.

Ligne

Chez Aidetechno.ci nous cherchons à fournir
5 des réponses à toute question technologique
concernant Internet, des logiciels et des
applications pour tablette. Nos clients, qui vivent
dans de nombreux pays francophones de l'Afrique
de l'ouest, nous appellent par téléphone ou par
10 messagerie instantanée et puis nous répondons
tout de suite à leurs questions. Il nous faut des
stagiaires qui soient **astucieux** et rapides d'esprit
ainsi que d'une intégrité inébranlable.

Pour passer à l'étape suivante dans le traitement
15 de votre dossier, veuillez répondre aux questions
ci-dessous qui portent sur des sujets d'éthique en
rapport avec ce poste.

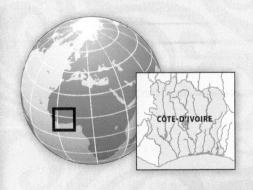

CÔTE-D'IVOIRE

- Vous aurez accès aux données personnelles de nos clients. Décrivez ce que vous ferez

20 pour protéger ces données pendant et après la transaction.

- Décrivez un comportement que vous jugeriez contraire à l'éthique dans ce poste comme stagiaire.

25 - Quel serait l'impact réel du comportement que vous avez cité pour la question précédente sur le client?

Si vous avez des questions sur le stage pour l'été prochain, n'hésitez pas à nous contacter par

30 courrier électronique ou par téléphone. Nous vous tiendrons au courant de votre candidature dans les semaines qui viennent.

Dans l'attente de vous lire, nous vous prions d'agréer l'expression de nos salutations les plus

35 distinguées.

Damien Koudou
Directeur,
Aidetechno ressources humaines

» Presentational Writing: PERSUASIVE ESSAY

 LIRE ÉCOUTER

 ÉCRIRE

Vous allez écrire un essai persuasif pour un concours d'écriture de langue française. Le sujet de l'essai est basé sur trois sources ci-jointes, qui présentent des points de vue différents sur le sujet et qui comprennent à la fois du matériel audio et imprimé. Vous aurez d'abord 6 minutes pour lire le sujet de l'essai et le matériel imprimé. Ensuite, vous écouterez l'audio deux fois; vous devriez prendre des notes pendant que vous écoutez. Enfin, vous aurez 40 minutes pour préparer et écrire votre essai. Dans votre essai, vous devriez présenter les points de vue différents des sources sur le sujet et aussi indiquer clairement votre propre point de vue que vous défendrez à fond. Utilisez les renseignements fournis par toutes les sources pour soutenir votre essai. Quand vous ferez référence aux sources, identifiez-les de façon appropriée. Organisez aussi votre essai en paragraphes bien distincts.

SUJET DE LA COMPOSITION:

En quoi la technologie facilite-t-elle ou empêche-t-elle un véritable échange communicatif entre les êtres humains (à l'oral et à l'écrit)?

SOURCE 1:

Introduction:

L'article suivant a été tiré du blog espritvif.com sous la rubrique *Vie sociale*. Dans cet extrait, il s'agit de l'expression sur Internet.
© Ling-en Hsia.

Internet, l'eldorado de l'expression

Internet a amélioré la communication entre les gens. Mais au-delà de la simple communication, qu'en est-il de la véritable expression?

*Une **ère** d'(in)expression*

Ligne Avant, il fallait être «quelqu'un» pour être entendu.

5 Aujourd'hui, chacun peut le faire et c'est une opportunité non négligeable. On peut tous créer un compte Twitter, Facebook ou un blog si on veut une présence plus complète et **affermie** sur le web. Alors que les comptes sur les réseaux sociaux sont gratuits, créer un blog (avec ses nombreux bénéfices uniquement), est financièrement très accessible. Un nom de

10 domaine et un espace d'hébergement pour son site coûtent moins de 30€ par an. Des milliers d'artistes se sont fait connaître à travers le vlogging (video blogging) et Youtube. Ils n'auraient pas pu autrement. Dans nos sociétés de plus en plus individualistes et techno-dépendantes, l'homme est plus que

15 jamais seul.

Personnellement, l'un des moments que je crains le plus quand je sors de chez moi le matin, c'est de devoir partager l'ascenseur avec un de mes voisins. Ne rien avoir à dire avec [sic] un visage

20 que l'on **cotoie** depuis 20 ans. L'année dernière, j'ai même découvert que pour des sujets de discussion quelque peu plus délicats avec mes amis même très proches, je préfère ... envoyer un SMS. Passer un appel pour parler d'argent, pour remettre

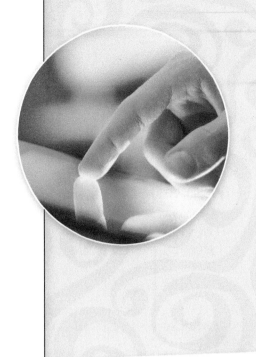

un RDV à plus tard . . . tout ça, je préfère éviter le malaise et
25 communiquer textuellement. Finalement, est-ce que notre
capacité à communiquer a baissé? Est-ce qu'il y a un impact
néfaste sur notre quotidien?

Un aire d'expression

Le blog et les réseaux sociaux, c'est avant tout un espace
30 d'expression. Et qu'on l'admette ou non, on a tous ce besoin
profond de partager nos pensées, nos désirs, nos rêves et parfois
aussi nos souffrances. Après, qu'on veuille le faire publiquement
ou pas, c'est autre chose. Certes. Tout le monde ne ressent pas
ce besoin. Mais c'est la possibilité de le faire grâce au web qui
35 est intéressante. Prenons un exemple. Lors de mon adolescence,
j'ai découvert les langages de l'amour. Une compréhension des
choses qui changera littéralement le cours de ma vie (en bien
évidemment). Et si c'est le cas, j'ai non seulement l'envie de
le partager sur la blogosphère. J'en ressens pratiquement un
40 devoir moral. Du moins, c'est la manière dont je vis les choses.

Dernièrement, j'ai eu des débats sur Facebook quelque peu
tendu sur des sujets de société et sur la politique. Depuis que
j'ai quitté les bancs du lycée et de la fac, je n'ai plus tellement
l'occasion de confronter mes idées à ceux des autres autour
45 d'un débat. Et je suis reconnaissant auprès de Facebook,
d'avoir permis cela. Si tu veux créer ton blog pour toi aussi avoir
ta plateforme d'expression, voici un tutoriel pour créer un blog
professionnel.

Un air d'expression?

50 Et toi, que penses-tu du web comme terre d'expression? Est-ce
réel et utile, ou penses-tu simplement que c'est du vent? Laisse
un commentaire!

SOURCE 2:

Introduction

Dans cette sélection, il s'agit des statistiques d'une enquête, effectuée en 2013 et publiée en 2014, sur les raisons pour lesquelles les citoyens du Luxembourg ne soumettent pas les formulaires gouvernementaux sur Internet. L'auteur de l'enquête s'appelle Cécile de Puydt. Les données sont présentées par tranche d'âge.

© STATEC (Institut national de la statistique et des études économiques du Luxembourg)

Raisons pour ne pas avoir rempli de formulaires des autorités publiques en ligne, en fonction de l'âge (en %)					
Raison	Total	16-24 ans	25-39 ans	40-59 ans	60 ans et +
Je n'ai dû soumettre aucun formulaire officiel.	44.9	59.7	41	44.2	37.6
Je préfère les contacts personnels et me rendre sur place.	41.6	44	42.7	38.3	46.9
J'ai davantage confiance lorsque je les soumets en version papier.	38.5	38.1	38.4	38.1	40
Je préfère obtenir une réponse immédiate.	19.9	23.4	19.4	20.1	17.5
Je suis inquiet par rapport à la protection et à la sécurité de mes données personnelles.	19.2	17.4	15.1	21.6	22.2
Je devrai de toute façon me rendre sur place ou rendre un formulaire papier pour ce genre de services.	18.1	23	17.4	17.3	18.1
Absence de ou problèmes avec la signature électronique ou carte d'identité / certificat électronique.	17.4	12.3	18.6	18.2	16.5
Autre raison.	16	13.5	16	17.6	13.6
Manque de compétences ou de connaissances.	13.3	4.2	10.7	13.9	24
Quelqu'un d'autre l'a fait en mon nom.	8.3	13.7	4.4	10.4	6.1
Le site web ne proposait pas ce genre de services.	7.8	7.4	11.8	6.3	3.8

Source: STATEC. Enquête sur l'utilisation des TIC dans les ménages et par les particuliers 2013; personnes ayant utilisé Internet au cours des 12 mois précédant l'enquête.

SOURCE 3:
SÉLECTION AUDIO 🎧

Introduction

Cet extrait audio est une interview réalisée avec Christophe Peiffer, qui tient le blog www.leblogdesrapportshumains.fr. L'interview porte de nom *Besoins relationnels et communication virtuelle* et paraît sur le site **espritvif.com.** © Ling-en Hsia

LIRE   ÉCOUTER   PARLER

Vous allez participer à une conversation. D'abord, vous aurez une minute pour lire une introduction à cette conversation qui comprend le schéma des échanges. Ensuite, la conversation commencera, suivant le schéma. Quand ce sera à vous de parler, vous aurez 20 secondes pour enregistrer votre réponse. Vous devriez participer à la conversation de façon aussi complète et appropriée que possible.

Introduction

Votre père ne sait pas utiliser les réseaux sociaux. Il vous pose des questions et vous lui expliquez les étapes nécessaires pour communiquer sur un réseau social.

Père	Il vous demande comment s'inscrire sur un réseau social.
Vous	Dites-lui qu'il faut choisir un réseau et expliquer comment on crée un compte.
Père	Il est encouragé par votre réponse et il vous demande la prochaine étape.
Vous	Dites-lui qu'il faut commencer à créer sa page personnelle.
Père	Il vous demande ce qu'il peut faire sur ce réseau.
Vous	Expliquez-lui une autre fonction de ce réseau social et comment l'utiliser.
Père	Il est intéressé, mais il est inquiet au sujet de la sécurité de ses données personnelles.
Vous	Expliquez-lui les paramètres de sécurité sur ce réseau et rassurez-le.
Père	Il vous demande de l'aide pour créer un compte.
Vous	Répondez-lui et donnez un rendez-vous pour commencer son compte.

[handwritten annotations: "ton" above "sa"; "il est necessaire que tu commence"; "les mots de pas"]

» Presentational Speaking: CULTURAL COMPARISON

 LIRE  **PARLER**

Vous allez faire un exposé pour votre classe sur un sujet spécifique. Vous aurez 4 minutes pour lire le sujet de présentation et préparer votre exposé. Vous aurez alors 2 minutes pour l'enregistrer. Dans votre exposé, comparez votre propre communauté à une région du monde francophone que vous connaissez. Vous devriez montrer votre compréhension des facettes culturelles du monde francophone. Vous devriez aussi organiser clairement votre exposé.

Sujet de la présentation:

La technologie se définit comme l'ensemble des connaissances et pratiques concernant une technique industrielle.[1] Comparez l'importance de la technologie dans la vie quotidienne aux États-Unis à celle d'un pays francophone que vous connaissez. Ne parlez pas uniquement de votre portable et votre ordinateur, mais considérez aussi la haute technologie dans l'aéronautique, l'architecture, l'agriculture, les sciences, etc.

[1] www.linternaute.com. Accédé le 7 juillet 2014.

Compréhension

abonnement (n.m.) (254) souscription

allumer (v.) (238) faire fonctionner, actionner un appareil électrique

appareil (n.m.) (238) instrument

affermi(e) (adj.) (272) fortifié, ancré

aisé(e) (adj.) (250) qui vit d'une manière confortable

alphabétisation (n.f.) (248) transmission des connaissances de base de lecture et d'écriture

appuyer sur (v.) (239) exercer une pression sur

arrêt (n.m.) (238) fait de s'arrêter

astucieux (-euse) (adj.) (270) qui a de l'ingéniosité

boulverser (v.) (252) introduire un brusque changement

bulle de BD (n.f.) (238) élément d'une bande dessinée où sont inscrites les pensées et paroles des personnages

chausson (n.m.) (268) chaussure souple destinée à être portée en intérieur

cotoyer (v.) (272) fréquenter

de proximité (adv.) (267) proche dans l'espace

dégivrage (n.m.) (269) action d'enlever le givre

délit (n.m.) (262) infraction à la loi

déverrouiller (v.) (238) ouvrir

diffuser (v.) (252) transmettre

écran tactile (n.m.) (238) moniteur informatique qui réagit au contact des doigts

édulcoré(e) (adj.) (266) artificiellement sucré

entraver (v.) (262) gêner

ère (n.f.) (272) époque

filtrer (v.) (238) soumettre à un contrôle

fossé (n.m.) (249) séparation

foyer (n.m.) (250) lieu où habite une famille

glisser (v.) (238) se déplacer sur l'écran par un mouvement continu

lâcheté (n.f.) (275) manque de courage

leurre (n.m.) (257) erreur

marche (n.f.) (238) fonctionnement d'un appareil

menacé(e) (adj.) (248) en danger

ménage (n.m.) (250) famille

milliampère (n.m.) (259) unité de mesure d'intensité électrique

néfaste (adj.) (273) nuisible, désastreux

occidental (adj.) (248) qui appartient à la civilisation européenne

onde (n.f.) (252) vibration qui se propage

onglet (n.m.) (268) symbole en forme d'échancrure pour signaler une nouvelle section

péjoratif (-ve) (adj.) (253) qui implique un jugement négatif

pêle-mêle (adv.) (256) confusément, en désordre

portable (n.m.) (238) téléphone ou ordinateur mobile

présentation du nom (n.f.) (238) service qui donne des informations sur l'origine d'un appel

projet de loi (n.m.) (262) texte de loi soumis au Conseil d'État par le gouvernement

réseau (n.m.) (244) ensemble de personnes qui sont en contact les unes avec les autres

robinet (n.m.) (267) dispositif qui sert à retenir ou à faire écouler un liquide

sans fil (adv.) (252) qui connecte différents postes ou systèmes par ondes radio

suivi (n.m.) (275) surveillance permanente d'une personne sur une période prolongée

surveillé(e) (adj.) (268) observé

téléphone fixe (n.m.) (238) téléphone dont la ligne terminale d'abonné est située à un emplacement fixe

tergiversation (n.f.) (269) le fait d'inventer des excuses pour ne pas avoir à accomplir une action

texto/SMS (n.m.) (239) message envoyé par téléphone mobile

touche (n.f.) (238) bouton

Pour mieux s'exprimer à ce sujet

arobase (n.m.) signe typographique @ utilisé dans les adresses électroniques

AZERTY (adj.) nom du clavier dactylographique utilisé dans les pays francophones

brouillon (n.m.) ébauche, première version d'un document

clavier (n.m.) ensemble des touches d'un appareil

corbeille (n.f.) poubelle

courriel (n.m.) l'abréviation de courrier électronique

effacer (v.) faire disparaître ce qui était écrit

étape (n.f.) phase d'une progression

éteindre (v.) faire cesser de fonctionner

fichier (n.m.) document électronique

gérer (v.) administrer des affaires

internaute (n.m./n.f.) celui ou celle qui utilise Internet

logiciel (n.m.) software, programme de traitement de données

maîtriser (v.) contrôler, dominer

moteur de recherche (n.m.) application permettant d'accéder à des ressources sur la toile (ressource web)

numérique (adj.) digital

pavé tactile (n.m.) dispositif de pointage formé d'une surface plane sensible au toucher

pièce jointe (n.f.) document ou fichier annexé au corps d'un message électronique

poste de travail (n.m.) élément d'un ordinateur qui permet à l'utilisateur d'avoir accès aux ressources locales de son ordinateur

prise (n.f.) connecteur permettant de relier les appareils domestiques ou industriels au réseau électrique

sauvegarder (v.) effectuer la sauvegarde d'un document pour le protéger

souris (n.f.) petit appareil permettant de contrôler le curseur sur l'écran

supprimer (v.) faire disparaître

tableau blanc interactif (n.m.) tableau sur lequel on peut afficher le contenu d'un ordinateur et le contrôler à l'aide d'un crayon-souris

taper (v.) écrire sur un ordinateur

télécharger (v.) copier ou transférer des données d'un autre ordinateur à son propre ordinateur

VILLE DE QUÉBEC, CANADA

QUESTIONS ESSENTIELLES

1. Quels sont les plus grands défis environnementaux du monde actuel?

2. Quelles en sont les origines?

3. Quelles y sont les solutions potentielles?

PARIS, FRANCE

Chapitre **6**

L'esprit écolo

» OBJECTIF   *Faire le tri dans sa vie*

1. **ÉCRIRE**

Dans la liste des mots donnés ci-dessous, identifiez les objets qui sont fabriqués avec les matières suggérées ci-contre.

un pot	un **pneu**	une bouteille de vin
un journal	une bouteille de shampooing	une canette de coca
un **flacon** de parfum	une boîte de comprimés	une boîte de conserve
un élastique à cheveux	une **étagère**	une boîte en carton
une cuillère	un **bocal**	un vase

Quels sont les objets …

1. en **bois**
2. en verre
3. en papier
4. en plastique
5. en métal
6. en aluminium
7. en **caoutchouc**

ANNE – Arnaud, merci de m'aider à ranger le grenier et le sous-sol. J'en ai marre! C'est vraiment le bazar! On commence par lequel des deux?

ARNAUD – T'inquiète pas, Maman. On va s'en sortir! Commençons par le grenier. On va faire le tri: à garder, à recycler, à réemployer, ou à jeter.

ANNE – Regarde – deux vieilles chaises que des amis nous ont offertes à notre mariage il y a 20 ans. Qu'est-ce qu'on en fait?

ARNAUD – Elles sont confortables … si j'en prenais une pour ma chambre? Je préfère la réutiliser au lieu de la jeter.

ANNE – Tu veux laquelle, donc? Celle-ci ou celle-là?

ARNAUD – Celle-là – elle est plus grande. Et regarde, tout un carton de bocaux à conserve. Tata Béa m'a dit qu'elle compte faire de la confiture ce week-end. Je lui en donnerai.

ANNE – Mais, elle n'a pas besoin de tout ça! Tu lui donnes lesquels?

ARNAUD – Voyons … seulement ceux qui ont des couvercles. Je peux recycler les autres. Le verre se recycle facilement.

ANNE – De tous mes enfants, tu es celui qui pense le plus à l'environnement, Arnaud.

ARNAUD – Je suis très fier d'être le plus écoresponsable de la famille! … Ouah! Ces photos sont magnifiques! Qui les a prises?

ANNE – Celles-là … ta grand-mère, je dirais.

ARNAUD – Je peux prendre celles qui montrent le centre-ville de Lyon à l'époque? Je fais un projet sur Lyon pour mon cours d'histoire.

ANNE – Tiens … voici un vieil album dans lequel tu pourras mettre celles que tu choisiras.

2. LIRE ÉCRIRE

Relisez le dialogue entre Arnaud et sa mère. Trouvez les pronoms de la liste ci-dessous et relevez dans le dialogue le mot ou les mots au(x)quel(s) chaque pronom se réfère. Ensuite donnez le sens du pronom dans son contexte.

pronom	référence dans le contexte	sens en anglais
lequel		
laquelle		
lesquels		
lesquelles		
celui		
celle		
ceux		
celles		

3. ÉCRIRE

Terminez les phrases avec le pronom *celui* à la forme qui convient.

1. Les matières recyclables sont meilleures que _____ qui ne le sont pas.

2. Si on parle du bois, _____ que je préfère, c'est l'**érable**.

3. _____-ci sont noirs, mais _____-là sont jaunes.

4. Quelle voiture est la plus écolo? _____ de Corinne.

5. La poubelle pour les objets recyclables, c'est _____ qui est verte.

4. ÉCRIRE

Terminez les phrases avec le pronom *lequel* à la forme qui convient.

1. La raison pour _____ la famille recycle, c'est qu'ils pensent à l'avenir de leurs petits-enfants.

2. Elle adore les deux vases en bois, mais _____ préfère-t-elle?

3. J'ai compris les réponses de pratiquement tous les jeunes, qui sont de très bons candidats pour notre groupe. Mais le troisième candidat, dans la réponse _____ je n'ai pas entendu beaucoup de solutions vertes, ne me semble pas très écoresponsable.

4. Qui a posé toutes ces boîtes en carton devant ma porte? C'est le monsieur _____ l'immeuble appartient.

POINT**GRAMMAIRE**

Le pronom *lequel*

- **se réfère à un antécédent qui le précède dans le contexte**
- **varie en genre et en nombre en fonction de son antécédent**

lequel (m./sing.)
laquelle (f./sing.)
lesquels (m./pl.)
lesquelles (f./pl.)

Le pronom *interrogatif* **lequel**:

- permet de choisir dans un ensemble.
  exemple: Il y a trois verres. Lequel est à mon mari? (which one)

Le pronom *relatif* **lequel**:

- se réfère à quelque chose déjà présent dans le contexte et fonctionne comme le pronom *que*, mais avec une préposition.
  exemples: Voici le carton **dans lequel** j'ai rangé mes livres. (in which)
  C'est la poubelle **sur laquelle** elle a marqué 'plastique'. (on which)

Attention: le pronom se contracte avec les prépositions *à* ou *de*.

à + lequel = auquel	**de + lequel = duquel**
à + laquelle = à laquelle	**de + laquelle = de laquelle**
à + lesquels = auxquels	**de + lesquels = desquels**
à + lesquelles = auxquelles	**de + lesquelles = desquelles**

exemples: Le centre de recyclage près duquel j'habite n'accepte plus l'aluminium.
(près de + lequel = près duquel)
Les questions auxquelles tu penses sont très importantes.
(à + lesquelles = auxquelles)

Le pronom démonstratif *celui*

- **remplace un nom qui le précède dans le contexte**
- **varie en genre et en nombre en fonction de son antécédent**

celui (m./sing.)
celle (f./sing.)
ceux (m./pl.)
celles (f./pl.)

Le pronom **celui** employé avec un suffixe indique la proximité de l'objet mentionné.
exemple: Ces deux verres sont différents. **Celui-<u>ci</u>** est bleu et **celui-<u>là</u>** est vert.
(this one/that one)

Le pronom **celui** employé avec la préposition *de* peut indiquer la possession.
exemple: Les nouvelles voitures hybrides m'ont l'air très intéressantes, mais **celle** de Noémie est beaucoup plus rapide que **celle** de Laure. (Noémie's/Laure's)

Le pronom **celui** peut être suivi d'un pronom relatif (qui, que, dont, où).
exemple: Nous avons beaucoup de politiciens qui se battent pour l'environnement.
Ceux que j'aime le plus sont les verts. (the ones)

5. ✏️ **ÉCRIRE**

Écrivez deux phrases avec les pronoms du groupe *celui* et deux phrases avec les pronoms du groupe *lequel*. Employez le vocabulaire de l'environnement et utilisez les pronoms dans des contextes variés, selon les exemples du Point Grammaire précédent.

1. _____

2. _____

3. _____

4. _____

6. ✏️ **ÉCRIRE** ❓ **PARLER**

Réemployons les déchets! Tout le monde met à la poubelle des objets qui pourraient être réemployés. Pensez à ceux que vous jetez, puis proposez une deuxième vie pour ces objets.

Modèle: Je pourrais réemployer un journal pour emballer un cadeau.

Objet	Deuxième vie pour l'objet

POINTCULTURE

L'accélération de la **croissance** démographique mondiale conjuguée à une raréfaction de certaines matières premières nous obligent à repenser nos modes de production et de consommation. Pour un nombre croissant d'adeptes, cela signifie passer d'une économie linéaire («extraire, fabriquer, jeter») à une économie circulaire, c'est-à-dire une économie du recyclage, de la réparation et du réemploi, qui minimise au maximum les impacts environnementaux de la production comme de la consommation. Il s'agit d'utiliser nos ressources de manière optimale pour consommer moins mais aussi et surtout pour consommer mieux.

Extrait de: *98% des français ont déjà donné une seconde vie à un objet* (http://www. notre-planete.info/)

Le réemploi, une pratique de plus en plus populaire

Comment le consommateur peut-il réduire significativement la quantité de **déchets** qu'il produit et participer ainsi à la mise en place d'une économie circulaire? Les français semblent déjà bien informés, puisqu'en 2010 ils sont 98% à avoir déjà donné une seconde vie à un objet quelconque. Ainsi, le réemploi n'est plus exclusivement associé à des situations de grande pauvreté et se pare d'une image positive, celle du consommateur «malin». La crise économique que nous traversons n'est pas étrangère à cette évolution des modes de consommation: l'inflation (une augmentation des prix de 23% entre début 2000 et fin 2011) a incité beaucoup de français à se tourner vers d'autres circuits que ceux de la distribution classique, afin de réaliser des économies substantielles. Il existe aujourd'hui en France près de 5000 structures de réemploi:

- Les ressourceries fédérées en un réseau et qui réparent les objets pour leur donner une seconde vie.
- Les sites de **vente aux enchères** et de petites annonces: Le bon coin, E-bay, Price Minister, Consoglobe, Recupe, Donnons, etc.
- Les **vides-grenier** et brocantes très populaires.
- Les **dépôts-ventes**.
- Les revendeurs: easy cash, eurocash, cash converters, la caverne des particuliers, Gibert Joseph, etc.
- Les entreprises de réinsertion: Emmaüs, La Croix Rouge, le Secours Populaire…

Pour autant, le réemploi n'est pas exempt de risques

Dans le cas d'un achat par Internet ou en vide-grenier, comment s'assurer du bon fonctionnement d'un réfrigérateur? La vente d'occasion entre particuliers ne permet pas la délivrance de garanties, c'est pourquoi beaucoup préfèrent se tourner vers leur famille, leurs amis ou voisins. Ainsi, les appareils électroménagers et le matériel informatique peinent à trouver une seconde vie, tandis que les livres, les CDs, les DVDs, les jeux et les articles de décoration sont les grands gagnants du réemploi. Ces pratiques doivent donc être encouragées car elles permettent de réduire sensiblement la quantité de déchets que nous produisons et permettent d'économiser parfois pas mal d'argent.

Attention toutefois aux limites de ces pratiques, parfois inefficaces voire contre-productives sur le plan environnemental. Entre les fausses bonnes idées et les arnaques, il est parfois difficile de s'y retrouver. Voici quelques situations dont il faut se méfier:

- Les déplacements inutiles: faire 30 km en voiture pour acheter un tee-shirt à bas prix n'est certainement pas idéal sur le plan écologique.
- Les prix d'appels faussés: certains vendeurs affichent des prix très bas pour attirer d'éventuels acheteurs puis modifient celui-ci au moment de la vente ou la refusent.
- Le receveur absent: étonnant et pourtant courant, certaines transactions non commerciales n'aboutissent pas car l'intéressé ne se déplace pas pour récupérer l'objet…
- Les **arnaques**: ne donnez jamais vos coordonnées bancaires en dehors d'un formulaire sécurisé (et en aucun cas votre code). Attention aussi à l'envoi de paiement par chèque, rien ne vous assure que vous recevrez l'objet convoité en retour!
- Le **guet-apens**: dans une société toujours plus violente, il faut se méfier des offres trop alléchantes qui peuvent masquer des tentatives de vols et d'agressions.

Toutefois, le réemploi est sans conteste une solution intéressante et d'avenir lorsqu'il est avantageux pour toutes les parties. D'autant plus qu'il minimise effectivement notre impact sur l'environnement.

Extraits de: *98% des français ont déjà donné une seconde vie à un objet* (http://www.notre-planete.info/)

7.  **LIRE** **PARLER**  **ÉCRIRE**

Répondez aux questions de compréhension qui portent sur le texte précédent.

1. Y a-t-il un rapport entre la pauvreté et le réemploi? Expliquez.
2. Donnez quelques exemples de différentes façons de réutiliser un objet.
3. Quelles sont les situations auxquelles il faut faire attention quand on entreprend de donner une deuxième vie à un objet?
4. Pour qui le réemploi est-il le plus avantageux? Pour celui qui donne l'objet ou celui qui le reçoit?

L'écoresponsabilité

8. ÉCOUTER ÉCRIRE

Écoutez l'extrait audio et écrivez les mots qui manquent.

1. Avez-vous trop d'objets non-utilisés chez vous?

Ne _____ pas! _____ à quelqu'un qui en a besoin!

2. Jetez-vous trop de déchets qui sont recyclables?

_____!

3. Ne savez-vous pas ce qu'il faut faire pour recycler?

_____ et _____ dans la bonne poubelle!

4. Habitez-vous avec quelqu'un qui n'est pas écoresponsable?

_____ de changer ses habitudes et _____ à comprendre les différents modes de réduction, réemploi et recyclage.

5. Alors, voyons si vous avez compris …

Vous avez une bouteille en verre dont vous n'avez plus besoin. Qu'est-ce que vous en faites?

Oui … ne _____ pas! _____ ou _____!
Bravo – vous êtes écolo!

9. LIRE PARLER

Examinez les verbes de vos réponses aux questions de l'exercice précédent. Quelle est la forme de ces verbes? Y a-t-il une différence entre la forme affirmative et la forme négative? Discutez-en avec un partenaire.

POINTRAPPEL

L'impératif

L'impératif se forme à partir des formes *tu, nous,* et *vous* du présent de l'indicatif.

Pour les verbes en *–er,* la forme *tu* n'a pas de *–s* à l'impératif.

Réutilise ce bocal!
Réduisons nos déchets!
Recyclez tout ce que vous utilisez!

Pour les verbes *être* et *avoir* on utilise les formes *tu, nous,* et *vous* du subjonctif.

être	avoir
sois	aie
soyons	ayons
soyez	ayez

L'impératif avec un pronom complément d'objet direct ou indirect

À la forme affirmative, le pronom d'objet direct suit le verbe et on se sert d'un trait d'union.

Exemple: Dis-leur d'arrêter de jeter le plastique!
Aidez-moi! (*me* et *te* deviennent *moi* et *toi* à la forme affirmative)
Prenez-les au centre de recyclage!

À la forme négative, le pronom d'objet direct ou indirect précède le verbe.

Exemple: Ne leur dis pas d'arrêter de jeter le plastique!
Ne m'aidez pas!
Ne les apportez pas au centre de recyclage!

POINTLEXIQUE

une agrafeuse	appareil à agrafer
les ciseaux	instrument à deux lames mobiles et tranchantes, déstiné à couper le papier, le tissu
coller	adhérer à quelque chose
la corde	lien composé de fils d'une matière textile
découper	couper en morceaux
une épingle de sûreté	dispositif en métal recourbé sur lui-même permettant de fixer du tissu en le piquant et en refermant l'aiguille de façon sécurisée
le fil	brin long et fin de matière textile
le pistolet à colle	instrument permettant de projeter de la colle
une punaise	petit clou à grosse tête et à pointe courte
le ruban adhésif	bande autocollante

10. **PARLER**

Apportez de chez vous des petits objets dont vous n'avez plus besoin (un rouleau de papier de toilette, du fil, du tissu, du papier utilisé, etc.) Pensez à 'une deuxième vie' pour ces objets. Avec ce que vous avez apporté, faites une oeuvre d'art, un nouvel objet utile ou un cadeau pour un ami. À l'oral ou à l'écrit, donnez les étapes que vous avez suivies pour faire ces transformations en utilisant l'impératif avec des pronoms d'objets directs ou indirects.

Modèle: Découpez des petits coeurs avec des ciseaux. Attachez-les avec du fil pour faire un joli collier.

» OBJECTIF   *Planifier une vie à long terme*

Jahia, une Québécoise, écrit à Aurore au sujet du concept de l'empreinte écologique.

Chère Aurore,

BONNE FÊTE! J'espère que tu passes une belle journée d'anniversaire avec ta famille et tes amis. Je veux aussi répondre aux questions que tu m'as posées dans ta dernière lettre au sujet de **l'empreinte** écologique. Peut-être as-tu de la difficulté à comprendre ce que c'est. Imagine un pied qui **s'enfonce** dans un sable humide: il laisse une trace. L'être humain est comme le pied: ses comportements laissent une trace sur notre environnement.

L'empreinte écologique est une estimation de la superficie de cette trace. On la calcule entre autres en nombre de terrains écologiquement productifs de 100 m sur 100 m (c'est un peu plus grand qu'un terrain de soccer). Le nombre de terrains nécessaires pour produire ou renouveler les ressources naturelles qu'il faut pour satisfaire nos besoins équivaut à l'empreinte écologique d'une personne, d'une ville, d'un pays ou même du monde entier. Tout va bien tant que nous ne prenons pas plus que ce que la Terre peut fournir.

Tu sais Aurore, aujourd'hui, pour satisfaire nos besoins, on utilise les ressources naturelles à une telle rapidité que la nature n'arrive plus à suivre le rythme. La conséquence? On consomme les ressources 20 % plus vite qu'elles ne se renouvellent!

C'est comme si à chaque fois qu'on coupait 10 arbres, on n'en replantait que 8 . . . Si on continue comme ça, on risque d'épuiser toutes les ressources disponibles. Les scientifiques calculent qu'actuellement chaque humain dispose, en théorie, de 1,9 terrain écologiquement productif pour satisfaire ses besoins. Le hic? Si on fait une moyenne, on utilise chacun la valeur de 2,3 terrains! La Terre n'a pas autant à nous offrir à chacun. En fait, si on continue ainsi, il faudrait deux planètes de plus pour répondre à nos besoins à long terme. Mais attention, ce n'est qu'une moyenne! Dans les pays riches comme le Canada ou les États-Unis, l'empreinte écologique est 5 à 6 fois plus importante que dans les pays moins favorisés. Regarde ce tableau et tu constateras que l'empreinte varie beaucoup d'un pays à l'autre.

Pays	Empreinte écologique (par habitant)
États-Unis	Plus de 10 terrains
Canada	8,84 terrains
France	5,3 terrains
Gabon	2,12 terrains
Inde	0,77 terrain

(suite à la page suivante)

(suite)

Maintenant, tu te demandes sûrement si tous les habitants d'un pays ont la même empreinte écologique. La réponse est non. Ton mode de vie influence beaucoup ton empreinte écologique. Si tu as besoin d'un exemple pour mieux comprendre, je t'invite à jeter un coup d'oeil sur les deux fiches que je t'ai envoyées avec cette lettre.

Je te laisse là-dessus. J'espère t'avoir bien renseignée. J'attends ta prochaine lettre avec impatience!

À bientôt,

Jahia

Sur la pointe des pieds...

J'habite en ville dans un appartement confortable que je partage avec ma famille. Comme je vis proche de mon lieu de travail, je voyage à vélo. Pour les déplacements plus longs, j'utilise généralement les transports en commun.

J'achète de préférence de la nourriture produite dans ma région et je choisis des produits qui ne sont pas suremballés. Je pense à éteindre la lumière lorsque je quitte une pièce et je préfère me vêtir chaudement plutôt que de chauffer davantage mon logement. Je me lave une fois par jour en prenant une courte douche.

Le soir, ma famille et moi jouons à des jeux de société, faisons du sport et regardons un peu la télévision.

Le pied lourd...

J'habite seul, en banlieue, et je voyage dans mon véhicule utilitaire sport. Puisque je vis loin de mon lieu de travail et des commodités telles que l'épicerie, mes déplacements sont fréquents.

J'achète tous les aliments qui me font envie, peu importe la saison ou la provenance. Le soir, je laisse allumées les lumières extérieures de mon domicile: elles mettent en valeur la grande maison que j'ai fait construire. Frileux de nature, je maintiens la température de ma maison à 24° C nuit et jour.

Je clavarde souvent sur Internet tout en regardant la télé. J'aime prendre un bain chaud le soir et me doucher longuement le matin.

http://www.mddep.gouv.qc.ca/jeunesse/chronique/2004/0410-jahia.htm

---

1. **LIRE** / **ÉCRIRE**

Lisez la lettre de Jahia et les deux documents joints et répondez aux questions suivantes.

1. Qu'est-ce que c'est qu'une empreinte écologique?

2. Quels exemples de ressources naturelles sur terre pouvez-vous donner?

3. Qu'est-ce que vous faites pour conserver ces ressources?

l'effet

D) 1) un estimation de ~~la surface~~ de les comportements des humaines qui laissent une trace sur l'environnement

2) ~~aqua~~ l'eau, le petrol, le soleil, le vendre, le carbon

3) achète le nourriture biologique qu'était produire dans notre region, éteindre la lumière, courte douche

2. **ÉCRIRE**

Donnez quelques exemples qui entrent dans les catégories suivantes:

Modèle: recyclage – plastique, métal, papier, etc.

1. logement – apartement, maison, hotel, tent, yurt, tipi, camping, car

2. alimentation

3. loisirs

4. déplacements – utilise un vélo ou conduire avec d'autres personnes

5. consommation d'eau –

6. consommation d'électricité –

QUELLE EST VOTRE EMPREINTE ÉCOLOGIQUE?

DANS MON HABITATION, IL Y A:
- 1 chambre/pers. + cuis. + salon 0
- 1 chambre/pers. + cuis. + salon + 1 autre pièce 11
- 1 chambre/pers. + cuis. + salon+
- 2 autres pièces au moins 20

EN HIVER, CHEZ MOI, LES GENS PORTENT LE PLUS SOUVENT:
- un gros pull de laine -13
- un pull léger -6

MON HABITATION EST-ELLE CHAUFFÉE SURTOUT:
- avec du fioul -5
- avec du gaz -27
- avec de l'électricité 16
- avec du bois -80
- je ne sais pas 0

JE LAISSE MES APPAREILS ÉLECTRIQUES EN MODE VEILLE:
- jamais -2
- peu souvent -1
- le plus souvent 0

Empreinte maison

MES PARENTS UTILISENT DES APPAREILS À FAIBLE CONSOMMATION D'EAU OU D'ÉNERGIE (LAVE VAISSELLE, LAVE LINGE…):
- rarement 2
- assez souvent 0
- le plus souvent possible -1
- toujours -2

QUAND JE ME LAVE, JE PRENDS LE PLUS SOUVENT:
- une douche avec un robinet pour réguler la température -6
- une douche 0
- un bain le plus souvent 37
- un bain toujours 73

J'HABITE DANS:
- un appartement -32
- une maison qui touche d'autres maisons 0
- une maison qui ne touche pas d'autres maisons 14
- autres 0

Empreinte alimentation

JE MANGE DES PRODUITS LOCAUX OU DE SAISON:
- toujours -7
- le plus souvent possible -4
- de temps en temps -2
- rarement ou jamais 0
- je ne sais pas 0

JE MANGE DE LA VIANDE OU DU POISSON:
- jamais ou rarement -33
- 2 ou 3 fois par semaine -30
- 1 fois par jour -23
- 2 fois par jour 0

JE BOIS DE L'EAU EN BOUTEILLE OU DU SODA:
- toujours 3
- souvent 0
- de temps en temps -1
- je bois surtout de l'eau du robinet -3

JE MANGE DES PLATS SURGELÉS OU EN CONSERVE:
- toujours 16
- le plus souvent possible 9
- de temps en temps 0
- rarement ou jamais -16
- je ne sais pas 0

JE CONSOMME DE PRÉFÉRENCE DES PRODUITS AU FORMAT FAMILIAL ET/OU AVEC AUSSI PEU D'EMBALLAGES QUE POSSIBLE:
- toujours 16
- le plus souvent possible -8
- de temps en temps 0
- rarement ou jamais 16
- je ne sais pas 0

Empreinte déplacements

LA VOITURE DE MES PARENTS EST:
- un 4X4 93
- un monospace 46
- une sportive 70
- une grande routière 57
- une familiale moyenne ou une citadine 0
- nous n'avons pas de voiture -102

POUR ALLER À L'ÉCOLE ET EN REVENIR, J'UTILISE:
- la voiture (mes parents m'amènent) 4
- le bus 0
- le métro, le RER ou le TER 0
- un vélo ou mes jambes -2

Empreinte école

JE CHOISIS DES CAHIERS OU DES COPIES EN PAPIER RECYCLÉ:
oui -1
non 0

JE FINIS MES CRAYONS ET MES STYLOS AVANT D'EN ACHETER D'AUTRES:
oui 0
non -1

Empreinte déchets

MA FAMILLE PRATIQUE LE TRI SÉLECTIF:
- oui -10
- non 0

A LA MAISON, MA FAMILLE JETTE EN MOYENNE:
- plus de 1 sac poubelle par jour 63
- 1 sac poubelle par jour 0
- 2 à 3 sacs poubelles par semaine -32
- moins de 2 sacs poubelle par semaine -64
- je ne sais pas 0

Choisissez une seule réponse par question et additionnez les points:

Total empreinte maison: + _____

Total empreinte déchets: + _____

Total empreinte déplacements: + _____

Total empreinte alimentation: + _____

Total empreinte école: + _____

= _____

(suite à la page suivante)

(suite)

Votre total est compris entre:	Votre empreinte écologique est d'environ:
-400 et -300 points	3,6 terrains de foot
-300 et -200 points	4,2 terrains de foot
-200 et -100 points	4,8 terrains de foot
-100 et 0 points	5,4 terrains de foot
1 et 100 points	6 terrains de foot
100 et 200 points	6,3 terrains de foot
200 et 300 points	6,9 terrains de foot
300 et 400 points	7,5 terrains de foot

Votre empreinte écologique est inférieure à 4,5 terrains de foot:

Bravo! Vous êtes bien au-dessus de la moyenne nationale (environ 5,8 terrains de foot). Pour vous, il n'y a qu'une seule terre et il faut la protéger. Si tout le monde faisait comme vous, la planète se porterait déjà beaucoup mieux. N'oubliez pas d'informer vos parents et vos amis pour que la petite rivière devienne un grand fleuve!

Votre empreinte écologique est comprise entre 4,5 et 6,5 terrains de foot:

C'est bien: vous préférez la verdure aux ordures mais vous ne savez pas toujours comment agir. Pourtant, vous êtes conscient que la planète, c'est l'affaire de tous et vous vous sentez responsable de son avenir. Alors, n'attendez plus pour agir, c'est très simple!

Votre empreinte écologique est supérieure à 6,5 terrains de foot:

Aïe, aïe, aïe … Nous n'avons qu'une seule planète et si tout le monde faisait comme vous, nous aurions besoin de 2 planètes supplémentaires pour que nous puissions tous vivre ensemble. La bonne nouvelle, c'est qu'il est possible de changer dès aujourd'hui pour être plus en harmonie avec la nature, car un petit pas pour l'homme, c'est toujours un grand pas vers la planète …

© WWF France

3. ÉCRIRE PARLER

Calculez votre empreinte écologique (à l'aide du quiz aux pages 291–292) et présentez vos résultats.

1. Êtes-vous surpris(e) par les résultats?

2. Dans quelle catégorie avez-vous le plus de succès?

3. Dans quelle catégorie pouvez-vous apporter le plus d'améliorations?

4. ÉCRIRE PARLER

Avec un partenaire, identifiez la catégorie dans laquelle vous pouvez apporter le plus d'améliorations. Puis, faites une liste de cinq phrases en utilisant des propositions avec «si» pour expliquer les améliorations que vous feriez. Partagez votre liste avec la classe.

1.

2.

3.

4.

5.

5. ÉCRIRE

Choisissez un des sujets suivants et élaborez votre réponse en un paragraphe.

- Si vous aviez le pouvoir de créer une loi en faveur de l'environnement, qu'est-ce que vous proposeriez comme projet de loi?

- Si vous aviez la capacité de changer la manière de vivre de votre famille, qu'est-ce que vous changeriez? Donnez plusieurs idées.

- Si vous aviez la capacité de changer un aspect de votre ville en ce qui concerne l'environnement, qu'est-ce que vous changeriez?

POINT**RAPPEL**

Vous souvenez-vous de l'imparfait et du conditionnel? Sinon, révisez un peu les chapitres 0 et 3!

POINT**GRAMMAIRE**

If we *saw* the effects of deforestation, we *would recycle*.

Proposition avec *si* = imparfait
Le résultat potentiel = conditionnel

Si nous *voyions* les effets du déboisement, nous *recyclerions*.

Si tu *habitais* en Europe, tu *consommerais* moins d'essence.

Les gens *donneraient* plus d'argent *si* l'association *était* plus organisée.

» OBJECTIF ⋯ *Adhérer à un groupe bénévole* ⋯⋯⋯⋯⋯⋯⋯⋯⋯⋯

1. LIRE PARLER

Avant de regarder la vidéo, répondez aux questions suivantes. Discutez de vos réponses avec la classe.

1. Connaissez-vous des groupes bénévoles? Lesquels?

2. Quels sont les buts ou les missions de ces groupes?

3. Qu'est-ce que le covoiturage?

4. Avons-nous le covoiturage aux États-Unis?

2. LIRE ÉCRIRE

Les effets du covoiturage. Classez les éléments ci-dessous dans l'une des deux catégories suivantes: *bénéfices* ou *risques*.

- la réduction des dépenses de carburant
- la diminution des embouteillages
- la diminution de la pollution
- des passagers désagréables
- la diminution des accidents de la route
- le partage des frais
- moins de liberté pour le conducteur
- la possibilité de partager des dialogues, des expériences, etc.

bénéfices	risques

3. ÉCOUTER LIRE ÉCRIRE

Répondez aux questions suivantes d'après le vidéoclip.

1. Quels sont les trois inconvénients de faire la route tout seul?

2. Quels sont les trois avantages du covoiturage?

3. Qu'est-ce que le conducteur (Alex) met sur le site covoiturage.fr?

4. Le covoiturage, c'est un service gratuit?

5. Les passagers, que font-ils pendant le trajet?

POINTGRAMMAIRE

Avec certains verbes qui se suivent dans une seule phrase, il faut ajouter une préposition entre les deux verbes. La préposition employée dépend du premier verbe.

Verbes suivis par *à*		
aider à	consentir à	inviter à
apprendre à	continuer à	se mettre à
s'attendre à	enseigner à	passer (son temps) à
chercher à	forcer à	penser à
commencer à	hésiter à	réussir à

Verbes suivis par *de*		
arrêter de	essayer de	proposer de
conseiller de	finir de	refuser de
craindre de	menacer de	regretter de
décider de	offrir de	répéter de
défendre de	oublier de	risquer de
demander de	permettre quelqu'un de	rêver de
dire de	prier de	venir de
empêcher de	promettre de	

Exemples: Mon frère <u>refuse *de* sortir</u> les poubelles – ça m'agace!

Ses copines <u>commencent *à* aider</u> les gens dans leur association.

Nous <u>risquons *d'*abîmer</u> notre planète pour toujours.

N'oubliez pas que d'autres verbes n'exigent aucune préposition dans le cas de deux verbes qui se suivent dans une phrase, notamment les verbes de désir (aimer, adorer, espérer, désirer, détester), les verbes modaux (pouvoir, vouloir, devoir), et le verbe *aller*.

Exemples: Nous <u>adorons faire</u> des projets d'art avec des objets recyclés.

Je <u>veux trouver</u> des gens avec qui je peux faire du covoiturage.

On <u>compte acheter</u> une voiture hybride.

4.  ÉCRIRE

Complétez les phrases avec la préposition convenable: à, de, ou aucune préposition.

1. Je continue _____ à _____ recycler le papier.

2. Nous avons arrêté _____ d' _____ acheter de l'eau en bouteille.

3. Tu peux _____ a _____ minimiser ton empreinte écologique.

4. Je vais commencer _____ a _____ faire du tri.

5. J'aime _____ — _____ améliorer l'environnement.

6. J'oublie _____ de _____ conserver de l'énergie.

7. Je dois _____ — _____ me joindre à un groupe bénévole.

8. Vous avez décidé _____ de _____ recycler le journal.

9. Tu espères _____ — _____ changer l'avenir de notre planète.

10. Nous essayons _____ de _____ faire du covoiturage si possible.

11. Ils apprennent _____ la _____ vivre la vie verte.

12. Elle refuse _____ de _____ utiliser les verres en plastique.

13. Tu vas _____ — _____ être écoresponsable.

14. On veut _____ — _____ trier davantage.

5.  ÉCRIRE ⑦ PARLER

Complétez le texte avec les prépositions manquantes, si nécessaire. Puis, traduisez le texte en anglais à l'oral.

La mission du Programme des Nations Unies pour l'environnement est de montrer la voie et d'encourager la coopération pour protéger l'environnement. Elle se doit aussi d'être une source d'inspiration et d'information pour les États et les populations et un instrument de facilitation leur permettant _____ d' _____ améliorer la qualité de leur vie sans toutefois compromettre celle des générations à venir. Il essaie _____ de _____ trouver un équilibre entre la conservation et le développement. Il hésite _____ à _____ exclure parfois certaines formes de développement pour les populations indigènes ou nouvellement arrivées. Par exemple, au parc national de Garamba en République démocratique du Congo, il commence _____ a _____ construire un hôpital pour améliorer les services de santé pour le personnel du parc ainsi que les communautés locales.

http://www.unep.org/french/

6. ⑦ PARLER

Avec un partenaire, faites une liste de cinq actions qu'on pourrait entreprendre pour améliorer l'environnement. Employez des verbes qui exigent des prépositions.

1. _____

2. _____

3. _____

4. _____

5. _____

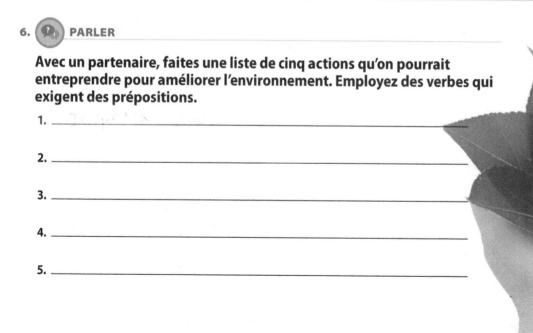

7. **ÉCRIRE**  **PARLER**

Quels problèmes écologiques sont importants pour vous?
Pourquoi? Discutez-en avec votre groupe.

8. **LIRE** **ÉCRIRE**

Regardez les groupes ci-dessous. Qui/que représentent-ils? Faites
des recherches et choisissez celui que vous préférez. Expliquez
votre choix à l'écrit.

le groupe bénévole	la mission du groupe	votre groupe préféré?
www.wwf.fr		
http://www.hsi.org/ french/francais.html		
http://msf.fr/		
http://www. restosducoeur.org/		

9. **ÉCRIRE** **PARLER**

Choisissez un groupe bénévole qui partage vos intérêts, ou
même imaginez votre propre groupe. Créez une publicité pour
votre groupe en employant un minimum de 5 exemples de verbe
conjugué + préposition + infinitif.

» OBJECTIF *Réfléchissons et agissons ensemble*

Lisez la conversation entre Arnaud et son grand-père, Jacques. Arnaud parle de son avenir et Jacques parle de son passé.

ARNAUD– Salut, Papi! Comment ça va?

JACQUES–Pas mal, Arnaud. Merci de m'avoir appelé. Ça fait plaisir de t'entendre.

ARNAUD– En cours on a parlé du bénévolat. J'ai beaucoup réfléchi et ça m'intéresse beaucoup. Une fois le bac terminé, j'aimerais faire du volontariat. Dans ma tête je le vois comme ça: Quand j'aurai 20 ans, j'aurai déjà fait partie d'un groupe bénévole qui s'engage à mieux prendre en compte l'environnement. Puis quand j'aurai 30 ans, j'aurai créé ma propre association pour la protection de l'environnement. Qu'est-ce que tu en penses, Papi? Je t'appelle car je sais que tu as créé une association récemment.

JACQUES–Je suis très fier de toi, Arnaud. Tu penses à ton avenir et à ce que tu pourras apporter aux autres et à la planète. Si tu me le permets, je vais te donner quelques conseils à ce sujet. Si j'avais eu le temps de commencer plus jeune, mon association aurait aidé plus de personnes. J'étais si occupé avec ma vie et mon boulot que je ne pensais pas assez aux autres. Tu as raison de commencer jeune! Et si j'avais pu, je serais parti dans d'autres pays pour monter des associations de bénévoles. Je n'étais pas en bonne santé, alors j'ai dû rester en France.

ARNAUD– Merci, Papi. Ça donne à réfléchir. J'ai de la chance de t'avoir dans ma vie!

Pour une explication des temps et modes composés, regardez les pages 300 et 301.

1. **LIRE** **ÉCRIRE**

Lisez la conversation entre Arnaud et Jacques puis écrivez ce qu'Arnaud compte faire à l'avenir en ordre chronologique. Recopiez les verbes comme ils sont conjugués dans le passage.

1. Arnaud: avoir 20 ans / faire partie d'un groupe bénévole

première action:

engag

deuxième action:

2. Arnaud: avoir 30 ans / créer une association

première action:

deuxième action:

2. **LIRE** **ÉCRIRE**

Lisez la conversation entre Arnaud et Jacques. Quels sont les deux regrets principaux de son grand-père et pourquoi n'a-t-il pas réalisé ces deux possibilités? Recopiez les verbes comme ils sont conjugués dans le passage.

1.

2.

3. ✏️ ÉCRIRE

Répondez en phrases complètes. Qu'est-ce que vous aurez fait pour améliorer l'environnement avant l'âge de:

1. 20 ans? *j'aurai commencé à conduire un voiture electrique*
2. 30 ans? *j'aurai acheté les produits bien et ethique*
3. 50 ans? *j'aurai travaillé à un entreprise qui fait les choses bien*
4. 70 ans? *j'aurai donné et fait un benevolat pour les organizations de l'environnement*

futur antérieure
AUX + P.P
{ avoir
{ être

4. ✏️ ÉCRIRE ❓ PARLER

Soulignez les verbes dans les phrases ci-dessous et identifiez le temps ou le mode des verbes. Ensuite traduisez-les en anglais à l'oral.

1. Si vous aviez recyclé, vous auriez eu une meilleure empreinte écologique.
2. Si j'avais eu le temps, je l'aurais fait.
3. Si elle savait, ma grand-mère ferait du tri.
4. Si elle avait su, ma grand-mère aurait fait du tri.
5. S'ils avaient le temps, ils le feraient.
6. Si vous recycliez, vous auriez une meilleure empreinte écologique.

Saviez-vous que la coccinelle est un symbole porte-bonheur en France?

5. ✏️ ÉCRIRE ❓ PARLER

Finissez les phrases suivantes au temps ou au mode qui convient.

1. Si je buvais moins d'eau en bouteille … *il y aurait moins de plastique dans les décharges*
2. Si nous étions riches … *nous pourrions être plus charitables*
3. Si tout le monde avait recyclé depuis le début … *il y aurais eu moins de rechauffement climatique*
4. Si nous avions su en 1800 … *que il y a le chauffement climati aujourd'hui nous aurions essayé de protéger l'environment plus*

6. ✏️ ÉCRIRE

Qu'est-ce que vous auriez fait si vous étiez vivant:

1. à l'invention de la voiture? *j'aurais voulu essayer de conduire*
2. à la découverte du trou d'ozone? *j'aurais eu peur pour l'avenir*
3. à l'invention de l'imprimerie? *j'aurais lu beaucoup de choses créer par le nouveaux technologie*

7. ✏️ ÉCRIRE

Écrivez deux paragraphes.

1. Imaginez que votre premier enfant vient de naître. Vous lui parlez de son avenir et de ce que vous espérez pour lui dans sa vie. Écrivez en employant le registre informel (à la forme *tu*, comme si vous lui parliez directement), le futur et le futur antérieur.

2. Imaginez que vous avez 100 ans, vous décidez de changer certains aspects de votre façon de vivre. Vous regrettez quelques-uns des chemins que vous avez pris. Si vous aviez décidé de changer plus tôt, qu'est-ce que vous auriez fait?

POINTGRAMMAIRE

Les temps et les modes composés

Tout comme le passé composé, le futur antérieur, le plus-que-parfait, et le conditionnel passé sont tous composés de deux éléments: un verbe auxiliaire (VA) et un participe passé (PP).

Si le verbe principal prend le verbe auxiliaire *avoir* au passé composé, il prend également le verbe *avoir* aux autres temps et modes composés. C'est aussi le cas pour le verbe auxiliaire *être*.

Le futur antérieur (temps)
will have verbed

Le futur antérieur marque l'antériorité. Il indique une action qui aura lieu avant une deuxième action qui aura lieu dans l'avenir. Ce temps se forme à l'aide d'un verbe auxiliaire au futur simple et un participe passé.

Exemples: Quand elle <u>aura terminé</u> l'année scolaire, elle fera du bénévolat.

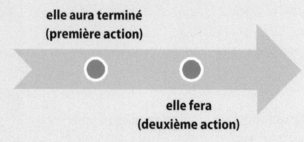

elle aura terminé
(première action)

elle fera
(deuxième action)

Quand nous rentrerons de vacances, le camion poubelle <u>sera</u> déjà <u>passé</u>.

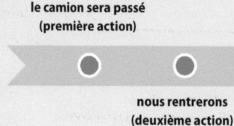

le camion sera passé
(première action)

nous rentrerons
(deuxième action)

Le plus-que-parfait (temps)
had verbed

Le plus-que-parfait marque également l'antériorité. Il indique une action qui a lieu avant une deuxième action dans le passé. Ce temps se forme à l'aide d'un verbe auxiliaire à l'imparfait et un participe passé.

Exemples: Nous <u>avions</u> déjà <u>travaillé</u> dans le recyclage quand nous avons ouvert le centre.

Nous avions travaillé
(première action)

nous avons ouvert
(deuxième action)

J'ai regardé dans les poubelles et ma fille <u>avait</u> déjà <u>fait</u> le tri! =)

ma fille avait fait
(première action)

j'ai regardé
(deuxième action)

Le conditionnel passé (mode)
would have verbed

Le conditionnel passé sert à exprimer un reproche ou un regret. Il indique une supposition imaginaire ou hypothétique qui n'a pas eu lieu. Ce mode se forme à l'aide d'un verbe auxiliaire au conditionnel et un participe passé.

Exemples: Elle <u>aurait aimé</u> fonder une association.
Tu <u>serais allée</u> au Cameroun.

Les propositions avec *si*
If I had verbed, I would have verbed.

Le plus-que-parfait et le conditionnel passé peuvent s'employer dans une même phrase avec la conjonction si pour exprimer une condition hypothétique (plus-que-parfait) et le résultat potentiel de cette condition (conditionnel passé).

Si plus-que-parfait, conditionnel passé:

Exemples: Si nous <u>avions vu</u> les effets du **déboisement**, nous <u>aurions recyclé</u>.
If we had seen the effects of deforestation, we would have recycled.

Nous <u>serions partis</u> s'ils n'<u>avaient</u> pas <u>annoncé</u> le **tremblement de terre**.
We would have left if they hadn't announced the earthquake.

LIRE

La sélection suivante est accompagnée de plusieurs questions. Pour chaque question, choisissez la meilleure réponse selon la sélection.

Introduction

Dans la sélection suivante, il s'agit du Festival africain sur l'écologie et le développement durable. Ce document a été publié en 2009 et vient du site www.festival-écologie.com. © Festival écologie

1. **Quel est le but de l'article?**
   a. vendre de l'eau
   b. vendre un forfait touristique dans un pays francophone
   c. attirer des participants à l'évènement
   d. créer une association écologique

2. **Quand ce festival a-t-il lieu?**
   a. tous les mois de mai depuis des décénnies
   b. c'est la première fois
   c. c'est la seconde fois
   d. le document ne nous le dit pas

3. **Quel serait l'un des thèmes de ce festival d'après son titre?**
   a. trouver une solution qui soit stable
   b. de la publicité pour les produits du Marocdôme
   c. les arbres abattus de la forêt Bouskoura
   d. se réjouir de l'approvisionnement d'eau au Maroc

4. **Quel contraste n'est pas explicite dans ce document?**
   a. long terme / court terme
   b. fermeture éclair / bouton pression
   c. sec / mouillé
   d. mer / forêt

5. **Quel est l'organisme responsable de l'organisation et de la production de cet évènement?**
   a. une association
   b. Marocdôme
   c. la forêt de Bouskoura
   d. www.festival-ecologie.com

MAROC

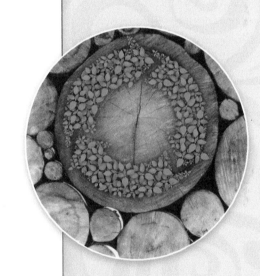

LIRE  ÉCOUTER

Vous allez lire un passage et écouter une sélection audio. Pour la lecture, vous aurez un temps déterminé pour la lire. Pour la sélection audio, vous aurez d'abord un temps déterminé pour lire une introduction et pour parcourir les questions qui vous seront posées. La sélection sera présentée deux fois. Après avoir écouté la sélection une première fois, vous aurez 1 minute pour commencer à répondre aux questions; après avoir écouté la sélection une deuxième fois, vous aurez 15 secondes par question pour finir de répondre aux questions. Pour chaque question, choisissez la meilleure réponse selon la sélection audio ou la lecture et indiquez votre réponse sur votre feuille de réponse.

SOURCE 1: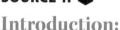

Introduction:

Cette sélection vient du site www.livenet.fr. L'article a été écrit par Audrey et publiée le 24 février 2009. © livenet.fr

La cuisine moléculaire, une cuisine écolo?

À Prague, le chef cuisinier Marc Veyrat, épaulé par Zdenek Rajnis, espère bien révolutionner la gastronomie en **mélangeant** les concepts d'écologie et de cuisine moléculaire.

Ligne

5 Son projet, ou plutôt son incroyable **pari** est de mettre au point à Prague, un restaurant «laboratoire» spécialement destiné à la cuisine moléculaire.

Cet homme, passionné de cuisine, mais également fervent écolo, espère bien faire naître de son idée un «restaurant écologique».

Au menu de son restaurant qui s'appellera «L'auberge de la 10 **clairière**», Marc imagine des assiettes à base de produits de la forêt (champignons, baies, herbes), de fleurs, et bien entendu de produits bio.

Cependant, l'un des marchands qui sera chargé d'alimenter le restaurant en **primeurs** n'est pas très convaincu par le concept. 15 Pour lui le «bio» c'est surtout pour les pays «riches», et Prague n'en fait pas partie, et ne lui parlons même pas de cuisine moléculaire car le brave homme ne sait pas du tout ce que cela signifie.

Mais l'équipe de Marc Veyrat est confiante, pour eux Prague 20 est en plein **éveil**, le niveau de la vie devient plus élevé et les habitants commencent à avoir des goûts de plus en plus «haut de gamme».

Ce restaurant apporterait un plus pour la Tchéquie, en faisant découvrir l'art de bien manger et surtout de manger sain et

25 original.

Le projet a pris un peu de retard avec la crise économique actuelle, mais la notoriété de Marc Veyrat aidant, les investisseurs sont motivés et la construction du restaurant devrait bientôt démarrer sur le terrain militaire désaffecté qui a

30 été choisi pour être réhabilité.

SOURCE 2: SÉLECTION AUDIO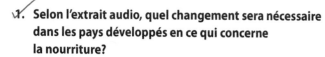

Introduction:

Dans cette sélection audio il s'agit de l'avenir de la nourriture sur la Terre. Cette sélection audio vient de «Comment nourrir la planète, demain?» de Francis Duriez, Rungis Actualités, écrit par Bruno Parmentier, Philippe Chalmin, Hervé Guyomard et Bernard Hubert. L'extrait s'intitule «Des solutions pour l'avenir». © Rungis

1. **Selon l'extrait audio, quel changement sera nécessaire dans les pays développés en ce qui concerne la nourriture?**

   a. améliorer le système de stockage

   b. consommer moins

   c. augmenter la production

   d. transporter plus de produits à l'intérieur du pays

2. **Selon le passage, qu'est-ce que l'on ne verra pas dans le restaurant écolo de Marc Veyrat?**

   a. des morilles

   b. du romarin

   c. des fruits de mer

   d. des framboises

3. **Dans l'extrait audio, que veulent dire les mots «une traque au gâchis»?**

   a. on a peur

   b. mieux surveiller la progression de la cuisson

   c. transporter la nourriture le plus rapidement possible

   d. il faut moins de gaspillage

4. **Quelle est la conclusion de l'extrait audio?**

   a. Il y aura toujours des crises de la faim sur la planète.

   b. Les êtres humains devraient pouvoir gérer le problème de la faim dans le monde.

   c. Le problème principal serait le manque de savoir dans le domaine de la biologie moléculaire.

   d. Le projet de développement durable sera difficile à gérer.

5. **Selon le passage, pourquoi le marchand critique-t-il l'endroit qu'a choisi Marc Veyrat pour ce nouveau restaurant?**

   a. Les gens des pays moins fortunés connaissent moins bien les produits bio.

   b. Il n'a jamais vraiment apprécié la cuisine moléculaire.

   c. Prague a déjà trop de restaurants nouvelle vague.

   d. La crise économique actuelle représente une menace sérieuse.

Vocabulaire
défi
gâchis
traque
vivrier (-ère)

» Interpretive Communication: AUDIO TEXTS

ÉCOUTER

Vous allez écouter une sélection audio. Vous aurez d'abord un temps déterminé pour lire l'introduction et pour parcourir les questions qui vous seront posées. La sélection sera présentée deux fois. Après avoir écouté la sélection une première fois, vous aurez 1 minute pour commencer à répondre aux questions; après avoir écouté la sélection une deuxième fois, vous aurez 15 secondes par question pour finir de répondre aux questions. Pour chaque question, choisissez la meilleure réponse selon la sélection audio et indiquez votre réponse sur la feuille de réponse.

Vocabulaire
fléau
gaspillage

Introduction:

Dans cette sélection audio, il s'agit du gaspillage de nourriture. L'article, rédigé en 2010 a été publié sur le site Chimistes pour l'environnement, le comité environnemental du département de chimie de l'Université Laval, au Québec. © Chimistes pour l'environnement

1. **Quelle quantité de nourriture n'est pas mangée à cause d'un manque de qualité?**
   a. 183 kg
   b. 20%
   c. 10 à 15 %
   d. 0 kg

2. **D'après cette sélection, quelle est l'une des raisons du gaspillage de nourriture?**
   a. Nos réfrigérateurs sont trop petits.
   b. Nous achetons de la nourriture tous les jours.
   c. Beaucoup de fruits et légumes ont des défauts.
   d. La nourriture ne coûte pas cher.

3. **Dans le contexte de cet extrait audio, que veut dire l'expression «garder au froid»?**
   a. avoir une mauvaise attitude
   b. surveiller
   c. froisser
   d. réfrigérer

4. **Quel est le but de la sélection?**
   a. faire rire
   b. faire réfléchir et agir
   c. faire étudier les sciences
   d. faire acheter des produits bio

5. **Vous parlez à un ami au sujet de cet extrait audio. Quelle phrase serait la plus appropriée?**
   a. «Nous devons faire nos courses plus d'une fois par semaine.»
   b. «Les Canadiens ne gaspillent pas beaucoup de nourriture.»
   c. «Heureusement que les nouveaux réfrigérateurs n'utilisent pas de CO_2.»
   d. «Le problème de gaspillage de nourriture n'est plus d'actualité.»

» Interpersonal Writing: E-MAIL REPLY

 LIRE ÉCRIRE

Vous allez écrire une réponse à un message électronique. Vous aurez 15 minutes pour lire le message et écrire votre réponse. Votre réponse devrait débuter par une salutation et terminer par une formule de politesse. Vous devriez répondre à toutes les questions et demandes du message. Dans votre réponse, vous devriez demander des détails à propos de quelque chose mentionnée dans le texte. Vous devriez également utiliser un registre de langue soutenue.

Introduction:

C'est un message électronique de Nour Saidani, responsable d'un groupe bénévole de purification d'eau. Vous recevez ce message parce que vous avez contacté le service pour demander des informations précises concernant leurs projets.

Tunis, le 3 décembre 2015

De: Nour Saidani

Mademoiselle, Monsieur,

Nous vous remercions de l'intérêt que vous portez à notre groupe bénévole de purification d'eau pour l'eau **potable** en Tunisie rurale. Nous

Ligne aurons seulement besoin de quelques informations

5 supplémentaires afin de terminer la procédure d'adhésion au groupe:

- Pourquoi aimeriez-vous participer à ce mouvement?

- Si vous êtes invité à vous joindre à nous,

10 qu'est-ce que vous pourriez nous apporter? Donnez plusieurs exemples de contributions que vous nous proposeriez.

TUNISIE

Étant en phase de développement, nous sommes à la recherche de **pigistes** afin de combler nos
15 besoins pour différents projets. Nous annoncerons nos besoins au fur et à mesure de l'avancement de nos projets. Évidemment nous nous réservons le droit d'accepter ou de refuser les candidatures. La date limite d'inscription pour l'année 2013-
20 2014 est le 31 décembre 2015. Pour avoir plus d'informations sur nos projets, nous vous invitons à nous contacter par méthode traditionnelle ou par courriel

Une fois que vous aurez envoyé les renseignements demandés, vérifiez votre boîte de réception. Vous
25 y trouverez un mail contenant un lien. Veuillez cliquer dessus pour confirmer votre identité.

Nous vous prions d'agréer, Mademoiselle/Monsieur, l'expressions de nos sentiments les meilleurs.

Nour Saidani

Responsable

LIRE **ÉCOUTER**

ÉCRIRE

Vous allez écrire un essai persuasif pour un concours d'écriture de langue française. Le sujet de l'essai est basé sur trois sources ci-jointes, qui présentent des points de vue différents sur le sujet et qui comprennent à la fois du matériel audio et imprimé. Vous aurez d'abord 6 minutes pour lire le sujet de l'essai et le matériel imprimé. Ensuite, vous écouterez l'audio deux fois; vous devriez prendre des notes pendant que vous écoutez. Enfin, vous aurez 40 minutes pour préparer et écrire votre essai. Dans votre essai, vous devriez présenter les points de vue différents des sources sur le sujet et aussi indiquer clairement votre propre point de vue que vous défendrez à fond. Utilisez les renseignements fournis par toutes les sources pour soutenir votre essai. Quand vous ferez référence aux sources, identifiez-les de façon appropriée. Organisez aussi votre essai en paragraphes bien distincts.

SUJET DE LA COMPOSITION:

L'autopartage des voitures est-il un bon choix écologique et économique pour se déplacer?

SOURCE 1: 📕

Introduction:

Dans cette sélection il s'agit d'Autolib', un service de voitures électriques en libre service (autopartage) à Paris. Cet article a été écrit par Catherine Calmet le 3 octobre 2011 et vient du site www.europeecologiecreteil.wordpress.com. © Word Press

Autolib n'est ni écologique, ni révolutionnaire . . .

Première fois que ce dossier vient sur la table du Conseil Municipal – puisque c'est un projet porté par la Communauté d'agglo . . .

Ligne Pour autant, pas nécessaire de développer longuement ce qu'est
5 Autolib' . . . une **déferlante** médiatique s'en est chargé durant tout le week-end . . . et ce n'est qu'un début!

En résumé:

Un service de petits véhicules électriques rechargeables, en libre service, disponibles dans des stations disséminées dans
10 le cœur de l'agglomération (dans 46 communes adhérentes – essentiellement concentrées à l'ouest et au sud de Paris). L'abonnement annuel revient à 12€ par mois, et l'utilisation est facturée à la demi-heure . . .

Jusque là, ça paraît simple . . . ça se complique quand on nous
15 explique qu'il s'agit là d'une nouveauté écologique, qui va révolutionner la mobilité en Ile de France.

Or, pour nous, Autolib' n'est ni écologique, ni révolutionnaire … il est juste inutile et coûteux.

Autolib' n'a rien d'écologique. Au début, on expliquait qu'il permettrait aux parisiens de renoncer à la voiture personnelle, et réduirait d'autant la congestion urbaine avec des voitures partagées. En fait, Autolib' consiste
20 surtout à introduire 3000 nouveaux véhicules dans Paris et la petite couronne, là où le réseau de transport public est le plus dense … Et pour tenter d'assurer la disponibilité et le rechargement des véhicules, des camions devront **arpenter** en permanence le réseau routier pour regarnir les stations vides ou décharger les stations saturées … bref, ce qu'on gagne
25 à coup sûr, c'est de la congestion routière supplémentaire.

Là où Vélib' donnait une solution alternative à la voiture avec des modes de déplacements doux, par définition écologiques, il s'agit ici d'ajouter plusieurs milliers de véhicules automobiles dans l'espace public, y compris dans l'espace public de l'hyper-centre de la Région, à savoir pas du tout là
30 où le besoin automobile pourrait se justifier …

Les véhicules électriques rechargeables sont eux aussi une fausse bonne idée … quand on sait qu'il faudra plusieurs heures, en fin de journée, pour recharger simultanément des milliers de batteries, y compris l'hiver lors des pics de consommations énergétiques qui surchauffe le réseau … là
35 encore, Autolib' est à contre temps de la sobriété énergétique dont nous devons faire preuve, et n'a donc rien d'écologique …

Autolib' n'a rien de révolutionnaire non plus … Qu'y a t'il de révolutionnaire à prendre un véhicule à un endroit donné et le laisser à destination? Les taxis assurent ce service depuis un siècle … dans des
40 conditions parfois difficiles et pour des tarifs peu attractifs, c'est vrai … mais imaginons un moment que les 50M€ investis par la Ville de Paris et toutes les contributions des collectivités **franciliennes** soient consacrées à l'amélioration et à la démocratisation de l'offre de taxi. Il y avait là un vrai gisement d'emplois et de service public, à l'échelle de toute l'Ile de France
45 et pas seulement d'une cinquantaine de communes … D'autres services intéressants et innovants existent aussi depuis quelques années: ce sont des services d'autopartage, qui permettent sur abonnement de réserver et d'utiliser des véhicules à la demande. Bref, Autolib' n'invente rien de bien nouveau … et une fois la folie médiatique retombée, les lendemains
50 pourraient bien déchanter!

(suite à la page suivante)

SOURCE 1 (SUITE): 📕

En fait, aujourd'hui, Autolib' pourrait surtout rapidement se révéler inutile et inadapté – en tout cas, il est permis de se demander par quelle étude de marché sérieuse on propose d'implanter 19 stations dans notre ville, avec potentiellement
55 112 véhicules disponibles . . . et un abonnement de base de 140€ par an, auquel s'ajoute les coûts d'utilisation . . .

En tout cas, Autolib' a d'ores et déjà un coût . . . pour les collectivités adhérentes au Syndicat Mixte puisque, la délibération technique qui nous est proposée le rappelle,
60 la communauté d'agglomération va devoir débourser pas moins de 450 000 € pour le financement de 8 des 19 stations cristoliennes (la même chose pour les stations d'Alfortville et

de Limeil . . .), le reste étant pris en charge par la Région, qui ferait mieux de les consacrer à l'offre de transports public . . . Un tel coût
65 est-il vraiment justifié, pour un service au mieux marginal et au pire défaillant . . . ?

Franchement, l'amélioration de la mobilité de nos concitoyens mérite mieux que cette vaste entreprise de «greenwashing» du groupe Bolloré.

70 À l'heure où notre ville bénéficie d'une amélioration de l'offre de transport considérable, dont nous nous réjouissons tous, c'est un message vraiment paradoxal que l'on adresse aux cristoliens.

Vous l'aurez compris . . . nous ne voterons pas cette délibération car nous sommes convaincues qu'Autolib' n'est pas un bon projet . . .

SOURCE 2:

Introduction:

Dans cette sélection il s'agit des tarifs d'Autolib'. Ces informations ont été tirées du site www.autolib.fr en 2012.

CATÉGORIE 1:
Renault Twingo, Toyota Aygo et Citroën C1

prise en charge	2,10
par heure, de 7h à 23h	2,10
par heure, de 23h à 7h	gratuit
forfait 24h	21,00
par kilomètre	0,40
à partir de 100 km	0,24

CATÉGORIE 2:
Renault Kangoo, Citroen Berlingo

prise en charge	2,10
par heure de 7h à 23h	2,52
par heure de 23h à 7h	gratuit
forfait 24h	25,20
par kilomètre	0,47
à partir de 100 km	0,29

CATÉGORIE 3:
Citroën C4 Picasso

prise en charge	2,10
par heure de 7h à 23h	3,50
par heure de 23h à 7h	gratuit
forfait 24h	35,00
par kilomètre	0,63
à partir de 100 km	0,39

SOURCE 3:
SÉLECTION AUDIO

Introduction:

Dans cette sélection audio il s'agit également d'Autolib'. Ce podcast s'intitule «Autolib' voit la vie en rose», vient du site www.frequenceterre.com, et date du 31 octobre 2012. Vous entendrez la voix de Jean-Brice Senegas qui pose les questions. © Fréquence Terre

» Interpersonal Speaking: CONVERSATION

 LIRE   **ÉCOUTER**   **PARLER**

Vous allez participer à une conversation. D'abord, vous aurez une minute pour lire une introduction à cette conversation qui comprend le schéma des échanges. Ensuite, la conversation commencera, suivant le schéma. Quand ce sera à vous de parler, vous aurez 20 secondes pour enregistrer votre réponse. Vous devriez participer à la conversation de façon aussi complète et appropriée que possible.

Introduction:

C'est une conversation avec Youssef, un copain. Vous participez à cette conversation parce que vous êtes en train de créer un nouvel éco-club, et vous voulez l'inviter à y participer.

Youssef	Il vous salue et vous informe de la raison de son appel.
Vous	Parlez d'un nouvel éco-club que vous êtes en train de créer dans votre lycée.
Youssef	Il exprime son intérêt et pose une question sur le but de ce projet.
Vous	Expliquez deux buts que vous avez pour ce projet.
Youssef	Il parle des activités 'vertes' qu'il préfère, et il exprime son opinion sur le recyclage à l'école.
Vous	Parlez des genres d'activités vertes que vous préférez.
Youssef	Il parle des activités potentielles qu'il projette de faire.
Vous	Donnez et soutenez votre opinion sur l'activité proposée.
Youssef	Il promet de vous contacter bientôt avec des détails.
Vous	Dites au revoir et assurez-lui que vous le verrez bientôt.

» Presentational Speaking: CULTURAL COMPARISON

 LIRE 🎤 PARLER

Vous allez faire un exposé pour votre classe sur un sujet spécifique. Vous aurez 4 minutes pour lire le sujet de présentation et préparer votre exposé. Vous aurez alors 2 minutes pour l'enregistrer. Dans votre exposé, comparez votre propre communauté à une région du monde francophone que vous connaissez. Vous devriez montrer votre compréhension des facettes culturelles du monde francophone. Vous devriez aussi organiser clairement votre exposé.

Sujet de la présentation:

Quelle est l'attitude des gens de votre communauté envers la protection de l'environnement? Comparez vos observations avec celles d'une communauté francophone que vous connaissez.

LIRE

La sélection suivante est accompagnée de plusieurs questions. Pour chaque question, choisissez la meilleure réponse selon la sélection.

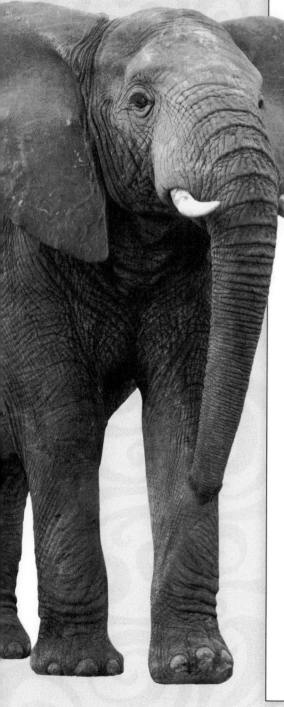

Introduction:

Dans cet article, il s'agit de la protection des animaux au Laos, un pays francophone en Asie. L'article a été publié le 22 février 2014 sur le site de Global Voices. © Global Voices

Laos: Un centre pour la protection des éléphants

On appelait autrefois le Laos "le pays au million d'éléphants", mais aujourd'hui la population de ces animaux a été réduite à quelques centaines du fait du

Ligne **braconnage** et du commerce illégal de l'ivoire. On
5 estime le nombre d'éléphants sauvages aujourd'hui à entre 300 à 600 individus:

Éparpillée en petites troupes fragmentées, la population d'éléphants sauvages compte environ 300 à 600 animaux. Comme dans beaucoup d'autres pays,
10 les éléphants sauvages du Laos sont menacés par le comportement des humains. Il comprend la déforestation, le braconnage, l'extension de l'habitat humain et les conflits entre les éléphants et les hommes.

Par ailleurs, il y aurait environ 420 éléphants en captivité:
15 La triste population des éléphants en captivité est sur le déclin, il y en aurait seulement 420 au Laos. Le nouveau millénaire à apporté avec lui le fardeau de la productivité, les Mahouts (propriétaires d'éléphants), sont obligés pour survivre de faire travailler leur animal sept jours sur sept. Les éléphants sont
20 surtout employés dans les exploitations forestières, une activité très dure et dangereuse. De ce fait les éléphants mâles sont trop fatigués pour se reproduire et meurent souvent à la tâche.

Heureusement, on constate actuellement une prise de conscience croissante de la nécessité de protéger les éléphants
25 dans ce pays. Un des organismes les plus efficaces pour cette sensibilisation est le Centre pour la protection des éléphants.

Le Centre pour la protection des éléphants est bien différent des camps d'éléphants pour les touristes, il possède une unité destinée à la reproduction, à l'**allaitement** des "petits" et au
30 diagnostic et traitement des maladies. Ne vous attendez pas à

y voir des groupes de touristes montés sur ces éléphants toute la journée...

C'est le premier hôpital pour éléphant qui sert aussi de base d'écotourisme. Il offre une assistance technique et des moyens
35 d'existence aux propriétaires d'éléphants qui comptent sur leurs animaux pour leur revenu quotidien. Le centre est également un sanctuaire permettant de recueillir des éléphants en détresse. On y a entre autre récupéré un jeune éléphant appelé d'abord Noy. Après quelques années, l'éléphant choisira son nouveau
40 nom selon une procédure que décrit la vétérinaire en chef Emmanuelle Chave:

À l'âge de trois ans, les éléphants commencent à s'entraîner avec leur futur Mahout, pour apprendre les différents signaux leur permettant de travailler avec des humains. Un chamane
45 accompagne ce voyage crucial pour l'éléphant, du monde de la forêt à celui des humains. À la fin de sa formation, on offre à l'éléphant trois morceaux de canne à sucre sur lesquels sont écrits des noms. Le nom écrit sur le premier morceau qu'il saisit sera le sien.

50 Brita a visité le centre et lui reconnaît un rôle positif pour le bien-être des éléphants:

Le Centre pour la protection des éléphants est sans doute un des rares endroits où il n'est pas question d'adapter les éléphants aux rythmes et besoins des hommes, mais au contraire de s'adapter
55 aux rythmes et besoins des éléphants.

Je suis très difficile quand le moment est venu de "placer" un éléphant car il y a trop d'endroits où ils sont maltraités et **s'épuisent** en transportant des grumes d'arbres ou en satisfaisant les caprices des touristes.   [...]

1. **Les chasseurs s'intéressent à quelle partie du corps de l'éléphant?**
   a. la peau
   b. les cornes
   c. le tronc
   d. la queue

2. **Les Mahouts font travailler leurs éléphants à quel rythme?**
   a. sept fois par jour
   b. sept fois par mois
   c. une fois tous les sept jours
   d. quotidiennement

3. **Que veut dire le mot «allaitement»?**
   a. fabriquer du lait pasteurisé
   b. vendre du lait dans un commerce
   c. rendre plus léger
   d. nourrir de son lait un petit

4. **Quel est le ton de l'article?**
   a. empathique
   b. insensible
   c. comique
   d. moqueur

5. **Vous parlez à un ami de cet article. Quelle phrase serait la plus appropriée?**
   a. «J'ai peur de partir au Laos car il y a trop d'éléphants.»
   b. «Comme tu adores les animaux, tu vas trouver ce centre génial.»
   c. «Ils perdent leurs temps avec le travail qu'ils font dans ce centre.»
   d. «Les gens ne donnent pas de nom à leurs éléphants en captivité.»

» Interpretive Communication: PRINT AND AUDIO TEXTS

  LIRE ÉCOUTER

Vous allez lire un passage et écouter une sélection audio. Pour la lecture, vous aurez un temps déterminé pour la lire. Pour la sélection audio, vous aurez d'abord un temps déterminé pour lire une introduction et pour parcourir les questions qui vous seront posées. La sélection sera présentée deux fois. Après avoir écouté la sélection une première fois, vous aurez 1 minute pour commencer à répondre aux questions; après avoir écouté la sélection une deuxième fois, vous aurez 15 secondes par question pour finir de répondre aux questions. Pour chaque question, choisissez la meilleure réponse selon la sélection audio ou la lecture et indiquez votre réponse sur votre feuille de réponse.

SOURCE 1:

Introduction:

Dans cet article, il s'agit de l'emballage éco-responsable des produits. L'article a été publié sur le site L'emballage écologique, qui présente l'actualité de l'emballage éco-responsable. Il date du 28 avril 2011. © www.emballageecologique

Le bouchon en liège: un avantage pour l'environnement

La Fabrications des bouchons en liège

Le **liège** est extrait de l'écorce du chêne-liège (Quercus Suber), une espèce unique en son genre puisque son écorce, le liège se régénère une fois extraite. C'est lorsque l'arbre atteint l'âge de 20 à 25 ans que la première couche de liège est extraite. Il faut cependant attendre encore au moins 18 ans avant d'obtenir une écorce adaptée à la production de bouchons de qualité. Cette délicate opération d'écorçage, confiée à des personnes **aguerries**, sera répétée tous les 9 ans, période durant laquelle les arbres ne seront jamais coupés ni endommagés.

La récolte du liège reste très artisanale. C'est un processus ancestral qui ne peut être effectué que manuellement avec des haches adaptées. Cette opération est en effet très délicate et s'effectue au moment de la phase active de croissance pour ne pas blesser l'arbre. Le risque est d'endommager la couche mère en frappant jusqu'au bois et ainsi de sectionner les vaisseaux conducteurs de sève, ce qui pourrait aller jusqu'à tuer l'arbre.

Le liège se récolte de la fin du printemps et pendant l'été (entre mai et août), tous les 9 ans minimum lorsque l'arbre est adulte. La durée de vie moyenne du chêne-liège est de l'ordre de 150 ans, soit environ 12 à 15 levées par arbre.

Chaque année, environ 300 000 tonnes de liège sont extraites dans le monde, le premier pays producteur étant le Portugal avec 52,5% de la production. 69% de la production de liège est exploitée pour la fabrication de bouchons pour les récipients en verre, ce qui représente près de 14 milliards de bouchons en liège!

Ligne 5 · 10 · 15 · 20 · 25 (numéros de lignes en marge)

Si le liège sert traditionnellement à fabriquer des bouchons à vin, ses propriétés exceptionnelles le destinent à de multiples usages: matériaux isolants, éco-construction, aérospatial, chaussures, instruments de
30 musique, décoration, ameublement, sièges de voiture, articles de sports, canne à pêche, secteur industriel . . .

Léger, résistant, élastique, imperméable, naturel et recyclable, le liège a de nombreux atouts qui ont séduit l'humanité depuis plus de 5000 ans! Et pourtant, depuis quelques années, la recherche de nouveaux
35 marchés par les industriels le met en concurrence avec les bouchons en plastique et en aluminium.

Les avantages environnementaux du liège

Les produits alimentaires liquides ont vu leur emballages évoluer: la bouteille en verre est en perdition, remplacée par les briques alimentaires
40 dont le bilan environnemental est pourtant sujet à caution. Si pour le vin, la bouteille en verre résiste encore bien, son traditionnel bouchon en liège a vu l'arrivée de nouveaux concurrents: les bouchons en plastique et en aluminium.

Pourtant, sous le mirage marketing du toujours mieux et du toujours
45 plus pratique, ces pseudos innovations sont bien plus préjudiciables pour l'environnement que le bouchon en liège.

[...]

Enfin, les bouchons sont entièrement recyclables. Récupérés, ils sont **broyés** en granulés de différentes tailles qui serviront principalement à la fabrication de matériaux isolants et de parquets. Dans tous les cas, les
50 bouchons de liège ne peuvent pas être réutilisés comme bouchons.

Malheureusement, la filière de récupération des bouchons n'est pas encore mûre même si de nombreux projets en Europe et aux USA sont en
55 cours et que des pays comme l'Allemagne ou la Belgique récoltent environ 10% des bouchons de liège utilisés sur leur territoire. Les professionnels du liège se mobilisent. La France se mobilise aujourd'hui pour une organisation ad hoc.
60 Certaines associations proposent de récupérer vos bouchons.

SOURCE 2: SÉLECTION AUDIO

Vocabulaire
grenelle
trier

Introduction:

Dans cette sélection audio, il s'agit d'une interview avec Christophe Neumann, le directeur régional pour Éco-emballage. L'interview a été présentée le 1er décembre 2013 sur Radio Oméga 90.9, une station qui diffuse à Belfort, à Hercourt et à Montbéliard, dans la région de Franche-Comté. La rubrique sous laquelle le podcast a été diffusé s'appelle Éco-logiquement. © Radio Oméga

1. Dans le contexte de la sélection écrite, quelle serait un synonyme qui correspondrait au mot «endommager»?

   a. endormir

   b. améliorer

   c. fabriquer

   d. abîmer

2. Selon le podcast, que veulent dire les flèches vertes sur l'emballage d'un produit?

   a. l'emballage est fabriqué de produits recyclés

   b. l'emballage a déjà été trié

   c. l'entreprise qui fabrique le produit contribue à la collecte du recyclage

   d. ceux qui achètent le produit paient davantage pour un produit recyclable

3. D'après l'extrait écrit, combien de fois dans la vie d'un arbre peut-on récolter du liège?

   a. 9

   b. 150

   c. 12

   d. 52,5

4. D'après ce que dit Monsieur Neumann dans le podcast, quel est le pourcentage du recyclage des emballages en France actuellement?

   a. 67 %

   b. 77 %

   c. 66 %

   d. 50 %

5. Selon l'article, qu'est-ce qui est le point faible des bouchons en liège?

   a. le rattrapage

   b. le recyclage

   c. la fabrication

   d. l'imperméabilité

» Interpretive Communication: AUDIO TEXTS

 ÉCOUTER

Vocabulaire
avoisinant(e)
benne
berge

Vous allez écouter une sélection audio. Vous aurez d'abord
un temps déterminé pour lire l'introduction et pour parcourir
les questions qui vous seront posées. La sélection sera présentée deux fois.
Après avoir écouté la sélection une première fois, vous aurez 1 minute pour
commencer à répondre aux questions; après avoir écouté la sélection une
deuxième fois, vous aurez 15 secondes par question pour finir de répondre
aux questions. Pour chaque question, choisissez la meilleure réponse selon la
sélection audio et indiquez votre réponse sur la feuille de réponse.

Introduction:

**Dans cette sélection audio, il s'agit de l'Association OSE, l'organe de
sauvetage écologique. Ce podcast a été diffusé par Moustic Audio
Agency à Paris.** © Moustic Audio Agency

www.moustic.fr

1. **Chaque mois, l'Association OSE participe à une activité écologique. Laquelle?**
   a. ramasser les déchets des rives parisiennes
   b. nettoyer les bancs dans les parcs
   c. réparer les auberges des jeunes en difficulté
   d. organiser les produits au centre de recyclage

2. **Cette association fait partie de la communauté depuis quand?**
   a. les années 70   c. les années 90
   b. l'année 1980   d. l'année 2000

3. **Depuis le début, ils ont fait participer quels groupes de personnes sur place?**
   a. les retraités et les adhérents du Parti vert
   b. la SNCF et les étrangers
   c. les fonctionnaires et les femmes au foyer
   d. les SDF (sans domicile fixe) et les Roms

4. **D'après la bénévole interviewée, comment peut-on améliorer la situation en France en ce qui concerne l'écologie?**
   a. changer les mentalités en entreprise
   b. développer l'éducation écologique dans les écoles
   c. sceller les amitiés avec d'autres groupes
   d. toutes les actions mentionnées ci-dessus

5. **Michael, le jeune homme qui aide l'association régulièrement, explique pourquoi il le fait. Quelle raison donne-t-il?**
   a. parce qu'il veut protéger la Seine pour ses enfants
   b. parce qu'il est membre du Parti vert
   c. pour trouver des déchets intéressants et les vendre
   d. pour montrer que les stéréotypes ne sont pas toujours corrects

» Interpersonal Writing: E-MAIL REPLY

 LIRE **ÉCRIRE**

Vous allez écrire une réponse à un message électronique. Vous aurez 15 minutes pour lire le message et écrire votre réponse. Votre réponse devrait débuter par une salutation et terminer par une formule de politesse. Vous devriez répondre à toutes les questions et demandes du message. Dans votre réponse, vous devriez demander des détails à propos de quelque chose mentionnée dans le texte. Vous devriez également utiliser un registre de langue soutenue.

Introduction:

Dans cette sélection, il s'agit d'un voyage alternatif au Burkina Faso. Vous avez proposé à l'organisme de séjourner aux alentours de Ouagadougou pour participer à la construction d'un hôpital fabriqué entièrement de matériaux écologiques. Voici la première réponse de l'organisme à laquelle vous devrez répondre pour confirmer votre intention de participer à ce projet.

de: participation@sante-ecologique.bf

Ouagadougou, le 29 décembre 2014

Cher/chère participant(e):

Nous confirmons la réception de votre demande pour participer à un séjour alternatif au Burkina Faso qui a pour but d'aider notre association

Ligne à construire un hôpital près de la capitale
5 burkinabée.

Chez Santé écologique, nous aidons nos communautés du Burkina Faso à faire construire des établissements de santé de première qualité avec des matériaux entièrement écologiques
10 pour que nos citoyens puissent profiter de soins médicaux de premier ordre. Nos volontaires profitent d'une expérience inoubliable en travaillant, mais surtout en créant des liens d'amitié qui dureront toute la vie.

15 Nous vous demandons de bien vouloir nous fournir les informations suivantes qui nous permettront de mieux vous connaître avant votre séjour éventuel parmi nous.

- Avez-vous de l'expérience dans la
20 construction **d'édifices**? Si oui, décrivez-les.

- Si vous n'avez pas d'expérience dans
le domaine de la construction, dans
quelle mesure pensez-vous que ce projet
correspondra à vos compétences et à vos
25 intérêts?

- Dans quels pays avez-vous séjourné et quelles
étaient les circonstances de ces séjours?

Il va sans dire que si vous avez des questions à
nous poser, nous restons à votre disposition pour
30 tout renseignement complémentaire.

Dans l'attente de votre réponse, nous vous prions
d'agréer, cher/chère participant(e), l'expression de
nos meilleurs sentiments.

Oumar Ouédraogo
Directeur de participation, Santé Ecologique

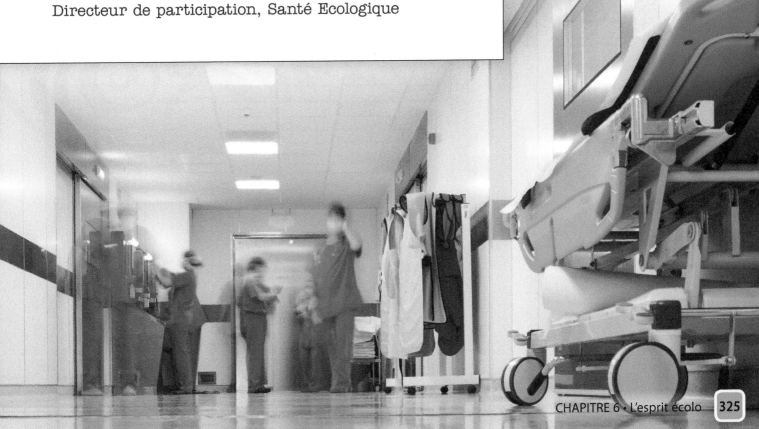

LIRE **ÉCOUTER**

 ÉCRIRE

Vous allez écrire un essai persuasif pour un concours d'écriture de langue française. Le sujet de l'essai est basé sur trois sources ci-jointes, qui présentent des points de vue différents sur le sujet et qui comprennent à la fois du matériel audio et imprimé. Vous aurez d'abord 6 minutes pour lire le sujet de l'essai et le matériel imprimé. Ensuite, vous écouterez l'audio deux fois; vous devriez prendre des notes pendant que vous écoutez. Enfin, vous aurez 40 minutes pour préparer et écrire votre essai. Dans votre essai, vous devriez présenter les points de vue différents des sources sur le sujet et aussi indiquer clairement votre propre point de vue que vous défendrez à fond. Utilisez les renseignements fournis par toutes les sources pour soutenir votre essai. Quand vous ferez référence aux sources, identifiez-les de façon appropriée. Organisez aussi votre essai en paragraphes bien distincts.

SUJET DE LA COMPOSITION:

L'environnement est-il un aspect motivant dans l'achat d'un produit?

SOURCE 1:

Introduction:

La sélection suivante vient du site JPD Conseil dont le siège se trouve à Laval, Québec. C'est un cabinet de conseil en stratégie et opérations. Dans l'article il s'agit des fautes qui sont commises dans les stratégies de marketing concernant l'environnement.
© Jean-Pierre Dubé Conseil

Évitez les 7 péchés de l'écoblanchiment ou Greenwashing

Par Jean-Pierre Dubé, ing., http://jeanpierredube.com

Lorsque vous essayez de rendre votre organisation plus écologique, il est important de demeurer juste quant aux actions «vertes» que vous entreprenez. Vous ne devez pas
Ligne donner l'impression que votre organisation est plus verte qu'elle
5 ne l'est réellement.

«Le péché possède beaucoup d'outils, mais le mensonge est le manche convenant à tous.»   Oliver Wendell Holmes

Le mot *Greenwashing* est formé par l'association des mots *Green* (vert) et *Brainwashing* (lavage de cerveau). L'écoblanchiment
10 est une stratégie de marketing utilisée par les organisations pour accroître leurs ventes en présentant volontairement ou involontairement, une fausse image écologique de leurs activités, produits ou services.

C'est en 2007 que la firme américaine de consultants en
15 marketing environnemental TerraChoice, aujourd'hui la propriété de ULC Standards, a publié pour la première fois son étude *«Les péchés de mascarade écologique»* pour dénoncer les

prétentions environnementales mensongères et trompeuses.
Dans son rapport 2010, TerraChoice révèle que seulement 4,5%
20 des produits verts destinés à la maison et aux familles sont
exempts des 7 péchés d'écoblanchiment présentés ci-dessous.

Le 1er péché: Le compromis caché

C'est un péché lorsque votre organisation laisse croire qu'un
produit ou un service est vert basé sur un nombre réduit de
25 critères environnementaux. Exemple: La publicité d'un produit
vante sa bonne performance en termes d'émission de gaz à effet
de serre (GES) mais passe sous silence sa faible performance en
termes de pollution de l'air et de l'eau.

Le 2e péché: L'absence de preuve

30 C'est un péché lorsque votre organisation est incapable de
prouver ses déclarations par une documentation facilement
accessible ou par une certification d'une tierce partie
indépendante. Exemple: De nombreux produits sont publicisés
comme étant verts sans fournir la moindre preuve.

Le 3e péché: L'imprécision

C'est un péché lorsque votre organisation fait des déclarations
vagues pouvant prêter à confusion dans l'esprit de vos clients.
Exemple: Un produit annoncé comme entièrement naturel alors
que plusieurs substances toxiques comme l'arsenic, l'uranium,
40 le mercure, etc. sont aussi entièrement naturelles mais pas
nécessairement vertes.

Le 4e péché: La non pertinence

C'est un péché lorsque votre organisation fait des déclarations
véridiques mais futiles. Exemple: Un produit annoncé «Sans
45 chlorofluorocarbure ou CFC» alors que l'utilisation des CFC est
interdite par la loi.

(suite à la page suivante)

SOURCE 1 (SUITE): 📖

Le 5ᵉ péché: Le moindre de deux maux

C'est un péché lorsque votre organisation fait des déclarations qui servent avant tout à détourner l'attention sur vos impacts

50 environnementaux ou sociaux plus sérieux. Exemple: Les cigarettes biologiques, les véhicules sport utilitaires économes en carburant, et les publicités écologiques des exploitants des sables bitumineux canadiens.

Le 6ᵉ péché: Le mensonge

55 C'est un péché lorsque votre organisation fait des déclarations trompeuses. Exemple: La publicité d'un produit basée sur des données, des analyses ou des études fausses ou inexistantes.

Le 7ᵉ péché: L'étiquette mensongère

C'est un péché lorsque votre organisation utilise un écolabel
60   pour laisser croire que votre produit ou service est certifié par
une **tierce** partie reconnue alors que ce n'est pas le cas.

SOURCE 2:

Introduction:

Dans cette sélection, il s'agit de la vente des produits qui sont présentés à la clientèle comme naturels, biologiques ou écologiques en France.

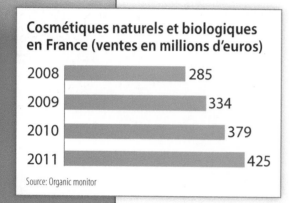

Cosmétiques naturels et biologiques en France (ventes en millions d'euros)

2008 — 285
2009 — 334
2010 — 379
2011 — 425

Source: Organic monitor

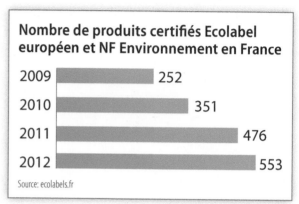

Nombre de produits certifiés Ecolabel européen et NF Environnement en France

2009 — 252
2010 — 351
2011 — 476
2012 — 553

Source: ecolabels.fr

Marché des cosmétiques naturels et biologiques — 2010, En France	
Le marché représente (2010)	336 millions €
Croissance (2007-2010)	38%
Part du marché global des cosmétiques	3%
Part du marché européen	15%

Source: www.quebecinternational.ca

BOURGOGNE, FRANCE

SOURCE 3:
SÉLECTION AUDIO

Introduction:

Cette sélection audio s'intitule «Le paradigme écologiste expliqué par Yves Cochet». Monsieur Cochet est un eurodéputé écologiste qui présente son point de vue sur le rapport entre l'économique, le social et l'écosphère. Ce podcast a été publié sur le site de podcasters.ch le 19 octobre 2007. © podcasters.ch

Vocabulaire
englober

» Interpersonal Speaking: CONVERSATION

 LIRE ÉCOUTER PARLER

Vous allez participer à une conversation. D'abord, vous aurez une minute pour lire une introduction à cette conversation qui comprend le schéma des échanges. Ensuite, la conversation commencera, suivant le schéma. Quand ce sera à vous de parler, vous aurez 20 secondes pour enregistrer votre réponse. Vous devriez participer à la conversation de façon aussi complète et appropriée que possible.

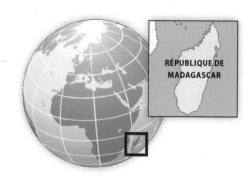

RÉPUBLIQUE DE MADAGASCAR

Introduction:

Vous parlez avec votre ami malgache, Feno, au sujet de l'écologie et ce que vous faites chez vous pour protéger l'environnement. Il a beaucoup de questions à vous poser.

Feno	Il vous salue et vous interroge sur vos activités plus tôt dans la journée.
Vous	Répondez-lui et dites-lui que vous avez participé à une activité écologique ce matin (à votre choix).
Feno	Il vous demande depuis quand vous en faites et votre raison pour y participer.
Vous	Expliquez vos motivations pour participer à cette activité et depuis quand vous le faites.
Feno	Il est très curieux et il vous demande d'expliquer plus vos actions responsables.
Vous	Racontez au moins deux autres activités que vous faites chez vous ou à l'école pour être écocitoyen(ne).
Feno	Il vous demande si cette attitude écologique est typique dans votre milieu.
Vous	Répondez-lui et justifiez votre réponse. Demandez-lui ce qu'il fait chez lui pour être un citoyen responsable.
Feno	Il vous explique ses actions en ce qui concerne les forêts à Madagascar.
Vous	Dites-lui que les forêts vous intéressent beaucoup, mais que vous devez partir. Demandez-lui si vous pouvez continuer la conversation plus tard.
Feno	Il répond affirmativement.

RÉPUBLIQUE DE MADAGASCAR

LIRE  PARLER

Vous allez faire un exposé pour votre classe sur un sujet spécifique. Vous aurez 4 minutes pour lire le sujet de présentation et préparer votre exposé. Vous aurez alors 2 minutes pour l'enregistrer. Dans votre exposé, comparez votre propre communauté à une région du monde francophone que vous connaissez. Vous devriez montrer votre compréhension des facettes culturelles du monde francophone. Vous devriez aussi organiser clairement votre exposé.

Sujet de la présentation:

La façon de s'alimenter est un aspect de la vie quotidienne qui varie d'un pays à l'autre (ou même d'une région à l'autre). Comparez les façons de s'alimenter dans votre pays à celles d'un pays francophone que vous connaissez. N'oubliez pas de considérer le rapport entre l'environnement, la santé, et le milieu social des populations que vous comparez.

Compréhension

agguerri(e) (adj.) (320) endurci par les combats

agrafeuse (n.f.) (288) appareil à agrafer

alentours (n.m./pl.) (324) les lieux autour

allaitement (n.m.) (318) le fait de nourrir

arnaque (n.f.) (286) escroquerie, tromperie

arpenter (v.) (311) parcourir de grandes distances

avoisinant(e) (adj.) (323) proche, voisin

benne (n.f.) (323) caisson servant à stocker et transporter des matériaux

berge (n.f.) (323) bord d'un cours d'eau

bocal (n.m.) (282) récipient généralement en verre et à large goulot

bois (n.m.) (282) substance solide qui constitue le tronc, les racines et les branches des arbres

braconnage (n.m.) (318) chasse illégale

broyé(e) (adj.) (321) écrasé

caoutchouc (n.m.) (282) substance élastique et imperméable provenant du latex de plantes tropicales ou obtenue à partir d'hydrocarbures

ciseaux (n.m./pl.) (288) instrument à deux lames mobiles et tranchantes, destiné à couper le papier, le tissu, etc.

clairière (n.f.) (304) zone dégarnie d'arbres dans un bois

coller (v.) (288) faire adhérer à quelque chose

corde (n.f.) (288) lien composé de fils d'une matière textile

croissance (n.f.) (285) augmentation

déboisement (n.m.) (301) fait d'enlever les bois d'un terrain

déchet (n.m.) (286) ce qu'on rejette après utilisation

découper (v.) (288) couper en morceaux

déferlante (n.f.) (310) phénomène de masse qui se propage

défi (n.m.) (306) challenge, épreuve

dépôt-vente (n.m.) (286) système de vente dans lequel le vendeur confie sa marchandise à un magasin

édifice (n.m.) (325) bâtiment

empreinte (n.f.) (289) marque, trace

englober (v.) (331) réunir, contenir

éparpillé(e) (adj.) (318) répandu

épingle de sûreté (n.f.) (288) dispositif en métal recourbé sur lui-même permettant de fixer du tissu en le piquant et en refermant l'aiguille de façon sécurisée

érable (n.m) (283) arbre à fruits secs munis de deux ailettes et qui produit un sirop

étagère (n.f.) (282) meuble composé de tablettes superposées

éveil (n.m.) (304) développement

fil (n.m.) (288) brin long et fin de matière textile

flacon (n.m.) (282) petite bouteille de verre

fléau (n.m.) (307) calamité

francilien(ne) (adj.) (311) de l'Île de France

gâchis (n.m.) (306) fait de gâcher, d'abîmer, d'endommager

gaspillage (n.m.) (307) gâchage, perte

grenelle (n.m.) (322) qui réunit différents acteurs politiques et associatifs pour trouver des solutions en matière d'écologie

guet-apens (n.m.) (286) piège

liège (n.m.) (320) matériau naturel, léger et imperméable fourni principalement par le chêne-liège

malgache (adj.) (332) de Madagascar

mélanger (v.) (304) agglomérer

pari (n.m.) (304) action de parier

pigiste (n.m.) (309) journaliste rémunéré à l'article

pistolet à colle (n.m.) (288) instrument permettant de projeter de la colle

pneu (n.m.) (282) bandage en caoutchouc enveloppant la chambre à air d'une roue

potable (adj.) (308) que l'on peut boire sans danger pour la santé

primeur (n.f.) (304) fruits et légumes

punaise (n.f.) (288) petit clou à grosse tête et à pointe courte

ruban adhésif (n.m.) (288) bande autocollante

s'alimenter (v.) (333) manger

séduit(e) (adj.) (315) charmé(e)

s'enfoncer (v.) (289) aller vers le fond

s'épuiser (v.) (319) se fatiguer

séjourner (v.) (324) passer du temps dans un lieu

tierce (n.f.) (329) troisième partie

traque (n.f.) (306) chasse

tremblement de terre (n.m.) (301) séisme

trier (v.) (322) séparer pour répartir et regrouper selon certains critères

vanter (v.) (327) glorifier

vente aux enchères (n.f.) (286) vente ouverte au public lors de laquelle le bien vendu est adjugé au plus offrant

vide-grenier (n.m.) (286) braderie organisée par des particuliers

vivrier(ère) (adj.) (306) qui produit des aliments destinés à l'homme

Pour mieux s'exprimer à ce sujet

bénévole (adj.) qui rend un service sans demander une rémunération en retour

couche d'ozone (n.f.) zone de l'atmosphère terrestre riche en ozone, située entre 15 et 40 km d'altitude

coûteux(-euse) (adj.) cher

effet de serre (n.m.) réchauffement de l'atmosphère du à l'émission de gaz carbonique

inondation (n.f.) débordement des eaux

planifier (v.) organiser

pollution sonore (n.f.) bruit qui provoque une gêne

réchauffement climatique (n.m.) augmentation de la température des océans et de l'atmosphère

tarif (n.m.) prix

volontariat (n.m.) bénévolat

CHAMONIX, FRANCE

QUESTIONS ESSENTIELLES

1. En quoi la créativité de l'être humain influence-t-elle le mode de vie dans notre société?

2. Dans quelle mesure nos penchants personnels influencent-ils les produits que nous consommons?

3. Comment nos goûts et nos préférences personnelles portent-elles sur la vie quotidienne?

QUÉBEC, CANADA

Chapitre **7**

À votre goût

» OBJECTIF **Présenter un point de vue en le soutenant**

1. LIRE ÉCRIRE PARLER

Haylie est en train de lire l'article suivant dans son cours de marketing. Identifiez le point de vue de l'auteur dans cet article. Cherchez au moins trois arguments employés par l'auteur et écrivez-les dans la boîte ci-contre, à la page 339. Puis, partagez ce que vous avez écrit avec un camarade de classe.

Lutter contre la publicité pourquoi?

Pourquoi lutter contre la publicité en général?

La publicité est omniprésente. Son **matraquage** est incessant et ses intrusions toujours plus **sournoises**: coupures TV et radio, téléphone, internet, autobus et métro emballés, sacs, vêtements, objets, etc. Nous subissons chacun(e) un nombre impressionnant de publicités par jour. La publicité fait progressivement son entrée dans les écoles (matériel pédagogique, partenariats, ventes de boissons). Avec le sponsorat, elle altère l'esprit du sport et s'immisce dangereusement dans la culture. A coups de millions, les multinationales font leur propagande, quels que soient les risques sur l'environnement et les répercussions sur la santé physique et mentale (nucléaire, automobile, alcool, cigarettes . . .).

Rétrograde et dangereuse

La publicité propage des idéologies néfastes: sexisme, ethnocentrisme, culte de l'apparence, compétition, violence . . . en une escalade sans but et sans fin. Elle n'hésite pas à jouer sur nos pulsions animales, nos souffrances et nos frustrations pour nous vendre cette recette trompeuse qu'est le bonheur par la seule consommation. Pour se faire, toutes les disciplines artistiques, la psychologie et la sociologie sont utilisées pour accroître la force de leur persuasion. La publicité génère la violence chez ceux et celles qui n'ont pas les moyens d'acheter les objets qu'elle nous dicte d'acquérir et qui nous permettrait d'accéder au bonheur. Elle provoque la frustration, un sentiment d'exclusion et des complexes en terme d'image de soi face à ses modèles. Son seul objectif est de pousser à la consommation au mépris des réalités humaines, écologiques, et sociales.

Antidémocratique et inégalitaire

Quelqu'un qui souhaite vivre en société ne peut pas échapper à la publicité. Elle a le monopole de l'expression, elle n'est pas de la communication puisque l'envoi du message se fait à sens unique, ne nous donnant jamais l'occasion de répondre. Seuls ceux et celles qui ont de l'argent peuvent l'utiliser. Dans ce système, une grosse entreprise peut se doter d'une image positive et vendeuse même si elle a des mauvais produits à vendre et un comportement irresponsable. Au contraire, un petit producteur aux procédés éthiques se retrouve noyé, faute de moyens . . . Elle construit un système de **prétendue** compétition où ce n'est pas le meilleur qui gagne mais le plus riche. La publicité lie les médias (puisqu'elle les finance) aux exigences des annonceurs-entreprises, les poussant à ne rechercher que la plus large audience, le public le plus vaste, au détriment de la qualité et de l'esprit critique. En menaçant de retirer les budgets publicitaires dont les médias dépendent, les pouvoirs économiques se mettent à l'abri de toutes critiques.

Inutile et coûteuse

La publicité crée de faux besoins et provoque des dépenses inutiles et le surendettement. En poussant vers une consommation superflue et futile, la publicité contribue à l'épuisement des ressources de la planète et à la création de déchets. Elle n'est pas nécessaire à l'économie (sur les 5 dernières années, elle a augmenté six fois plus vite que la croissance réelle) mais uniquement à la bataille des parts de marché dont elle est l'arme favorite. Au contraire, nous payons son coût, il est inclus dans le montant de nos achats.

Pire encore, ce que les entreprises dépensent en publicité est hélas compensé par des réductions de budget sur les autres postes (emplois supprimés ou délocalisés, conditions de sécurité négligées, salaires et conditions sociales indécentes). C'est sur cette réalité que repose la stratégie des multinationales.

Pour en savoir plus sur les (bonnes!) raisons de combattre la pub:

• http://www.bap.propagande.org
• http://www.blogantipub.wordpress.com
• http://www.casseursdepub.org

-Cet article a été écrit par Alain Geerts et publié le 15 janvier 2013 sur le site internet de la Fédération Inter-Environnement Wallonie, http://www.iew.be.

Argument 1:

Argument 2:

Argument 3:

2. 📖 LIRE ✏️ ÉCRIRE

Maintenant que vous avez identifié les arguments, examinez la façon dont l'auteur a soutenu ses arguments. Écrivez trois idées que l'auteur propose pour soutenir ses arguments.

Argument	Idées qui soutiennent l'argument
Argument 1:	1.
	2.
	3.
Argument 2	1.
	2.
	3.
Argument 3	1.
	2.
	3.

3. 💬 PARLER

Et vous? Après avoir lu cet article, qu'est-ce que vous pensez de la publicité? Êtes-vous pour ou contre? Êtes-vous d'accord avec l'auteur? Expliquez votre point de vue à ce sujet à l'oral avec un(e) camarade de classe.

4. LIRE ÉCRIRE

Parfois, plusieurs points de vue sont présentés en même temps dans un texte ou dans une discussion. Il faut pouvoir identifier les points de vue différents. Lisez les points de vue variés ci-dessous. Décidez s'ils sont plutôt positifs ou négatifs en plaçant les noms dans les colonnes qui correspondent. Ensuite, reformulez le point de vue avec vos propres mots.

- **Antoine:** En général la publicité crée de nouveaux besoins. Nous vivons dans une société de consommation et elle incite à consommer davantage. Pourtant, on devrait apprendre à changer nos valeurs en insistant sur des valeurs comme la famille, le respect, les amis, l'amour . . .

- **Marion:** Sans les pubs à la télé on ne connaîtrait pas les différents produits qui existent! En plus il y en a de très drôles.

- **Yassine:** Le truc que je ne supporte pas, ce sont les pubs avec un slogan et trois notes de musique à la fin qui restent bien coincées dans ta tête tout le temps et qui manipulent les gens.

- **Ludovic:** Les pubs qui sensibilisent contre l'alcool au volant ou contre le suicide sont un bon élément pour notre société.

- **Amina:** La publicité est nécessaire pour une entreprise afin de se faire connaître ou de faire connaître les nouveautés qu'elle lance sur le marché. Cela favorise la consommation et donc l'économie (plus la consommation grandit, plus l'économie est **florissante**).

- **Thérèse**: Souvent les entreprises font croire que leurs nouveaux produits sont meilleurs que ce que fait la concurrence alors que cela peut être faux. On parle alors de publicité mensongère.

Argument Positif +	Argument Négatif −
	Exemple: Antoine pense que les publicités encouragent le public à acheter trop de produits dont on n'a pas vraiment besoin.

5. ÉCOUTER ÉCRIRE

Vous allez entendre plusieurs personnes parlent d'un aspect de la vie au Maghreb. Remplissez le tableau ci-dessous avec le nom de chaque personne qui parle et un résumé de son point de vue, c'est à dire son/ses arguments(s) et comment il/elle les soutiennent.

Locuteur	Point de vue et arguments
1. Anis	
2. Naima	
3. Mohamed	
4. Wafaa	

ALGER, ALGÉRIE

6. LIRE ÉCRIRE

Lisez chaque groupe de phrases qui soutiennent un point de vue. Identifiez le point de vue de chacun.

1. Point de vue:

_____

- Les jeunes conduisent plus vite que les générations précédentes.
- Il y a un plus grand nombre d'accidents chez les jeunes conducteurs.
- Pour mieux protéger tous ceux qui sont sur la route, il faut imposer un couvre-feu pour ceux qui ont moins de 18 ans.

2. Point de vue:

_____

- Il est important de découvrir de nouvelles personnes, de nouvelles cultures et de nouvelles langues pour mieux s'adapter à certaines situations dans la vie.
- Les voyages nous permettent d'être plus tolérants et d'avoir une meilleure vision du monde dans lequel on vit.
- Après avoir voyagé, on comprend que l'on peut très bien vivre avec très peu de choses et on apprend à établir les priorités et les valeurs chez soi.

3. Point de vue:

_____

- L'immigration a un impact nettement positif sur l'économie en augmentant la demande des biens et des services locaux.
- Les immigrés apportent leurs compétences, leurs coutumes, leur culture pour enrichir le pays.
- C'est la méthode la plus simple et la moins chère pour aider les pays en difficulté. Il suffit simplement d'ouvrir les frontières aux refugiés.

7. 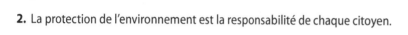 LIRE  ÉCRIRE

Faites une liste de trois points qui soutiendraient chacun des arguments présentés ci-dessous.

1. La technologie occupe une trop grande partie de notre vie.

- •
- •
- •

2. La protection de l'environnement est la responsabilité de chaque citoyen.

- •
- •
- •

3. Les performances des athlètes professionnels ne valent pas leurs salaires.

- •
- •
- •

4. Les études universitaires coûtent trop cher aux États-Unis.

- •
- •
- •

5. Les cartes de crédit sont un mal nécessaire dans la société de nos jours.

- •
- •
- •

Quelques connecteurs pour préciser un point de vue	
Pour ma part / À mon avis	
Je trouve que / J'estime que	
En ce qui me concerne	
À ses yeux	
De plus / En outre	
En dépit de	
Par conséquent	
Sans parler de	
À titre d'exemple	
Il ne faut pas oublier que	
Pour conclure / En résumé / En somme	

8. 📖 **LIRE** ✏️ **ÉCRIRE**

Complétez le paragraphe suivant avec des connecteurs logiques.

Tout le monde parle des merveilles de Facebook. _____, ça ne sert à rien. _____, c'est une distraction de ma vraie vie et une énorme perte du temps. Certaines personnes plus ou moins seules dans la vie se valorisent en affichant des centaines «d'amis» qu'ils n'ont jamais rencontrés. _____, les réseaux sociaux comme Facebook sont un excellent outil pour trouver des gens et pour rester en contact avec tout le monde. Mais _____, ceux qui comptent vraiment vont trouver un moyen de communiquer avec moi sans ce genre de communication. _____ fait que je déteste les nouvelles banales qui sont la mode sur les murs. _____, j'étais au travail ce matin, et mon collègue lisait les postes sur son mur, «Je déprime depuis 10 minutes a cause de cette pluie . . .» blablabla. Et je n'ai pas envie de lire ce que mon ami d'enfance que je n'ai pas revu depuis 15 ans a pris pour le petit déjeuner. _____, je n'ai aucun désir de suivre les informations personnelles que tout le monde affiche, de regarder les photos des autres, de cliquer «j'aime» sur les commentaires débiles, de commenter, ni d'exposer ma vie personnelle au vu de tout le monde.

9. ✏️ **ÉCRIRE**

Écrivez un paragraphe bien structuré qui présente un point de vue logique (ou positif ou négatif) sur l'un des deux sujets mentionnés. N'oubliez pas de soutenir votre argument avec un raisonnement logique. Employez des connecteurs pour embellir votre argument et votre paragraphe d'une manière générale.

(A) L'importance d'être à la mode (dans ses vêtements)

(B) La valeur du travail

Leçon 1 | À chacun ses préférences

» OBJECTIF   *Réfuter un point de vue*

1. LIRE PARLER

Pour pouvoir réfuter un point de vue, il faut d'abord identifier clairement ce point de vue. Relisez l'article à la page 338 de nouveau en vous rappelant les arguments de l'auteur. Puis, partagez-les à l'oral avec un partenaire.

2. ÉCRIRE

Avec la liste que vous avez faite (ou les arguments de l'article soulignés dans le manuel), écrivez l'argument qui contredit le point de vue de la phrase originale.

point de vue original	phrase qui contredit
Exemple: Le sponsorat altère l'esprit de sport.	*Exemple: Je crois que l'esprit de sport existe malgré le sponsorat.*

POINTGRAMMAIRE

DONT / CE DONT

Les pronoms *dont* et *ce dont* fonctionnent de la même manière que les pronoms *que* et *ce que* (RAPPEL: voir les pronoms *que/ce que* et *qui/ce qui* dans le Chapitre 5 à la page 246). La différence principale, est que *dont* et *ce dont* s'emploient lorsqu'il y a une expression qui prend la préposition *de*. Dont est généralement suivi par un nom et se traduit comme *that, of which* ou *whose* en anglais.

Le pronom *dont* peut s'appliquer à des personnes ou à des choses. Il joue de multiples rôles: complément de nom, complément d'adjectif, complément d'objet indirect, et marque la possession ou la cause.

Modèles:

Complément d'objet indirect: Le défi *dont* nous parlons est très sérieux. [parler de]

Complément d'adjectif (marquant la cause): Nous verrons le résultat *dont* vous serez très fiers. [être fier de]

Complément de nom (marquant la possession): L'adolescent *dont* la mère est médecin est parti travailler avec Médecins sans frontières. [la mère de l'adolescent]

Voici d'autres expressions avec la préposition de avec lesquels on pourrait employer le pronom *dont*:

parler de

se servir de

se souvenir de

s'agir de

dépendre de

s'inquiéter de

faire la connaissance de

avoir besoin de

avoir peur de

avoir envie de

être _____ de _____ (ex: Je suis le chef de l'entreprise).

Le pronom *ce dont* remplace une chose ou une idée. La proposition où il est placé peut être sujet (exemple 2) ou object direct (exemple 1).

Exemples:

1. Devinez *ce dont* j'ai envie.

2. *Ce dont* il s'agit dans cet article, est un sujet assez controversé.

3.  LIRE ✎ ÉCRIRE

Mettez le pronom relatif *dont* ou *ce dont* pour les cinq premières phrases, puis écrivez une phrase originale avec *dont* et une phrase originale avec *ce dont*. N'oubliez pas d'employer ces pronoms relatifs lorsque vous formulerez et soutiendrez des arguments.

1. Les budgets publicitaires _____ les médias dépendent sont très importants.

2. Les parts de marché _____ elle est l'arme favorite tournent autour de l'argent.

3. _____ il n'a pas envie, c'est de faire faillite dans sa deuxième année d'existence.

4. Les outils _____ on se sert pour faire ce genre de travail sont à la disposition de tous les employés.

5. Le PIB (produit intérieur brut), c'est _____ les chefs d'entreprise s'inquiètent.

6. Phrase originale avec dont: _____

7. Phrase originale avec ce dont: _____

4. ✎ ÉCRIRE ❓ PARLER

Maintenant que vous avez une liste de nouvelles phrases qui contredisent les phrases originales de l'article, (Exercice 2, p. 344) pensez à trois raisons qui soutiennent la contradiction (même si vous pensez autrement!). Si vous avez besoin d'aide pour des idées, parlez à un(e) camarade de classe.

> *Exemple: Je crois que l'esprit de sport existe malgré le sponsorat.*
>
> *3 raisons:*
> * *Je me perds dans le match et ne regarde aucune publicité.*
> * *Les produits avec lesquels ils me tentent sont si connus que les publicités ne me distraient pas pendant un match.*
> * *Après avoir payé un match professionnel, je n'ai pas l'argent qu'il faut pour acheter les produits qui le sponsorisent.*

Phrase:

3 raisons:
*
*
*

Phrase:

3 raisons:
*
*
*

Phrase:

3 raisons:
*
*
*

5. **ÉCRIRE**

Écrivez une composition qui exprime les idées que vous avez organisées pour l'exercice 4 d'une manière soignée, à l'écrit. N'oubliez pas d'employer des mots et des expressions qui embellissent votre argument. Essayez également d'employer des pronoms relatifs dans les phrases complexes que vous créez *(qui, que, dont, ce qui, ce que, ce dont)*.

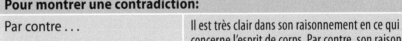

Pour enjoliver vos arguments	
Organiser vos arguments:	***Exemples:***
D'abord . . .	D'abord, je dois dire qu'il y a plusieurs raisons pour lesquelles je ne suis pas d'accord avec ce que dit l'auteur.
Premièrement . . .	Premièrement, je me perds dans le match et ne regarde aucune publicité.
Deuxièmement . . .	Deuxièmement, les produits avec lesquels ils me tentent sont si connus que les publicités ne me distraient pas pendant un match.
Troisièmement . . .	Troisièmement, après avoir payé un match professionnel, je n'ai pas l'argent qu'il faut pour acheter les produits qui le sponsorisent.
En premier lieu . . .	En premier lieu, je me perds dans le match et ne regarde aucune publicité.
En deuxième lieu . . .	En deuxième lieu, les produits avec lesquels ils me tentent sont si connus que les publicités ne me distraient pas pendant un match.
Ensuite . . .	Ensuite, après avoir payé un match professionnel, je n'ai pas l'argent qu'il faut pour acheter les produits qui le sponsorisent.
Pour terminer . . .	Pour terminer, je crois avoir bien montré les raisons pour lesquelles je ne suis pas d'accord.
Pour montrer une contradiction:	
Par contre . . .	Il est très clair dans son raisonnement en ce qui concerne l'esprit de corps. Par contre, son raisonnement pour ses autres arguments est illogique.
Au contraire . . .	Il est très clair dans son raisonnement en ce qui concerne l'esprit de corps. Au contraire, son raisonnement pour ses autres arguments est illogique.
. . . manquer de . . .	L'auteur manque de raisonnement lorsqu'il aborde le sujet de la liberté.
. . . ne . . . aucun(e)	Je ne vois aucun argument logique dans cet article.
Aucun(e) . . . ne	Aucune logique ne peut soutenir cette hypothèse.
. . . ne . . . ni . . . ni . . .	Je ne suis d'accord ni avec son premier argument ni avec son deuxième.
. . . ne . . . nulle part	Je ne vois nulle part dans l'article une bonne explication de ses raisons.

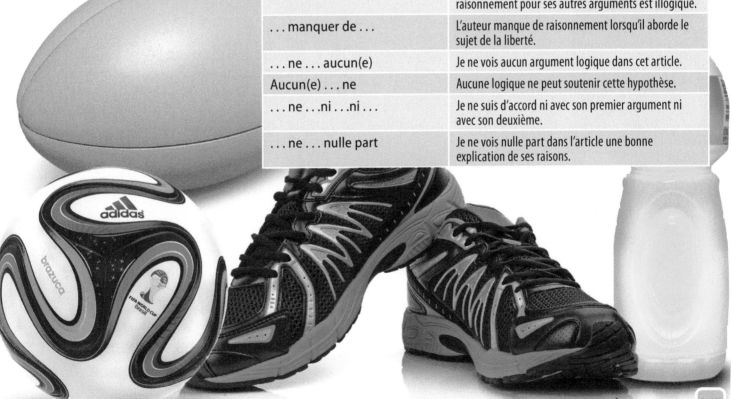

Leçon 1 | À chacun ses préférences

» **OBJECTIF** *Faire des comparaisons*

1. LIRE ÉCRIRE

Avant de lire cet extrait d'article au sujet des marques françaises, faites une liste de toutes les marques françaises ou francophones que vous connaissez. Pensez à la mode, à la nourriture, etc. Ensuite, décrivez la marque à un partenaire sans dire le nom. Votre partenaire doit la deviner.

POINT**CULTURE**

Lisez les comparaisons françaises avec les animaux et trouvez la bonne réponse. La locution <u>comme</u> est souvent employé pour exprimer une similitude entre deux choses. Ensuite, décrivez une personne (célèbre ou non) qui représente chaque adjectif.

On dit qu'on est . . . comme . . .

1. bavard	a. un âne
2. rusé	b. un serpent
3. fort	c. une carpe
4. têtu	d. une pie
5. sale	e. un agneau
6. muet	f. un renard
7. vénimeux	g. un lion
8. doux	h. un cochon

L'Art singularise l'image de la marque

Seul l'art a cette unique capacité de cristalliser la culture de son temps, aussi le partenariat avec l'art devient pour la marque un canal de diffusion inépuisable.

Selon la prophétie d'Andy Warhol: «*les grands magasins deviendront des musées et les musées des grands magasins*», le «flagship store» est devenu un musée et un diffuseur d'art. La nouvelle Maison Guerlain, 68 Champs-Elysées, accueille ses visiteurs dans son nouveau temple du luxe par l'abeille iconique de Guerlain. En 2012, Louis Vuitton a immergé ses visiteurs dans une scénographie de l'artiste japonaise Yayoi Kusama (83 ans) pour attiser la curiosité et internationaliser la marque.

Le fameux logo LV que Louis Vuitton imprimait sur la toile des **malles** des voyageurs du XIXᵉ siècle a été réécrit dans le graphisme contemporain des artistes choisis par Marc Jacobs, le directeur artistique américain. Le sac Vuitton devient l'ambassadeur du business artistique. En 2009, Le monogramme LV s'est mis aux graffitis colorés du New Yorkais Stephen Sprouse (1953–2004), connu pour avoir opéré la fusion entre le streetwear et la mode des quartiers chics: l'esprit punk de *la Sprousemania*, «Marc Jacobs a voulu réinventer lel angage d'aujourd'hui qu'est le graffiti», Yves Carcelle.

En 2002, Marc Jacobs fait appel au chef de file du néo-pop japonais imprégné de l'imaginaire de la Manga et de la conception shantoïste «où une fleur est habitée par l'esprit», Takashi Murakami. L'artiste est invité à réinterpréter la toile mythique pour une ligne colorée, joyeuse et rafraîchissante. Le sac «Cherry Blossom» affiche la fleur du Printemps japonais et Speedy 30 se pare du Monogram multicolore en 33 couleurs.

Dom Perignon affirme sa singularité en «associant un millésime hors norme et un artiste provocateur en édition limitée», explique le maître de chais de la marque. La Balloon Venus du plus kitsch des artistes américains, Jeff Koons, est le réceptacle des deux grands **millésimes** Rosé 2003 et Blanc 2004. Les deux coffrets réalisés sur mesure à partir de la Vénus préhistorique métallisée ont été vendus à 18 000 € en 650 exemplaires.

© Annette Bonnet-Devred, L'Institut supérieur du commerce de Paris

CHAPITRE 7 • À votre goût

2. **ÉCRIRE**

En utilisant une expression comparative, comparez les deux éléments mentionnés ci-dessous. Si vous ne les connaissez pas, recherchez dans l'article ci-dessus ou sur Internet pour pouvoir bien expliquer.

1. Andy Warhol et Marc Jacobs
2. l'esprit punk et l'esprit traditionnel
3. le graffiti et l'art
4. un grand magasin et une boutique
5. New York et Tokyo
6. les stratégies de Dom Pérignon et de Louis Vuitton

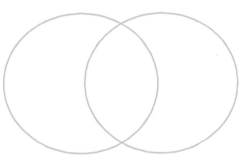

3. **ÉCRIRE** ❓ **PARLER**

D'après Andy Warhol: «les grands magasins deviendront des musées et les musées des grands magasins». Comparez les grands magasins et les musées en utilisant un diagramme Venn pour organiser vos pensées. Ensuite, discutez de votre opinion avec un partenaire.

POINT**RAPPEL**

N'oubliez pas d'utiliser la structure correcte pour indiquer la relation entre les deux éléments quand on emploie le comparatif.

Exemples:

Les sacs à mains de marque sont plus stylés que les autres.

Les autres sacs à mains coûtent moins cher que les sacs à mains de marque.

Certaines personnes trouvent les sacs sans marque aussi beaux que les sacs de marque.

Et quand on compare une quantité (en forme de substantif), il est nécessaire d'utiliser «de» avant le substantif et utiliser «autant de» pour l'égalité.

Exemple:

Jacques a moins de temps pour sortir que moi parce qu'il fait partie d'une équipe de sport.

Par contre, Sophie fait autant de sorties que moi.

POINT**LEXIQUE**

Quand on écrit des comparaisons, il est important de donner un contexte et une explication des éléments comparés. Une phrase ne suffit pas pour une comparaison profonde. Donc, il est nécessaire d'employer des expressions spécifiques pour bien identifier la comparaison et pour ne pas être répétitif. Essayez de créer des exemples pour chaque expression.

Expressions pour comparer		
d'un côté . . . de l'autre (côté)	tout comme	celui (ceux), celle (celles)
si vous aimez ceci, vous aimerez également cela	de même que	par contre
vice versa	alors que	à la manière de
semblablement	tandis que	comme

Exemples:

D'un côté, New York et Tokyo sont des villes très similaires et importantes pour la mode parce que . . . De l'autre côté, New York est plus important en ce qui concerne la mode parce que . . .

Si vous aimez les sacs de Louis Vuitton des années 2000, vous aimerez également les nouveaux sacs de Marc Jacobs.

4.  **LIRE** | **ÉCRIRE**

Lisez le poème ci-dessous et le post d'un blog ci-contre et comparez le ton des deux textes. N'oubliez pas d'inclure des expressions de comparaison.

Crépuscule du matin
Charles Baudelaire (1821–1867)

La **diane** chantait dans les cours des **casernes**,
Et le vent du matin soufflait sur les lanternes.

C'était l'heure où **l'essaim** des rêves malfaisants
Tord sur leurs oreillers les bruns adolescents;
Où, comme un oeil sanglant qui palpite et qui bouge,
La lampe sur le jour fait une tache rouge;
Où l'âme, sous le poids du corps **revêche** et lourd,
Imite les combats de la lampe et du jour.
Comme un visage en pleurs que les brises essuient,
L'air est plein du frisson des choses qui s'enfuient,
Et l'homme est las d'écrire et la femme d'aimer.

Les maisons çà et là commençaient à fumer.
Les femmes de plaisir, la paupière livide,
Bouche ouverte, dormaient de leur sommeil stupide;
Les pauvresses, traînant leurs seins maigres et froids,
Soufflaient sur leurs **tisons** et soufflaient sur leurs doigts.
C'était l'heure où parmi le froid et la **lésine**
S'aggravent les douleurs des femmes en **gésine**;
Comme un sanglot coupé par un sang **écumeux**
Le chant du coq au loin déchirait l'air brumeux;
Une mer de brouillards baignait les édifices,
Et les agonisants dans le fond des hospices
Poussaient leur dernier râle en hoquets inégaux.
Les débauchés rentraient, brisés par leurs travaux.

L'aurore **grelottante** en robe rose et verte
S'avançait lentement sur la Seine déserte,
Et le sombre Paris, en se frottant les yeux,
Empoignait ses outils, vieillard laborieux.

JE NE SUIS PAS DU MATIN . . .

Mais genre, quand je vous dis que je ne le suis pas, ça n'est pas un vain mot! Le lever est pour moi une lutte **pénible**, voire douloureuse, qui commence à la minute même où mon réveil sonne. Cette sonnerie horripilante, déjà . . . Quelle qu'elle soit, elle l'est forcément puisqu'elle m'arrache sauvagement et **inopinément** des bras de Morphée! Je «snooze» systématiquement une à deux fois la sonnerie, en espérant pouvoir trouver dans les 5 petites minutes de rab que je m'accorde assez de courage pour m'extirper du lit. Évidemment, je n'en sors que parce que je n'ai pas le choix, pas parce que j'ai du courage, à cet instant précis du moins!

Je suis incapable de me dépêcher le matin, j'ai BESOIN de temps pour émerger. J'ai bien essayé de rationaliser en préparant mes affaires la veille (version pas d'hésitation devant la penderie), en zappant l'étape petit déjeuner, rien à faire: je suis toujours ric rac, quand je ne suis pas carrément **à la bourre**. La faute à pas de chance: des poils blancs de chat sur mon manteau noir, impossible de sortir comme ça, et hop! 5 précieuses minutes de brosse collante . . . Le chat, justement, qui miaule avec ses grands yeux humides devant sa **gamelle** vide, vous me prenez pour qui au juste?! je suis obligée de répondre? son fervent appel! La robe que je voulais mettre qui est complètement **froissée** et que je suis obligée de repasser au dernier moment, ces [. . .] clefs que je ne trouve pas, évidemment, juste au moment de partir, le pull que je comptais mettre aujourd'hui et qui est comme par hasard introuvable . . . et j'en passe! Sans parler du téléphone ou du parapluie que j'oublie quand je suis déjà quelques étages plus bas, voire carrément dans la rue . . .

Conclusion, je mets entre une 1h et 1h30 pour me préparer, rien que ça . . . et une bonne heure supplémentaire pour sortir de ma léthargie matinale. Vous l'aurez compris: me lever le matin pour moi n'est pas loin d'être une épreuve insurmontable!

Et vous, vous êtes plutôt du matin ou du soir?!

© DeeDeeParis.com/blog

Comparaisons entre le poème et le post d'un blog
1.
2.
3.
4.

5.  **ÉCRIRE**

Écrivez un post pour mettre sur votre blog en répondant à la question: vous êtes plutôt du matin ou du soir? Dans ce post, comparez votre préférence à celle de quelqu'un que vous connaissez qui préfère le contraire. Citez des avantages et des inconvénients des deux préférences.

LIRE

La sélection suivante est accompagnée de plusieurs questions. Pour chaque question, choisissez la meilleure réponse selon la sélection.

Introduction:

Dans cet article, il s'agit de l'agence de communication Audiadis. Cet extrait a été publié sur le site audiadis.net. © Guy Hausermann

AUDIADIS

AUDIADIS est une agence de communication multi-sensorielle née d'une idée simple: être proche et commerçant avec ses clients pour communiquer de façon réactive et animer le point de vente sur le terrain.

Ligne

5 En 2000, AUDIADIS invente la communication locale pour s'adresser directement aux consommateurs présents en magasin, à l'aide d'un outil efficace, simple, réactif et créatif qui **s'appuie sur** la technologie web et permet la diffusion en temps réel de contenus audio **au sein des** magasins: annonces

10 commerciales locales ou nationales, playlists musicales d'ambiance ou à thématique saisonnière, etc.

Fort du constat que les clients sont réceptifs lorsqu'on s'adresse directement à eux, AUDIADIS se diversifie et ajoute le visuel dynamique à son offre audio. La société complète son offre

15 multi-sensorielle avec le pôle olfactif fortement **épaulé par** un solide réseau de parfumeurs et une technologie unique de diffusion.

Sur ces 3 pôles, audio, visuel et olfactif AUDIADIS développe ses propres technologies de diffusion et produit tous les contenus

20 diffusés chez ses clients.

Enfin, depuis 2012, AUDIADIS Live assure la promotion d'artistes et l'organisation de concerts sur Genève et la Suisse Romande.

Fondée en 2000 par une équipe d'anciens distributeurs

25 alimentaires, AUDIADIS intègre aujourd'hui une équipe d'une quarantaine de personnes aux compétences multiples: graphistes, développeurs, ingénieurs du son, comédiens(nes), créatifs, techniciens installateurs, commerciaux, hotline . . .

1. **AUDIADIS joue avec lesquels des cinq sens dans son approche multi-sensorielle?**

   a. l'odorat, la vue, l'ouïe

   b. l'odorat, l'ouïe, le toucher

   c. le toucher, le goût, la vue

   d. le goût, l'odorat, la vue

2. **Quelle activité l'agence AUDIADIS fait-elle en plus de son travail professionel?**

   a. exposer des arts plastiques

   b. monter des spectacles dans la région

   c. faire un don annuel aux musées de Genève

   d. fabriquer des outils réceptifs

3. **Qui a fondé AUDIADIS?**

   a. un jeune entrepreneur genèvois

   b. deux personnes qui avaient été professeurs auparavant

   c. plusieurs ingénieurs du son

   d. un groupe de personnes qui avaient travaillé dans la distribution de la nourriture

4. **Dans le contexte de cet extrait, que veut dire le mot «quarantaine»?**

   a. 25%

   b. séparé des autres

   c. un type de triangle

   d. environ 40

5. **Quel est le but principal de cette sélection écrite?**

   a. ouvrir de nouveaux magasins

   b. vendre des tableaux en Suisse

   c. attirer des distributeurs alimentaires

   d. présenter et promouvoir l'agence

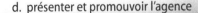

 LIRE ÉCOUTER

Vous allez lire un passage et écouter une sélection audio. Pour la lecture, vous aurez un temps déterminé pour la lire. Pour la sélection audio, vous aurez d'abord un temps déterminé pour lire une introduction et pour parcourir les questions qui vous seront posées. La sélection sera présentée deux fois. Après avoir écouté la sélection une première fois, vous aurez 1 minute pour commencer à répondre aux questions; après avoir écouté la sélection une deuxième fois, vous aurez 15 secondes par question pour finir de répondre aux questions. Pour chaque question, choisissez la meilleure réponse selon la sélection audio ou la lecture et indiquez votre réponse sur votre feuille de réponse.

SOURCE 1:

Introduction:

Dans cet extrait écrit, il s'agit de l'audio dans le marketing et sa capacité d'attirer des clients potentiels. Ce texte a été tiré du site audiadis.net. © Guy Hausermann

AUDIO

Notre cœur de métier: l'animation audio de proximité et personnalisée en magasin

En 2001, Audiadis innove et lance la communication de

Ligne proximité avec les annonces locales en magasin et devient, dès

5 2003, le leader de l'animation audio locale via Internet, avec une solution 100% web très simple d'utilisation et entièrement paramétrable en fonction des besoins des **enseignes** (diffusion corporate et/ou locale . . .).

Cet outil permet également la diffusion d'une programmation

10 musicale chartée.

Le programme diffusé est entièrement personnalisé.

L'audio, le média le plus impactant

Au fil des années et forte de cette expérience, Audiadis développe toute une **panoplie** de services autour du très impactant média audio: créations d'identité sonores, messages

15 d'attente téléphonique, spots radio, habillages sonores de vidéo . . .

Découvrez nos solutions et créations!

Création d'identités sonores

Un mélange de mix émotionnel!

Musiques, voix et sons véhiculent l'esprit d'une marque pour . . .

20   • Marquer et encoder la mémoire du public

    • Apporter notoriété et légitimité

    • Harmoniser la stratégie de communication

    • Faire passer des messages

À partir, d'un brief précis sur la marque, ses **cibles**, ses buts . . .

25 nos professionnels élaborent une identité déclinable pour jingle

radio, TV, programmation musicale, attentes et messages

téléphoniques . . .

SOURCE 2: SÉLECTION AUDIO 🎧

Introduction:

Cette sélection est une publicité catch-traffic pour Perrier Fluo. Elle a été créée par l'agence Audiadis, qui se spécialise en communication multi-sensorielle dans le marketing. © Guy Hausermann

1. Quel est l'objectif le plus important de l'agence Audiadis selon le texte?

a. La programmation est personnalisée.

b. Les sons sont faciles à créer.

c. On enseigne quelque chose par l'écoute.

d. Le message ne sera pas diffusé en public.

2. Quel aspect du produit entend-on sur l'enregistrement audio?

a. l'air qui se dépressurise lorsqu'on ouvre la bouteille

b. une bouteille qui tombe sur le sol

c. un liquide versé dans un verre

d. des clients qui boivent dans un café

3. Dans le contexte de la sélection écrite, quel serait un synonyme du mot «panoplie»?

a. une singularité

b. un parasol

c. une brochure

d. une variété

4. Quel parfum de Perrier fluo est mentionné dans la sélection audio?

a. gingembre-cerise

b. guimauve-barbapapa

c. grenade-raisin

d. agrumes-pêche

5. Quel est le but du texte?

a. attirer de la clientèle

b. plaire aux lecteurs

c. demander de la compassion

d. donner des **échantillons** gratuits

» Interpretive Communication: AUDIO TEXTS

 ÉCOUTER

Vocabulaire
atelier
du cru
facticité
jalonner
terroir

Vous allez écouter une sélection audio. Vous aurez d'abord un temps déterminé pour lire l'introduction et pour parcourir les questions qui vous seront posées. La sélection sera présentée deux fois. Après avoir écouté la sélection une première fois, vous aurez 1 minute pour commencer à répondre aux questions; après avoir écouté la sélection une deuxième fois, vous aurez 15 secondes par question pour finir de répondre aux questions. Pour chaque question, choisissez la meilleure réponse selon la sélection audio et indiquez votre réponse sur la feuille de réponse.

Introduction:

Dans cette sélection audio, il s'agit des magasins qui sont destinés aux touristes, les magasins de souvenirs. Ce podcast a été diffusé par Moustic Audio Agency à Paris. © Moustic Audio Agency

www.moustic.fr

1. Dans le contexte de ce podcast, que veut dire le mot «souvenir»?

  a. une sensation d'un évènement passé

  b. un objet qui représente un lieu

  c. la mémoire

  d. la sympathie

2. Les magasins de souvenirs se trouvent dans quels endroits touristiques?

  a. des quartiers

  b. des sites naturels

  c. des musées

  d. tous les sites mentionnés

3. «Le rôle attribué à ces magasins est souvent important et ambigu». Quel est un synonyme pour le mot *ambigu*?

  a. précis

  b. bien déterminé

  c. élusif

  d. clair

4. En général, quel est le rôle principal des magasins touristiques?

  a. intégrer les arts dans le commerce

  b. mettre des toilettes publiques à la disposition des visiteurs

  c. promouvoir des sites touristiques

  d. vendre des produits uniques

5. Par contre, il existe des touristes qui refusent d'acheter un des souvenirs dans ces magasins. Le podcast donne deux explications possibles: le refus total du magasin comme symbole de consommation et:

  a. l'insatisfaction.

  b. le prix de produits locaux.

  c. le manque de temps.

  d. trop d'options.

 LIRE ✎ ÉCRIRE

Vous allez écrire une réponse à un message électronique. Vous aurez 15 minutes pour lire le message et écrire votre réponse. Votre réponse devrait débuter par une salutation et terminer par une formule de politesse. Vous devriez répondre à toutes les questions et demandes du message. Dans votre réponse, vous devriez demander des détails à propos de quelque chose mentionnée dans le texte. Vous devriez également utiliser un registre de langue soutenue.

Introduction:

Dans cette sélection, il s'agit du logement étudiant. L'agence Immobilier *Immoétudiant Aix* vous contacte pour vous aider à trouver du logement quand vous serez à l'université à Aix-en-Provence. Vous répondrez au sujet de vos désirs le concernant.

de: mbenoît@immoétudiantaix.fr

Aix-en-Provence, le 29 avril 2015

Cher/chère étudiant(e):

C'est avec plaisir que nous vous souhaitons, avec un peu d'avance, la bienvenue à Aix-en-Provence,

Ligne
la ville estudiantine de la région. Nous vous avons
5 envoyé ce message après avoir reçu la bonne nouvelle que vous serez bientôt étudiant(e) dans l'une de nos universités à Aix.

Chez Immo étudiant Aix, nous cherchons à vous aider à trouver un logement qui vous convienne
10 au niveau de votre budget ainsi que de votre train de vie. Nous avons plusieurs types de logement à vous faire connaître:

- appartements (meublés et/ou non-meublés, deux pièces)

15 - **co-hébergement** (chambre dans une maison individuelle, famille d'accueil)

- cité universitaire (chambre 10 m², avec douche 14 m², avec wc/douche 14 m², studios avec douche, lavabo, wc, cuisinette équipée
20 15 m²)

Si vous désirez que nous vous aidions à trouver un logement, veuillez répondre à cette communication en nous fournissant des réponses aux questions suivantes:

25
- Dans quelle université serez-vous (Question de la proximité du logement par rapport à l'université)?

- Pendant combien de temps comptez-vous vivre à Aix (court/long terme, année scolaire,
30 année entière, nombre d'années)?

- Préférez-vous vivre seul(e) ou en **colocation**?

- Quel est votre budget?

- Quel type de logement (de la liste au-dessus) préféreriez en ce moment?

35 Nous sommes à votre disposition si vous avez des questions. N'hésitez pas à nous contacter.

En attendant votre réponse, nous vous prions d'agréer, cher/chère étudiant(e), l'expression de nos sentiments dévoués.

Mylène Benoît
Immo étudiant Aix

AIX-EN-PROVENCE, FRANCE

LIRE  ÉCOUTER

 ÉCRIRE

Vous allez écrire un essai persuasif pour un concours d'écriture de langue française. Le sujet de l'essai est basé sur trois sources ci-jointes, qui présentent des points de vue différents sur le sujet et qui comprennent à la fois du matériel audio et imprimé. Vous aurez d'abord 6 minutes pour lire le sujet de l'essai et le matériel imprimé. Ensuite, vous écouterez l'audio deux fois; vous devriez prendre des notes pendant que vous écoutez. Enfin, vous aurez 40 minutes pour préparer et écrire votre essai. Dans votre essai, vous devriez présenter les points de vue différents des sources sur le sujet et aussi indiquer clairement votre propre point de vue que vous défendrez à fond. Utilisez les renseignements fournis par toutes les sources pour soutenir votre essai. Quand vous ferez référence aux sources, identifiez-les de façon appropriée. Organisez aussi votre essai en paragraphes bien distincts.

SUJET DE LA COMPOSITION:

La situation économique du consommateur est-elle le seul moteur dans ce qu'il achète?

SOURCE 1:

Introduction:

La sélection suivante a été publié sur le site www.marketing-professional.fr le 26 août 2009. L'auteur s'appelle **Vladimir Djurovic.** © Marketing-professional.fr

L'importance du contexte culturel en publicité

On a tous entendu parler de campagnes de publicité menées par des entreprises internationales au niveau local, qui ont été de véritables échecs. Cela peut facilement arriver en Chine.

Prendre en compte les codes culturels spécifiques aux consommateurs des pays ciblés

Ligne

5

10

Pour qu'une campagne de publicité soit efficace au niveau local, elle doit transmettre un message adapté, prenant en compte les codes culturels spécifiques de la cible visée. La sémiotique, c'est-à-dire l'ensemble des signes et symboles et leur signification, offre des outils précieux pour décrypter les publicités, leurs forces et leurs faiblesses. L'analyse de la sémiotique peut même s'avérer plus efficace que les entretiens de groupes, puisque les participants à ces entretiens, s'ils peuvent souvent dire qu'ils aiment ou non une publicité, savent rarement expliquer pourquoi.

15

Prenons l'exemple d'une récente campagne internationale de Tommy Hilfiger. Hilfiger fait la publicité de son eau de Cologne en utilisant l'image d'un homme à la beauté naturelle, ayant même un aspect sauvage, et conduisant une moto vintage seul dans le désert.

D'un point de vue occidental, cette photo représente
20 l'individualité, l'indépendance, la liberté et l'aventure. Les codes inspirés par chaque image, ou «signe», sont indiqués ci-dessous:

De façon générale, une publicité peut communiquer deux genres de promesses: soit une solution (achetez nos produits et ils résoudront vos problèmes), soit une amélioration (votre vie est
25 déjà bien, mais si vous utilisez nos produits, elle sera encore mieux). La publicité de Tommy Hilfiger est un exemple de la deuxième catégorie.

Comparons maintenant le message transmis, selon que l'on est dans un contexte occidental ou un contexte chinois.

(suite à la page suivante)

SOURCE 1 (SUITE): 📘

La compréhension (et l'efficacité): une question de contexte

30   **MOTO:** Alors que dans un contexte occidental une moto représente la liberté, l'aventure, et la vitesse, d'un point de vue chinois, un moto est considérée comme dangereuse, bruyante, et réservée aux gens modestes.

  PAYSAGE DÉSERT: Pour les Occidentaux, le paysage désert
35   représente l'indépendance et un style de vie agréable. Pour les Chinois, le désert peut être perçu comme sale et **poussiéreux**.

  Comme on peut le voir, les codes utilisés dans cette publicité transmettent un message très différent du message voulu, une fois placés dans le contexte chinois, et ne permettent pas
40   de communiquer l'image d'un homme sur de lui, accompli et visionnaire, comme sur le marché occidental.

  Un tel homme dans la culture chinoise possèderait des attributs tels que la **prévenance**, le sens de la tradition, de fortes valeurs familiales, un réseau social établi, une brillante carrière, et un
45   sentiment personnel de paix et d'harmonie.

LES CODES CULTURELS

Code culturel occidental	Code culturel chinois
Moto (ancienne)	Voiture (neuve)
Seul(e)	Avec des amis
Vitesse	Farniente
Rustique et rude	Calme et confortable
Liberté	Responsabilités
Satisfaction personnelle	Reconnaissance sociale

Ainsi, afin de communiquer le message voulu aux consommateurs chinois masculins, il faudrait transcrire les codes utilisés comme suit.

Il faudrait également prendre en compte la signification
50 culturelle du parfum et les occasions d'utilisation pour les consommateurs chinois.

Comme on peut le constater, une publicité contient des codes sous-jacents, dont la signification diffère selon le contexte culturel. En réalisant des études de marché via l'analyse de la
55 sémiotique, les entreprises peuvent mieux évaluer le succès futur de leurs campagnes de publicité à l'international. De plus, pour les campagnes qui ont déjà été menées, il est possible d'analyser grâce à la sémiotique, les causes de succès ou d'échec sur des marchés locaux tels que la Chine.

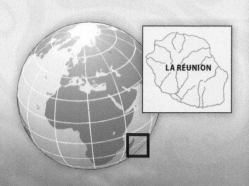

LA RÉUNION

SOURCE 2:

Introduction:

Dans cette sélection, il s'agit de l'achat et la consommation de certains produits dits bio ou verts à la Réunion, une île du sud-ouest de l'océan Indien et un département et une région d'outre mer français (DROM). Ces données ont été publiées par l'Insee en 2010. L'enquête s'appelle Enquête Emploi Réunion, Module sur les pratiques environnementales.

Tableau 1:

Ampoules basse consommation: un usage qui dépend du diplôme (en %)				
	Bac et +	CAP/BEP	pas de diplôme	ensemble
Pour tous les luminaires	50	48	34	42
Pour la majorité des luminaires du logement	28	28	21	24
Pour moins de la moitié des luminaires	10	7	11	10
Pour un ou quelques luminaires	5	5	13	9
Pour aucun luminaire	7	12	21	15

Tableau 2:

Fréquence d'achat de produits issus de l'agriculture biologique (en %)			
Achat de produits "bio" dans les douze derniers mois	Régulièrement	De temps en temps	Jamais
Ensemble	**8**	**26**	**66**
Agriculteurs, artisans, chefs d'entreprise	13	27	60
Cadres et professions intellectuelles supérieures	32	38	30
Professions intermédiaires	15	33	52
Employés	6	27	67
Ouvriers	5	22	73
Personnes sans activité professionnelle	4	25	71

SOURCE 3:
SÉLECTION AUDIO

handwritten notes:
— consammateur de milan quand on est rich
— grand epoque de la publicité
— les choix symbolique
— activités de l'amerque
domain ecologies, energie,
⌐ investeurs
- à la mode
- 8%
⌐ le supermarché
⌐ les produits elementaire

Vocabulaire
péremption

Introduction:

Cette sélection audio s'intitule «Consommateur Malin». C'est un podcast produit par Moustic, spécialiste de la communication audio à Paris. Anthropologue Dominique Desjeux nous parle de ce phénomène pour CLAIRECO – Comprendre l'économie.

© Moustic Audio Agency

MOUSTIC
THE AUDIO AGENCY
w w w . m o u s t i c . f r

LA RÉUNION

LIRE ÉCOUTER PARLER

Vous allez participer à une conversation. D'abord, vous aurez une minute pour lire une introduction à cette conversation qui comprend le schéma des échanges. Ensuite, la conversation commencera, suivant le schéma. Quand ce sera à vous de parler, vous aurez 20 secondes pour enregistrer votre réponse. Vous devriez participer à la conversation de façon aussi complète et appropriée que possible.

Introduction:

Vous discutez de vos préférences sur la mode avec une amie belge, Ellen, qui vient d'arriver aux États-Unis pour participer à un échange avec un lycée américain. Elle a des questions avant la rentrée et vous lui expliquez les tendances américaines.

Ellen	Elle vous salue et fait une observation sur la mode américaine.
Vous	Saluez votre amie et répondez à sa question. Demandez-lui ce qu'on porte en Belgique.
Ellen	Elle vous explique l'importance du style personnel chez les adolescents belges et pose une question.
Vous	Répondez à la question en donnant plusieurs exemples.
Ellen	Elle vous explique les stéréotypes des Américains qu'elle connaît. Elle vous demande votre opinion à ce sujet.
Vous	Répondez-lui et utilisez une comparaison dans votre réponse.
Ellen	Elle essaie de comprendre votre réponse et elle vous pose encore une question.
Vous	Répondez à la question posée et donnez un exemple ou une raison pour soutenir votre réponse.
Ellen	Elle vous demande de l'aide.
Vous	Répondez affirmativement et fixez un rendez-vous avec elle.

LIRE  PARLER

Vous allez faire un exposé pour votre classe sur un sujet spécifique. Vous aurez 4 minutes pour lire le sujet de présentation et préparer votre exposé. Vous aurez alors 2 minutes pour l'enregistrer. Dans votre exposé, comparez votre propre communauté à une région du monde francophone que vous connaissez. Vous devriez montrer votre compréhension des facettes culturelles du monde francophone. Vous devriez aussi organiser clairement votre exposé.

Sujet de la présentation:

Le patriotisme économique désigne le fait de favoriser les biens et les services de son pays par rapport à ceux provenant d'autres pays. En quoi le patriotisme économique est-il évident aux États-Unis et dans un pays francophone que vous connaissez? Comparez le phénomène dans les deux pays en citant des exemples de produits consommés et services offerts par les deux populations.

LIRE

La sélection suivante est accompagnée de plusieurs questions. Pour chaque question, choisissez la meilleure réponse selon la sélection.

HENRI DE TOULOUSE-LAUTREC

ALFONS MUCHA

Introduction:

Dans cette sélection écrite, il s'agit de l'art et du marketing. Cet article a été rédigé en 2014 par Annette Bonnet-Devred, professeur à l'Institut supérieur du commerce de Paris. © Annette Bonnet-Devred

QUAND L'ART TRANSCENDE LE MARKETING

L'art et la publicité sont deux phénomènes culturels liés entre eux par la création artistique. L'artiste **puise** dans la créativité pour communiquer l'esthétisme de son œuvre tandis que
Ligne le marketeur l'associe à une campagne de marketing pour
5 séduire le consommateur. Grâce au processus artistique le publicitaire réussit à dématérialiser le produit et véhiculer un message **onirique** vers l'imaginaire au-delà de l'apparence, des chiffres et de la logique. Warren Buffet, connu comme un ardent défenseur des solutions rationalisées et économiques
10 aux problèmes financiers, a déclaré: *«Je ne suis pas un homme d'affaires, je suis un artiste»* - Warren Buffet.

La «Belle Epoque» génère l'Affiche Publicitaire

Dans l'effervescence artistique, intellectuelle et scientifique qui agite Paris, «la Ville Lumière», après l'Exposition Universelle de 1889, l'art devient medium de marketing. Le
15 Cabaret du Moulin Rouge commande une affiche au peintre-lithographe Toulouse-Lautrec pour promouvoir la revue dans laquelle se produit le couple vedette «La Goulue» (the Glutton) et «Valentin le Désossé» (the Boneless). Pour attirer l'œil des passants, l'artiste offre un spectacle étonnamment
20 expressionniste où se profilent la silhouette grise de Valentin et les spectateurs en ombres chinoises admirant les jupons **tourbillonnants** de la Goulue.

Le graphiste tchèque Alfons Mucha a réussi à insérer le mysticisme inspiré de l'Art Nouveau dans la publicité

Henri de Toulouse-Lautrec

Alfons Mucha, 1899

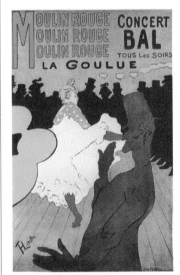

La Goulue (1891)

Salon at the Rue des Moulins (1894)

**La Goulue arrivant
au Moulin Rouge (1892)**

Babylone d'Allemagne (1894)

25 populaire, alors débutante. En dépit du mépris de la rue pour les
lignes **ondulées** du style «nouille», la marque de champagnes de
Reims Moët et Chandon adopte Mucha pour illustrer ses affiches
publicitaires de 1899 misant sur les jeunes femmes aux drapés
flottants et onduleuses chevelures pour subjuguer sa clientèle.

(suite à la page suivante)

(SUITE):

***Vertumnus* (c. 1590-1)**
Giuseppe Arcimboldo

***Summer* (1572)**
Giuseppe Arcimboldo

GIUSEPPE ARCIMBOLDO

30 De nos jours, les publicitaires continuent cette véritable synergie entre l'art et le marketing. 500 après les «4 Saisons» du peintre milanais, Arcimboldo, la publicité s'inspire de l'originalité des fruits et des légumes du quotidien dessinés en trompe l'œil. Ce jeu visuel est repris par l'agence Cato-Johnson

35 pour la marque Perrier avec les deux personnages mystérieux de l'Ensorceleur/citron vert et le Taquin/citron jaune en 1989 (avant la crise du benzène).

Suivent les compositions exotiques comme Malibu Creation en 2007 de l'agence Marcel, Paris. Le style raffiné de l'alcool

40 Malibu est suggéré par un visage à dominante rouge de piments et gingembre aux yeux écarquillés, faits de rondelles de citrons verts à la prunelle noire.

À l'ère du digital l'art redessine le paysage du marketing

«La valeur émotionnelle dépasse le produit, les consommateurs ont besoin d'une histoire.»

- Corinne Delattre,
DIRECTRICE DE LA COMMUNICATION DE CARTIER INTERNATIONAL

Cartier invite le spectateur à son *«Odyssée»*, *www.odyssée.cartier. fr*, entre rêve et réalité. En suivant le périple de la panthère

45 emblématique de la marque depuis 1904, le consommateur revit avec enchantement un bijou de film publicitaire pour célébrer son histoire sous la houlette de Bruno Aveillan (Publicis). Voyage onirique bercé par une bande son intemporelle, depuis le magasin Place Vendôme, la Chine et la Russie jusqu'à l'avion du célèbre

50 aviateur brésilien, Alberto Santos-Dumont, pour qui Louis Cartier créa la première montre bracelet «Santos» (1904) pour lire l'heure en vol.

1. **Que veut dire «au-delà de l'apparence, des chiffres et de la logique» dans le contexte de l'article?**

   a. Le matériel est l'élément clé du marketing.

   b. Les véhicules sont issus d'équations mathématiques.

   c. Il ne faut que de la logique dans les publicités.

   d. Le message communiqué par une campagne de marketing dépasse ce qui est rationnel.

2. **Quel type de ligne correspond aux «lignes ondulées»?**

   a. zigzag   c. triangulaire

   b. courbe   d. circulaire

3. **Quel est le but de cet article?**

   a. montrer que le marketing est purement économique

   b. admirer les lithographies de la Belle Époque

   c. tracer l'histoire de l'art dans le marketing

   d. répondre à une critique artistique

4. **D'après la sélection écrite, quel effet le marketing a–t-il sur le consommateur?**

   a. Il le séduit.   c. Il le trompe.

   b. Il le dégoûte.   d. Il l'achète.

5. **Quelle serait la phrase la plus appropriée pour résumer la sélection?**

   a. «Il y a bien un côté créatif dans le monde des affaires.»

   b. «La publicité est une activité très scientifique.»

   c. «L'art dans la publicité est un produit du passé.»

   d. «Il n'y a rien de rationnel dans le marketing.»

 LIRE ÉCOUTER

Vous allez lire un passage et écouter une sélection audio. Pour la lecture, vous aurez un temps déterminé pour la lire. Pour la sélection audio, vous aurez d'abord un temps déterminé pour lire une introduction et pour parcourir les questions qui vous seront posées. La sélection sera présentée deux fois. Après avoir écouté la sélection une première fois, vous aurez 1 minute pour commencer à répondre aux questions; après avoir écouté la sélection une deuxième fois, vous aurez 15 secondes par question pour finir de répondre aux questions. Pour chaque question, choisissez la meilleure réponse selon la sélection audio ou la lecture et indiquez votre réponse sur votre feuille de réponse.

SOURCE 1:

Introduction:

Dans cette sélection, il s'agit de la communication multisensorielle dans le marketing. Cet article a été tiré du site audiadis.net et parle de l'olfactif dans le marketing. © Guy Hausermann

L'olfactif

La technologie olfactive AUDIADIS est le fruit de 10 années d'expérience dans la diffusion de senteur.

Nous avons testé toutes les technologies existantes avant de retenir un gel révolutionnaire, qui sublime la senteur du parfum pour la diffuser sans altération pendant 10 semaines.

Sa spécificité?

Ligne

5

- Simple: plus de liquide, il suffit de poser le gel dans le bon support

- Écologique: utilisation de très peu de solvants; le produit est recyclable après usage

- Économique: le produit diffuse sur plusieurs semaines

- Unique: nous créons la senteur de votre choix

Développez votre logo olfactif pour . . .

10

- Renforcer l'image de votre marque ou enseigne.

- Fidéliser la clientèle à long terme, les odeurs sont un média au fort pouvoir de mémorisation.

- Créer un univers de bien-être dans lequel le temps semblera compressé.

15

- Vous différencier avec une solution innovante et originale!

Diffusion de senteurs:

- Création d'une ambiance olfactive dans votre commerce, afin d'éveiller les désirs et fidéliser la clientèle

- Permet d'attirer les consommateurs et peut inciter à des achats impulsifs

20
- Neutralisant d'odeurs

PLV olfactive:

Diffusion du parfum du produit mis en avant par une PLV.

Le gel est integré dans la PLV pour:

- Capter l'attention du client

- Attirer le client dans votre secteur

25
- Faire découvrir le produit par l'odorat

Stop and smell:

Un stop rayon-testeur, installé sur les linéaires permettant aux marques de faire découvrir l'odeur de leur produit.

Evénementiel

Parfumez vos galas, événements VIP, soirée entreprises, etc....

- Les senteurs donneront une valeur ajoutée à vos événements

- Choix d'un parfum subtil et en harmonie avec le thème de
30   l'événement

- Un service clé en main, du choix des senteurs à l'installation de nos diffuseurs sur place

SOURCE 2: SÉLECTION AUDIO

Introduction:

Cette sélection audio s'intitule Différentes latitudes: Boutiques Liquides, un magasin qui croit à l'importance des odeurs dans le marketing. Designer Philippe Di Méo, créateur des liquides imaginaires parle du phénomène. Ce podcast a été diffusé par Moustic Audio Agency à Paris.

© Moustic Audio Agency

<table>
<tr><td>Vocabulaire</td></tr>
<tr><td>antinomique
se dévoyer
titiller</td></tr>
</table>

1. Quel est l'objectif du texte écrit?

a. aborder une question

b. informer

c. faire rire

d. raconter un évènement

2. Dans l'extrait audio, on explique que le parfum «suscite les émotions». Que veut-dire cette expression?

a. On est paralysé par les émotions.

b. On est consterné.

c. Les sentiments se produisent en soi.

d. Le calme submerge la situation.

3. L'olfactif est associé à une partie du corps. Laquelle?

a. aux sourcils

b. à la langue

c. aux oreilles

d. au nez

4. Quelle raison n'est pas présentée dans le texte écrit pour utiliser cette technologie olfactive?

a. C'est logique.

b. C'est économique.

c. C'est attirant.

d. C'est unique.

5. Différentes Latitudes aide les créateurs dans les différentes étapes de la production d'un parfum. Laquelle n'en fait pas partie, d'après l'extrait audio?

a. la diffusion

b. la fabrication

c. la création

d. la vente

ÉCOUTER

Vocabulaire
rayon

Vous allez écouter une sélection audio. Vous aurez d'abord un temps déterminé pour lire l'introduction et pour parcourir les questions qui vous seront posées. La sélection sera présentée deux fois. Après avoir écouté la sélection une première fois, vous aurez 1 minute pour commencer à répondre aux questions; après avoir écouté la sélection une deuxième fois, vous aurez 15 secondes par question pour finir de répondre aux questions. Pour chaque question, choisissez la meilleure réponse selon la sélection audio et indiquez votre réponse sur la feuille de réponse.

Introduction:

Dans cette sélection audio, il s'agit d'une agence de communication multi-sensorielle, Audiadis, qui est basée à Genève, en Suisse francophone. Cette agence offre un service qui crée des rubriques radio, dont cet extrait est un exemple. L'agence a créé plus de 300.000 spots radio en 2009. © Guy Hausermann

1. **De quel type de rubrique s'agit-il dans cette sélection audio?**
   a. actualités   c. cinéma
   b. infos métiers   d. chanson

2. **Quel est le ton de l'animatrice qui parle?**
   a. énergique   c. effrayant
   b. reposant   d. mystique

3. **Selon l'extrait audio, ils font ce genre de spot radio tous les combien?**
   a. toutes deux les semaines
   b. quotidiennement
   c. mensuellement
   d. une fois par semaine

4. **De quel genre de film s'agit-il dans cet enregistrement?**
   a. d'épouvante
   b. d'amour
   c. de science fiction
   d. historique

5. **D'après la sélection audio, on a passé combien de temps sur la production du film?**
   a. 14 ans
   b. 4 ans et demi
   c. 4 ans
   d. 1 an

6. **Quel est le jingle de la station radio?**
   a. la station qui est chez vous
   b. la station la plus proche de chez vous
   c. la station pour les sorties
   d. la station de mir

LIRE **ÉCRIRE**

Vous allez écrire une réponse à un message électronique. Vous aurez 15 minutes pour lire le message et écrire votre réponse. Votre réponse devrait débuter par une salutation et terminer par une formule de politesse. Vous devriez répondre à toutes les questions et demandes du message. Dans votre réponse, vous devriez demander des détails à propos de quelque chose mentionnée dans le texte. Vous devriez également utiliser un registre de langue soutenue.

Introduction:

Dans cette sélection, il s'agit d'un petit séjour aux Antilles, dans une station balnéaire à Gustavia, sur l'île Saint-Barthélemy. Vous y passez huit jours avec votre famille. La direction de l'Hôtel Paradis sur terre vous demande de participer à un panel consommateurs pour assurer le meilleur service possible.

de: serviceclientele@paradissurterre.bl

Gustavia, le 29 juin 2015

Cher/chère voyageur/voyageuse:

Nous vous souhaitons la bienvenue sur l'île de Saint-Barthélemy et dans l'hôtel Paradis sur
Ligne terre à Gustavia. Nous avons pour but de vous
5 plaire au maximum pendant votre séjour en vous fournissant le meilleur service aux Antilles francophones.

Nous vous invitons à participer à un groupe de discussion consommateurs, une réunion qui
10 durera une heure, qui nous aidera à mieux vous plaire dans votre expérience pendant ce séjour et aux séjours à venir. Si vous avez la gentillesse de bien vouloir nous aider, veuillez nous fournir quelques informations afin que nous puissions
15 vous mettre dans un groupe qui corresponde à vos intérêts.

- votre nom

- votre âge

- votre sexe (masculin/féminin)

20
- votre pays d'origine

- vos motivations pour passer un séjour à Saint-Barthélemy

- si vous préférez participer à une discussion sur les préférences alimentaires (sucrées,
25 salées, goûters, repas) ou sur les activités sportives (natation, planche à voile, ski nautique, kayak, canoë, etc.)

En échange de vos idées, vous aurez droit à un soin de 30 minutes dans notre station de
30 thalassothérapie (soin du visage, massage ou réflexologie). Veuillez nous indiquer votre préférence, s'il vous plaît.

Dès que nous aurons reçu votre réponse, nous vous mettrons dans un panel consommateurs dans les
35 meilleurs délais.

Dans l'attente de votre réponse, Madame/Monsieur, nous vous prions d'agréer l'expression de nos sentiments les plus distingués.

Éliane Monge
Service clientèle, L'Hôtel Paradis sur terre

SAINT-BARTHÉLEMY

LIRE ÉCOUTER

 ÉCRIRE

Vous allez écrire un essai persuasif pour un concours d'écriture de langue française. Le sujet de l'essai est basé sur trois sources ci-jointes, qui présentent des points de vue différents sur le sujet et qui comprennent à la fois du matériel audio et imprimé. Vous aurez d'abord 6 minutes pour lire le sujet de l'essai et le matériel imprimé. Ensuite, vous écouterez l'audio deux fois; vous devriez prendre des notes pendant que vous écoutez. Enfin, vous aurez 40 minutes pour préparer et écrire votre essai. Dans votre essai, vous devriez présenter les points de vue différents des sources sur le sujet et aussi indiquer clairement votre propre point de vue que vous défendrez à fond. Utilisez les renseignements fournis par toutes les sources pour soutenir votre essai. Quand vous ferez référence aux sources, identifiez-les de façon appropriée. Organisez aussi votre essai en paragraphes bien distincts.

SUJET DE LA COMPOSITION:

Du business pur et simple ou de la manipulation – lequel des deux est au coeur du marketing?

SOURCE 1:

Introduction:

La sélection suivante vient du site www.succes-marketing.com. L'auteur s'appelle Patrice Decoeur. L'article a été publié le 4 septembre 2012. © Succès marketing, Patrice Decoeur

Manipulation marking: Bannir ou bénir?

Vous avez certainement déjà entendu parler du marketing manipulateur. Il est aujourd'hui interdit dans certains pays européens. Devrions-nous:

- Penser aux effets négatifs du marketing sur la société?
5 - Bannir toute forme de marketing basée sur la manipulation, qui joue sur l'estime de soi ou encourage les consommateurs à faire des choses malsaines?
- Bannir les techniques publicitaires modifiant la façon dont nous pensons?
10 - Demander l'interdiction de toute publicité détournant notre attention?

Toutes ses questions doivent se poser un jour ou l'autre dans votre business. Elles ne sont pas à prendre à la légère et vous demandent une réelle réflexion.

Neuromarketing, pour un meilleur contrôle de notre cerveau

15 Les publicitaires et les marketers apprennent à atteindre le cerveau. Que nous en soyons conscient ou non, nous sommes manipulés et ne pouvons pratiquement rien y faire.

La science fait de grandes avancées dans le domaine du contrôle du cerveau. Cela a donné naissance à un nouveau 20 marketing: le neuromarketing. Au moyen de scanners de notre cerveau, il mesure nos réactions face à certains stimuli.

Les publicitaires utilisant ces techniques de neuromarketing

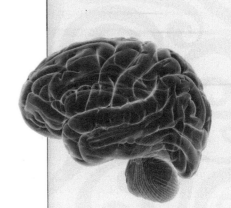

à l'extrême sont un réel danger pour notre société. Ils en obtiennent des informations permettant de nous vendre plus, de nous faire faire des
25 choses sans que nous ne puissions réellement résister.

Balisage légal de la publicité?

Ce n'est pas la première fois que nous pensons à restreindre l'usage de la manipulation en marketing, même sur notre marché est libre. L'Union Européenne est en constante réflexion sur ce sujet.

Il existe de nombreux cas de personnes ayant subi les dommages à cause
30 du marketing. Je pense par exemple aux publicités pour le tabac ou pour le bienfait de certains médicaments qui n'est absolument pas démontré scientifiquement.

Ne serait-il pas intéressant de mieux baliser légalement la publicité? Nous savons pertinemment que nous sommes manipulés. Alors pourquoi ne pas
35 l'empêcher?

Rois de la manipulation marketing

Les entreprises du secteur agroalimentaire sont les rois de la publicité. Ils utilisent clairement le neuromarketing pour jouer sur notre désir de consommer leurs produits. Résultat: notre société connaît de plus en plus de cas d'obésité et l'on ne sait comment enrayer ce phénomène.

40 Les entreprises ont appris à manipuler le consommateur. Il ne peut plus résister à surconsommer, à **se 'goinfrer'** de tout ce qui lui passe sous le nez.

Comment modifier nos modes de consommation

Un tiers des enfants à l'école primaire sont en **surpoids**. Vous ne me ferez pas croire que c'est un problème de self-contrôle, un problème
45 personnel. En tant qu'entreprise ou citoyen, en tant que parent, en tant que personne responsable, . . . , ne devrions-nous pas intervenir pour corriger ce phénomène et interdire la manipulation marketing de façon plus drastique? Comment
50 le citoyen pourrait-il intervenir? Comment votre entreprise pourrait-elle agir de façon plus responsable?

Je sais que c'est à des marketers que je m'adresse. Mais ne devrions-nous pas penser comme consommateur que nous sommes également?

SOURCE 2:

Introduction:

Dans cette sélection, il s'agit des défis du marketing d'influence. Ces données ont été publiées par Augure, qui cherche à gérer la réputation des entreprises. © Augure.com

Les défis du marketing d'influence

61%

Identifier les influenceurs pertinents pour leurs marques et leurs campagnes

56%

Réussir à capter l'attention et susciter l'intérêt des influenceurs au travers de leurs **interactions**

44%

Mesurer et évaluer avec précision le retour sur investissement (ROI) de leurs actions de marketing d'influence

SOURCE 3:
SÉLECTION AUDIO

Introduction:

Cette sélection audio s'intitule «Digital Marketing One to One: 3 tendances du marketing digital». Le podcast a été publié sur le site visionarymarketing.fr par Yann Gourvennec le 19 mai 2014. C'est une interview avec Jérôme Letu-Montois, directeur de Comexposium Digital Marketing One to One. Il parle d'un évènement qui a eu lieu en juin 2014 à Biarritz et qui avait eu lieu avant à Monaco et à Paris.

© Creative Commons

» Interpersonal Speaking: CONVERSATION

 LIRE **ÉCOUTER** **PARLER**

Vous allez participer à une conversation. D'abord, vous aurez une minute pour lire une introduction à cette conversation qui comprend le schéma des échanges. Ensuite, la conversation commencera, suivant le schéma. Quand ce sera à vous de parler, vous aurez 20 secondes pour enregistrer votre réponse. Vous devriez participer à la conversation de façon aussi complète et appropriée que possible.

Introduction:

Vous parlez à un ami canadien, Olivier et il vous pose des questions au sujet des moyens de communication entre amis.

Olivier	Il vous salue et pose une question.
Vous	Répondez affirmativement et demandez pourquoi il veut vous parler.
Olivier	Il vous explique le problème et demande ce que vous faites dans cette situation.
Vous	Répondez à la question, mais donnez-lui une raison possible pour expliquer la réponse de son amie.
Olivier	Il vous demande votre opinion pour savoir quoi faire.
Vous	Répondez et suggérez un autre moyen de communication et donnez une raison logique.
Olivier	Il répond et vous décrit ce qu'il ferait.
Vous	Rassurez-le qu'un autre moyen de communication sera meilleur. Ensuite, demandez les similarités entre son amie et sa grand-mère.
Olivier	Il vous décrit les similarités entre sa grand-mère et son amie et leurs préférences de communication.
Vous	Répondez à la question en donnant au moins une raison logique pour soutenir votre réponse.
Olivier	Il vous remercie d'avoir écouté ses problèmes.

» Presentational Speaking: CULTURAL COMPARISON

 LIRE PARLER

Vous allez faire un exposé pour votre classe sur un sujet spécifique. Vous aurez 4 minutes pour lire le sujet de présentation et préparer votre exposé. Vous aurez alors 2 minutes pour l'enregistrer. Dans votre exposé, comparez votre propre communauté à une région du monde francophone que vous connaissez. Vous devriez montrer votre compréhension des facettes culturelles du monde francophone. Vous devriez aussi organiser clairement votre exposé.

Sujet de la présentation:

On peut dire que le marketing reflète la société dont il est issu. Comparez les façons dont les publicités (audio et textuelles) reflètent les caractéristiques de votre pays par rapport à celles d'un pays francophone que vous connaissez. N'oubliez pas de considérer les images, la musique, le ton des voix, et le texte qui sont employés par ceux qui s'adressent à leur consommateur.

Compréhension

à la bourre (exp.) (351) en retard

antinomique (adj.) (374) contradictoire

au sein de (exp.) (352) parmi, dans

atelier (n.m.) (357) lieu de travail d'artistes ou d'ouvriers

caserne (n.f.) (350) bâtiment servant à loger les militaires ou les pompiers

cible (n.f.) (355) but, objectif qu'on cherche à atteindre

co-hébergement (n.m.) (358) répartition d'une résidence

colocation (n.f.) (359) répartition d'une résidence

diane (n.f.) (350) pratique militaire pour réveiller les soldats au lever du jour au son des tambours, du clairon ou des trompettes

du cru (loc.) (357) local, provenant du pays

échantillon (n.m.) (356) spécimen, exemple

écumeux (-euse) (adj.) (350) mousseux

enseigne (n.f.) (354) marque placée sur la façade d'un établissement commercial

épaulé(e) par (adj.) (352) aidé

essaim (n.m.) (350) multitude

facticité (n.f.) (357) caractère de ce qui est factice, imité

florissant(e) (adj.) (340) prospère

froissé(e) (adj.) (351) chiffonné

gamelle (n.f.) (351) écuelle pour les repas

genièvre (n.m.) (356) fruit du genévrier

gésine (n.f.) (350) accouchement

gingembre (n.m.) (356) plante originaire d'Asie, servant de condiment

grelotant(e) (adj) (350) tremblant de froid ou de peur

inopinément (ad.) (351) qui arrive de façon imprévue

jalonner (v.) (357) se succéder

lésine (n.f.) (350) avarice

malle (n.f.) (348) coffre utilisé comme bagage

matraquage (n.m.) (338) propagande, intoxication, insistance

millésime (n.m.) (348) date à quatre chiffres marquant l'année de fabrication de quelque chose

ondulé(e) (adj.) (369) avoir un mouvement ondulatoire

onirique (adj.) (368) relatif aux rêves

panoplie (n.f.) (354) collection

pénible (adj.) (351) fatigant, éprouvant

péremption (n.f.) (365) état de ce qui est périmé

poussiéreux (-euse) (adj.) (362) couvert de poussière

prétendu(e) (adj.) (338) apparent

prévenance (n.f.) (362) délicatesse, action faite par anticipation des désirs de quelqu'un

puiser (v.) (368) tirer

rayon (n.m.) (375) département dans un magasin

revêche (adj.) (350) récalcitrant, rébarbatif

s'appuyer sur (v.) (352) se servir de quelque chose comme support, soutien

se dévoyer (v.) (374) se détourner du droit chemin

se goinfrer (v.) (379) manger salement et voracement

semblablement (adv.) (349) de même nature, identiquement

sournois(e) (adj.) (338) qui dissimule ses sentiments ou ses intentions dans un but malveillant

surpoids (n.m.) (379) obésité

terroir (n.m.) (357) région, terre considérée par rapport à la production agricole

titiller (v.) (374) chatouiller légèrement

tison (n.m.) (350) reste encore brûlant d'un morceau de bois consumé

tourbillonant(e) (adj.) (368) agitant

tryptique (n.m.) (381) projet, document qui comporte trois parties

Pour mieux s'exprimer à ce sujet

abonnement (n.m.) contrat passé avec un fournisseur qui permet au client de recevoir un service régulier

bilan (n.m.) résumé du positif et du négatif

chiffre d'affaires (n.m.) produit des ventes par le prix

collecte de fonds (n.f.) utilisation de techniques de marketing pour rassembler des dons, financer des projets

fidélisation (n.f.) ensemble des techniques visant à établir un dialogue continu avec des clients

gamme (n.f.) ensemble des produits d'une même marque, série

prime (n.f.) objet, service ou avantage offert aux clients qui ont répondu à une offre

renouvellement (n.m.) fait de renouveler quelque chose

taux (n.m.) proportion, pourcentage, rapport

QUÉBEC, CANADA

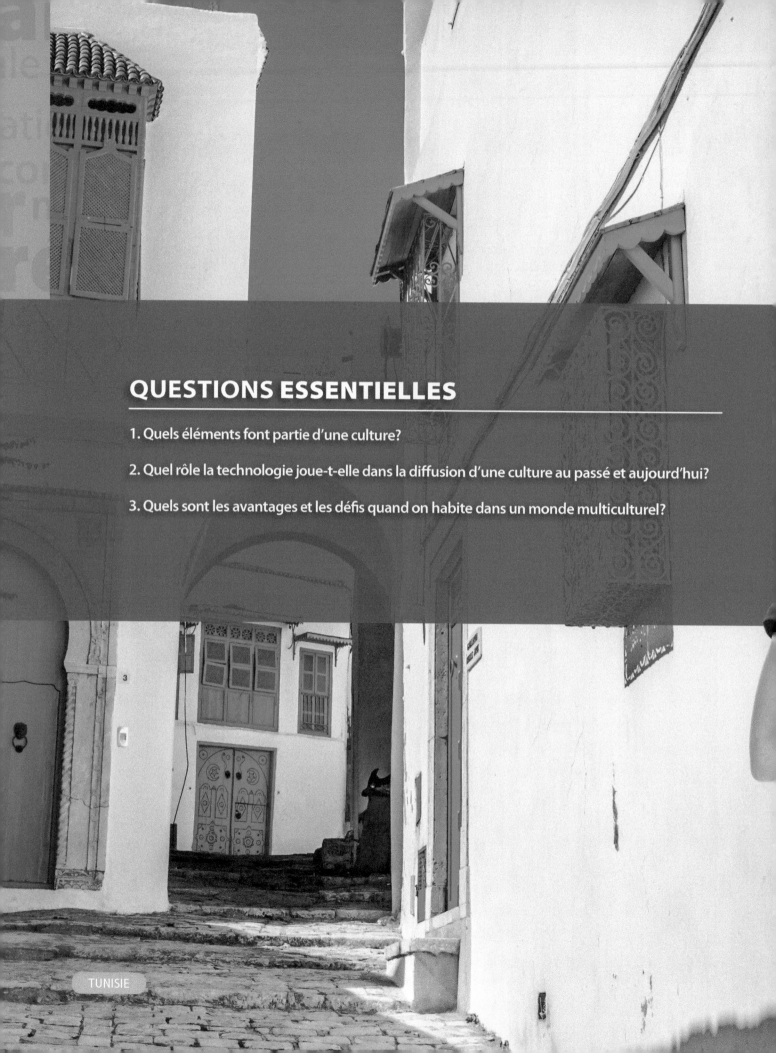

QUESTIONS ESSENTIELLES

1. Quels éléments font partie d'une culture?

2. Quel rôle la technologie joue-t-elle dans la diffusion d'une culture au passé et aujourd'hui?

3. Quels sont les avantages et les défis quand on habite dans un monde multiculturel?

TUNISIE

Chapitre 8

Les chemins de la culture

Leçon 1 | La culture, c'est quoi?

» OBJECTIF *Expliquer le lien entre deux phénomènes*

1. **PARLER**

« **Qu'est-ce qui est apparu en premier: l'œuf ou la poule?** » **Discutez de ce paradoxe avec un partenaire.**

POINTLEXIQUE

Décrire des liens

Souvent, il existe un lien entre deux idées et il faut l'expliquer de manière aussi précise que possible. Voici quelques expressions pour vous aider à exprimer les relations que vous détectez entre les phénomènes ou des idées dans votre vie de tous les jours. Que vous voyez dans la vie et dans des textes.

Pour commencer	Conjonctions	Verbes	Types de phénomènes
Par conséquent,	pour que + *subjonctif*	bénéficier de	cause et effet
Il suffit de + *infinitif*	étant donné que	tenter de	cycle
Au risque de + *infinitif*	tant que	rétablir	système
En tout cas,	depuis que	faire référence à	pyramide
D'une part . . . d'autre part	avant que		cible
	de peur de + *infinitif*		progression du temps
			résultat

2. **ÉCRIRE** **PARLER**

Répondez aux questions en utilisant au moins deux pronoms. Répondez par la négative à la moitié des questions.

1. Connaissez-vous des adultes qui habitent toujours chez leurs parents?

2. Quand mettez-vous un drapeau devant votre logement?

3. Avez-vous jamais dit un mensonge à vos parents?

4. Croyez-vous toujours les articles sur les réseaux sociaux?

5. Pouvez-vous me recommander le nouveau film de _____?

6. Chantez-vous votre chanson préférée dans la voiture?

7. Pouvez-vous nous décrire la situation des réfugiés d'Afrique du nord?

8. Votre frère/votre sœur raconte-t-il/elle des histoires à vos parents?

9. Connaissez-vous les paroles de l'hymne national américain en entier?

10. Vos parents vous expliquent-ils ce qu'est la citoyenneté?

POINT**GRAMMAIRE**

Utiliser deux pronoms dans une même phrase.

Pour ne pas répéter un nom (un substantif), il faut utiliser un pronom et parfois plusieurs. Il faut les mettre dans l'ordre correct. N'oubliez pas que le pronom se met toujours avant le verbe sauf à l'affirmatif de l'impératif.

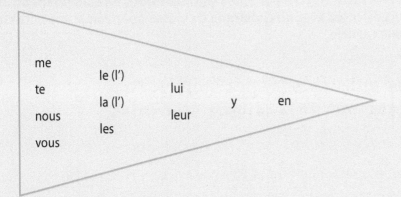

me	le (l')			
te		lui		
	la (l')		y	en
nous		leur		
	les			
vous				

Exemples:

Temps du verbe	Question	Réponse
Présent	Tu mets le journal **sur la table**?	*Oui, je l'**y** mets.*
Présent	Jacques peut te donner **des biscuits**?	*Non, il ne peut pas m'**en** donner.*
Futur proche	Tu vas raconter cette histoire **à Georges**?	Oui, je vais **la lui** raconter.
Passé composé	Tu as vu le nouveau film **au cinéma** hier soir?	*Non, je ne l'**y** ai pas encore vu.*
	Papa t'a donné **la liste**?	*Oui, il **me** l'a donnée.*
Imparfait	Tu disais la vérité **à Sophie**?	Oui, je **la lui** disais.

POINT**CULTURE**

Les Français d'aujourd'hui sont influencés par leur passé. La fermeture des volets le soir, dès qu'il fait nuit, est un rituel en France. On dit qu'avant la Révolution les impôts étaient évalués en regardant les signes extérieurs. Si on ne laissait pas voir l'intérieur de la maison, les impôts coûteraient moins. Donc, fermer les volets est important pour protéger son argent.

Nadeau, Jean, and Julie Barlow. Sixty Million Frenchmen Can't Be Wrong What Makes the French so French. Réimpr. 2008. ed. London: Robson, 2004. Print.

3. **PARLER** **ÉCRIRE**

Pensez aux questions suivantes et ensuite discutez-en avec un partenaire.

1. Quand devient-on adulte dans votre culture?
2. La guerre influence-t-elle la culture?
3. Le bonheur est-il un droit de l'être humain?

Ensuite, écrivez un paragraphe en expliquant votre opinion sur chaque question. N'oubliez pas d'utiliser des pronoms pour ne pas répéter les substantifs et des expressions qui éclaircissent le lien entre les idées.

» OBJECTIF   *Discuter de situations hypothétiques*

1. LIRE   ÉCRIRE   PARLER

Dans son cours de français, Haylie discute des préjugés des Français sur les Américains et ceux des Américains sur les Français. Lisez le texte suivant, ecrit par Paula Garrett-Rucks, en soulignant ou en écrivant les préjugés mentionnés, puis discutez avec un camarade de classe pour voir si vous êtes tous les deux d'accord sur ce qui est dit dans l'article.

Stéréotypes culturels franco-américains et l'enseignement de la langue française

Quelle perception ont les Français des Américains et les Américains des Français?

Pour Verdaguer, un grand nombre de clichés sur la France et les Français sont véhiculés par les médias américains, incluant les films, les publicités, les livres et les caricatures de presse. Son étude de la représentation de la France dans les médias américains a révélé une vision des Français comme impolis, hypersexuels et sales. Son analyse a également montré que le pays possédait une aura très positive dans les domaines de l'art, de la mode et de l'alimentation. De manière similaire, environ 50% des étudiants interrogés dans une étude récente portant sur la perception de la France chez les Américains étudiant la langue française ont déclaré percevoir les français comme tout à la fois sophistiqués, snobs et impolis (Drewelow). Mais les Français ont eux aussi de nombreux clichés concernant les Américains. La recherche sur les mots « clichés américains» sur Google indique que les stéréotypes les plus rencontrés concernent les habitudes alimentaires (fastfoods entraînant l'obésité), la violence et le très haut taux de possessions d'armes à feu, le matérialisme et le gaspillage des ressources, une certaine visée impérialiste à l'échelle internationale, ainsi qu'une manière d'enseigner dans les écoles très portée sur l'amusement—football américain, pom-pom girls et bals de promotion—au détriment de la rigueur académique.

La communication—méthodes américaine et française

Une différence culturelle aggrave le problème des stéréotypes: le conflit portant sur la manière d'engager les conversations. Les Américains viennent d'une culture qui veut que l'on approche un inconnu avec un grand sourire « chaleureux », allant de pair avec le respect strict des tours de parole (attendre que l'interlocuteur ait fini de parler) et un accent sur le bavardage « agréable », non provocateur, qui passe le

Stéréotype	Êtes-vous d'accord? Expliquez.

plus souvent par une mise en avant d'informations personnelles concernant le quotidien et la famille. En France, les conversations initiales sont habituellement plus réservées—même si une analyse comparative des styles de discours français et américains révèle que les conversations françaises sont plus énergiques (les participants montrant un fort enthousiasme pour le sujet; une attitude pouvant être interprétée comme une tentative de couper la parole pour un Américain). De plus, les Français tendent à employer de manière fréquente des contre-arguments afin de prolonger la conversation, une attitude qui pour un Américain peut être interprétée comme défiante, ou pire, irrévérente. © AATF National Bulletin 38(3), 25-26.

Références

Drewelow, I. (2011). American learners of French and their stereotypes of the French language and people: A survey and its implications for teaching. *French Review, 84*(4): 764-781.

Garrett-Rucks, P. (2010). The emergence of U.S. French language learners' intercultural competence in online discussions. *Doctoral dissertation.* University of Wisconsin, Madison.

Verdaguer, P. (1996). La France vue par l'Amérique: Considérations sur la pérennité des stéréotypes. *Contemporary French Civilization, 20*(2): 240-77.

---

2. 📖 LIRE ✏️ ÉCRIRE

Haylie demande à son ami français, Arnaud, s'il est d'accord avec les préjugés sur les Américains mentionnés dans l'article. En général, il n'est pas d'accord. Imaginez ce qu'il dit pour contredire chaque préjugé en faisant une phrase à l'aide d'une proposition subordonnée avec si + imparfait, conditionnel.

Modèle: <u>Si</u> les Américains <u>avaient</u> plus de temps pour déjeuner pendant la semaine, ils <u>mangeraient</u> moins souvent du fastfood.

1.

2.

3.

4.

POINTRAPPEL

N'oubliez pas que vous pouvez exprimer une hypothèse en employant une proposition subordonnée avec *si*:

Si les Américains *étaient* plus intéressés par les langues étrangères, ils *commenceraient* à les étudier à un plus jeune âge.

[si + imparfait, conditionnel]

Les Américains *commenceraient* à étudier des langues étrangères à un plus jeune âge s'ils *étaient* plus intéressés.

[conditionnel, si + imparfait]

Si on n'avait pas inventé l'avion, nous n'aurions jamais voyagé si loin.

[si + plus-que-parfait conditionnel passé]

Nous n'aurions jamais voyagé si loin si on n'avait pas inventé l'avion.

[conditionnel passé, si+ plus-que-parfait]

[Voir le chapitre 6 pour d'autres exemples aux pages 293 et 301.]

Leçon **1** | La culture, c'est quoi?

3. LIRE ÉCOUTER ÉCRIRE PARLER

Pour son cours d'informatique, Haylie lit l'article suivant au sujet des nouvelles technologies (oui, en français!). Lisez et/ou écoutez le texte en soulignant ou en écrivant les sujets abordés puis, avec un(e) camarade de classe, échangez vos avis sur ces sujets.

Deux Américains sur trois confiants sur les nouvelles technologies

59% des Américains pensent que les technologies vont améliorer leur quotidien et 30% redoutent, au contraire, qu'elles n'aient un effet néfaste. Ces chiffres sont extraits d'une étude menée récemment aux USA auprès de 1001 personnes par le Centre Pew Research. Mais quand on creuse un peu, les résultats sont loin d'être optimistes . . .

Ces chiffres traduisent la vision qu'ont les Américains sur les sciences et les technologies. Ils concernent évidemment une certaine partie de la population mais sont toute fois un bon indicateur de l'état d'esprit et du degré d'acceptation de la civilisation face aux nouvelles technologies.

Les chiffres sont parfois contradictoires, les Américains semblent vouloir faire la différence entre les progrès de la science et les nouvelles technologies. Néanmoins, ils sont plus de la moitié à penser que leur vie s'améliore grâce aux progrès de la science, et que de manière générale, l'impact des technologies dans le futur sera positif. Cependant, desquels étude aborde des questions spécifiques à des découvertes qui changent nos vies [sic], telles que les prothèses électroniques par exemple, les américains prennent subitement peur et leurs réponses sont plutôt négatives.

Des craintes vis à vis des robots, des drones et des objets connectés

Les plus optimistes d'entre eux ont toutefois des doutes sur l'utilisation des drones civils, sur le fait de porter sur eux des appareils connectés ou encore, de faire confiance aux robots assistants pour les personnes âgées.

Parmi les quatre technologies les plus contestées, les Google Glass remportent l'opinion la moins défavorable d'entre tous les appareils: 37% de la population pensent que les objets connectés à porter sur soi vont **améliorer** leur quotidien. En revanche, les parents américains ne sont pas du tout attirés par le fait de pouvoir faire modifier l'ADN de leur futur enfant (seulement 26% y sont favorables).

© Humanoïdes.com, 21.04.14

Pourcentage	Ce que pensent les Américains	Votre avis

4.  ÉCRIRE

En pensant à l'avenir, inspiré par l'article précédent, formulez plusieurs phrases pour exprimer une probabilité ou une quasi-certitude au sujet de la technologie dans le monde moderne. Utilisez le Point Grammaire comme guide pour vos réponses.

Modèle: Si j'ai un robot pour faire le ménage, je n'aurai plus à le faire!

1.

2.

3.

4.

5.  LIRE   ÉCRIRE

Considérez les évènements, personnages ou endroits historiques suivants qui font partie de l'histoire des États-Unis ou d'autres pays du monde. Imaginez que les circonstances étaient (ou sont) différents en formulant des hypothèses à l'aide des propositions subordonnées avec si. Si vous avez besoin de mieux connaître l'élément historique, vous pourrez consulter Internet pour vous aider.

Modèle: Si New York était toujours la capitale des États-Unis, la Maison Blanche y serait aujourd'hui.

1. la découverte du Nouveau Monde (la Nouvelle-Angleterre et la Nouvelle France)
2. le Président des États-Unis
3. la Seconde Guerre mondiale
4. le Débarquement de Normandie
5. la Colonisation française en Afrique
6. l'Attaque de Pearl Harbor
7. la Chute de l'Empire romain
8. la Chute du mur de Berlin
9. l'Union Européenne
10. autre évènement du passé ou de notre époque (inventez-en un vous-même)

6.  ÉCRIRE

Écrivez un essai sur la paix dans le monde. Imaginez les circonstances qu'il faudrait pour l'avoir. Formulez des hypothèses à l'aide des propositions subordonnées avec si. Vous pourrez également inclure des phrases avec le subjonctif pour exprimer vos désirs.

POINT**GRAMMAIRE**

Les structures avec *si* sont aussi employées pour exprimer une probabilité ou une quasi-certitude.

Modèles:

Si nous avons des lunettes avec une connexion Internet, nous n'aurons plus besoin d'ordinateur.
[si présent, futur simple]

Si on travaille dur, on peut réussir.
[si présent, présent]

Si vous avez envie de soutenir la cause, agissez! *[si présent, impératif]*

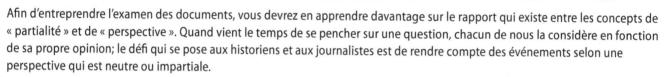

1. LIRE PARLER

Lisez le texte suivant sur les notions de partialité et de perspective en essayant de distinguer les deux concepts. Puis, parlez-en à un(e) camarade de classe.

« Partialité des médias . . . »

Afin d'entreprendre l'examen des documents, vous devrez en apprendre davantage sur le rapport qui existe entre les concepts de « partialité » et de « perspective ». Quand vient le temps de se pencher sur une question, chacun de nous la considère en fonction de sa propre opinion; le défi qui se pose aux historiens et aux journalistes est de rendre compte des événements selon une perspective qui est neutre ou impartiale.

Avant de déterminer si un compte rendu journalistique est objectif ou non, il convient de définir clairement la différence entre les concepts de « partialité » et de « perspective ». Plusieurs personnes croient que ces termes sont synonymes, ce qui donne l'impression que tout le monde a un parti pris simplement parce que chacun de nous possède sa propre perspective ou perception du monde. Cette affirmation est beaucoup trop simpliste, et donc trompeuse. Affirmer que tous les gens sont nécessairement partiaux revient-il à dire que personne n'est apte à examiner une question de façon objective et à tirer des conclusions justifiées à la lumière des preuves fournies?

En portant une attention particulière à la signification de chacun de ces termes, il est possible de mieux comprendre comment certaines perspectives peuvent être partiales et d'autres non. Une *perspective* est un point de vue qu'adopte quelqu'un pour observer un évènement. Une perspective est *partiale* si elle mène à une décision teintée de préjugés injustes en faveur d'une personne ou d'un groupe. Le contraire de « partialité » est « impartialité ». Une perspective *impartiale* indique que la personne a tenté de rejeter tout préjugé en faveur ou au détriment d'une personne ou d'un groupe en s'assurant que toutes les parties sont bien représentées et respectées. Bien sûr, il est difficile d'être entièrement impartial. C'est pourquoi il est plus juste de parler de *degré* de partialité ou d'impartialité d'une perspective. Les facteurs suivants peuvent être utiles pour évaluer ce degré d'objectivité:

Une perspective est impartiale dans la mesure où la personne est:

* *Ouverte d'esprit:* la personne démontre une volonté d'accepter les nouvelles idées et de modifier ses opinions en fonction de nouveaux éléments de preuve;

* *Équitable:* la personne considère l'ensemble des preuves fournies du point de vue des différentes parties impliquées dans l'affaire;

* *Honnête:* la personne tente sincèrement de laisser ses préférences ou ses intérêts personnels de côté lors de l'évaluation des preuves contradictoires.

Une perspective est partiale dans la mesure où la personne est:

* *Étroite d'esprit:* la personne refuse de considérer les éléments de preuve qui pourraient aller à l'encontre de son opinion préconçue;

* *Inique:* la personne tire des conclusions qui s'appuient principalement sur des éléments de preuve favorables à sa propre position;

* *Malhonnête:* la personne laisse ses intérêts personnels teinter sa décision pour favoriser une partie au détriment des autres.

© *Les grands mystères de l'histoire canadienne.* Department of History - University of Victoria.

Discutez des questions suivantes avec un partenaire.

1. Selon l'auteur de l'article, quelle est la différence principale entre la perspective et la partialité?

2. Quels éléments doit-on examiner pour déterminer la perspective ou le degré d'impartialité d'un texte?

3. L'auteur a mentionné qu'une perspective impartiale peut poser un défi aux historiens et aux journalistes. Pensez à d'autres professions où l'impartialité se montrerait difficile. Pourquoi?

4. À votre avis, est-ce que il est possible de porter un point de vue entièrement objectif? Expliquez.

2. LIRE ÉCRIRE PARLER

Partial ou Impartial?

La partialité se manifeste quand quelqu'un prend une décision ou porte un jugement basé sur l'émotion en ignorant les faits ou la preuve. Regardez «L'échelle de partialité», puis discutez en groupes comment classifier les arguments d'après les chiffres de l'échelle. Ensuite, lisez les deux paragraphes qui suivent en classifiant les arguments présentés d'après l'échelle de partialité.

L'Échelle de partialité

1   2   3   4   5   6   7   8   9   10

1–3	4–7	8–10
• soutenir un point de vue à l'aide de preuves ou de faits • employer un langage rationnel • respecter d'autres points de vue	• incorporer quelques faits/raisons/preuves • incorporer un mélange d'éléments rationnels et émotionnels	• utiliser un langage plein d'émotion • exagérer des éléments • ne pas proposer de preuve ou de faits • ne pas respecter d'autres perspectives

1. Depuis toujours, la Suisse a accueilli généreusement, mais de façon contrôlée, des travailleurs étrangers en leur offrant une perspective professionnelle. Toutefois, depuis 2007, le nombre des immigrants a dépassé chaque année d'environ 80 000 celui des émigrants. En une année, ce phénomène entraîne un accroissement de la population équivalant au nombre d'habitants de la ville de Lucerne, et même, en deux ans, à celui de la ville de Genève. L'année dernière, la Suisse compte [sic] pour la première fois plus de 8 millions d'habitants - si l'immigration n'est pas contrôlée, la barre des 10 millions sera atteinte dans une vingtaine d'années. Les conséquences de cette évolution funeste sont clairement perceptibles au quotidien: chômage en augmentation (le taux de chômage frôle les 8% parmi les étrangers), trains bondés, routes saturées, loyers et prix des terrains en hausse, perte de précieuses terres agricoles, pression sur les salaires, criminalité étrangère, abus en matière d'asile, perte de l'identité culturelle à la tête de nos entreprises, forte proportion d'étrangers à la charge de l'aide sociale et d'autres assurances sociales. L'immigration incontrôlée d'aujourd'hui menace notre liberté, notre sécurité, le plein emploi, la beauté de nos paysages et en fin de compte notre prospérité.

   (2013) «Oui à l'initiative populaire «Contre l'immigration de masse»». © Comité interpartis contre l'immigration de masse

2. Moi, je dis que quand la haine, l'égoïsme, la stupidité et l'ignorance n'ont plus peur de se montrer au grand jour, ça donne un résultat de sondage pareil . . . Je suis sonnée.

   Cela dit en passant, j'ai eu l'occasion de m'en rendre compte depuis le temps que je suis en Métropole, que dans la France profonde, peu de personnes savaient placer géographiquement les départements d'outre mer. J'ai même lu que la métropole ne doit rien aux Antilles, que la métropole s'est forgée toute seule à la force de son poignet. Où en serait la France et nombre de pays d'Europe s'il n'y avait pas eu le plan Marshall pour relancer leurs économies après la seconde guerre mondiale? Un peuple qui ignore son histoire est condamné à sombrer dans la stupidité, à retomber inlassablement dans les mêmes travers, à régresser. 51% d'ignorant, ça fait flipper.

   -Du blog «Le quotidien d'une fan de Mr. Darcy»

   (2014) « 51 % des Français favorables à l'indépendance de la Guadeloupe? » © miss Bennett

3. 📖 LIRE ✏️ ÉCRIRE

Les trois comptes rendus suivants décrivent une partie de hockey d'une équipe de niveau secondaire. Lisez-les afin de relever des signes de partialité ou d'impartialité de la part de l'auteur.

« Pearson High se fait voler la victoire »

Nos filles se sont battues de toutes leurs forces sur la patinoire hier soir, mais n'ont pu résister au jeu brutal des Hawks de Queensville. Résultat: une défaite crève-cœur de 3 — 2. Pearson menait par un but pendant presque toute la partie. Les brutales mises en échec de la part des Hawks et les deux infractions que l'arbitre a délibérément ignorées en fin de match ont permis aux Hawks de compter deux buts chanceux et de rafler la victoire.

« Les Hawks raflent la victoire »

L'excellente saison que connaît l'équipe féminine des Hawks se poursuit avec une autre victoire décisive de 3 — 2 remportée contre les Arrows de Pearson, qui commencent à s'essouffler. Les joueuses de Pearson n'ont pas réussi à tenir le coup contre les efforts déterminés des Hawks. Grâce à son attitude de battante, notre équipe a compté deux magnifiques buts en fin de match pour s'assurer la victoire.

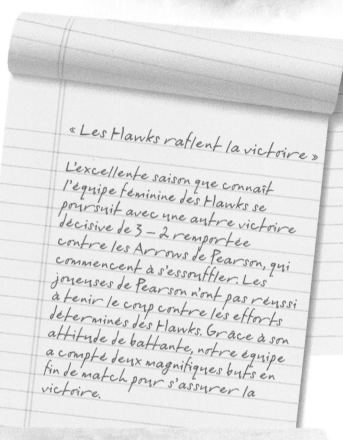

Hawks et Arrows: un match serré jusqu'à la fin

Les Arrows de Pearson High et les Hawks de Queensville ont rivalisé de détermination et d'adresse tout au long du match très serré qu'ils ont disputé. Vers la fin de la partie, alors que les Arrows menaient par un but, elles ont perdu leur concentration quand l'arbitre a omis d'infliger aux Hawks deux pénalités que les Arrows croyaient méritées. L'un de ces incidents méritait probablement une pénalité, mais une équipe de championnat ne peut laisser de tels imprévus lui faire perdre sa concentration. Et les Hawks ont saisi cette chance pour compter rapidement deux buts et ainsi l'emporter sur Pearson 3 — 2.

4.  ÉCRIRE ? PARLER

Imaginez que vous êtes témoin d'une collision de voiture. Au moment de l'accident, il pleut et la route est bien glissante. Dans une voiture: un vieil homme de 75 ans qui a des lunettes. Dans l'autre voiture: deux jeunes filles qui ont leur permis de conduire depuis un an. Vous avez entendu le bruit du contact des voitures avant de le voir. La police veut savoir votre explication de ce qui s'est passé précisément.

ÉTAPE 1: Faites un récit oral ou écrit *partial* **du point de vue:**

- des jeunes filles
- du vieil homme

Puis faites un récit oral ou écrit *partial* **de votre propre point de vue en tant que témoin.**

ÉTAPE 2: Écrivez le rapport *impartial* **que ferait un expert en sinistres pour déterminer qui est en tort dans l'accident.**

LIRE

La sélection suivante est accompagnée de plusieurs questions. Pour chaque question, choisissez la meilleure réponse selon la sélection.

ISSIAKA DIAKITÉ-KABA, PH. D.

Introduction:

Dans cet article, il s'agit de l'autobiographie d'Issiaka Diakité-Kaba, auteur et professeur. Monsieur Diakité-Kaba vient de Côte d'Ivoire.
© Issiaka Diakité-Kaba

Issiaka DIAKITÉ-KABA, Ph. D.

Assistant Professeur; Enseignant-chercheur

Unité de Formation et de Recherche Langues, Littératures et Civilisations (UFR LLC)

Département de Lettres Modernes, Université Félix Houphouët-Boigny (U.F.H.B.)

Abidjan-Cocody, République de Côte d'Ivoire

ENFANCE ET ADOLESCENCE:

Je suis née dans la ville de *Dimbokro*, en *Côte d'Ivoire*, un pays *francophone de l'Afrique de l'Ouest*. En ce temps-la, la région de *Dimbokro* au centre du pays était appelée *la Boucle*

Ligne

du Cacao, parce qu'elle produisait l'essentiel du cacao du

5   pays. N'oublions pas que la Côte d'Ivoire est le premier pays producteur de cacao. Aussi loin que remontent mes souvenirs, je peux dire que j'ai passé une enfance très intéressante entourée de deux de mes sœurs, de ma mère et de mon père. Ma mère m'influença surtout dans ma fascination pour les

10   contes et les mythes qu'elle me racontait régulièrement. Je me rappelle aussi que mon père qui était instituteur favorisa mon intérêt pour la lecture. En ce temps-là (dans les années 1970), à l'école primaire, on écrivait avec des plumes qu'on immergeait dans des **encriers** installés sur chaque pupitre

15   d'élève. Pendant les vacances scolaires, je voyageais par train avec mon père pour aller visiter d'autres membres de la famille dans la ville voisine de *Bouaké* qui était alors la deuxième capitale de la Côte d'Ivoire; j'y passais mes matinées au cours de vacances, ensuite à la bibliothèque et enfin l'après-midi,

20   avec des bandes d'amis nous allions cueillir différents fruits (mangues, oranges, goyaves, pamplemousse . . . etc.) dans les

champs et potagers des gens à la périphérie de la ville. On appelle cela **marauder** ou **chaparder**. C'était pas permis et imprudent, mais pour nous adolescents cela faisait partie intégrante des amusements un peu
25 risqués et pas très sages.

Au secondaire, j'ai fréquenté d'abord un lycée catholique dans ma ville natale et ensuite un lycée dans la ville de *Bouaké* pour mon *Baccalauréat en lettres modernes*. Après mon *Baccalauréat*, j'ai été orientée comme on le dit ici à *l'École Normale Supérieure d'Abidjan*
30 (*Abidjan* est la capitale économique de la Côte d'Ivoire). C'est l'institution d'enseignement supérieur qui forme les professeurs des lycées et collèges dans la plupart des pays Francophones. Après avoir obtenu mon diplôme, j'ai enseigné pendant cinq ans comme professeur de lettres modernes (communément appelé professeur de français) dans deux lycées avant de prendre une décision radicale pour
35 réorienter mon parcours.

VOYAGE ET FORMATION:

Ainsi, pendant tout ce temps, j'explorais la possibilité d'aller me perfectionner académiquement et professionnellement sous d'autres horizons, notamment l'Amérique du Nord et surtout aux États-Unis. Aller en France comme il est de coutume pour un francophone venant d'Afrique ne m'intéressait pas spécifiquement.
40 Je voulais surtout à travers un certain déracinement linguistique et culturel relever de nouveaux défis. Aussi, en l'an 2000 muni d'un contrat de *Louisiana Department of Education*, j'arrivais en Louisiane pour y enseigner le français. J'y ai découvert toute la riche culture louisianaise liée intrinsèquement à l'Afrique: *musique (jazz)*, *cuisine (gombo, jambalaya) . . . etc.* D'ailleurs, ne dit-on pas que La *Nouvelle-Orléans (New*
45 *Orleans)* est la ville la plus africaine des États-Unis.

Après l'obtention de mon *Ph. D.* en Études Francophones à *l'Université de Louisiana à Lafayette*, je suis parti pour l'état d'*Iowa (Midwest des États-Unis)* pour enseigner à *Wartburg College* juste quelques semaines avant l'ouragan Katrina qui souffla la Louisiane en août 2005. J'ai donc eu le privilège d'enseigner à tous les niveaux du
50 système éducatif américain, de l'enseignement élémentaire à l'université en passant par le secondaire. Cette expérience académique et professionnelle enrichissante combinée à mon expérience précédente d'enseignant en Afrique me donne une

(suite à la page suivante)

(SUITE):

vision globale de l'éducation et de la formation. C'est pour cela qu'il y a quelques années, j'ai décidé de mettre cette expérience au service

55 de mon pays d'origine voire du continent africain en établissant un cabinet de consultant en éducation pour partager l'expérience académique et professionnelle acquise aux États-Unis. Et, comme le disait si bien l'écrivain ivoirien *Jean-Marie Adiaffi: « Quand on va étudier l'intelligence des autres, ce n'est pas pour abandonner la sienne,*

60 *mais la multiplier indéfiniment, fort de cet apport de l'autre »*; j'ai estimé qu'il était temps de rentrer au pays natal afin de « multiplier indéfiniment » l'intelligence acquise au cours de mon **périple** aux États-Unis. *IDK-Educational Consulting* un cabinet-conseil en éducation est le produit de ces années d'expériences accumulées dans mon pays

65 d'adoption.

Je pense continuer à voyager entre les États-Unis et la Côte d'Ivoire et d'autres pays encore, car je pense qu'études, échanges et voyages, ainsi que la capacité à parler plusieurs langues sont des facteurs importants pour acquérir le savoir, le savoir-être et le savoir-faire. Et pour insister

70 sur le dernier point, je rappelle ici un proverbe africain: *« Une langue, une vision du monde; deux langues, deux visions du monde . . . etc. »* Autrement dit, acquérir d'autres langues accroît notre capacité à comprendre l'autre et à comprendre le monde.

UNIVERSITÉ FÉLIX
HOUPHOUËT-BOIGNY

1. **Pour quelle raison la Côte d'Ivoire s'appelle-t-elle la Boucle du Cacao?**

   a. À cause de sa forme; elle est ronde.

   b. C'est la région qui produit la quantité la plus importante du cacao.

   c. C'est la région qui produit la quantité la plus importante de bijoux.

   d. La Côte d'Ivoire a la forme d'une oreille.

2. **Qu'est-ce qui intéresse surtout le jeune Issiaka à l'école?**

   a. lire

   b. jouer pendant la récré

   c. écouter des histoires

   d. dessiner avec des crayons de couleur

3. **Lorsque le jeune Issiaka chapardait dans les potagers avec ses copains, quel genre de produits prenait-il?**

   a. des céréales

   b. des légumes

   c. des féculents

   d. des fruits

4. **Quel endroit Monsieur Diakité-Kaba compare-t-il à l'Afrique?**

   a. la France

   b. la Nouvelle-Orléans

   c. la périphérie de sa ville natale

   d. l'état d'Iowa

5. **Quel est le but de cette sélection?**

   a. présenter une oeuvre littéraire

   b. faire rire le lecteur

   c. **promouvoir** la Côte d'Ivoire

   d. raconter l'histoire d'une vie

6. **Vous parlez à un ami de cette autobiographie. Quelle phrase serait la plus appropriée?**

   a. «C'est dans les découvertes lointaines que l'on s'enrichit le plus.»

   b. «Quitter son pays n'est pas difficile.»

   c. «Revenir à son pays natal est un échec.»

   d. «Ne cherchez pas à comprendre le monde.»

BIBLIOGRAPHIE:

Mes oeuvres publiées:

Littératures:

Roman

Titre: Sisyphe . . . l'Africain

Éditeur: L'Harmattan, Paris, France. Septembre 2008.

Théâtre Bilingue (français-anglais)

Titre: Soundjata, Le Lion: Le Jour où La Parole fut Libérée *Sundjata, The Lion: The Day When The Spoken Word Was Set Free*

Éditeur: Outskirts Press, Denver, Colorado, États-Unis. Novembre 2010.

Théâtre (Version française uniquement)

Titre: Soundjata, Le Réveil du Lion.

Éditeur: Éditions Hakili, États-Unis, New York. 2014.

Nouvelle

Titre: Démocratie et *Mangécratie?*

Publiée dans: Africultures, Site et Revue de Référence des Cultures Africaines. Paris, France. Mars 2006. http://www. africultures.com/php/

Critiques Littératures :

Titre: La dynamique du griot dans de l'œuvre d'Ahmadou Kourouma

Éditeur: UMI ProQuest, Ann Arbor, États-Unis, Michigan. 2004.

Documentaire

Marron, La Piste Créole en Amérique. Film d'André Gladu, ONF Canada - 2005

2sTV—Dakar (Sénégal)— Programme TV

Le Grand Rendez-vous (10 Janvier 2014)

 LIRE ÉCOUTER

Vous allez lire un passage et écouter une sélection audio. Pour la lecture, vous aurez un temps déterminé pour la lire. Pour la sélection audio, vous aurez d'abord un temps déterminé pour lire une introduction et pour parcourir les questions qui vous seront posées. La sélection sera présentée deux fois. Après avoir écouté la sélection une première fois, vous aurez 1 minute pour commencer à répondre aux questions; après avoir écouté la sélection une deuxième fois, vous aurez 15 secondes par question pour finir de répondre aux questions. Pour chaque question, choisissez la meilleure réponse selon la sélection audio ou la lecture et indiquez votre réponse sur votre feuille de réponse.

SOURCE 1: 📖

Introduction:

Dans cet extrait écrit, il s'agit de l'association Ekitinfo et du commerce équitable. Cette association a participé à un évènement pour la journée de la femme. L'article a été écrit par Guillaume pour le site ekitinfo.org et a été publié le 23 mars 2013. © Ekitinfo

 *Ekitinfo est une association d'informations plurielles et de promotions des commerces équitables. L'objectif de cette association Loi 1901 est de fournir aux consommateurs et au grand public, ainsi qu'aux organisations équitables une information claire permettant de comprendre les enjeux et impacts du mouvement équitable.*

En favorisant les actions communes entre les organisations de commerce équitable et les acteurs de l'économie sociale et solidaire, l'association s'implique également dans des cours donnés dans différentes écoles et universités françaises, elle réalise également plusieurs concours phares tels que le concours futur équitable ou le concours personnalité équitable de l'année. Enfin, elle organise des expositions artistiques dont le but est de permettre à des plus jeunes d'aller découvrir au sein de coopératives les impacts du commerce équitable, tout en leur permettant de découvrir une passion artistique.

L'association souhaite également permettre aux plus jeunes de connaitre le commerce équitable et son histoire, afin de les inciter à s'impliquer dans des projets bénévoles ou salarié dans l'économie sociale et solidaire et plus largement dans le développement durable. Persuadé que le commerce équitable n'est pas une utopie mais bien une réalité qui change déjà le Monde.

L'importance des femmes au sein du commerce équitable

Le 8 mars dernier, à l'occasion de la journée de la femme, Artisans du Monde et Max Havelaar France ont rendu hommages** aux femmes et ont rappelé le rôle clé qu'elles jouent

Ligne au sein du commerce équitable, aussi bien au Nord qu'au Sud.

5 Pour l'occasion nous avons rencontré deux productrices de l'ONG** de femmes libanaise *Fair Trade Lebanon*.

Les femmes, très présentes dans le commerce équitable

Selon l'économiste Daniel Cohen: « *Il n'est pas excessif de dire que **les*** 10 ***femmes africaines sont les esclaves d'aujourd'hui**. L'exploitation des femmes n'est pas seulement une insulte au reste de l'humanité qui en accepte hypocritement l'existence. Elle provoque un cercle auto-entretenu** de pauvreté et d'exploitation. L'esclavage des femmes dispense en effet les hommes d'investir dans la machine. L'épargne*** 15 *sert à acheter une autre femme, qui donnera d'autres enfants qui travailleront pour le père ou seront vendus, si ce sont des filles.* » Le constat dressé par Daniel Cohen peut se résumer en deux chiffres : les femmes fournissent 2/3 des heures travaillées dans le monde et possèdent moins de 1% des biens et ressources mondiaux.

© Didier Reynaud

20 Dans ces conditions il est important de rappeler que l'un des principes du commerce équitable est la <u>non-discrimination des producteurs et en particulier des femmes</u>. Concrètement le commerce équitable permet de:

- **Renforcer** l'autonomie économique de productrices: avoir un
25   emploi représente pour ces femmes un premier pas vers leur indépendance sociale et économique favorisant la confiance et l'estime d'elles-mêmes.

- **Soutenir** des organisations de commerce équitable au sud qui agissent pour l'égalité des genres en termes de rémunération,
30   d'accès à la formation, d'accès aux postes de direction et de participation aux décisions dans les zones rurales les plus défavorisées.

L'impact du commerce équitable est d'autant plus important qu'il touche une large population. En effet la moitié des
35 coopératives partenaires d'Artisans du Monde ont été créées par des femmes, et pour des femmes. En Belgique, Oxfam – Magasins du Monde travaille avec: ACP au Népal dont les femmes représentent 90% de la force de travail, Bombolu au

** = vocabulaire

(suite à la page suivante)

Kenya (70%), Sasha en Inde (80%) ou encore Craft Aid
40 sur l'Île Maurice (93%). Dans le commerce équitable
labellisé, selon le dernier rapport de suivi et d'évaluation
de Fairtrade International, les femmes représentent
aujourd'hui un membre sur quatre au sein du mouvement
Fairtrade / Max Havelaar (47% des travailleurs et 20% des
45 producteurs).

L'ONG libanaise Fair Trade Lebanon

À l'occasion du mois de mars 2013, de la journée
internationale des droits des femmes et du forum social
mondial de Tunis, le mouvement Artisans du Monde
a invité deux membres d'une coopérative de femmes
50 libanaise: Tamam Maroun et Maya Saadé. Nous avons pu
leur poser quelques questions.

Fair Trade Lebanon est une ONG née en 2006 de la volonté
d'acteurs libanais de changer la vie des populations
rurales les plus défavorisées du Liban et de lutter contre
55 la désertification, l'exode rural et la pauvreté, et surtout,
contre la désespérance. Elle agit en tant que structure

BYBLOS, LIBAN

faitière (projet de constitution d'une coopérative) et travaille avec 14 unités de production, majoritairement des coopératives mais aussi quelques entreprises familiales, qui permettent à près de 450 femmes et hommes de travailler.

60 Tamam Maroun est la présidente de la Coopérative de Femmes *EIN EBEL*, partenaire de Fair Trade Lebanon. Ce groupement créé en 2002 est composé de 11 femmes, toutes originaires du même village. Leur produit phare est le mélange méditerranéen de Za'atar: un mélange de thym séché, de sumac et de graines de sésame. Elle était accompagnée par Maya Saadé, employée de *Fair Trade Lebanon*
65 en charge de l'appui aux producteurs et responsable de la certification.

* = vocabulaire

SOURCE 2: SÉLECTION AUDIO 🎧

Introduction:

Dans cette sélection audio, il s'agit d'un évènement qui s'appelle *La diversité en entreprise*. Dans cet extrait audio, diffusé par Moustic Audio Agency à Paris, on parle des préjugés sur les femmes en entreprise.

© Moustic Audio Agency

Vocabulaire
piailler

1. **Qu'est-ce qui correspond à ce que fait *Fair Trade Lebanon*?**

   a. fabrique des produits laitiers

   b. embauche uniquement des femmes

   c. crée des partenariats avec des coopératives et des entreprises

   d. travaille principalement dans les quartiers urbains

2. **Quel préjugé contre les femmes est mentionné dans l'extrait audio?**

   a. ne s'habillent pas d'une manière professionnelle

   b. perdent leur ambition lorsqu'elles attendent un bébé

   c. ne méritent pas le même salaire que les hommes

   d. évitent les conversations difficiles avec le patron

3. **Selon la sélection écrite, quel est le but du commerce équitable?**

   a. permettre aux femmes de travailler pour leur indépendance économique

   b. rendre égaux les salaires des femmes et des hommes

   c. préparer les femmes aux postes importants

   d. toutes les trois réponses

4. **Le verbe «piailler» désigne le son que fait la poule. Pourquoi ce verbe est-il employé dans cette sélection audio?**

   a. On parle d'un fournisseur de poulet.

   b. C'est un synonyme du verbe chanter.

   c. On décrit le stéréotype de la femme bavarde.

   d. On décrit le stéréotype de la femme qui travaille dans une ferme.

5. **Vous discutez de ce que vous avez appris sur le commerce équitable en lisant la sélection écrite avec un(e) ami(e). Quelle phrase serait la plus appropriée d'après le texte?**

   a. «On attend pour voir s'il y a un impact sur une tranche importante de la population.»

   b. «Il y a toujours de l'esclavage à l'encontre des les femmes dans le monde.»

   c. «Le gouvernement a pour but de s'occuper du commerce équitable.»

   d. «Il y a des coopératives partenaires en Afrique, mais pas encore en Asie.»

ÉCOUTER

Vous allez écouter une sélection audio. Vous aurez d'abord un temps déterminé pour lire l'introduction et pour parcourir les questions qui vous seront posées. La sélection sera présentée deux fois. Après avoir écouté la sélection une première fois, vous aurez 1 minute pour commencer à répondre aux questions; après avoir écouté la sélection une deuxième fois, vous aurez 15 secondes par question pour finir de répondre aux questions. Pour chaque question, choisissez la meilleure réponse selon la sélection audio et indiquez votre réponse sur la feuille de réponse.

Vocabulaire
fève de cacao

Introduction:

Dans cette sélection, il s'agit de la production des **fèves de cacao** en Côte d'Ivoire. L'extrait, qui s'intitule *Les agriculteurs de cacao goûtent du chocolat pour la première fois,* a été publié sur le site www.tuxboard.com. Vous entendrez des gens parler français, néerlandais et une langue indigène de la région. Les questions porteront sur ce qui est dit en français.

1. **La Côte d'Ivoire est le premier producteur du cacao:**

    a. de l'Afrique de l'ouest

    b. de l'Afrique

    c. du monde

    d. de l'hémisphère ouest

2. **D'après Alphonse, le fermier, que fait-on avec les fèves de cacao?**

    a. des plantes

    b. du chocolat

    c. de la bonne nourriture

    d. du vin

3. **Les amis d'Alphonse goûtent du chocolat pour la première fois aussi. Quel adjectif emploient-ils?**

    a. gélatiné

    b. doux

    c. douteux

    d. gentil

4. **Une barre de chocolat coûte très cher en Côte d'Ivoire et on gagne très peu comme salaire. Quel ratio représente le coût du chocolat par rapport au salaire quotidien?**

    a. 1€ : 10€

    b. 2€ : 16€

    c. 3€ : 20€

    d. 2€ : 7€

5. **Quel est l'objectif de cette vidéo?**

    a. gagner un concours

    b. vendre plus de chocolat

    c. informer les Ivoiriens au sujet du chocolat

    d. informer les occidentaux des injustices

 **LIRE** 📝 **ÉCRIRE**

Vous allez écrire une réponse à un message électronique. Vous aurez 15 minutes pour lire le message et écrire votre réponse. Votre réponse devrait débuter par une salutation et terminer par une formule de politesse. Vous devriez répondre à toutes les questions et demandes du message. Dans votre réponse, vous devriez demander des détails à propos de quelque chose mentionnée dans le texte. Vous devriez également utiliser un registre de langue soutenue.

Introduction:

Dans cette sélection, il s'agit d'un contrat de bail pour un appartement que vous avez loué pendant un stage en Algérie. Vous répondrez selon vos besoins.

de: directeur@appartsalger.dz

objet: résiliation de contrat de bail

Alger, le 29 mai 2015

Cher(e) **locataire**,

Nous vous informons par la présente de notre accord qui vous permettra de résilier le contrat de location de l'appartement à Zéralda Willaya d'Alger 16320.

Ligne

5 Conformément à l'article 8 dudit contrat, vous devrez nous faire parvenir votre **préavis** de départ dans les trente jours qui le précèdent, soit entre le 1ᵉʳ et le 30 juin, date à laquelle vous nous rendrez les clés. Si vous désirez changer

10 la date de votre départ, nous vous demandons de nous informer dans les 10 jours suivant la date de réception de cette communication. Tout changement de date entraînera un calcul au prorata du loyer mensuel.

15 Dans le cas où vous anticipez un départ prématuré, nous vous prions de bien vouloir nous fournir votre adresse de réexpédition pour que nous puissions vous rendre la **caution** que nous vous devrons. Si vous libérez l'appartement

ALGÉRIE

20 comme prévu, nous couvrirons le loyer du dernier mois par la caution versée.

Veuillez nous répondre par courrier électronique pour nous faire savoir que vous avez bien compris nos conditions et si vous confirmez la date de votre

25 départ.

Dans l'attente de votre réponse, nous vous prions d'agréer l'expression de nos meilleurs sentiments.

Malek Benani
Directeur/Propriétaire, Apparts Alger

LE DRAPEAU D'ALGÉRIE

LIRE ÉCOUTER

 ÉCRIRE

Vous allez écrire un essai persuasif pour un concours d'écriture de langue française. Le sujet de l'essai est basé sur trois sources ci-jointes, qui présentent des points de vue différents sur le sujet et qui comprennent à la fois du matériel audio et imprimé. Vous aurez d'abord 6 minutes pour lire le sujet de l'essai et le matériel imprimé. Ensuite, vous écouterez l'audio deux fois; vous devriez prendre des notes pendant que vous écoutez. Enfin, vous aurez 40 minutes pour préparer et écrire votre essai. Dans votre essai, vous devriez présenter les points de vue différents des sources sur le sujet et aussi indiquer clairement votre propre point de vue que vous défendrez à fond. Utilisez les renseignements fournis par toutes les sources pour soutenir votre essai. Quand vous ferez référence aux sources, identifiez-les de façon appropriée. Organisez aussi votre essai en paragraphes bien distincts.

SUJET DE LA COMPOSITION:

Les aînés contribuent-ils toujours autant à leurs communautés et sur le marché du travail?

SOURCE 1:

Introduction:

La sélection suivante a été publiée sur le site des Pères blancs, Missionaires d'Afrique, une société de vie apostolique en Afrique. Dans l'extrait suivant, il s'agit d'un changement de mentalité envers la génération la plus âgée en Occident et en Afrique. Cette sélection est un extrait d'un article intitulé *Comment vont les vieux en Afrique*?
© Voix d'Afrique (n° 92)

Des changements de mentalité

En Occident, on les appelle les 'retraités'. Le retraité, « c'est, à la fois, celui qui a fini son service ou celui dont on ne se sert plus.»

Dans les cultures africaines, on parle peu des retraités, mais on
Ligne parle des "vieillards", des "sages" ou des "vieux". On insiste sur
5 le fait qu'il s'agit de personnes qui ont duré sur terre, des gens de grand âge ou de plusieurs générations. Elles sont, à la fois, un patrimoine ou une ressource. Pour cela, elles deviennent intermédiaires entre les vivants et les ancêtres.

Dans les deux cultures, le troisième âge reste une classe sociale
10 exclue ou isolée qui n'intervient plus qu'à un niveau particulier de la vie sociale, politique ou religieuse.

Mais la vision d'Amadou Ampaté Bâ déjà citée commence à **battre de l'aile** avec les nouvelles générations. En effet, avec

l'introduction de l'école, de la révolution de la technologie en
15 général et de celle de l'information en particulier, l'ordre social
ancien est en train d'être renversé. L'aîné, le vieux ou la vieille,
gardien du savoir et de l'expérience d'une civilisation basée sur
l'oralité, est en déclin.

À cela s'ajoute brutalement la découverte d'un monde nouveau:
20 la ville, l'Europe et l'Amérique. L'illusion d'un ailleurs radieux
offrant plus de possibilités matérielles et de vie paisible a
contribué à un dépeuplement massif des villages.

C'est pourquoi beaucoup de vieilles, de vieux, d'enfants et de
femmes ont été laissés dans un désarroi total. Non préparés
25 à cette situation, beaucoup de villages africains n'ont pas les
structures efficaces pour la prise en charge des personnes âgées.

De plus, avec l'évolution, la famille de type nucléaire (le père, la
mère et les enfants) tend à se substituer à celle de type élargi (le
père, la mère, les ascendants, et les collatéraux). Cela se réalise
30 surtout en ville où la nécessité de survivre conduit, dans certains
cas, à un repli sur l'unité familiale restreinte.

Le changement rapide des techniques et les besoins de
productivité toujours plus grands, font de la personne âgée une
personne dépassée. On lui donne le statut de "vieux", avec une
35 connotation péjorative et une certaine rupture se crée entre
elle et les autres membres de la famille, et dans certains cas, le
vieillard est considéré comme **un fardeau**.

SOURCE 2:

Introduction:

Dans cette sélection, il s'agit de l'évolution du taux d'activité chez les personnes âgés au Québec. Les données ont été tirées d'un document créé par le Gouvernement du Québec en 2012 qui s'intitule *Les aînés du Québec: quelques données récentes.*

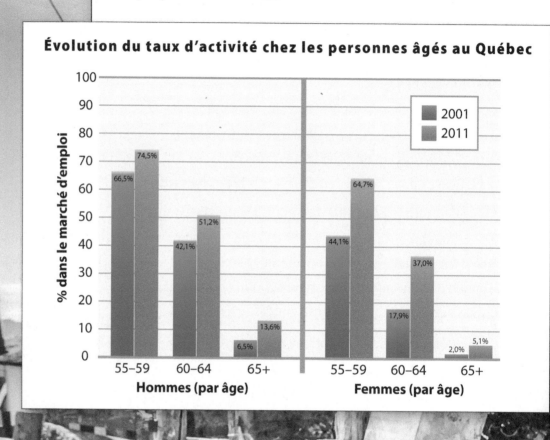

Évolution du taux d'activité chez les personnes âgés au Québec

SOURCE 3:
SÉLECTION AUDIO 🎧

Introduction:

Cette sélection audio est une publicité pour un évènement qui s'appelle «La diversité en entreprise». L'évènement a pour but de combattre les clichés, les stéréotypes et les préjugés à l'égard des personnes âgées. C'est un podcast produit par Moustic, spécialiste de la communication audio à Paris. © Moustic Audio Agency

MOUSTIC
THE AUDIO AGENCY
www.moustic.fr

» Interpersonal Speaking: CONVERSATION

 LIRE ÉCOUTER PARLER

Vous allez participer à une conversation. D'abord, vous aurez une minute pour lire une introduction à cette conversation qui comprend le schéma des échanges. Ensuite, la conversation commencera, suivant le schéma. Quand ce sera à vous de parler, vous aurez 20 secondes pour enregistrer votre réponse. Vous devriez participer à la conversation de façon aussi complète et appropriée que possible.

Introduction:

Vous avez rencontré un camarade de classe, Rishi, dans votre cours d'histoire. Il vient de la République démocratique du Congo en Afrique centrale. Il vous pose beaucoup de questions au sujet de coutumes américaines.

Rishi	Il vous salue et pose une question.
Vous	Saluez-le et répondez à sa question.
Rishi	Il a une question au sujet de la vie professionnelle dans votre région.
Vous	Répondez-lui en donnant au moins trois exemples de patronat important dans votre région.
Rishi	Il continue à vous poser les questions. Maintenant il passe au sujet des loisirs.
Vous	Donnez un exemple d'un loisir populaire dans votre région. N'oubliez pas d'expliquer pourquoi.
Rishi	Il a l'air intéressé et il vous demande quelle est votre participation personnelle.
Vous	Répondez si vous y participez et donnez une raison qui explique pourquoi ou pourquoi pas.
Rishi	Il vous remercie et pose une dernière question au sujet de la culture spécifique de votre région.
Vous	Donnez-lui une réponse et dites au revoir.

LIRE  **PARLER**

Vous allez faire un exposé pour votre classe sur un sujet spécifique. Vous aurez 4 minutes pour lire le sujet de présentation et préparer votre exposé. Vous aurez alors 2 minutes pour l'enregistrer. Dans votre exposé, comparez votre propre communauté à une région du monde francophone que vous connaissez. Vous devriez montrer votre compréhension des facettes culturelles du monde francophone. Vous devriez aussi organiser clairement votre exposé.

Sujet de la présentation:

La mixité sociale désigne la présence simultanée ou la cohabitation, en un même lieu, de personnes appartenant à des catégories socioprofessionnelles, à des cultures, à des nationalités, à des tranches d'âge différentes.[1] On dit que les États-Unis servent d'exemple de ce mélange de cultures. Est-ce également le cas dans d'autres pays? Comment la mixité sociale enrichit-elle un pays et contribue-t-elle à son identité nationale? Comparez le phénomène tel que vous le percevez aux États-Unis et dans un pays francophone que vous connaissez.

[1]Définition tirée du site: www.toupie.org

LIRE

La sélection suivante est accompagnée de plusieurs questions. Pour chaque question, choisissez la meilleure réponse selon la sélection.

Introduction:

Dans cette sélection écrite, il s'agit d'un projet qui promeut la diversité linguistique sur Internet. L'article a été publié sur le site Global Voices le 14 avril 2014 © Creative Commons

Wikitongues: Documentez votre langue

Wikitongues est un nouveau projet qui vise à documenter les 7000 langues du monde.

Les initiateurs du projet cherchent à collecter des vidéos où les personnes parlent leur langue maternelle, que ce soit l'allemand, l'ourdou, le swahili ou d'autres, qu'ils partagent ensuite sur leur chaîne Youtube.

Wikitongues développe actuellement une plateforme où chacun pourra mettre en ligne ses vidéos, favorisant ainsi la collaboration participative et **se mue** par la même occasion en une association à but non lucratif. Ils espèrent passer de 50 à 100 vidéos d'ici la fin de l'année. Pour les aider à créer une **base de données** permettant d'accéder facilement à l'information, ils possèdent des « ambassadeurs » bénévoles qui collaborent depuis la Suisse, le Zimbabwe, l'Afrique du Sud, la Norvège, la Russie ou encore l'Espagne.

Daniel Bogre Udell, co-fondateur du projet, explique qu'en

Ligne
5

10

15

documentant de nombreuses personnes de régions différentes parlant la même langue, ils espèrent démontrer une application culturelle de la langue.

20 Vous pouvez voir un exemple en anglais avec des **locuteurs** de Caroline du Nord aux États-Unis et d'Afrique du Sud [. . .]

Les vidéos incluent ce qu'on appelle usuellement des langues « minoritaires », comme le k'iche (quiché),

25 un sous-groupe des langues maya, originaire du Guatemala. Toutefois, l'association prend soin de pas appeler majoritaires ou minoritaires les langues sur le site web, et de donner un poids égal aux différents idiomes quel que soit le nombre total de leurs

30 locuteurs.

Wikitongues choisit aussi une « langue de la semaine » sur son blog Tumblr, avec des liens et de l'information sur chacune. Dernièrement, c'est le basque qui était à l'honneur.

35 Vous pouvez suivre l'évolution du projet sur Instagram et sur Twitter ainsi que vous connecter pour partager vos propres vidéos.

1. **Quel est l'objectif principal du projet Wikitongues?**
   a. enregistrer des exemples des langues peu parlées
   b. enseigner les langues par vidéo
   c. collecter des échantillons de langues
   d. promouvoir les langues les moins parlées

2. **Comment le projet Wikitongues fait-il du marketing pour avoir plus de vidéos?**
   a. par des individus non payés
   b. par des salariés qui travaillent dans les bureaux partout dans le monde
   c. M. Bogre Udell le fait uniquement par Twitter.
   d. On envoie tout le matériel de marketing d'un bureau central en Europe.

3. **Pourquoi le projet Wikitongues donne-t-il des exemples multiples d'une même langue?**
   a. pour établir une influence culturelle et linguistique dans des régions différentes
   b. parce que le vocabulaire n'est pas le même dans des pays différents
   c. pour avoir davantage de vidéos
   d. C'est faux. On n'accepte pas de vidéo si on a déjà une vidéo de cette langue.

4. **Le quiché est un exemple de langue « minoritaire ». Que veut dire le terme « minoritaire » dans ce contexte?**
   a. pas écrite
   b. peu avec de textes littéraires
   c. une langue morte
   d. peu parlée

5. **Vous parlez à un ami, quelle phrase est-ce que vous utiliserez pour décrire cet article?**
   a. «Wikitongues est seulement pour les personnes qui parlent plus d'une langue.»
   b. «Wikitongues veut aider les personnes à apprendre les langues peu parlées.»
   c. «Wikitongues n'a pas besoin de mon aide; ils ont déjà des échantillons de toutes les langues que je connais.»
   d. «Wikitongues veut collecter des échantillons de toutes les langues parlées.»

» Interpretive Communication: PRINT AND AUDIO TEXTS

  LIRE ÉCOUTER

Vous allez lire un passage et écouter une sélection audio. Pour la lecture, vous aurez un temps déterminé pour la lire. Pour la sélection audio, vous aurez d'abord un temps déterminé pour lire une introduction et pour parcourir les questions qui vous seront posées. La sélection sera présentée deux fois. Après avoir écouté la sélection une première fois, vous aurez 1 minute pour commencer à répondre aux questions; après avoir écouté la sélection une deuxième fois, vous aurez 15 secondes par question pour finir de répondre aux questions. Pour chaque question, choisissez la meilleure réponse selon la sélection audio ou la lecture et indiquez votre réponse sur votre feuille de réponse.

SOURCE 1:

Introduction:

Dans cette sélection, il s'agit de la diversité linguistique au Maroc. L'article, intitulé *Le Sahara marocain*, a été écrit par le professeur Hassan Slassi et publié le 19 juin 2010 sur le forum marocagreg.com. © Hassan Slassi

Le Sahara marocain

LES DONNÉES LINGUISTIQUES

Le Maroc est une terre d'Emazighens, partiellement arabisée. Miraculeusement, la langue et la culture amazighes ont survécu à toutes les contraintes et à tous les facteurs qui voulaient les anéantir.

Actuellement, le paysage linguistique, au Maroc, prend l'allure d'une mosaïque de cultures: amazighe, arabe, française et espagnole. Il n'en reste pas moins que l'amazighe demeure la culture originelle. Quoique désavantagée arbitrairement par les autres cultures rivales, l'amazighe représente la langue maternelle de plus de la moitié de la population du pays laquelle est répartie géographiquement sur trois régions (le Rif, le Moyen Atlas et le Souss). À chacune de ces régions correspond respectivement une variante linguistique mais très proche des autres: Tarifit (le rifain) ou Zenatiya, parlée dans le Rif, Tamazight, parlée dans le Moyen Atlas, une partie du Haut Atlas et plusieurs vallées. Elle dispose d'un alphabet (le Tifinagh) également utilisé par les Touaregs. Enfin Tachelhit. Pratiquée par les Chleuhs du Haut Atlas, du Sous et du littoral du sud du Maroc.

Les sociolinguistes contemporains considèrent qu'il y a trois types d'arabe: l'arabe classique ou l'arabe du Coran et de la littérature préislamique, l'arabe standard ou littéraire, qui est utilisé dans les domaines-clés comme le gouvernement et les

Ligne 5 — *(lignes: 5, 10, 15, 20)*

25 médias, et l'arabe dialectal qui varie plus ou moins selon les
pays arabes. Au Maroc une autre langue maternelle parlée
à coté de tamazight; la darija que parlent la majorité des
Marocains, même si la plupart d'entre eux ont d'abord appris le
Tamazight.

30 Marginalement, il existe deux autres variantes de l'arabe: le
judéo-marocain (quelques milliers de locuteurs au Maroc, plus
200 000 en Israël, quelques dizaines de milliers en France)
et l'Hassaniyya, parlée par quelques dizaines de milliers de
personnes dans l'extrême Sud (région de Tantan) ainsi qu'au
35 Sahara marocain (ce dialecte est surtout parlé en Mauritanie).

Le français est la première langue étrangère. L'anglais et
l'espagnol sont aussi utilisés au Maroc, mais leur statut social
n'est pas aussi avantageux que celui du français. Notons,
cependant, qu'il y a une nette montée de l'anglais dans le
40 Maghreb surtout dans le domaine de l'enseignement. Bien
que l'arabe standard, l'arabe dialectal, l'amazigh et le français
interagissent dans la vie quotidienne des citoyens, leur emploi
est souvent dicté par les propriétés sociolinguistiques qui
leur sont propres. En d'autres termes, chacune de ces quatre
45 langues a une valeur sociolinguistique déterminée qui **émane**
de la nature des domaines dans lesquels elle est utilisée, ainsi
que des fonctions qu'elle assure. Ceci s'explique par le fait que
la coexistence de plusieurs langues dans une société donnée
fait que généralement chacun des groupes parlant ces langues
50 déploient des stratégies bien définies.

La langue française, langue de travail par excellence, n'est plus
le reliquat de l'histoire coloniale, elle est devenue la langue des
affaires. Et aussi la seule «connexion» à la globalisation, vu la
très faible part de l'anglais. Ce, en dépit des arabisants, et en
55 dépit de la période de «l'arabisation» de l'Éducation nationale.

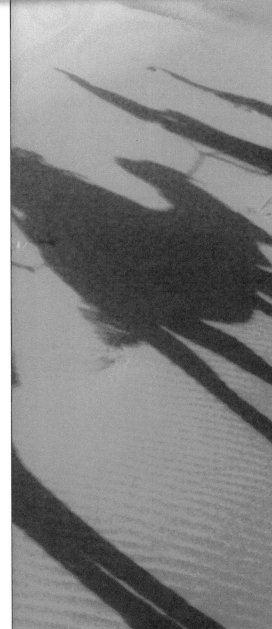

SOURCE 2: SÉLECTION AUDIO

Introduction:

Cette sélection porte sur la diversité parmi les employés d'une entreprise. C'est un extrait d'un podcast intitulé «Interview diversité avec Agnès Crepet et Maxime Tiran» (Épisode 104). Le podcast a été tiré du site lescastcodeurs.com.

© lescastcodeurs.com.

1. **D'après l'article, quelle est la langue avec le statut social le plus important?**
   a. l'anglais
   b. l'amazighe
   c. l'espagnol
   d. le français

2. **De quel type de diversité parle-t-on principalement dans l'extrait audio?**
   a. d'âge
   b. du genre
   c. linguistique
   d. éthnique

3. **Selon la sélection écrite, qu'est-ce que l'on peut dire sur la langue française au Maroc?**
   a. Le français est la première langue du Maroc.
   b. Le français est la langue la plus utilisée dans le monde du travail.
   c. Il n'y a pas beaucoup d'arabophones qui parlent français.
   d. On considère toujours le français comme la langue coloniale.

4. **Quel est le but de la sélection audio?**
   a. se moquer des idées reçues
   b. lutter pour les inégalités sociales
   c. informer les auditeurs sur la diversité
   d. promouvoir la sortie d'un film

5. **Vous parlez à un ami de la situation linguistique du Maroc. Quelle phrase serait la plus appropriée selon l'article?**
   a. «La langue amazighe se divise en plusieurs dialectes.»
   b. «L'arabe qui se parle au Maroc est celui de la littérature préislamique.»
   c. «La langue espagnole est très répandue au Maroc.»
   d. «L'anglais n'est pas une langue d'enseignement au Maroc.»

» Interpretive Communication: AUDIO TEXTS

 ÉCOUTER

Vous allez écouter une sélection audio. Vous aurez d'abord un temps déterminé pour lire l'introduction et pour parcourir les questions qui vous seront posées. La sélection sera présentée deux fois. Après avoir écouté la sélection une première fois, vous aurez 1 minute pour commencer à répondre aux questions; après avoir écouté la sélection une deuxième fois, vous aurez 15 secondes par question pour finir de répondre aux questions. Pour chaque question, choisissez la meilleure réponse selon la sélection audio et indiquez votre réponse sur la feuille de réponse.

Introduction:

Dans cette sélection audio, il s'agit du logement chez les Français. C'est un podcast de Claireco, Comprendre l'économie, en partenariat avec l'Obsoco.com. La président de l'Obsoco, Nathalie Damery, parle de l'habitat des Français. Ce podcast a été diffusé par Moustic, une agence basée à Paris. © Moustic Audio Agency

1. **Dans le contexte de la sélection audio, que veut dire le mot «ménage»?**

   a. un foyer

   b. un type de construction

   c. le travail à la maison

   d. une terrasse

2. **Sur quelle partie de leur budget les français dépensent-ils la plus grande proportion d'argent?**

   a. le logement

   b. le toit

   c. l'électricité

   d. la décoration

3. **Selon l'extrait audio, quel est le pourcentage des Français qui sont satisfaits de leur logement?**

   a. 11%   c. 81%

   b. 91%   d. 16%

4. **D'après ce que dit Madame Damery, quel groupe serait le plus satisfait de son logement?**

   a. les propriétaires

   b. les sans-abri

   c. les locataires

   d. les familles nombreuses

5. **Vous parlez à un(e) ami(e) du logement chez les Français. Quelle phrase serait la plus appropriée?**

   a. «Les français les plus âgés sont moins attachés à leur logement que les jeunes.»

   b. «Le logement est plus important pour ceux qui habitent seuls.»

   c. «D'une manière générale, les français entretiennent une relation profonde avec leur habitat.»

   d. «L'habitat est un aspect de la vie auquel les français ne pensent pas beaucoup.»

LIRE ÉCRIRE

Vous allez écrire une réponse à un message électronique. Vous aurez 15 minutes pour lire le message et écrire votre réponse. Votre réponse devrait débuter par une salutation et terminer par une formule de politesse. Vous devriez répondre à toutes les questions et demandes du message. Dans votre réponse, vous devriez demander des détails à propos de quelque chose mentionnée dans le texte. Vous devriez également utiliser un registre de langue soutenue.

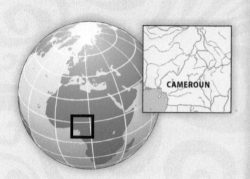

CAMEROUN

Introduction:

Dans cette sélection, il s'agit d'un séjour football au Cameroun. Vous y êtes invité à y participer pour améliorer vos performances sportives. Vous répondrez aux questions posées et poserez les vôtres.

de: slumumba@footdete.cm

Yaoundé, le 3 février 2015

Cher/chère footballeur/footballeuse:

Permettez-nous de nous présenter. *Foot d'été* est une association qui organise des séjours football
Ligne à Yaoundé, au Cameroun, pour des étrangers qui
5 s'intéressent à améliorer leurs performances dans le sport tout en appréciant une culture différente pendant trois semaines.

Le Cameroun est connu pour ses compétences dans le domaine du football. L'équipe du pays s'est
10 qualifiée trois fois pour le tournoi olympique et a gagné la médaille d'or. Elle s'est aussi qualifiée six fois pour la Coupe du Monde et a poursuivi jusqu'au **quart de finale**. Plusieurs organismes camerounais ont réussi à former des footballeurs
15 pour la Coupe d'Afrique des Nations. Le football fait partie de notre identité nationale.

Venez participer à un séjour football cet été, ce qui vous avantage dans le monde de foot! Nous vous invitons à faire partie de la diversité sociale
20 très riche de notre pays à travers le foot. Si cette idée vous tente, nous aimerions que vous nous

fournissiez quelques informations sur vous-même afin que nous puissions vous connaître mieux avant de vous placer dans un groupe. Veuillez

25 répondre aux questions suivantes:

- Pourquoi cela vous intéresse-t-il de participer à un séjour football au Cameroun?

- Décrivez vos compétences et connaissances en football y compris le nombre d'années que

30 vous y avez joué et à quel niveau.

- Quels seraient vos objectifs principaux pour un tel stage?

- Aimeriez-vous loger dans une famille d'accueil camerounaise ou dans une

35 résidence?

Nous sommes à votre disposition si vous avez envie de nous contacter pour des renseignements supplémentaires.

En attendant votre réponse, nous vous prions

40 d'agréer l'expression de nos sentiments les meilleurs.

Safi Lumumba
Foot d'été – Cameroun

LIRE ÉCOUTER

 ÉCRIRE

Vous allez écrire un essai persuasif pour un concours d'écriture de langue française. Le sujet de l'essai est basé sur trois sources ci-jointes, qui présentent des points de vue différents sur le sujet et qui comprennent à la fois du matériel audio et imprimé. Vous aurez d'abord 6 minutes pour lire le sujet de l'essai et le matériel imprimé. Ensuite, vous écouterez l'audio deux fois; vous devriez prendre des notes pendant que vous écoutez. Enfin, vous aurez 40 minutes pour préparer et écrire votre essai. Dans votre essai, vous devriez présenter les points de vue différents des sources sur le sujet et aussi indiquer clairement votre propre point de vue que vous défendrez à fond. Utilisez les renseignements fournis par toutes les sources pour soutenir votre essai. Quand vous ferez référence aux sources, identifiez-les de façon appropriée. Organisez aussi votre essai en paragraphes bien distincts.

SUJET DE LA COMPOSITION:

L'Union européenne est-elle un «mariage économique» qui fonctionne sainement pour tous les pays membres?

SOURCE 1:

Introduction:

La sélection suivante, écrite par Edgar, vient du site www.lalettrevolee.net. L'article a été publié le 13 octobre 2009. Il parle de l'impact de L'Union européenne sur la France. © lalettrevolee.net

Comment l'Union européenne détruit le tissu économique français

La tactique est subtile et l'exécution lente, si bien que mon titre peut paraître bien indûment catastrophiste. Il n'en est pourtant rien.

Ligne   Dans deux domaines majeurs et structurants pour l'économie
5   française dans son ensemble, nous sommes à un point où le démantèlement de ce à quoi les français étaient attachés commence: l'électricité et le transport ferroviaire.

Dans le domaine de l'électricité, du fait de la pression de Bruxelles, EDF va bientôt devoir vendre à un prix inférieur à son
10   prix de revient de l'électricité nucléaire (lire un dossier sur le très riche site Euractiv).

La France avait fait, avec le choix du nucléaire et du quasi-monopole d'EDF, un pari sur la production d'énergie à bon marché, propre à favoriser le développement d'activités
15   notamment industrielles (mais aussi tertiaires: il faut pas mal de watts pour faire tourner les serveurs de Google et ceux de la fondation Hulot).

La France va devoir manger son chapeau et commencer par subventionner l'activité de concurrents d'EDF.

20   Il faut bien comprendre ce qui va se passer: l'électricité pas chère qui bénéficiait à tous, c'est fini. Demain il faudra des

producteurs concurrents qui feront monter les prix (comme en Californie). En attendant, dans la phase transitoire, la rente nucléaire qui était redistribuée aux français via un courant pas cher, va être
25 versée aux Poweo et autres marketeurs qui achèteront, à un prix encore inférieur au coût de revient, donc subventionné, une électricité qu'ils se contenteront de revendre plus cher aux français.

Avantage technologique pour l'économie française: rien.

Avantage économique: rien.

30 Avantage idéologique: Bruxelles sera contente de voir un marché français oligopolistique contrôlé par des boîtes privées plutôt qu'un monopole appliquant une stratégie nationale (rappel: le privé c'est sacré, le public c'est mal).

* * *

Même chose du côté du ferroviaire: RFF, la société qui gère les
35 rails, va augmenter ses tarifs au détriment de la SNCF (Les Echos). Quelle raison? Il s'agit de pomper la SNCF pour financer l'arrivée des concurrents de la SNCF. Une usine à gaz est en construction pour permettre à RFF d'être solvable alors que la SNCF ne le sera plus. Comme ça RFF pourra financer les aménagements qui bénéficieront à
40 Véolia, et autres nouveaux entrants qui viendront écrémer le marché de transport en se positionnant sur les meilleures liaisons. La SNCF, elle, récupèrera les gares de banlieue et les petites liaisons, qui continueront de se dégrader lentement.

(suite à la page suivante)

(SUITE):

* * *

Ce que l'on reprochait aux services publics c'était de profiter
45 de leur monopole pour, avec leurs services profitables, financer
des activités dites de «service public» et faire indûment
concurrence au privé. Dès aujourd'hui, le public est prié
de lâcher au privé les activités rentables, et l'état est censé
subventionner la partie qui fonctionnait autrefois à pertes. Sauf
50 que les parties bénéficiaires ne sont plus là pour enrichir l'État
et les budgets publics mais les actionnaires de groupes privés
qui eux, n'ont cure des obligations de services publics.

Par ailleurs, comme les transports ferroviaires et la production
d'électricité (comme les télécoms) sont, en grande partie,
55 des monopoles naturels, le coût global de ces oligopoles
subventionnés sera supérieur au coût antérieur. C'était bien
le public qui était économiquement efficace dans ces secteurs
et le privé qui sera inefficace (essayez de demander à la SNCF
l'évolution du prix moyen du kilomètre depuis dix ans: secret
60 défense. Parce que les tarifs montent en prévision de l'arrivée de
concurrents). [...]

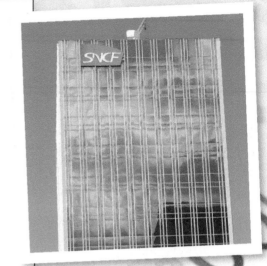

Ce sont deux dossiers affreusement complexes mais parfaitement emblématiques de l'engrenage européen. Nous avions des sociétés publiques, en position de monopole ou de quasi-monopole, qui
65 rendaient, de façon globalement convenable, un service au pays. Ce service était défini de façon stratégique, contractuelle et centralisée (avec des règles parfois de très grande complexité et fondées sur des calculs économiques poussés, comme la tarification au coût marginal pour EDF).

70 On peut regretter certains choix passés: l'obsession nucléaire d'EDF, la prime au TGV pour la SNCF, l'échec du fret... Soyons assurés qu'après éclatement de ces marchés dans les mains de 4 ou 5 intervenants privés, c'en sera de toute façon fini de toute réflexion stratégique et de tout questionnement en termes de
75 politiques publiques.

L'Etat cachera bien la misère, avec des obligations de service public de plus en plus mal financées, la splendeur passée des sociétés nationales permettra de masquer encore quelque temps leur décrépitude, après quoi il n'en restera rien. Quelques services
80 de luxe pour ceux qui pourront, et un service réduit au plus strict minimum pour les autres.

Avec la bénédiction du Parti Socialiste.

SOURCE 2:

Introduction:

Dans cette sélection, il s'agit de la perception des Français de l'impact de l'Union européenne sur la France. © CSA, Terrafemina.com

L'impact de l'Union européenne est perçu de façon majoritairement négative par les Français, surtout sur la situation de leur pays.

QUESTION: Pensez-vous que l'Union européenne a un impact plutôt positif, plutôt négatif ou n'a pas d'impact sur . . . ?

. . . votre situation personnelle

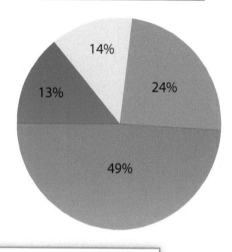

. . . la situation de la France

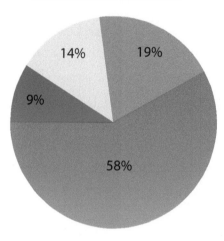

- ■ Un impact plutôt positif
- ■ Un impact plutôt négatif
- ▫ Pas d'impact
- ■ Sans opinion

SOURCE 3:
SÉLECTION AUDIO 🎧

Vocabulaire
étatique
nonobstant

Introduction:

Dans cette sélection, il s'agit de la situation économique de l'Union européenne. L'extrait audio s'intitule Réalités économiques et financières de l'UE. Il a été tiré du site de l'UDC Suisse (l'Union démocratique du centre, un parti politique suisse) et date du 14 août 2007. © UDC Suisse

» Interpersonal Speaking: CONVERSATION

 LIRE ÉCOUTER PARLER

Vous allez participer à une conversation. D'abord, vous aurez une minute pour lire une introduction à cette conversation qui comprend le schéma des échanges. Ensuite, la conversation commencera, suivant le schéma. Quand ce sera à vous de parler, vous aurez 20 secondes pour enregistrer votre réponse. Vous devriez participer à la conversation de façon aussi complète et appropriée que possible.

Introduction:

Vous discutez du patriotisme avec une amie française, Cécile. Elle ne comprend pas les traditions américaines et elle vous demande des explications.

Cécile	Elle vous demande pourquoi il y a des drapeaux américains partout cette semaine.
Vous	Répondez-lui que c'est la fête nationale.
Cécile	Elle compare les deux fêtes nationales et elle vous demande s'il y a d'autres traditions importantes.
Vous	Répondez-lui en lui citant au moins deux traditions américaines pour la fête nationale.
Cécile	Elle vous demande les détails sur une autre fête.
Vous	Répondez-lui en décrivant une autre fête importante chez vous.
Cécile	Elle partage avec vous une fête importante chez elle et les traditions familiales qui y sont liées.
Vous	Demandez-lui quelle fête elle n'aime pas.
Cécile	Elle répond et vous parle d'une autre fête.
Vous	Répondez en lui disant quelle est la fête la moins importante pour vous en lui donnant une bonne raison pour soutenir votre réponse.
Cécile	Elle vous remercie pour les explications.

LIRE PARLER

Vous allez faire un exposé pour votre classe sur un sujet spécifique. Vous aurez 4 minutes pour lire le sujet de présentation et préparer votre exposé. Vous aurez alors 2 minutes pour l'enregistrer. Dans votre exposé, comparez votre propre communauté à une région du monde francophone que vous connaissez. Vous devriez montrer votre compréhension des facettes culturelles du monde francophone. Vous devriez aussi organiser clairement votre exposé.

Sujet de la présentation:

La culture comprend les produits, les pratiques et les perspectives des gens d'un certain groupe. C'est un concept qui n'est pas facile à concrétiser. Décrivez la culture de votre pays (ou de votre région) en considérant ces trois facettes de la culture et comparez-la à celle d'un pays francophone que vous connaissez. Allez au-delà du superficiel pour parler des aspects plus profonds de ces cultures, autant que possible.

Compréhension

améliorer (v.) (392) rendre meilleur

auto-entretenu (adj.) (403) quelqu'un qui peut s'entretenir, qui peut vivre sans l'aide des autres

base de données (n.f.) (416) collection d'informations, accessible pour la recherche

battre de l'aile (410) être en difficulté, perdre la force

boîte (n.f.) (413) entreprise

caution (n.f.) (408) garantie financière

chaparder (v.) (399) voler quelque chose de petit

cohabitation (n.f.) (415) habiter avec quelqu'un

concrétiser (v.) (431) faire passer un projet de l'abstrait à la réalité

contrat de bail (n.m.) (408) accord entre le propriétaire et le locataire, souvent pour un an

émaner (v.) (419) provenir de quelqu'un par rayonnement, découler

encrier (n.m) (398) pot d'encre

épargne (n.f) (403) ce qu'on économise, un compte d'épargne dans un banque n'a pas de chèques

équitable (adj.) (402) égal, juste

étatique (adj.) (429) qui a trait à l'État

fardeau (n.m.) (411) poids qu'il faut porter

fève de cacao (n.f.) (407) graine comestible d'une légumineuse

locataire (n.m.) (408) personne qui loue

locuteur (n.m.) (417) personne qui parle

marauder (v.) (399) voler quelque chose, souvent petit

ménage (n.m.) (421) foyer, famille

nonobstant (prép.) (429) malgré, en dépit de

ONG (n.f.) (402) Organisation non-gouvernementale

périple (n.m.) (400) voyage d'exploration, ou avec plusieurs étapes

piailler (v.) (406) se plaindre sans cesse (fam.)

préavis (n.m.) (408) avertissement préalable

promouvoir (v.) (401) faire avancer, faire de la promotion

quart de finale (n.m.) (422) lorsqu'il y a seulement quatre équipes qui restent dans un tournoi, souvent sportif

rendre hommage à quelqu'un (v.) (402) témoigner du respect, de l'admiration

se muer (v.) (416) transformer

ANNECY, FRANCE

Pour mieux s'exprimer à ce sujet

accueillir (v.) donner l'hospitalité, recevoir des personnes

appartenir à (v.) faire partie d'un groupe

déraciné(e) (adj.) quelqu'un qui se sent mal placé, qui a dû quitter son environnement

exhaler (v.) laisser s'échapper, respirer

immigré(e) (adj.) quelqu'un qui déménage d'un pays à un autre

laïcité (n.f.) séparation de la société civile et la société religieuse

réaliser (v.) fait d'accomplir un objectif ou un rêve

réfugié (n.m.) personne qui a quitté son pays/sa région pour s'échapper d'un danger

s'assimiler (v.) devenir comme les autres dans un pays

valeur (n.f.) principe moral reconnu par une personne ou une société

xénophobie (n.f.) peur, rejet de l'étranger

NICE, FRANCE

QUESTIONS ESSENTIELLES

1. Comment les perceptions de la beauté et de la créativité sont-elles établies?

2. Comment les conceptions de la beauté et de l'esthétique se manifestent-elles dans la vie quotidienne?

3. Comment les arts reflètent-ils les perspectives culturelles?

FÈS, MAROC

Chapitre 9

Ce qui embellit la vie

Leçon **1** | Quelle beauté!

» OBJECTIF **Distinguer entre les niveaux de langue dans les contextes qui y correspondent**

1. LIRE ÉCRIRE PARLER

La langue comme œuvre d'art. Les langues humaines servent à générer des sentiments dans le cœur et l'esprit des gens qui les parlent, les écoutent, les écrivent ou les lisent. Lisez les citations suivantes inspirées par la beauté de la langue française puis répondez aux questions.

C'est une langue belle avec des mots superbes
Qui porte son histoire à travers ses accents
Où l'on sent la musique et le parfum des herbes
Le fromage de chèvre et le pain de froment
Et du Mont St-Michel jusqu'à la Contrescarpe
En écoutant parler les gens de ce pays
On dirait que le vent s'est pris dans une harpe
Et qu'il en a gardé toutes les harmonies

        –Yves Duteil, *La langue de chez nous* (chanson)

Bénissez la chance, mes enfants, d'avoir vu le jour dans l'une des plus belles langues de la Terre. Le français est votre pays. Apprenez-le, inventez-le. Ce sera toute votre vie votre ami le plus intime.

    –Erik Orsenna, *La grammaire est une chanson douce* (roman)

Répondez aux questions suivantes.

1. Pour vous, quels sentiments ces extraits génèrent-ils dans votre cœur ou votre esprit?

2. Écrivez quelques phrases qui expriment vos sentiments envers la langue française. Demandez à un camarade de classe de les lire et de vous dire quels sentiments la langue française génère chez lui/elle.

LE MONT ST.-MICHEL

POINT**RAPPEL**

Rappelez-vous les trois registres de langue présentés dans le Chapitre 0 (p. 5) et encore dans le Chapitre 4 (p. 194) ainsi que dans les Tips and Tricks (p. 481 et 487). En voici un résumé:

registre soutenu - employé surtout à l'écrit dans la correspondance officielle et les textes littéraires, vocabulaire riche, règles de grammaire respectées

registre courant - employé pour les documents et conversations ordinaires, utilisé à la radio et à la télévision, vocabulaire usuel et règles grammaticales généralement respectées

registre familier - généralement employé à l'oral avec des amis, toutes les syllabes ne sont pas nécessairement prononcées, règles de grammaire pas toujours respectées

2. LIRE ? PARLER

Dans son cours de français, Haylie étudie l'art de bien s'exprimer. Son professeur lui montre des exemples de communications qui emploient des registres langagiers différents et qui ont des caractéristiques différentes. Lisez-les et puis complétez l'exercice. Après, discutez des impressions données par ces styles différents avec un camarade de classe.

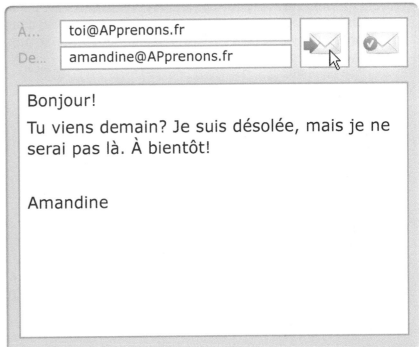

À... toi@APprenons.fr
De... amandine@APprenons.fr

Bonjour!
Tu viens demain? Je suis désolée, mais je ne serai pas là. À bientôt!

Amandine

Lisez chaque description ci-dessous, puis indiquez si elle correspond à un texto, à un mail et/ou à une lettre. Vous pouvez marquer plus d'une réponse si nécessaire.

Bordeaux, le 29 octobre 2014

Cher Monsieur Vandeau,

Je regrette de vous informer que je ne pourrai pas être présente à l'évènement demain. J'espère que nous nous reverrons bientôt.

Cordialement,

Amandine Marlot

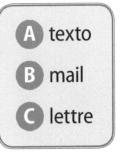

A texto

B mail

C lettre

1. peut être formel ou informel

2. se compose en tapant le minimum de touches

3. utilise des lettres ou des chiffres telles qu'ils sont prononcés

4. garde une certaine distance entre les deux personnes

5. s'écrit grammaticalement et ressemble à la langue parlée de tous les jours

3.  LIRE ✏ ÉCRIRE

À votre tour de jouer avec l'art du langage.

Écrivez un texto, un mail et une lettre courte correspondant aux trois idées suivantes en faisant attention aux registres de langue et en pensant à l'impression que le langage employé donnera à celui/ celle qui le lit.

1. Vous voulez un rendez-vous pour lui poser des questions.

2. Vous serez en retard demain.

3. Vous avez besoin d'aide pour un projet.

4. Maintenant, pensez à un message vous-même et exprimez-le de trois façons différentes.

4.  LIRE   ÉCOUTER   ÉCRIRE

Un autre genre écrit auquel vous vous exercez dans ce manuel est l'essai, de type Presentational Writing: Persuasive Essay. Pour ce genre, on adopte un style neutre ou formel (registre courant ou soutenu) en citant les sources d'une manière systématique et organisée. Écrivez un essai qui intègre les idées présentées dans les trois Sources tout en intégrant vos propres opinions.* Utilisez de la créativité langagière pour transmettre vos idées en éveillant la sensibilité de vos lecteurs. Après l'avoir écrit, partagez-le avec un camarade de classe pour comparer vos styles.

POINT RAPPEL

Rappelez-vous les stratégies suggérées dans les *Tips and Tricks* (p. 496) pour citer les sources dans un essai. Vous pouvez également mentionner une source comme suit:

D'après la Source 2, ...

Selon la Source 3, ...

Dans le contexte de la Source 1, ...

Question: L'apprenant de langue étrangère, veut-il garder ou non son accent?

SOURCE 1:

En tant que locuteur de français langue seconde, je n'ai pas envie d'imiter la prononciation précise et l'intonation de ceux qui le parlent en tant que première langue. Je suis fière de mes origines et n'ai pas envie de **faire semblant** d'être quelqu'un que je ne suis pas. Mon accent étranger fait partie de qui je suis, mon identité. Si j'arrive à me faire comprendre par les francophones, pour moi c'est le but. En fait, beaucoup de personnes pensent que parler avec un accent étranger est séduisant et hypnotisant. Je préfère être considérée comme quelqu'un d'intéressant, **polyglotte**, citoyenne du monde, unique dans les langues que je parle et la musique que je crée en les parlant. Essayer d'être quelqu'un que je ne suis pas ne m'intéresse pas. Je garderai mon accent et mon identité linguistique.

SOURCE 2:

Une locutrice de français langue seconde parle de son désir d'imiter l'accent des natifs.

SOURCE 3:

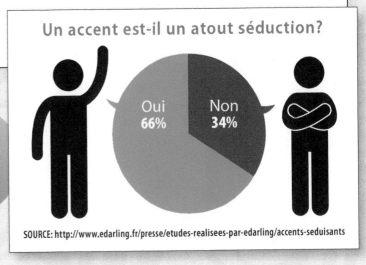

Un accent est-il un atout séduction?

Oui 66%

Non 34%

SOURCE: http://www.edarling.fr/presse/etudes-realisees-par-edarling/accents-seduisants

*Voir Tips & Tricks, p. 491–496

» OBJECTIF   *Exprimer ses préférences ou ses goûts personnels*

1. **PARLER**

Regardez les œuvres d'art dans ce chapitre et choisissez-en une qui vous attire. Ensuite, expliquez à un camarade de classe pourquoi l'œuvre vous attire.

2. **ÉCRIRE**

Écrivez une définition du mot «beau». Soyez aussi précis que possible et limitez votre définition à cinq phrases. N'oubliez pas de répondre aux questions de culture et de préférence personnelle en ce qui concerne la beauté.

VOCABULAIRE POUR EXPRIMER UNE OPINION D'ART		
Jugement positif	**Jugement neutre**	**Jugement négatif**
Il/Elle me plaît	J'ai l'impression que	Ça ne me plaît pas du tout
Je le/la trouve beau/belle	Il me semble que	Je ne supporte pas*

*supporter est un faux ami

Jeune fille à l'ombrelle tournée vers la gauche, (Essai de figure en plein air), Claude Monet, 1886

Venus de Milo, Inconnu, de l'époque hellénistique (du IIIᵉ au Iᵉʳ siècle av. J.-C.)

Le Bain turc, Jean-Auguste-Dominique Ingres, 1862

COMMENT RÉAGIR À UNE ŒUVRE D'ART

Vous trouverez ci-dessous quelques questions à vous poser pour faire une analyse plus profonde d'une œuvre d'art.

Niveau émotionnel

- Quelles en sont vos premières impressions?
- Quelles émotions sont évoquées dans l'œuvre?
- Quelles émotions sentez-vous en tant que celui/celle qui regarde l'œuvre?

Niveau historique

- Que savez-vous de l'époque historique de l'œuvre?
- Que savez-vous de la vie de l'artiste? Et de sa carrière?

Niveau intellectuel/Analyse formelle

- L'œuvre, porte-t-elle un idéal, un jugement ou une question de société?
- Quel est le style de l'art? (les matériaux, le support, les couleurs, la ligne, la forme, etc.)
- Comment est la composition de l'œuvre? (l'équilibre, le contraste, la répétition, la variété et l'harmonie, la dominance, etc.)
- Quels symboles se trouvent dans l'œuvre?
- À quoi l'artiste fait-il/elle référence? (La mythologie, un évènement historique, etc.)
- Qu'est-ce qu'il y a dans l'**arrière-plan**?

La Blanchisseuse,
Henri de Toulouse-Lautrec, 1884

Diane chasseresse,
Anonyme de l'école de
Fontainebleau, 1550

La Joconde, Leonardo da Vinci, vers 1503–1506

3. 🔘 PARLER ✏️ ÉCRIRE

Le beau varie selon l'individu, la culture et l'époque, mais il est intéressant et utile de citer une raison lorsqu'on évalue une œuvre d'art. Donc, complétez les phrases logiquement, même si vous avez une opinion différente.

Modèle: La Joconde, elle me plaît beaucoup parce qu'il me semble que la femme est une femme normale.

1. Je trouve la *Vénus de Milo* magnifique car . . .

2. Le tableau de Monet ne me plaît pas parce que . . .

3. J'ai l'impression que le sens de l'œuvre de Picasso n'est pas très clair vu que . . .

4. Il me semble que *Luxe, Calme et Volupté* n'évoque pas le calme; pourtant, . . .

5. Je ne supporte pas *Le mariage par procuration de Marie de Médicis et d'Henri IV* parce que . . .

Le mariage par procuration de Marie de Médicis et d'Henri IV, Pierre Paul Rubens, 1622 à 1625

POINT**RAPPEL**

On peut utiliser *le comparatif* et *le superlatif* pour exprimer les opinions sur une œuvre.

Le Comparatif

supérieur	plus . . . de/que	Monet a peint plus de tableaux que Pissarro.
inférieur	moins . . . de/que	Tu lis moins de poèmes que mon professeur.
égalité	aussi . . . que autant de . . . que	Les découpages de Matisse sont aussi beaux que ses tableaux. L'artiste utilise autant de bleu que de blanc pour le ciel.

Le Superlatif

adjectifs	le plus/moins + adjectif + nom	C'est le plus beau tableau du musée!
	le +nom + le plus/moins + adjectif	C'est la sculpture la moins intéressante.
adverbes	le plus/moins + adverbe	Picasso peint le plus abstraitement.
noms	le plus/moins + de +nom	Monet peint le plus de cathédrales.
verbes	verbe + le plus/moins	Il écrit le plus de tous les auteurs.

Note: Pour le superlatif des adjectifs, utilisez l'article défini qui correspond au nom concerné (le, la ou les).

4.  ✏ **ÉCRIRE** ❓ **PARLER**

Maintenant, faites une analyse écrite d'une œuvre d'art en utilisant les questions d'analyse (à la page 441) pour vous guider. Écrivez deux ou trois paragraphes en donnant un contexte historique ainsi que votre analyse. Choisissez l'une des œuvres dans le livre ou trouvez une autre œuvre qui vous intéresse. Faites des recherches et n'oubliez pas de citer vos sources. Ensuite, présentez l'œuvre à votre classe ou à un petit groupe d'élèves. Faites un résumé oral de votre analyse.

Nature morte avec un vase, bouteille et fruits, Henri Matisse, 1906

Les demoiselles d'Avignon, Pablo Picasso, 1907

Références

Le Procédé D'appréciation D'une Oeuvre D'art. Min. Education Saskatchewan. Web. 20 Oct. 2014.

Gavarret, Anne. "POUR ANALYSER UNE ŒUVRE D'ART." Web. 1 Oct. 2014.

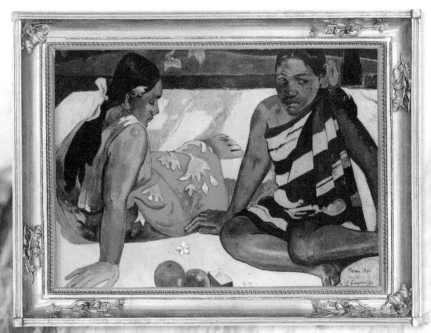

Quelles nouvelles?, Paul Gauguin, 1892

Analyser comparativement des concepts de beauté dans deux cultures différentes.

1. **PARLER**

Avec un partenaire, discutez des questions suivantes:

1. Qu'est-ce que la beauté? Formulez une définition simple.

2. Pensez-vous que la notion de la beauté est universelle ou plutôt culturelle?

2. **LIRE** **ÉCRIRE**

ÉTAPE 1: Dans l'article ci-dessous, l'auteur présente de nombreux exemples de notions de beauté universelle. Faites une liste des traits mentionnés dans l'article.

ÉTAPE 2: Expliquez le concept de «fine tuning» par rapport à l'attirance physique. Citez un exemple du texte.

L'attirance physique et la beauté

On pourrait croire que l'**attirance** physique est strictement une affaire de goûts personnels et d'influences culturelles. Mais de nombreuses expériences montrent que notre conception de la beauté est grandement influencée par notre héritage évolutif et par des circuits cérébraux «pré-câblés».

La beauté est donc non seulement «dans l'œil de celui qui regarde», mais aussi dans son cerveau. Un cerveau sculpté par la sélection naturelle et donc préférant les individus en santé, et évitant ceux susceptibles d'être porteur de maladies ou de malformations.

Nombre de psychologues qui étudient la question pensent en effet qu'un visage symétrique et une peau impeccable, des critères de beauté couramment admis, nous persuadent inconsciemment que la personne n'est pas malade et constitue donc un bon prospect pour l'accouplement.

Et ce penchant inné pour la beauté via la symétrie associée inconsciemment à de "bons gènes" serait fonctionnel très tôt. Des études ont par exemple montré que des bébés de 6 mois (et même de 2 mois!) portaient plus d'attention à des visages préalablement jugés attirants par des adultes. Difficile de voir ici une influence culturelle des magazines de mode . . .

Ce n'est pas non plus une surprise de constater que l'évolution nous incite à être attiré davantage par des gens dont l'âge correspond plus ou moins au maximum de fertilité. C'est en tout cas assez clair pour la femme dont le pic de fertilité est au début de la vingtaine. Et différentes approches ont démontré que les femmes jugées les plus attirantes ont généralement autour de 21 ou 22 ans. Comme les hommes demeurent fertiles une grande partie de leur vie, la beauté masculine serait moins influencée par l'âge, se maintenant par exemple à son maximum jusqu'à la fin de la vingtaine.

Un phénomène intéressant, qui avait déjà été mis en évidence par Francis Galton à la fin des années 1870, est qu'un visage dont les traits sont dessinés à partir de la moyenne des traits de nombreux visages a l'air plus attirant que la grande majorité des visages ayant servi à calculer la moyenne.

Cette capacité que nous aurions de nous construire un visage moyen de référence nous ferait trouver moins beau les visages qui s'écarteraient trop de cette moyenne. Ce phénomène pourrait expliquer les préférences pour les visages du même groupe ethnique que le nôtre (que nous avons habituellement plus côtoyé). Et son explication évolutive résiderait dans le fait que les individus ayant hérité de caractéristiques trop atypiques sont souvent désavantagés dans une population, donc moins intéressants pour la reproduction.

Deux autres études, se rapportant cette fois-ci à des traits physiques de l'ensemble du corps et pas seulement du visage, vont en ce sens. La première porte sur la longueur des jambes. On a par exemple démontré que des photos d'hommes et de femmes avec des jambes plus courtes que la moyenne était perçue comme moins attirantes par les deux sexes. Mais si des jambes plus longues étaient considérées comme plus attractives, cela ne semble vrai que pour un léger pourcentage de l'allongement par rapport à la moyenne. Des jambes excessivement longues ont diminué l'appréciation esthétique des images de corps présentées chez les deux sexes. Les auteurs de cette étude pensent que des jambes trop courtes ou excessivement longues pourraient être associées à des problèmes de santé, et acquérir ainsi inconsciemment une valeur négative.

L'apprentissage culturel. En effet, bien que le statut social élevé d'un mâle soit un critère largement recherché chez les femelles primates, les manifestations visuelles ou comportementales de ce statut élevé sont fortement teintées d'un apprentissage culturel chez l'humain.

L'**apprentissage** est donc le mécanisme d'ajustement fin ("fine-tuning", en anglais) qui permet aux mécanismes de séduction d'être spécifiquement adaptés à une culture, et même à un mode de vie (ville, campagne, etc.) ou à une histoire de vie particulière. Bref, c'est ce qui fait qu'on n'est pas tous attirés par les mêmes personnes.

L'aspect culturellement appris de la beauté s'observe par exemple entre différents groupes ethniques qui ne se trouvent généralement pas attirant de prime abord. Mais lorsqu'un groupe a un statut socio-économique plus élevé que l'autre, les traits physiques de ceux-ci tendent à devenir des critères de beauté pour les groupes ethnique de statut moindre. On pense par exemple aux nombreux noirs américains qui faisaient "défriser" leurs cheveux quand ce n'était que des blancs qui occupaient des postes politiques ou économiques importants aux États-Unis. Or depuis l'apparition de noirs à des postes de pouvoir, on note une appréciation esthétique grandissante pour les traits négroïdes comme les nez plus larges ou les cheveux très frisés.

© Le Cerveau à tous les niveaux!

3. 📖 LIRE ❓ PARLER

L'extrait qui suit a été tiré d'une enquête informelle dans les rues casablancaises afin de comprendre quel est le concept de beauté commun au Maroc.

Partie A: Lisez les réponses de chaque individu.

Mohamed, 17 ans, lycéen
« Pour moi, une belle fille c'est une fille qui a de la classe. Elle doit être féminine . . . elle doit dégager un charme physique, ce que je ne peux expliquer. »

Amine, 17 ans, lycéen
« Simple, mince, qui a du charme, séduisante, naturelle . . . Pour moi, le prototype de la femme fatale c'est la brune aux yeux bleus. »

Hind, 21 ans, étudiante
« Pour moi la beauté c'est quand une personne assume ce qu'elle est, c'est quand quelqu'un est sûr de lui et qu'il gère son image. Je ne pense pas que la **laideur** existe mais je pense que les gens qui ne sont pas beaux physiquement sont ceux qui essayent de donner une image qui n'est pas la leur, d'être ce qu'ils ne sont pas. »

Antonio (Barcelone – Espagne), 25 ans, entrepreneur
« *Una cosa muy bonita!* Pour la beauté extérieure, tout se passe dans le regard et cela dépend de la personne, de sa beauté intérieure! Même si tu es miss univers, des gens peuvent te trouver moche! Donc la beauté est très relative. Mais pour moi, les plus belles femmes restent les brunes aux yeux bleus, ou la Samia. »

Jamila, 28 ans, femme de ménage
« La beauté d'une personne c'est quand il y a une harmonie dans le tout. Être mince c'est aussi très important car ça prouve qu'on prend soin de soi, et en plus tout nous va. Être beau c'est être «Makboul et Mabchour*». »
* likeable and smiley

Mariam (Mali), 16 ans, étudiante
« Au Mali, on dit que la beauté se trouve dans le cœur, dans un bon caractère, serviable et gentil . . . Pour les maliens une belle femme c'est une femme qui ne se laisse pas faire, c'est-à-dire qui ne se donne pas. Pour eux la beauté physique ne compte pas. »

Abdelhadi, 29 ans, comptable
« C'est moi ! »

Yasmine, 24 ans, étudiante à l'étranger
« La beauté est indéfinissable, c'est une question de goûts, je peux trouver qu'une femme est belle mais quelqu'un d'autre ne va pas partager mon avis. »

Othmane, 26 ans, commercial
« La beauté pour moi c'est la **pudeur** et la pureté. Mais mon idéal féminin c'est les brunes, cheveux châtains et les yeux noirs. »

Partie B: Maintenant, choisissez l'une des définitions données dans cette enquête et reformulez-la avec vos propres mots à l'oral pour faire deviner le texte original à votre partenaire.

© Pensées, *La Notion de la beauté*

4. ? PARLER ✎ ÉCRIRE

«La beauté est dans l'œil de celui qui regarde.» Expliquez le sens de cette expression en donnant des exemples de perspectives de la beauté dans d'autres cultures que vous connaissez.

5. 📖 LIRE ✎ ÉCRIRE

En vous servant d'Internet, recherchez des pratiques et des standards de beauté dans deux ou trois cultures francophones. Quelles sont les différences dans la perception de la beauté dans chaque pays? Écrivez un résumé comparatif de ces rituels. N'oubliez pas de citer vos sources.

LA: il est nécessaire que les personnes

PARIS, FRANCE

LIRE

La sélection suivante est accompagnée de plusieurs questions. Pour chaque question, choisissez la meilleure réponse selon la sélection.

Introduction:

Dans cet article, il s'agit de l'acceptation d'un aspect négatif dans la vie et le fait de transformer cet aspect en quelque chose de positif. Holihanitra Rabearison, de Madagascar, décrit son rapport personnel avec la langue française et l'évolution positive qu'elle a vécue durant cette démarche. © Holihanitra Rabearison

Rapports avec le français

Dans un pays colonisé par la France, parler le français était un ordre. La population se voit insultée par chaque mot. Pour les **illettrés**, ils n'entendaient que de mots courts, impératifs:

Ligne
5 «Allez, marchez, travaillez . . .» Pour les bureaucrates, la langue dominatrice était difficile pour l'édition, mais ils s'y sont habitués et l'ont appris dans le temps. Les enfants avaient le plus mal à l'acquérir. Pendant six ans, ils n'ont parlé et entendu que leur langue maternelle et tout d'un coup, à l'école, 85% de la communication s'est faite dans un étrange dialecte qui n'a

10 eu aucun rapport avec leur culture. Ils se sentaient perdus. Les études semblaient difficiles. Le français paraissait une barrière à leur développement.

Mais un jour, l'élève a atteint l'âge de l'adolescence où il lisait des poèmes: la rime des vers sonnait comme une chanson,

15 le contexte parlait d'amour, l'histoire de France l'infiltrait (nos ancêtres les Gaulois), la culture française (châteaux, arts, littérature, gastronomie) le tentait. Que de belles choses en France! Chaque jour, l'école est devenue une obsession, il voulait en savoir plus. Les difficultés en Mathématiques et en

20 Physique s'expliquaient par le manque de connaissance de la langue. L'élève l'a compris. Il s'est mis à chercher de l'aide chez ses camarades de classe français. Il a laissé derrière lui la peur, le complexe. Il s'est fait des amis et ces derniers l'ont encouragé à prendre des livres à la bibliothèque et les lire dans tout

25 son temps libre. La lecture l'a changé. Dès lors, il a progressé incroyablement en classe. Ses rêves et ses idées étaient d'aller ailleurs, voir ce monde extra de l'ordinaire. Il le savait, il devait

maîtriser cette langue pour réaliser son rêve. Après avoir réussi son Baccalauréat, il pensait à s'envoler aux pays des merveilles.

30 Grâce à sa connaissance du français, il a pu réussir à un concours pour des études à l'étranger. Et le voilà dans l'avion! Pendant les 13 heures de vol, l'étudiant a pensé à son passé. Les soi-disant tortures de son peuple l'ont préparé à un futur plaisant et fantastique.

35 Le français a pris une image d'espoir. Le passager s'est mis à sourire dans l'ombre de la nuit. Il était heureux de pouvoir aller visiter les merveilles trouvées dans les livres qu'il a lus, et aussi, prendre le métro. Il voudrait goûter la gastronomie française: boire du pinot noir, manger des fromages, et surtout sentir

40 les croissants et pains au chocolat dans les bistros. Il pourrait voyager dans plusieurs pays. Le système d'éducation française a introduit l'anglais comme deuxième langue, c'était obligatoire de l'apprendre. Grâce à ces interventions françaises, la jeune personne allait profiter de toutes ces possibilités. De nouveau, il a

45 souri en y pensant.

Quand il est descendu de l'avion, il lui a semblé ouvrir l'**éventail** de la vie. Tout lui a paru couleurs, fraîcheur et liberté. Arrivé à son hébergement, le colonisé libre a goûté son premier dîner à l'étranger: un demi-poulet bien rôti avec de la pomme de terre

50 garnie, accompagnée d'une sauce hollandaise et suivie d'un dessert de tarte aux pommes. Il n'a pas osé tester le vin et a pris du jus d'orange frais à sa place. Après le repas copieux, il est sorti au balcon pour admirer la ville de lumière. Quelle merveille!

Aujourd'hui, je sais quel privilège le français m'a apporté: il m'a

55 ouvert la porte aux merveilles du monde. Maintenant, je suis aux États-Unis, je continue mes études et enseigne le français. Grâce au français, je jouis de ma vie et je peux crier au monde entier que le français m'a été un privilège et il le restera toujours à mon cœur.

1. **Selon le texte, la langue française se parlait dans quel contexte?**
   a. en tant que langue maternelle
   b. dans les pays en voie de développement
   c. dans le domaine de l'éducation
   d. dans des conversations avec des amis

2. **D'après l'extrait écrit, qu'est-ce qui a changé le jeune Malgache?**
   a. les discours des bureaucrates
   b. la peur de se faire taquiner
   c. le fait d'écouter ses parents qui parlaient tout le temps français
   d. le fait de lire des livres en langue française

3. **Dans le contexte de la sélection, quel serait un synonyme approprié pour le mot «éventail»?**
   a. épouvantail   c. crayon taillé
   b. possibilités   d. éventuel

4. **Vous parlez à un(e) ami(e) de cet extrait. Quelle phrase serait la plus appropriée?**
   a. «Les Malgaches exagèrent dans leur interprétation de l'histoire.»
   b. «On n'apprend pas grand-chose lorsqu'on ne réfléchit pas.»
   c. «Quelque chose de mauvais ne se transforme jamais en quelque chose de bien.»
   d. «L'enfant du pays colonisé se sent plein de liberté après avoir vécu l'expérience.»

5. **Quel est le ton de cette sélection?**
   a. plein d'espoir
   b. plein de désespoir
   c. méprisant
   d. enragé

 LIRE ÉCOUTER

Vous allez lire un passage et écouter une sélection audio. Pour la lecture, vous aurez un temps déterminé pour la lire. Pour la sélection audio, vous aurez d'abord un temps déterminé pour lire une introduction et pour parcourir les questions qui vous seront posées. La sélection sera présentée deux fois. Après avoir écouté la sélection une première fois, vous aurez 1 minute pour commencer à répondre aux questions; après avoir écouté la sélection une deuxième fois, vous aurez 15 secondes par question pour finir de répondre aux questions. Pour chaque question, choisissez la meilleure réponse selon la sélection audio ou la lecture et indiquez votre réponse sur votre feuille de réponse.

SOURCE 1:

Introduction:

Dans cet extrait écrit, il s'agit d'un concours de beauté qui a eu lieu au Cambodge, un pays francophone en Asie. L'article date du 16 août 2009 et a été tiré du site www.fr.globalvoicesonline.org.
© Global Voices, Creative Commons

Cambodge: Réactions des blogueurs au concours "Miss mine antipersonnel"

«Tout le monde a le droit d'être beau!» Ainsi commence le manifeste du Concours Miss Landmine (Miss mine antipersonnel), créé par Morten Traavik en Norvège. D'après son site, le concours est destiné à donner de l'assurance aux victimes des mines terrestres et contester les représentations traditionnelles de la beauté. La gagnante reçoit une prothèse high-tech. Morten Traavik a déjà organisé un concours *Miss Landmine* en Angola et était en train de lancer l'événement au Cambodge le mois dernier quand le gouvernement cambodgien a retiré son soutien et a annulé le concours.

The Mirror rapporte que d'autres organisations, y compris l'Organisation cambodgienne des personnes handicapées, ont refusé de soutenir le concours après que le Ministère des affaires sociales et de la réhabilitation des vétérans et des jeunes ait exprimé sa désapprobation, arguant que l'événement pourrait provoquer des malentendus au sujet des personnes handicapées.

Sans surprise, les réactions au concours annulé sont variées.

Ligne 5

10

15

Jinja écrit:

20 «J'ai des sentiments partagés sur l'aspect "**bétail**" des concours de beauté, mais je suis d'accord avec l'idée générale derrière celui-ci: que les participantes ont le droit de se sentir fières d'elles-mêmes et de leur apparence, sans considération de circonstance. Sans approuver [le concours], je pense que

25 l'annulation démontre que la société **khmer** adopte souvent des concepts modernes et étrangers, uniquement pour reculer vite vers ce qu'[elle] croit plus traditionnel et 'sûr'.

CAAI News Media publie une réaction d'une lectrice, publiée à l'origine dans le courrier des lecteurs du journal *The Phnom Penh*

30 *Post*. La lectrice doute que le concept de ce concours de beauté apporte de l'assurance:

«Quant à la beauté, quel concept de beauté est mis à l'honneur? J'ai visité le site web et ai trouvé des femmes de différents villages en **débardeurs** dos-nus et en robes courtes, qui sont

35 peut-être ou ne sont pas les vêtements qu'elles porteraient d'habitude, mais cela paraissait déplacé. Les organisateurs, bien que complètement bien intentionnés, promeuvent-ils une interprétation occidentale d'"autonomisation" dans laquelle la beauté et la libération signifient être sexy et montrer de la peau

40 nue? J'aurais aimé voir les femmes portant quelque chose qu'elles ont choisie, occidental ou traditionnel khmer, moderne ou classique, qui les fait se sentir le plus à leur avantage.»

Details Are Sketchy rapporte que Morten Traavik est parti du Cambodge, mais qu'il projette de poursuivre le concours par un

45 vote en ligne.

SOURCE 2: SÉLECTION AUDIO 🎧

Introduction:

Dans cette sélection audio, il s'agit également des concours de beauté, cette fois pour les petites filles. Ce podcast vient du site www.podcastjournal.net. Voici l'adresse précise de l'extrait audio, qui a été publié le 19 décembre 2013: http://www.podcastjournal.net/Concours-mini-miss-La-marchandisation-des-petites-filles_a15669. html. © podcastjournal.net

1. **D'après la sélection audio, les concours de beauté sont interdits pour les filles de quel âge?**

   a. moins de 6 ans

   b. moins de 12 ans

   c. moins de 16 ans

   d. moins de 18 ans

2. **D'après le texte, quel est le prix dans ce concours de beauté?**

   a. un voyage en Norvège

   b. une bourse

   c. une prothèse

   d. des vêtements

3. **Dans le podcast, on dit que le phénomène de concours de beauté rapporte en moyenne 5 milliards de dollars par an aux États-Unis. Quels sont ceux qui y investissent?**

   a. les filles

   b. les parents

   c. les organisateurs

   d. les parents et les organisateurs

4. **Dans l'article, on cite une lectrice qui a donné son opinion dans un journal. Elle a un problème avec le concours. Lequel?**

   a. les vêtements

   b. la beauté occidentale

   c. le manque de choix

   d. toutes les réponses ci-dessus

5. **Pourquoi le concours au Cambodge a-t-il été annulé d'après le Ministère des affaires sociales et de la réhabilitation des vétérans?**

   a. pour éviter les malentendus

   b. parce qu'on ne veut pas entendre des voix différentes

   c. parce que les handicapés se sont révoltés

   d. pour entendre la voix des non-handicapés également

» Interpretive Communication: AUDIO TEXTS

 ÉCOUTER

Vous allez écouter une sélection audio. Vous aurez d'abord un temps déterminé pour lire l'introduction et pour parcourir les questions qui vous seront posées. La sélection sera présentée deux fois. Après avoir écouté la sélection une première fois, vous aurez 1 minute pour commencer à répondre aux questions; après avoir écouté la sélection une deuxième fois, vous aurez 15 secondes par question pour finir de répondre aux questions. Pour chaque question, choisissez la meilleure réponse selon la sélection audio et indiquez votre réponse sur la feuille de réponse.

Vocabulaire
développement durable
engendrer
PME

Introduction:

Dans cette sélection, il s'agit de la mode éthique et bio. Les vêtements EKYOG sont basés sur ces principes. L'extrait audio s'intitule Planète durable – La mode éthique façon Ekyog et a été tiré du site Fréquence terre. Il a été publié le 11 juillet 2014. © Fréquenceterre.com

1. **La fondatrice de cette marque a travaillé dans quel domaine avant?**
   a. dans une association à but non lucratif
   b. dans des **PME**s
   c. dans le domaine du gouvernement, comme fonctionnaire
   d. dans des grandes entreprises de sport

2. **En voyageant, comment a-t-elle trouvé la façon de produire?**
   a. problématique
   b. parfaite
   c. historique
   d. ancienne

3. **La fondatrice se décrit à l'époque de la création de cette entreprise à l'aide de plusieurs termes. Lequel n'en fait pas partie?**
   a. optimisme
   b. jeune maman
   c. manque de sommeil
   d. croisade

4. **Sur quel territoire se trouvent les 45 magasins?**
   a. partout dans le monde
   b. en France métropolitaine
   c. en Europe
   d. dans des pays francophones d'Europe

5. **En 2003, lorsqu'elle a lancé cette marque, quelle expression décrit le mieux la relation entre la mode et l'écologie?**
   a. aucun lien entre les deux domaines
   b. toutes deux liées à quelques grands personnages
   c. les deux mondes fonctionnaient bien ensemble
   d. inséparables

LIRE ÉCRIRE

Vous allez écrire une réponse à un message électronique. Vous aurez 15 minutes pour lire le message et écrire votre réponse. Votre réponse devrait débuter par une salutation et terminer par une formule de politesse. Vous devriez répondre à toutes les questions et demandes du message. Dans votre réponse, vous devriez demander des détails à propos de quelque chose mentionnée dans le texte. Vous devriez également utiliser un registre de langue soutenue.

Introduction:

Dans cette sélection, il s'agit d'une visite artistique de l'église Saint-Eustache, qui se situe dans le 1er arrondissement de Paris. Le guide aimerait connaître vos préférences pour le tour.

de: gilles@tourspatrimoine.fr

Paris, le 12 janvier 2015

Cher client/Chère cliente,

Nous vous remercions de votre demande de tour artistique de l'église Saint-Eustache, dans le 1er arrondissement de Paris. Nous serons heureux de

Ligne partager avec vous ce bijou de notre patrimoine
5 parisien, son architecture et les œuvres d'art qui s'y trouvent.

L'église Saint-Eustache a été construite entre les XVIe et le XVIIIe siècles en plusieurs étapes. Son architecture est unique et distinctive. Elle a une
10 façade classique, une décoration de la renaissance et une structure gothique. Elle possède un certain nombre de tableaux, de fresques et de sculptures ainsi que des **vitraux** magnifiques. Elle a également des orgues qui sont réputées dans le monde entier.

15 Nous aimerions que vous nous fournissiez quelques informations supplémentaires sur les intérêts de votre groupe pour que nous puissions organiser un tour qui vous corresponde. Veuillez répondre aux questions suivantes:

20   •   Quels aspects de l'église Saint-Eustache vous intéressent le plus? Son architecture, ses vitraux ou les œuvres d'art qui se trouvent à l'intérieur?

    •   Aimeriez-vous pouvoir écouter les orgues ou
25   en jouer? Y a-t-il des musiciens dans votre groupe? De quels instruments jouent-ils?

    •   À quels moments de la journée êtes-vous disponibles et pendant combien de temps?

Dès que nous aurons reçu votre réponse à ces
30 questions, nous fixerons avec plaisir la date et l'heure précises de votre tour.

Cordialement,

Gilles Clavier
Tours patrimoine

LIRE ÉCOUTER

 ÉCRIRE

Vous allez écrire un essai persuasif pour un concours d'écriture de langue française. Le sujet de l'essai est basé sur trois sources ci-jointes, qui présentent des points de vue différents sur le sujet et qui comprennent à la fois du matériel audio et imprimé. Vous aurez d'abord 6 minutes pour lire le sujet de l'essai et le matériel imprimé. Ensuite, vous écouterez l'audio deux fois; vous devriez prendre des notes pendant que vous écoutez. Enfin, vous aurez 40 minutes pour préparer et écrire votre essai. Dans votre essai, vous devriez présenter les points de vue différents des sources sur le sujet et aussi indiquer clairement votre propre point de vue que vous défendrez à fond. Utilisez les renseignements fournis par toutes les sources pour soutenir votre essai. Quand vous ferez référence aux sources, identifiez-les de façon appropriée. Organisez aussi votre essai en paragraphes bien distincts.

SUJET DE LA COMPOSITION:

La beauté physique est-elle avantageuse dans la vie?

SOURCE 1:

Introduction:

La sélection suivante parle de la beauté physique dans le monde professionnel. Une dame qui utilise le pseudonyme «Fleur» parle de ses idées à ce sujet. L'article a été publié sur el site www. blog-pour-emploi.com le 29 septembre 2010. © www.blog-pour-emploi.com

Faut-il être beau pour réussir?

Dis-moi quel est ton job, je te dirai quel look tu dois adopter! Cette tendance à dire que l'habit doit faire le moine va plus loin aujourd'hui. Il ne suffit pas d'opter pour le dress-code du job *Ligne* pour lequel on postule ou dans le lequel on évolue, il faut aussi 5 avoir le physique adéquat.

De nouvelles discriminations à l'embauche apparaissent et viennent se greffer à celles déjà connues, comme la discrimination selon l'origine et la situation face au handicap. Il est bien regrettable de constater que dans nos sociétés, ces 10 pratiques ne sont toujours pas éradiquées et qu'elles continuent à se développer.

Trop petit, trop grand, trop gros, trop laid . . . Les employeurs ont tendance à privilégier les personnes «belles» au détriment d'individus au physique moins avantageux. Ce type de 15 discrimination touche également la tenue vestimentaire ou d'autres comportements comme par exemple les piercings. Certains employeurs, du fait de leur éducation ou de l'image qu'ils veulent donner de leur entreprise, sont récalcitrants au recrutement d'un certain type d'individus. Alors faut-il être 20 beau pour réussir?

Selon une enquête réalisée sur ce sujet en 2003, 46 % des salariés interrogés estiment que l'apparence tient un rôle de plus en plus important dans leur vie professionnelle et dans le déroulement de leur carrière. Selon ce panel, 82% 25 des employeurs sont sensibles au look, 64% pensent que c'est l'apparence physique générale qui est facteur de réussite. Ces deux critères viennent devant l'existence d'un handicap (pour 43%) et la couleur de peau (pour 31%).

Ceci se vérifie lorsque l'on lit l'enquête réalisée en 2005 par l'observatoire français
30 de la discrimination dirigé par Jean-François Amadieu qui vise essentiellement la
discrimination des personnes obèses. Les candidats obèses répondant à la même
offre que des candidats sans surpoids ont deux fois moins de chance de décrocher
un entretien d'embauche. Ce qui est encore plus surprenant c'est que les personnes
obèses sont même discriminées pour des postes de télévendeurs. La surcharge
35 pondérale concerne aujourd'hui 31,9% des français et l'obésité 14,5%. Aux problèmes
de santé liés à de tels états physiques viennent donc s'ajouter des difficultés pour
s'insérer dans la vie active.

Le sociologue Nicolas Herpin a également dans son étude de référence démontre
que la taille des hommes a une influence sur leur vie de couple et sur leur carrière
40 professionnelle.

Mais il ne faut pas croire pour autant que la beauté est systématiquement un atout.

En effet, selon une étude réalisée en mai/juin 2010 par le «Journal of Social
Psychology» être une très belle femme peut aussi être paradoxalement handicapant
lorsque l'on postule sur des métiers jugés «très masculins» et pour lesquels la
45 beauté physique n'est pas vue comme un atout. Il s'agit par exemple des postes de
directeur de la recherche et du développement, directeur financier, d'ingénierie
mécanique ou de chef de chantier.

Comme l'écrit Jean-François Amadieu: « . . . dans les emplois traditionnellement
masculins, la séduction féminine paraît mal adaptée. Une apparence moyenne sera
50 préférée par les recruteurs dans des métiers où l'élégance et le paraître sont mal
perçus. Dans la fonction publique, par exemple, la beauté sera considérée comme
une marque de légèreté, de futilité et d'un manque de profondeur.»

Des combats peuvent toutefois être gagnés sur le plan de l'apparence physique. En
août dernier un décret a mis fin au mètre soixante obligatoire pour les gardiens de
55 prison et les policiers. Les personnes de petites tailles peuvent aujourd'hui postuler
sur ces métiers.

À quoi peut-on avoir recours pour pallier ce manque d'égalité entre les personnes?
Une fois de plus le cv anonyme semble être la solution. Mais dans la mesure où la
législation n'a pas encore rendu obligatoire cette mesure pour les entreprises, elle
60 n'est pas encore généralisée. Une des solutions, pour aboutir à une plus grande
responsabilité sociétale des entreprises, serait alors de renforcer la législation
pour la protection des personnes victimes de telles discriminations afin qu'un
changement des mentalités s'opère véritablement et durablement.

Vous avez le sentiment d'être discriminé(e) par rapport à votre apparence? Partagez
65 avec nous votre expérience.

SOURCE 2:

Introduction:

Le tableau ci-dessous présente des statistiques sur l'importance de la beauté. Ces statistiques sont tirées d'une étude intitulée *Les discriminations sur l'apparence dans la vie professionnelle et sociale, AIDA*, de Jean-François Amadieu. L'étude a été publiée le 15 mai 2003.

Question du sondage:	
Avez-vous le sentiment que l'apparence personnelle et la façon de se présenter jouent un rôle plus important ou moins important dans la vie professionnelle et le déroulement d'une carrière?	
L'apparence physique est déterminante dans le secteur professionnel.	46 %
La façon de s'habiller et le look deviennent des critères importants d'embauche lorsque des employeurs doivent faire un choix entre deux personnes ayant les mêmes compétences.	82 %

Source: http://www.observatoiredesdiscriminations.fr/images/stories/Discrimination_sur_lapparence.pdf?phpMyAdmin=6e32dcee8760039a64c94b6379294e26

SOURCE 3:
SÉLECTION AUDIO

Introduction:

Cette sélection est une critique sur le livre *Belle autrement: en finir avec la tyrannie de l'apparence* de Sophie Cheval. Une lectrice et membre du forum Babelio.com qui utilise le pseudonyme Petitsoleil nous donne son avis sur les idées proposées dans ce livre.

© Petitsoleil sur Babelio.com

Vocabulaire
concevoir
égérie
morphologie

» Interpersonal Speaking: CONVERSATION

  LIRE ÉCOUTER ? PARLER

Vous allez participer à une conversation. D'abord, vous aurez une minute pour lire une introduction à cette conversation qui comprend le schéma des échanges. Ensuite, la conversation commencera, suivant le schéma. Quand ce sera à vous de parler, vous aurez 20 secondes pour enregistrer votre réponse. Vous devriez participer à la conversation de façon aussi complète et appropriée que possible.

Introduction:

La beauté est un concept vague qui influence tous les domaines de la vie. Vous discutez de la définition de la beauté avec votre ami, Nathan.

Nathan	Il vous salue et demande la permission de vous parler.
Vous	Saluez votre ami et répondez affirmativement. Demandez-lui ce dont il veut discuter.
Nathan	Il vous demande votre perception du beau dans la vie.
Vous	Donnez-lui un exemple de la beauté dans votre vie. Si cela vous aide, donnez-en un contre-exemple.
Nathan	Il vous demande pourquoi vous trouvez cette chose belle.
Vous	Expliquez-lui pourquoi vous la trouvez belle.
Nathan	Il vous raconte combien la perception de la beauté est unique, mais à la fois similaire pour tout le monde.
Vous	Demandez à Nathan ce qu'il trouve beau.
Nathan	Il vous répond en citant un exemple de la beauté dans la nature.
Vous	Approuvez et dites-lui que vous devez rentrer.

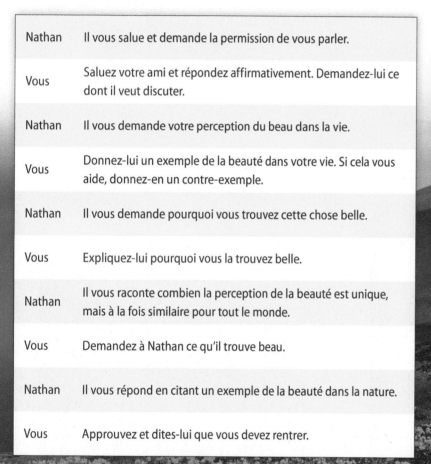

» **Presentational Speaking: CULTURAL COMPARISON**

 LIRE  PARLER

Vous allez faire un exposé pour votre classe sur un sujet spécifique. Vous aurez 4 minutes pour lire le sujet de présentation et préparer votre exposé. Vous aurez alors 2 minutes pour l'enregistrer. Dans votre exposé, comparez votre propre communauté à une région du monde francophone que vous connaissez. Vous devriez montrer votre compréhension des facettes culturelles du monde francophone. Vous devriez aussi organiser clairement votre exposé.

Sujet de la présentation:

Les musées servent à partager un aspect de la vie avec ceux qui les visitent. Il y en a qui hébergent des reliques du passé qui racontent une histoire et d'autres qui exposent des objets d'arts, des créations esthétiques de toutes sortes (tableaux, sculptures, collages, etc.). Comparez un musée que vous connaissez dans votre pays à un musée que vous connaissez (ou que vous aimeriez connaître) dans un pays francophone.

» Interpretive Communication: PRINT TEXTS

 LIRE

La sélection suivante est accompagnée de plusieurs questions. Pour chaque question, choisissez la meilleure réponse selon la sélection.

HENRI MATISSE

Introduction:

Cette sélection écrite est un poème de Charles Baudelaire, un poète français (1821–1867). Le poème a été publié en 1857 dans le recueil *Les fleurs du mal,* dans la première partie, intitulée *Spleen et idéal.* Dans ce poème, Baudelaire parle d'un beau pays lointain où il pourrait s'installer avec celle qu'il aime. ©Domaine public

L'invitation au voyage

Mon enfant, ma sœur,

Songe à la douceur

D'aller là-bas vivre ensemble!

Ligne Aimer à loisir,

5 Aimer et mourir

Au pays qui te ressemble!

Les soleils mouillés

De ces ciels brouillés

Pour mon esprit ont les charmes

10 Si mystérieux

De tes traîtres yeux,

Brillant à travers leurs larmes.

Là, tout n'est qu'ordre et beauté,

Luxe, calme et **volupté**.

15 Des meubles luisants,

Polis par les ans,

Décoreraient notre chambre;

Les plus rares fleurs

Mêlant leurs odeurs

20 Aux vagues senteurs de l'ambre,

Les riches plafonds,

Les miroirs profonds,

La splendeur orientale,

Tout y parlerait

25 À l'âme en secret

Sa douce langue natale.

Là, tout n'est qu'ordre et beauté,

Luxe, calme et volupté.

Vois sur ces canaux

30 Dormir ces vaisseaux

Dont l'humeur est vagabonde;

C'est pour assouvir

Ton moindre désir

Qu'ils viennent du bout du monde.

35 Les soleils couchants

Revêtent les champs,

Les canaux, la ville entière,

D'hyacinthe et d'or;

Le monde s'endort

40 Dans une chaude lumière.

Là, tout n'est qu'ordre et beauté,

Luxe, calme et volupté.

Luxe, calme et volupté,
Henri Matisse, 1904

1. **Il existe plusieurs registres différents dans la poésie. Lequel voit-on dans ce poème de Baudelaire?**

   a. le registre fantastique

   b. le registre comique

   c. le registre ironique

   d. le registre lyrique

2. **Baudelaire décrit quelle partie du corps de celle qu'il aime?**

   a. les sourcils

   b. le visage

   c. le cœur

   d. les yeux

3. **Dans la deuxième partie, (lignes 15-26) quel endroit l'auteur décrit-il?**

   a. une cabane dans la forêt

   b. une chambre

   c. un hôtel

   d. un champ

4. **D'après le refrain, quels adjectifs décrivent le mieux la destination du voyage?**

   a. arrangé et merveilleux

   b. repoussant et structuré

   c. en désordre et splendide

   d. noble et irrationnel

5. **Quel symbole se répète dans la troisième strophe (lignes 29-40)?**

   a. le soleil

   b. la lune

   c. les étoiles

   d. la tempête

LIRE ÉCOUTER

Vous allez lire un passage et écouter une sélection audio. Pour la lecture, vous aurez un temps déterminé pour la lire. Pour la sélection audio, vous aurez d'abord un temps déterminé pour lire une introduction et pour parcourir les questions qui vous seront posées. La sélection sera présentée deux fois. Après avoir écouté la sélection une première fois, vous aurez 1 minute pour commencer à répondre aux questions; après avoir écouté la sélection une deuxième fois, vous aurez 15 secondes par question pour finir de répondre aux questions. Pour chaque question, choisissez la meilleure réponse selon la sélection audio ou la lecture et indiquez votre réponse sur votre feuille de réponse.

SOURCE 1:

Introduction:

Dans cette sélection, il s'agit de la beauté dont le corps émotionnel a besoin dans la vie. L'auteur de l'article s'appelle Lise Bourbeau. La sélection a été publiée sur le site ecoutetoncorps.com/fr.

© ecoutetoncorps.com

L'importance de la beauté

Saviez-vous que la beauté est le plus grand besoin du corps émotionnel? Sans beauté, nous mourrions à petit feu. En effet, la beauté est au corps émotionnel ce que la nourriture saine est au corps physique; celui-ci ne durerait pas très longtemps sans cette nourriture.

Ligne
5

Lorsque je dis que la beauté est une nourriture pour le corps émotionnel, je fais référence à la beauté intérieure. Les gens qui ne trouvent jamais rien de beau en eux ou chez les autres et critiquent sans arrêt ne peuvent être heureux et pleins d'énergie
10 à cause de la grande déficience de leur corps émotionnel.

Un truc que j'utilise depuis longtemps pour m'aider à être plus consciente de ma beauté intérieure, ainsi que de celle des autres est de m'entourer de beauté extérieure. Depuis mon adolescence, je suis attirée par tout ce qui est beau – ce qui ne
15 veut pas nécessairement dire quelque chose de **dispendieux**. De plus, la notion de beauté est très relative puisque chaque personne a une perception différente de ce qui est beau. L'important est que vous trouviez cela beau.

Avez-vous déjà pris le temps de vérifier ce qui se passe en
20 vous quand vous êtes face à quelque chose qui vous émeut tellement vous trouvez ça beau? Si non, n'hésitez pas à le faire. Ça ne prend que quelques secondes et vous vous sentirez tout à coup très énergisé. Il vous est sûrement arrivé de marcher dans la nature et de voir un paysage qui vous a laissé **bouche**
25 **bée** tellement il était beau. Vous en avez peut-être même eu les larmes aux yeux. Si vous avez vécu un tel moment, c'est qu'à

cet instant votre corps émotionnel a reçu une bonne dose de nourriture. Quand cela vous arrive, je vous conseille de demeurer à l'endroit où vous êtes et de vous allonger par terre si vous le pouvez afin de recevoir
30 davantage de notre mère, la Terre, qui ne veut que nous nourrir.

Voici donc quelques conseils pour vivre davantage dans la beauté aux plans physique et psychologique:

• Chaque matin, quand vous vous regardez dans le miroir avant de commencer votre journée, assurez-vous que vous vous trouvez beau
35 dans votre apparence physique.

• En regardant l'endroit où vous demeurez, demandez-vous si vous le trouvez beau. Sinon, vous seul pouvez y remédier. Il est mieux d'avoir peu et que ce soit beau que d'avoir beaucoup de choses qui ne vous nourrissent pas.

40 • À votre lieu de travail, y a-t-il de la beauté autour de vous? Sinon, vous pouvez aussi y remédier en y plaçant quelques objets que vous aimez.

• Trouvez au moins trois aspects de vous que vous trouvez beaux chaque jour, comme votre sourire, votre bonne humeur, etc. Quelqu'un d'autre peut vous aider si vous n'arrivez pas à en trouver.

45 • Trouvez au moins un aspect de beau de chaque personne avec qui vous avez des contacts quotidiens et prenez le temps de lui dire.

• Réservez-vous du temps pour admirer la nature au moins quelques minutes par jour. Même quand il y a de la pluie, vous pouvez trouver que la nature **reluit** beaucoup plus, qu'elle est plus propre.

50 Il y a toujours moyen de trouver quelque chose de beau partout dans notre environnement. C'est tout simplement une nouvelle habitude à prendre. N'oubliez pas que vous devez répéter un geste pendant au moins trois mois avant qu'il ne devienne
55 une habitude. Par la suite, ça se fait tout seul sans même y penser. Le fait de voir la beauté extérieure ne peut que vous aider à voir votre beauté intérieure.

SOURCE 2: SÉLECTION AUDIO

Introduction:

Dans cette sélection audio il s'agit de la beauté dans la vie quotidienne. Le podcast s'intitule *Osez vivre des moments magiques en cassant vos habitudes* d'Olivier Roland. Il a été tiré du site www.olivier-roland.fr. © Olivier Roland

Vocabulaire
faillir

1. **D'après la sélection écrite, qu'est-ce qui empêche les gens d'être heureux?**

   a. Ils ne critiquent pas certains aspects de la vie.

   b. Ils ont des larmes aux yeux.

   c. Ils ne mangent pas sainement.

   d. Il y a un manque affectif chez ces gens.

2. **Dans l'extrait audio, pourquoi Olivier Roland s'est-il levé plus tôt que d'habitude ce matin-là?**

   a. Il est enrhumé et a du mal à respirer.

   b. Il s'inquiète.

   c. Il souffre du décalage horaire.

   d. Il a voulu faire du yoga sur la plage.

3. **Quel terme décrit le mieux le ton de la sélection écrite?**

   a. motivant

   b. négatif

   c. décevant

   d. comique

4. **Quel message Olivier Roland propose-t-il?**

   a. Il faut vivre pleinement les moments qui valent d'être vécus.

   b. L'avenir appartient à ceux qui se lèvent tôt.

   c. N'oubliez pas de prendre le temps de voyager.

   d. Il n'est pas difficile de changer ses habitudes.

5. **Vous parlez de l'article à un(e) ami(e). Quelle phrase serait la plus appropriée?**

   a. «Tout est bien qui finit bien.»

   b. «Nous sommes entourés de belles choses dans la vie quotidienne.»

   c. «La beauté extérieure est l'aspect de la vie la plus importante.»

   d. «Admirer la nature est agréable, mais cela ne change pas grand-chose.»

vitraux
pinceaux
émaille

» Interpretive Communication: AUDIO TEXTS

 ÉCOUTER

Vocabulaire
plaquer
prétendre

Vous allez écouter une sélection audio. Vous aurez d'abord un temps déterminé pour lire l'introduction et pour parcourir les questions qui vous seront posées. La sélection sera présentée deux fois. Après avoir écouté la sélection une première fois, vous aurez 1 minute pour commencer à répondre aux questions; après avoir écouté la sélection une deuxième fois, vous aurez 15 secondes par question pour finir de répondre aux questions. Pour chaque question, choisissez la meilleure réponse selon la sélection audio et indiquez votre réponse sur la feuille de réponse.

Introduction:

Dans cette sélection audio, il s'agit du septième art, le cinéma, après l'architecture, la sculpture, la peinture, la musique, la littérature et la danse.* Dans ce podcast, Olivier Saint-Vincent parle d'un film intitulé *Drive* de Nicolas Winding Refn, un cinéaste danois. Cet extrait audio, *«Drive», pour un cinéma camusien,* a été publié sur le site philo-voyou.com **le 8 novembre 2012** © Olivier Saint-Vincent, www.philo-voyou.com

Ryan Gosling et Nicolas Winding au Festival de Cannes, 2011 à Cannes, France

1. **Dans la sélection audio, comment Oliver Saint-Vincent décrit-il la dimension esthétique du cinéma?**

   a. Le cinéaste communique un message précis à son spectateur.

   b. Le cinéaste interprète le message d'un livre dans son film.

   c. Le spectateur est obligé d'accepter la thèse du cinéaste.

   d. Le spectateur a le droit d'interpréter le film.

2. **Dans le contexte du podcast, quel serait un synonyme qui correspond au mot «prétendre»?**

   a. affirmer

   b. faire semblant

   c. vanter

   d. prévenir

3. **Quel est le but de la sélection audio?**

   a. partager ses points de vue

   b. faire rire l'auditeur

   c. se moquer du film

   d. émouvoir l'auditeur

4. **Olivier Saint-Vincent fait une métaphore dans le podcast. À quoi fait-elle référence?**

   a. l'art littéraire

   b. la cuisine

   c. l'architecture

   d. l'art plastique

5. **Quel auteur français est mentionné dans le podcast?**

   a. Donatien Alphonse François, marquis de Sade

   b. George Sand

   c. Nathalie Sarraute

   d. Jean-Paul Sartre

*http://ca-m-interesse.over-blog.com/

 LIRE  ÉCRIRE

Vous allez écrire une réponse à un message électronique. Vous aurez 15 minutes pour lire le message et écrire votre réponse. Votre réponse devrait débuter par une salutation et terminer par une formule de politesse. Vous devriez répondre à toutes les questions et demandes du message. Dans votre réponse, vous devriez demander des détails à propos de quelque chose mentionnée dans le texte. Vous devriez également utiliser un registre de langue soutenue.

Introduction:

Dans cette sélection, il s'agit des cours de chant dans un conservatoire de musique. Vous répondrez aux questions et en poserez d'autres si vous en avez.

de: Nadège Aliot

Nantes, le 29 mars 2015

Cher musicien/Chère musicienne,

Nous sommes ravis de l'intérêt que vous portez à notre stage de chant Gabriel Fauré l'été prochain au Conservatoire de la Loire. Vous suivrez des

Ligne cours de chant avec un de nos professeurs de

5 musique réputés et vous ferez partie de la Chorale Loire, avec les autres étudiants en stage de chant, qui préparera le Requiem de Fauré pour le concert de fin d'été qui aura lieu le même jour que votre récital de chant.

10 Veuillez nous fournir quelques renseignements supplémentaires pour que nous puissions vous placer avec un professeur qui corresponde à vos intérêts et à vos capacités.

- Quelle est votre catégorie vocale? (soprano,

15 mezzo-soprano, alto, ténor, baryton, basse)

- À part Fauré, nommez d'autres compositeurs que vous connaissez et dont vous aimez les oeuvres.

- Avez-vous déjà chanté dans une chorale

20 **auparavant**? Décrivez votre expérience.

- Décrivez votre capacité de lire la musique.

- Jouez-vous également d'un instrument de musique? Aimeriez-vous en jouer pendant le stage d'été? Aimeriez-vous jouer dans un
25 orchestre?

Nous restons à votre disposition pour toute information supplémentaire.

Dans l'attente de votre réponse, nous vous prions d'agréer l'expression de nos sentiments les
30 meilleurs.

Nadège Aliot
Directrice, Conservatoire de la Loire

» Presentational Writing: PERSUASIVE ESSAY

 LIRE **ÉCOUTER**

 ÉCRIRE

Vous allez écrire un essai persuasif pour un concours d'écriture de langue française. Le sujet de l'essai est basé sur trois sources ci-jointes, qui présentent des points de vue différents sur le sujet et qui comprennent à la fois du matériel audio et imprimé. Vous aurez d'abord 6 minutes pour lire le sujet de l'essai et le matériel imprimé. Ensuite, vous écouterez l'audio deux fois; vous devriez prendre des notes pendant que vous écoutez. Enfin, vous aurez 40 minutes pour préparer et écrire votre essai. Dans votre essai, vous devriez présenter les points de vue différents des sources sur le sujet et aussi indiquer clairement votre propre point de vue que vous défendrez à fond. Utilisez les renseignements fournis par toutes les sources pour soutenir votre essai. Quand vous ferez référence aux sources, identifiez-les de façon appropriée. Organisez aussi votre essai en paragraphes bien distincts.

SUJET DE LA COMPOSITION:

L'architecture moderne est-elle aussi légitime que celle des siècles précédents?

SOURCE 1:

Introduction:

Dans la sélection suivante, il s'agit de la pyramide du Louvre. Cet article a été publié le 24 avril 2013 sur le site patrimoine-environnement.fr. C'est une association nationale reconnue d'Utilité Publique et agréée défense de l'environnement.
© patrimoine-environnement.fr

La face cachée de la pyramide du Louvre

«Comment vieillit alors cet ouvrage qui avance doucement vers son quart de siècle?» *Le Moniteur* **apporte une réponse, précise et impartiale.**

Ligne

En perspective des 25 ans de la pyramide du Louvre, *Le*
5   *Moniteur* publie un retour sur le quart de siècle de ce polyèdre de verre et de métal, longtemps critiqué mais aujourd'hui extrêmement réputé.

Audace architecturale (première construction en verre feuilleté collé), audace esthétique (élément ultra moderne au sein
10   d'un environnement des plus classiques, la cour Napoléon du Musée du Louvre), la pyramide du Louvre est un condensé d'innovation et de **culot** qui se solde aujourd'hui par un immense succès touristique et une note de frais salée…

Volet controversé du projet du Grand Louvre lancé en 1981 par
15   François Mitterrand, la pyramide est l'œuvre de l'architecte sino-américain Ieoh Ming Pei, célèbre pour ses nombreuses réalisations à travers le monde, notamment la nouvelle aile de la National Gallery à Washington ou encore le Deutsches Historisches Museum à Berlin. Elle fut inaugurée le 30 mars 1989.

20 *Le Moniteur* analyse ce bâtiment transparent de 95 tonnes:
détails techniques précis, état des lieux, éclairage sur le budget
(faramineux) de l'entretien ... On y apprend entre autre que
sa structure est élastique («l'ouvrage suit des variations de
dimension dues aux changements de températures quotidiens ou
25 saisonniers), très énergivore («avec des déperditions importantes
l'hiver, et surtout peu de contrôle sur les apports caloriques
excessifs l'été» explique Philippe Carreau, chef de service des
Bâtiments et jardins du musée du Louvre) et qu'elle accueille
plus de 10 millions de visiteurs par an (contre 5 à 6 millions
30 avant sa construction).

Toutes ces informations et bien d'autres encore sont à retrouver
sur le site du *Moniteur*, et l'intégralité de cet article dans le
numéro d'avril des *Cahiers Techniques du Bâtiment*.

SOURCE 2:

Introduction:

Dans cette sélection, il s'agit de l'ouvrage du siècle, selon les sondés français d'une étude publiée par Ipsos le 26 septembre 1999, la fin du siècle dernier. © Ipsos.fr

Quelle est, selon vous, la construction du siècle? (total supérieur à 100, plusieurs réponses possibles)	
Le tunnel sous la Manche	52%
Le stade de France	24%
La pyramide du Louvre	12%
La bibliothèque de France	11%
Le pont de Normandie	9%
Le centre Pompidou	5%
La grande Arche de la Défense	4%
Le pont de Tancarville	4%
Le Cnit de la Défense	1%
Ne se prononce pas	2%

SOURCE 3:
SÉLECTION AUDIO 🎧

Vocabulaire
abruti(e)

Introduction:

Dans cette sélection, il s'agit de l'architecture urbaine. L'extrait audio s'intitule *Laideur de l'Architecture Contemporaine 1 – à l'UP Caen de Michel Onfray*. Les intervenants dans l'extrait audio sont David Orbach et Isabelle Coste, architectes urbanistes. © www.coste-orbach.fr

» Interpersonal Speaking: CONVERSATION

 LIRE **ÉCOUTER** **PARLER**

Vous allez participer à une conversation. D'abord, vous aurez une minute pour lire une introduction à cette conversation qui comprend le schéma des échanges. Ensuite, la conversation commencera, suivant le schéma. Quand ce sera à vous de parler, vous aurez 20 secondes pour enregistrer votre réponse. Vous devriez participer à la conversation de façon aussi complète et appropriée que possible.

Introduction:

Vous discutez d'une œuvre qui vous inspire avec votre amie, Catherine. Elle ne la connaît pas donc vous devez la lui expliquer.

Catherine	Elle vous salue et fait une remarque sur votre état d'esprit.
Vous	Saluez votre amie et répondez-lui que vous venez d'être inspiré(e) par une œuvre.
Catherine	Elle vous demande de quelle oeuvre il s'agit.
Vous	Dites-lui le titre de l'œuvre (artistique ou littéraire), les détails importants comme l'artiste ou l'auteur et le thème général.
Catherine	Elle ne connaît pas l'œuvre et vous demande d'expliquer plus.
Vous	Parlez-en en plus de détail.
Catherine	Elle est intéressée et elle vous demande pourquoi l'œuvre vous intéresse.
Vous	Répondez-lui en expliquant pourquoi cette œuvre vous a attiré(e).
Catherine	Elle est reconnaissante de votre explication et elle a hâte d'apprendre plus.
Vous	Dites-lui que ce n'est pas un problème et que vous aimez partager vos sentiments sur les oeuvres artistiques avec les autres.

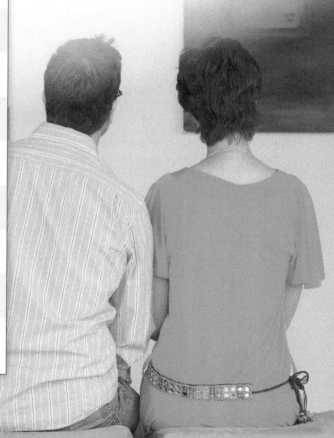

» Presentational Speaking: CULTURAL COMPARISON

LIRE PARLER

Vous allez faire un exposé pour votre classe sur un sujet spécifique. Vous aurez 4 minutes pour lire le sujet de présentation et préparer votre exposé. Vous aurez alors 2 minutes pour l'enregistrer. Dans votre exposé, comparez votre propre communauté à une région du monde francophone que vous connaissez. Vous devriez montrer votre compréhension des facettes culturelles du monde francophone. Vous devriez aussi organiser clairement votre exposé.

Sujet de la présentation:

L'architecture d'une ville ou d'un pays raconte l'histoire de l'endroit où elle se trouve. Comparez quelques aspects de l'architecture de votre ville ou de votre pays à ceux d'un pays francophone que vous connaissez.

CHÂTEAU DE VERSAILLES

Compréhension

abruti(e) (adj.) (473) dénué d'intelligence

arrière-plan (n.m.) (441) au fond de l'image, le plan le plus éloigné du spectateur

attirance (n.f.) (444) ce qui attire quelqu'un/quelque chose

auparavant (adv.) (468) antérieurement

bénir (v.) (436) remercier, consacrer

bétail (n.m.) (451) ensemble des animaux d'un élevage, des vaches par exemple

bouche bée (exp.) (464) bouche ouverte, sans savoir quoi dire

concevoir (v.) (459) considérer, envisager

culot (n.m.) (470) grande audace

débardeur (n.m.) (451) maillot de corps sans manche

développement durable (n.m.) (453) développement qui permet de répondre aux besoins actuels sans empêcher les générations à venir d'en faire de même

dispendieux (-euse) (adj.) (464) qui occasionne une grande dépense

égerie (n.f.) (459) ce qui inspire

engendrer (v.) (453) causer, faire naître

éventail (n.m.) (449) instrument composé de papier ou de taffetas dont on se sert pour s'éventer, variété de choses d'une même catégorie

faillir (v.) (466) être sur le point de

faire semblant (loc.) (439) prétendre, feindre

fustiger (v.) (452) critiquer vivement, blâmer

héberger (v.) (461) loger quelqu'un ou quelque chose

illettré(e) (n.m.) (448) personne qui ne peut pas ou qui a des grandes difficultés à lire et à écrire

insouciance (n.f.) (452) indifférence, détachement

khmer (adj.) (451) membre des Khmers, peuple du Cambodge

laideur (n.f.) (446) caractère de ce qui n'est pas beau

morphologie (n.f.) (459) forme de l'être vivant

paillettes (n.f./pl.) (452) décorations souvent rondes et brillantes cousues ou collées sur un vêtement, sur la peau, etc.

plaquer (v.) (467) abandonner (fam.)

PME (n.f./pl.) (453) Petites et Moyennes Entreprises

polyglotte (n.m./f.) (439) personne qui parle plusieurs langues

prétendre (v.) (467) affirmer quelque chose de contestable

pudeur (n.f.) (446) chasteté, modestie

racolage (n.m.) (452) action d'attirer par tous les moyens

reluire (v.) (465) briller

spleen (n.m.) (462) mélancolie, ennui profond

vitrail (n.m.) (454) fenêtre avec le verre colorié ou peint

volupté (n.f.) (462) plaisir des sens

PARIS, FRANCE

Pour mieux s'exprimer à ce sujet

chef-d'oeuvre (n.m.) oeuvre majeure, parfaite dans son genre

connoter (v.) porter un sens secondaire

embellir (v.) rendre beau

enjoliver (v.) rendre joli

esquisse (n.f.) ébauche d'une oeuvre artistique

esquisser (v.) ébaucher

étalon (n.m.) standard

envisager (v.) considérer, projeter

paramètre (n.m.) facteur

paroles (n.f./pl.) mots d'une chanson ou d'une oeuvre littéraire

premier plan (n.m.) le devant d'un espace

toile (n.f.) tissu de lin

La Liberté guidant le peuple, Eugène Delacroix, 1830

» Interpretive Communication: PRINT TEXTS

Tip: Pre-read

TRICK:
Pre-read title and introduction to make predictions

Don't immediately begin reading the passage – there are two secret sources for helpful information that most students skip over: the title and the introduction. Be sure to read these so you can predict the content of the passage.

TIPS AND TRICKS CHECKLIST

Tip	Trick
Pre-read	Pre-read title and introduction to make predictions
Overcome unknown vocabulary	Use prefixes and suffixes
	Look for familiar etymology
Read quickly	Read every day
Read critically	Identify the 5 Ws
	Identify the register
	Read questions ahead of time
Find your reading purpose	
Connect the passage to the purpose	Underline key phrases
Don't overlook the details	Don't leave answers blank
	Look for synonyms in answers
	Watch out for exclusive answers
	Don't pick the most complicated answer

Tip: Overcome unknown vocabulary

TRICK: Use prefixes and suffixes

Many students already rely on prefixes and suffixes without ever realizing it. The following tables will supplement your knowledge and help you polish your word recognition skills.

Prefixes attach to the beginning of the word to alter its meaning. By knowing three rules, you may be able to accurately guess the definition or the connotation of a word you have never seen before.

PREFIX	ENGLISH	EXAMPLES
a- **an-** (before h or vowel)	Negation, lacking, loss	*anormal* *anhistorique*
in- **im-** (before b, m, or p) **il-** (before l) **ir-** (before r)	Show opposite	*inacceptable* *immature* *illégal* *irrégulier*
re- **res-** verb starting with s **ré-** or **r-** (before vowel, ch, or h)	Repetition, reinforcement.	*redéfinir* *ressembler* *rappeler* *réchauffer*

 LIRE ÉCRIRE

Read and guess the English equivalent.

1. illogique	**5.** irrationnel	**9.** impartialité	**13.** revenir
2. indécemment	**6.** rejoindre	**10.** inconscient	**14.** refaire
3. imbrûlable	**7.** réattaquer	**11.** asexué	**15.** rentrer
4. illisible	**8.** inachevé	**12.** remarier	**16.** ressortir

Suffixes attach to the end of nouns and adjectives. By knowing the English equivalents, you may be able to accurately guess the definition of a word you have never seen before.

Suffix	Part of Speech	English	Examples
-ain, -aine (f)	adjective	-an	africain, cubain
-aire, -erie (f)	noun adjective	-ary, -ery, -ing	fonctionnaire, tracasserie, loterie, niaiserie, mièvrerie, planétaire, unitaire, bancaire,
-ais, -aise (f), -ois, -oise (f)	adjective	-ese	français, marseillais, chinois, niçois
-aison (f)	noun	-eason, -ison	salaison, déclinaison, saison
-al, -ale, -el, elle (f)	adjective	-al	tropical, patronal, théâtral, formel, émotionnel
-ard (m), -arde (f)	noun	-ard	braillard, traînarde
-ateur (m), -atrice (f)	noun	-ator	ventilateur, perforatrice
-atique	adjective	-atic	dogmatique, prismatique, problématique
-é, -ée (f), -ie	noun (feminine) adjective	-y, -ey	modestie, économie, bergerie, boulangerie, cuillerée, folie rosé, feuillé, azuré, préféré
-éen, -éenne (f), -ien, -ienne	adjective	-ian	herculéen, européen, italien, parisien
-ement, issement	noun (masculine)	-ment, -ishment	groupement, agrandissement, gouvernement
-eur (m), -euse (f), -eresse (f), -rice (f)	noun	-or (-our)	pâleur, envoyeur, coiffeuse, enchanteresse, actrice
-eux, -euse	adjective	-ous	paresseux, ferreux, délicieux, ambitieux, tumultueux
-ien, -ienne (f), -ique, -(a)ïque	noun (masculine) adjective	-ic (-ique), -aic	mécanicien, jurassique bouddhique, judaïque, géométrique, scénique
-ier (m), -ière (f)	noun	-er, -ery	roulier, févier, épicier, salière, verrière
-if, -ive	adjective	-ive	offensif, combatif, explosif
-oir (m), -oire (f)	noun	-ory, -ery	nageoire, boudoir
-té, -eté, -ité (f)	noun	-ty, -ety, -ity	beauté, solidité

TIP: Overcome unknown vocabulary

TRICK:
Look for familiar etymology

Practice creating word families (nouns, adjectives, adverbs, verbs, opposites).

Example: singer, song, to sing, a song

Exemple: un chanteur/chanteuse, une chanson, chanter, un chant, une chansonnette

 LIRE ÉCRIRE

Read and guess the meaning of the word.

Modèle: disquaire

We identify *–aire* as *–ary, -ery,* or *-ing* in English. We also recognize the stem of the word as disk, a word for CD or record. This leads us to diskery, diskary or disking. This makes us think of a place for CDs or the production of CDs. From there we can guess a music store or a place that has something to do with records.

1. désastreux
2. propreté
3. fautif
4. fourberie
5. matinée
6. sucrier
7. balayeur
8. pommier

TIP: Read quickly

TRICK:
Read every day

First you need to work on speed reading in French. As difficult as that sounds, you can do it. Read in French every day at home and at school so you become a faster reader. Do not necessarily read AP materials in your free time. The content that you read has no effect on your speed. Find something that interests you and read about it in French. Follow some pop culture blogs, read online magazines and newspapers, or find some French groups through your social networks.

 LIRE  ÉCRIRE

Look at the given word. If you do not know the definition, formulate a guess. Then create a word family list for that word, altering it with various suffixes.

Modèle: dessin (noun, drawing) > dessiné(e) (adjective, drawn), dessiner (verb, to draw), dessinateur/trice (noun, person who draws)

1. coureur
2. gagné
3. sculpter
4. parleur
5. naïf
6. trahison
7. blog
8. facilité
9. sauté
10. destination

Tip: Read critically

TRICK: Identify the 5 Ws

Just like in elementary school, you'll need to identify the 5 Ws: Who, What, Where, When and Why. This will help you eliminate the unimportant information in the story. Always underline these elements so you can organize the information in your head.

WHO	
WHAT	
WHEN	
WHERE	
WHY	

TRICK: Identify the register

There may be a question about the best response to the passage. This question is measuring your mastery of register. Register is the formality of your response. Register can be slang, casual or formal. You will always respond to a passage with the same register that is used within the passage. Let's look at some examples:

SLANG: Yo, sup? Wanna catch a flick?

CASUAL: Hey, do you want to go to the movies?

FORMAL: Would you kindly consider accompanying me to the cinema?

Tip: Find your reading purpose

TRICK:
Read questions ahead of time

As soon as you are instructed to turn the page, begin absorbing information. You do not need to listen to the instructions because you already know them. While the narrator reads «*Vous aurez une minute pour lire l'introduction et parcourir les questions*» you should be jotting down a key word for each question.

For example «*Quel est le but de l'article?*» You would write **goal** or **but** next to that question.

Remember the most common multiple choice question topics are **goal, cultural connection, comprehension, register, definition,** and **tone.** You can also use more specific vocabulary if you so choose. You will only have 30 minutes to read 4–8 inputs and answer 40 questions, so you have to read with purpose.

Tip: Connect the passage to the purpose

TRICK:
Underline key phrases

Now that you've made predictions and identified the purpose (i.e., you know the questions), read the passage. As you read, underline phrases that will help you answer them.

ÉCRIRE

Donnez l'orientation de chacune des questions suivantes.

1. Quel est le sens du mot «ouvrage» tel qu'il est utilisé dans l'article?
2. Quelle surprise est décrite dans le dernier paragraphe?
3. Vous allez répondre à M. La Source pour lui demander plus d'informations. Comment devriez-vous formuler votre réponse?
4. En quoi ce mariage est-il symbolique?
5. Dans ce passage, quel est le ton de l'auteur?
6. Quel est le but principal de la publicité?
7. Vous allez répondre à Mme Legeek pour lui demander plus d'informations. Comment devriez-vous formuler votre réponse?
8. En quoi cette révolution de technologie est-elle symbolique?
9. Quelle innovation est décrite dans le premier paragraphe?
10. Quel est le sens du mot «novateur» tel qu'il est utilisé dans l'article?

Tip: Don't overlook the details

TRICK: Don't leave answers blank

You only get credit for the questions you answer correctly. Points are not deducted for incorrect answers or unanswered questions. This means you should never leave a question unanswered. Guessing is an art, so perfect your skills! Answer the easiest questions first. Then, be sure to remember that most questions follow the order of the passage. Knowing this might help you identify the section of the passage that answers the question. Last but not least, use the process of elimination. Don't worry if you guess incorrectly; you are no worse off than just leaving it blank, so go for it!

TRICK: Look for synonyms in answers

Often times the answer is not the exact word or phrase used in the passage. Instead, the question will contain a synonym of a word from the reading.

TRICK: Watch out for exclusive answers

Answers that contain the words always or never are dangerous, and they're typically not correct. Beware if you see an answer with *toujours* or *jamais*. If the text does not explicitly state these frequencies, those answers are likely a trick.

TRICK: Don't pick the most complicated answer

As a language learners, we are all impressed by complicated answers. The writers of the exam know this, and sometimes they will include complicated responses to trick you. Don't pick an answer just because you don't know what it means.

» Interpretive Communication: PRINT AND AUDIO TEXTS

TIPS AND TRICKS CHECKLIST

Tip	Trick
Pre-read	Pre-read title and introduction to make predictions
Find your purpose	Read questions ahead of time
Connect the passage to the purpose	Underline key sentences
Read quickly	Take detailed notes on the audio
Manage your time wisely	Know the test instructions by heart
	Answer passage-specific questions first
	Refocus during the pause between readings
	Don't panic
Be a better listener	Visualize
Don't overlook the details	Don't leave answers blank
	Look for synonyms in answers
	Watch out for exclusive answers
	Don't pick the most complicated answer

Tip: Pre-read

TRICK:
Pre-read title and introduction to make predictions

Many students skip the title and introduction, but these two short sections can really help you set the stage for understanding the passage. You will get a sneak peek of the content and should be able to make predictions about the passage.

Tip: Find your purpose

TRICK:
Read questions ahead of time

As soon as you are instructed to turn the page, begin absorbing information. You do not need to listen to the instructions because you already know them. While the narrator reads «*Vous aurez X minutes pour lire la source numéro 1*», you should pre-read the introduction, title and questions. Identify the main word next to each question itself. For example, in the case of «*Quel est le but de l'article?*», you would write **goal** or ***but*** next to that question to give yourself a keyword-based short version of the question.

The most common multiple choice question topics are **goal, cultural connection, comprehension, register, definition,** and **tone.**

Tip: Connect the passage to the purpose

TRICK: Underline key sentences

You found your purpose when you read the questions. Now it is time to connect the passage to those questions. As you are reading, underline sentences and vocabulary that are related to the questions. You will not have time to re-read the entire passage, so underlining will help you quickly locate answers within the passage.

TRICK: Take notes for the audio selection on the questions page

Be sure to take your notes on the questions page. It is illogical to take them on any other page because you will have to flip back and forth when answering the questions. You will have pre-read the questions, so be sure to take notes that help you answer the questions.

Tip: Manage your time wisely

TRICK: Know the test instructions by heart

If you are familiar with the task before taking the test, you can squeak out a few extra moments to focus on answering questions. Take, for example, the 1 minute to read the instructions: You already know what they say! Instead use this valuable 60 seconds to pre-read the title, introduction and questions for source 1.

TRICK: Answer passage-specific questions first

You have a few minutes to preview the questions and read the passage before the audio selection is played. DON'T start with the passage; start with the questions! Speed-read them and identify those that can be answered with the passage only. These typically have the word "article" or "passage" in the question. Write #1 next to those questions so you know the answers are in Source 1. If you have time, answer those before listening to the audio.

TRICK: Refocus during the pause between readings

During the reading, you'll be frantically taking notes and visualizing. It is important to use the 60 seconds between readings to your best advantage. Refocus on the questions during this minute and re-read the unanswered questions. Try to answer as many as you can, and focus your listening skills to answer the remaining questions during the second reading.

TRICK: Don't panic

It is easy to forget that when the audio ends, there is still time left to answer questions. You have an additional 15 seconds per question. When the audio ends, be ready to tackle any unanswered questions.

Tip: Be a better listener

TRICK:
Visualize

Many students dread the listening section, but you can conquer it! Taking notes is very important, but no one can write down word for word what they hear. Instead, visualize main events, characters, and settings. Close your eyes and imagine you can see the person who is speaking. Only write down notes that will help you answer the questions.

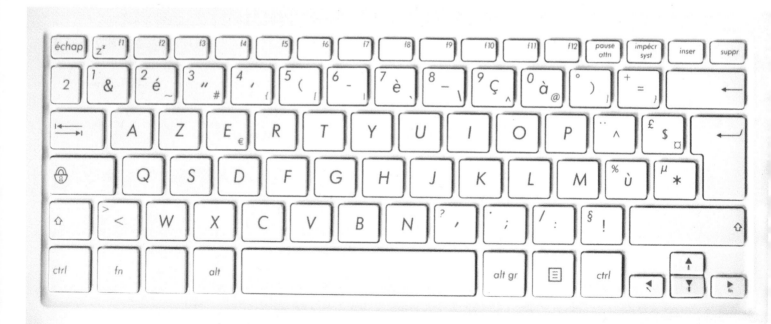

Tip: Identify the register

TRICK:
Choose *tu* or *vous*

Step one should always be to check the register of the email. If you are replying to a business email or writing to someone you don't know, you will use *vous*.

TIPS AND TRICKS CHECKLIST

Tip	Trick
Identify the register	Choose *tu* or *vous*
Begin and end well	Practice your introductions
	Practice your closing
Use your time wisely	Block your time
Address the question posed	Underline the question/request
Elaborate, elaborate, elaborate	Provide lots of details
	Highlight your knowledge
Give a polished answer	Choose varied vocabulary
	Use idiomatic expressions

Tip: Begin and end well

TRICK: Practice your introductions

No matter the content or goal of a message, emails always begin with an introduction. Explore the sample phrases below and personalize your own. You will use this line to start every email you write this year so that by the time you take the big test, it will be a habit.

Examples:

Chers Collègues,	*Madame / Mesdames,*	*Madame la Directrice,*
Monsieur / Messieurs,	*Monsieur le Directeur,*	*Monsieur le Maire,*

TRICK: Practice your closings

Perhaps the most important part of a letter in French is the closing. This is typically not a particular area of focus in American written communication, so be sure to take note! This is not a line you would want to forget on the exam. The closing line is always composed of three sections:

	Start by choosing a: **PERSONALIZED REQUEST**	Then always state: **EXPRESSION**	End by choosing a: **KIND STATEMENT**
1. Personalized request (use the same title as the introduction)	Je vous prie d'agréer, Monsieur		mes sentiments respectueux
2. Expression	Je vous prie d'accepter, Madame	l'expression de	mes sincères salutations
3. Kind statement	Veuillez agréer, Monsieur		mes salutations distinguées
	Veuillez accepter, Madame		mes sentiments les meilleurs

EXAMPLES:

Veuillez recevoir, Monsieur/Madame, mes salutations distinguées.

Je vous prie d'agréer, Monsieur/Madame, l'expression de mes sentiments respectueux.

Tip: Use your time wisely

TRICK:
Block your time

Your response should be about 150 words in length. In order to complete the task, you will have to manage your time well. A good rule of thumb is to give yourself three minutes to read, ten minutes to write, and two minutes to revise. The last two minutes are often overlooked by students, but they are crucial to review your work, including verb conjugations, adjective agreement, and spelling.

Tip: Address all questions posed

TRICK:
Underline the question/request

There will always be question(s) and/or request(s) for additional information provided in the initial version. As you are reading, underline these questions. If you do not address all of the questions/requests, your response will be considered incomplete. This automatically drops your score to a 2 for this task!

 ÉCRIRE

Répondez en détail aux questions suivantes.

1. Quel serait pour vous le type de famille d'accueil idéale pour votre séjour?
2. Décrivez vos points forts et vos points faibles.
3. Quel est le souvenir le plus important de votre jeunesse?
4. Quel serait pour vous le type de technologie idéal?
5. Décrivez les points forts et faibles de votre ordinateur.
6. Quelle est la fonction la plus importante de votre portable?

Tip: Elaborate, elaborate, elaborate

TRICK: Be sure to provide a creative answer to your underlined prompt question with lots of details

Try to include:

- city names
- geographical references
- historical references
- people's names
- dates
- times

TRICK: Choose the answer that highlights your knowledge

Personal details can be embellished, however cities, landmarks and past events must be accurate. For example: *"Dites-nous dans quel pays d'Europe vous préféreriez vivre et pourquoi?"* You would respond with **I would like to live in Switzerland because the climate suits me well. I enjoy the outdoors, especially skiing. I also have a family connection; my mother and father visited Bern during their honeymoon in 1991. Throughout my childhood they told me stories about the mountains and the people. This is the perfect opportunity to go see it for myself.**

Tip: Give a polished answer

TRICK: Choose varied vocabulary

Exam readers get bored reading the same French 1 vocabulary over and over. A good response includes high value words. Show off your synonym skills by choosing rich adjectives and verbs to spice up your sentences.

TRICK: Use idiomatic expressions

Do not translate from English! You learned in your first semester of French that a direct translation rarely works. Don't believe it? Try directly translating *I am 15 years old*. When you're writing, be sure to choose the correct words, not simply the words that would be used in English. As your teacher will correct your responses throughout the year, these errors will be identified. Be sure to focus on correcting them so you will sound *très français*.

 LIRE **ÉCRIRE**

Pre-read the email on pages 160–161. Use context clues to define the following high-level vocabulary.

1. délais
2. traiter
3. fournir
4. soumis
5. les données
6. disponibilité

 **LIRE**  **ÉCRIRE**

Practice recognizing idioms by reading the table below. For each idiomatic phrase, provide a synonym and an antonym that correspond.

l'expression idiomatique	synonyme	antonyme
je m'en vais	sortir	rester
j'accuse réception		
mettre la clé sous la porte		
mettre cartes sur table		
avoir plus d'une corde à son arc		
ça passe ou ça casse		
garder une poire pour la soif		
se vendre comme des petits pains		
c'est de l'or en barre		
mettre les points sur les i		
avoir du pain sur la planche		
être fauché comme les blés		
couper la poire en deux		

» Presentational Writing: PERSUASIVE ESSAY

TIPS AND TRICKS CHECKLIST

Tip	Trick
Make a personal connection to the topic	Give a personal example in the first paragraph
Find your purpose	Use *on* in formal writing
Use your time wisely	Block your time
Understand the sources	Underline citable sections in the reading
	Take notes while listening
Form a structured response	Extract the various points of view
	Outline your intro and conclusion
	Use transitions
Cite the sources	Give credit to the source
	Paraphrase citations
	Discuss the data
	Use a specific example from the listen and answer listening section
Justify your opinion	Let the sources do the work for you

Tip: Make a personal connection

TRICK:
Give a personal example in the first paragraph

This task is definitely the most academic, and it can be overwhelming if you do not know where to begin. You will be presented with two perspectives on a topic, and you will need to take a stance while supporting it with details. As you process the information from the sources, make a personal connection to the topic. This shows the AP readers that you truly understand the content. In the first paragraph you want to set the tone that you know what you are talking about, so achieve this by sharing something about yourself and your life.

 LIRE ÉCRIRE

Read the following debate topics and write a personal statement to connect your life to each one.

Modèle: Les français, devraient-ils continuer avec la recherche nucléaire? J'ai lu dans le journal et j'ai vu la crise au Japon en 2011, et j'ai des opinions fortes sur la recherche nucléaire.

1. Les québécois, devraient-ils continuer à parler français?
2. En France, devrait-on accepter le voile islamique à l'école?
3. À Genève, le gouvernement, devrait-il changer l'horaire d'ouverture des magasins?

 ÉCRIRE

Transform the following sentences so they are appropriate for your Presentational Writing response.

1. Au Cameroun, tu fais la course de l'Espoir chaque année.
2. En France, ils travaillent 35 heures par semaine.
3. En Belgique, ils parlent le néerlandais, le français et l'allemand.

Tip: Find your purpose

TRICK:
Use *on* in formal writing

You will be defending your opinion in your response, and the first step is knowing how to address the various viewpoints in the sources. Whenever you would say *you* or *they* in English, be sure to use *on* in French!

Tip: Use your time wisely

TRICK: Block your time

With approximately 55 minutes to complete this task, it is important to break down each step so you are sure to complete everything. The directions state that you have 6 minutes to read the printed materials. This includes the topic, the introductions for all three sources and the text of source 1. You are going to need to read QUICKLY. Start with the topic and the introductions because you want to be as prepared as possible when the audio begins to play. If you are reading the passage when the audio begins, do not panic. The text will still be there when the audio is over! The audio will play twice (you'll be taking notes, but we'll cover that later) and it should take about 10 minutes. This, of course, depends on the length of the audio. Once the audio ends you have 40 minutes to produce your essay. In reality, you only have 35 minutes to write because every good writer knows it is smart to have 5 minutes at the end for revisions. You absolutely must read your essay after you write it.

Tip: Understand the sources

TRICK: Underline citable sections in the reading

In the 6 minute window before the audio, as well as the first few minutes of your 35 minute writing block, be sure to mark up the reading passage. You do not have time to go searching in the passage for something you've already read. Instead, underline important words, draw arrows to sentences and make notes in the margins (in English or French). Remember, these notes are not graded.

TRICK: Take notes while listening

The audio is played twice, and only twice. You've got two chances to absorb a lot of information, so note taking is crucial. Numbers and statistics are always difficult to process quickly, but data can help justify your opinion. Be sure to focus on identifying the numbers in the audio and write them down. Also avoid full sentences. Instead use verbs, nouns and small pictures. Visualizing the audio in your mind will help you remember anything you do not get down on paper. Every time you do listening in class this year, take notes. This is an art, and you will become better and better with each attempt.

Tip: Form a structured response

TRICK: Extract the various points of view

As you know, this task is daunting. The best way to tackle it is with a graphic organizer. This will keep you focused and productive while writing. Now that you understand the sources, it is time to put them together with your own views.

Most students begin writing the introduction first, but it is actually easier to save the intro and conclusion paragraphs for later. Instead, organize the citable items you underlined or noted in the For and Against boxes. Don't write down complete sentences, just key words and phrases. You should have at least three citations in each box. You've just put together two of your three body paragraphs!

Next, write your opinion in the Personal View box. Be sure to state your opinion and give at least three examples or supporting details.

FOR	AGAINST	PERSONAL VIEW

TRICK: Outline your introduction and conclusion

Now that your body paragraphs are outlined, you can think about your introduction and conclusion paragraphs. Both should reflect the same information: introduce the concept, present all views, justify your opinion. Don't forget that the introduction should contain a personal connection to the topic!

TRICK: Use transitions

It is not uncommon for students to end the pre-writing phase with the two graphic organizers you just created. However, having words and sentences to connect your writing will help the flow of your response. This is a major element in the grading rubric, so be sure to include them! The following tables do not need to be memorized. Instead, you should pick only a handful of words and consistently use them in everyday language.

	INTRODUCTION	CONCLUSION
Introduce the concept (personal connection):		
Present all views:		
Justify your opinion:		

POINTLEXIQUE

Introduce/Conclude		Compare/Contrast		Misc	
malgré tout	despite everything	par contre	on the other hand	ensuite	then
par conséquent	consequently	cependant	however	d'abord	first
en conclusion	in conclusion	bien que	although	enfin	finally
malgré	in spite of	tandis que	whereas	donc	so, therefore
par ailleurs	in addition, moreover	en plus	furthermore	sans compter que . . .	not to mention
plutôt que	rather than			à cause de	because of (negative)
pour que	so that			grâce à	thanks to (positive)
pendant que	while				
pourvue que	provided that				
puisque	since				
C'est pour cette raison que	It is for this reason that				
C'est certainement parce que	It is certainly because				
Il s'agit d'un problème	It is about a problem				

 ÉCRIRE

Ajoutez un connecteur pour joindre les phrases suivantes en une seule phrase.

1. Pendant l'hiver il fait froid. En été il fait chaud.

2. Je suis allé au Mexique. Bob m'a donné un billet d'avion gratuit.

3. Le train est utile. L'avion est pratique.

4. La voiture coûte cher. Elle vous permet de partir quand vous voulez.

5. Il faut bien faire la valise. Vous n'aurez pas de problèmes avec vos bagages lorsque vous voyagez.

6. Pour envoyer des SMS, j'utilise mon portable. Pour envoyer des messages électroniques, j'utilise mon ordi.

7. Je sauvegarde mes documents. Je ne veux pas les perdre.

8. La souris est utile. L'écran tactile est pratique.

9. L'appli ne coûte pas cher. Elle vous permet de recevoir des SMS gratuitement.

10. Il faut bien télécharger la musique légalement. Vous n'aurez pas de problèmes avec vos MP3s.

ÉCRIRE

C'est à vous

OPTION 1: Complete the task while strategically formulating your response based on the tips and tricks provided in this lesson.

OPTION 2: Finalize your graphic organizer.

INTRO: introduce the concept/personal connection: present all views: justify your opinion:
TRANSITION:
FOR:
TRANSITION:
AGAINST:
TRANSITION:
PERSONAL VIEW:
TRANSITION:
CONCLUSION: introduce the concept: present all views: justify your opinion:

Tip: Cite the sources

TRICK: Use the source number

It might be counterintuitive to skip a vocabulary word like *l'article* or *l'image*, however using the phrase *Source 1* allows the graders to quickly assess what sources you have cited in your response. In the following table you'll find vocabulary to help you integrate your citations into your response. You will find more information about citing sources on page 438.

SELON LA SOURCE 1	ACCORDING TO SOURCE 1
En ce qui concerne l'auteur de Source 3	As far as the author of Source 3 is concerned
L'auteur de Source 1 attire notre attention sur	The author of Source 1 draws our attention to
L'auteur de Source 2 nous rappelle	The author of Source 2 reminds us of
L'auteur de Source 3 nous signale que	The author of Source 3 points out that

TRICK: Paraphrase citations

Whatever you do, do not copy word for word from any source. It is important you rephrase. This can be difficult to do in another language, but rely on synonyms to get you through it.

TRICK: Discuss the data

It is so important to use each of the three sources. The third source is a visual one, often times a table. Many students struggle to make statements in French about data. Don't forget that we spent time in Chapter 2 learning how to present and discuss data. Refer back to that section if needed.

TRICK: Use a specific example from the listening section

You took extensive notes while you were listening, so now use them. Be sure to include very specific examples from that audio selection.

Tip: Justify your opinion

 ÉCRIRE

TRICK: Let the sources do the work for you

Be sure to align your opinion with the evidence in the three sources. Let your response build to a conclusion that includes your opinion rather than trying to dispute what the selections present.

Réécrivez les phrases suivantes en français «simple».

1. Les restrictions économiques imposées à l'Allemagne à la suite de la première guerre mondiale sont directement liées au commencement de la Seconde Guerre mondiale.

2. Le pourcentage global de réussite pour la seconde session des examens de l'université de Bruxelles, faculté de droit, qui se sont déroulés du 23 au 26 septembre 2008 est de 73,79%.

3. Avant votre entretien vous recevrez un courrier vous demandant de fournir certains renseignements supplémentaires nécessaires à l'organisation de votre transport.

» Interpersonal Speaking: CONVERSATION

Tip: Identify the register

TRICK:
Choose *tu* or *vous*

When you read the introduction to the task, it is important that you look for clues about register. Are you speaking to someone you don't know? Are you speaking to an adult? If so, you'll need to use a formal register. If you're speaking to someone your own age, it is appropriate to use a more casual register. This realization, however, means so much more than just *tu* and *vous*. Your entire response should be consistent, including every subject pronoun, every possessive adjective and every stress pronoun.

TIPS AND TRICKS CHECKLIST

Tip	Trick
Identify the register	Choose *tu* or *vous*
Begin and end well	Practice your introductions
	Practice your closings
Read the outline well	Underline the type of response
	Determine if your response will be affirmative or negative
Speak for 20 seconds	Brainstorm details on the outline
	STOP speaking when you hear the tone
Give a polished answer	Self-correct
	Make your conversation sound real
	Put your best foot forward in French

Tip: Begin and end well

TRICK: Practice your introductions

Regardless of the theme, you will always be asked to complete a conversation for this section of the exam. The first line should be one that you polish up now and use over and over as you practice for the big day. Be sure to rehearse both a formal and informal opener. Getting a smooth start to the conversation will set the tone. Everyone has his/her own special way of beginning a conversation, so be sure to customize your greeting. If it is a phone conversation, you can begin with *allô*, a synonym for *bonjour* unique to phone conversations.

Examples:

Bonjour, c'est _____ (insert **your** name), comment allez-vous?

Allô, _____ (insert name), comment ça va?

Bonjour, ici _____ (insert **your** name) ici. Quoi de neuf, _____ (insert name)?

Allô, qu'est-ce qui s'est passé?

_____ (insert name), ici _____ (insert **your** name), ça va?

TRICK: Practice your closings

Just like the opening, the way you end a conversation is fairly standard. Go ahead and pick your stock closing line (both formal and informal). This will be one less thing to think about on the day of the exam. By then it will be automatic!

Examples:

Au revoir, _____ (insert name). Je vous parlerai bientôt!

À la prochaine, _____ (insert name). Je t'appellerai plus tard.

Ciao mon ami, bises!

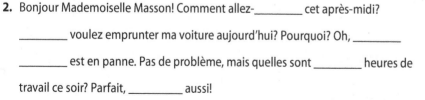 ÉCRIRE

Fill in the blanks with the correct pronoun.

1. _____ _____'appelles Guillame, n'est-ce pas? _____ ami, Nicholas, m'a

   dit que _____ joues de la guitare. Ma guitare est un peu vieille, mais _____

   est très belle. Moi aussi, j'aime la musique, et je joue avec un groupe de rock. Veux-

   _____ nous rejoindre pour jouer la semaine prochaine?

2. Bonjour Mademoiselle Masson! Comment allez-_____ cet après-midi?

   _____ voulez emprunter ma voiture aujourd'hui? Pourquoi? Oh, _____

   _____ est en panne. Pas de problème, mais quelles sont _____ heures de

   travail ce soir? Parfait, _____ aussi!

TRICK: Underline the type of response

In every conversation there is an intended type of response. The AP exam actually tells you what to say! Don't overlook this in the outline. It will state something like: ask, accept, decline, invite, refuse, suggest, express, etc. Be sure to underline this so you provide the correct type of response. If not, you will automatically receive a 2 on this task due to partial completion.

TRICK: Determine if your response will be affirmative or negative

As you're reading the outline, write down a big plus or minus sign next to responses that have to be affirmative or negative. This will help you remember during the actual task. For example: *«Déclinez son invitation et proposez une alternative.»* You would write a minus sign, or NO next to that response. You should have some go-to phrases for both types of responses.

 ÉCRIRE

Below are a few go-to phrases to help you respond to both positive and negative prompts. Add your favorite phrases to the list, and then share your ideas with the class.

POSSIBLE RESPONSES FOR AFFIRMATIVE PROMPTS	POSSIBLE RESPONSES FOR NEGATIVE PROMPTS
Félicitations	C'est dommage
Je suis contente pour toi/vous	Ne t'inquiète pas – Ne vous inquiétez pas
Quelle surprise	Je ne suis pas d'accord

TRICK: Brainstorm details on the outline

As you're reading the outline, jot down words (not sentences) that might help you during the recorded speaking. If you include verbs, go ahead and conjugate them so you do not use an infinitive by mistake during your conversation. Elaborate and imagine creative, specific details that highlight your linguistic strengths. Some sections of the outline will be easier than others. For example: *«Parlez des types de musique que vous préférez.»* You would jot down a list like this:

- **hip hop – Beyoncé, Usher, Michael Jackson**
- **le rythme, aime danser**
- **la mode – vêtements cool**

However, *«Donnez et soutenez votre opinion sur l'activité proposée.»* is a bit more difficult because you don't know what the proposed activity is. Don't worry if you don't have notes for every response!

TRICK: STOP speaking when you hear the tone

Even if you are not finished with your sentence, you should stop speaking as soon as you hear the tone. You will miss part of the conversation if you're still chatting away when the speaker begins their part of the conversation.

ÉCRIRE

Faites une liste de mots utiles pour chaque question.

1. Parlez de votre livre préféré.

2. Parlez de votre emploi du temps.

3. Quel est le souvenir le plus important de votre jeunesse?

 ÉCRIRE

Faites une liste de mots utiles pour chaque question.

1. Parlez de votre appareil numérique préféré.

2. Parlez de votre journée typique et de la manière dont vous l'organisez.

3. Quelles sont vos priorités à l'école et à la maison?

Tip: Give a polished answer

TRICK: Self-correct

Everyone makes mistakes, even AP students. Did you know you're allowed to make mistakes on the exam without being penalized? All you need to do is correct yourself. There is even a section on the grading rubric to assess if your self-correction aided the listener's comprehension. If you want to self-correct (and you should), include these three helpful phrases:

- I mean   *Je veux dire*
- I meant to say *Je voulais dire*
- Excuse me   *Pardon/Excusez-moi*

TRICK: Make your conversation sound real

The readers will always ask if the conversation felt authentic. If you're not animated in your response, or if your response is overly boring, your score will reflect that. Be sure to use voice inflection when speaking. Also, use the brainstorming notes you took in your outline to make a personal connection. Throw in personal details to make the listener feel as though you're talking to a real person, not just a computer microphone.

TRICK: Put your best foot forward in French

Employ the most sophisticated grammar and vocabulary that you have mastered. To earn a 5, sophisticated structures like the subjunctive must be spoken correctly in unrehearsed situations like this task. Do not try to use grammar and vocabulary that are new or unfamiliar.

» Presentational Speaking: CULTURAL COMPARISON

Tip: Find the appropriate register

TRICK:
Stay formal

The first step is to remember *on* is your best friend. Do not use *ils* or *elles* when speaking about others in a general sense. You will make comparisons between elements of your culture and francophone culture. It is acceptable to use *je* and *nous* when representing your culture. When speaking about francophone culture, use *on*.

TIPS AND TRICKS CHECKLIST

Tip	Trick
Find the appropriate register	Stay formal
Start well	Address your audience and announce the topic
Manage your time	Know the directions
Close well	Provide a summary statement
Outline a developed response	Stay structured
	Use transitional phrases
Present specific local and francophone viewpoints	Highlight your knowledge
	Review prepositions of francophone locations

 ÉCRIRE

Practice using subject pronouns in French by translating the following statements.

1. In the United States we play baseball.

2. In France you play soccer as a child.

3. In Cameroon they eat a lot of shrimp.

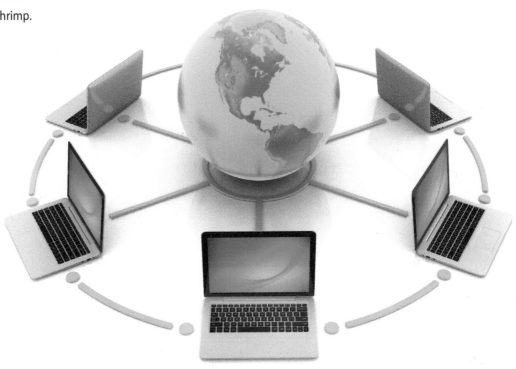

Tip: Start well

TRICK: Address your audience and announce the topic

Identify the audience in the instructions to decide on how to address them in your opening. To address a class of your peers, you should say *mes camarades* or *mes amis*, whereas a more formal audience would require *mesdames et messieurs*. Once you have addressed your audience, you'll want to announce the topic of your speech. Below are a few go-to phrases to help you get started.

- *Je voudrais vous parler de l'attitude des gens dans ma région envers . . .*
- *Aujourd'hui, je vais discuter de l'importance de . . .*
- *Je vais commencer par l'analyse de . . . Ensuite, je vais contraster mes observations avec . . .*

Tip: Manage your time

TRICK: Know the directions

The exam allows 4 minutes to read the prompt and prepare a 2 minute speech. You will have one minute to read the instructions and four minutes to prepare your presentation. The instructions don't change, so consider this a 1-minute brainstorming session. Write your outline skeleton (see strategy in next chapter) and jot down any vocabulary that might be helpful. In the remaining four minutes, fill in your outline.

Tip: Close well

TRICK: Provide a summary statement

Every good speech has a solid closing statement, but you don't need fancy language to include this. Stick with a simple phrase such as:

- *Donc*
- *On voit que . . .*
- *Pour finir*
- *En somme*
- *Pour conclure*

ÉCRIRE

Pouvez-vous dessiner le plan de la réponse suivante?

Aux États-Unis, on achète la nourriture beaucoup moins fréquemment qu'en France. Chez moi ma mère va à l'épicerie une fois par semaine le dimanche. Elle achète assez de nourriture pour toute la semaine. Nous mangeons des légumes surgelés en général. Par contre, en France, on fait des courses beaucoup plus souvent. Les français achètent de la nourriture bio comme le pain, les fruits et les légumes. Le père de mon ami Julien, va à la boulangerie chaque matin!! Ça m'intéresse beaucoup parce que c'est plus logique à mon avis. Chez moi, il y a toujours quelques tranches de pain que personne ne mangera. À la fin de la semaine, ma mère les jette à la poubelle. En conclusion, la nourriture est importante partout, mais en France c'est une activité quotidienne.

Tip: Outline a developed response

TRICK: Stay structured

The two minutes will fly by, so it is important to have a plan. Always write out this outline with words and phrases, but no full sentences. If you are including verbs, conjugate them ahead of time so you eliminate the risk of erroneously using an infinitive in your speech.

OPENING:

State the viewpoints of both cultures
Viewpoint 1 (your culture)
2–3 Examples

TRANSITION

Viewpoint 2 (francophone culture)
2–3 Examples

CLOSING

TRICK: Use transitional phrases

Comparative vocabulary is essential. Be sure to include connectors and transitions between sentences. The French discuss politics with family and friends. *In the United States, politics can be uncomfortable to discuss in a social setting.* While these two sentences are great, they would be better if joined by a transitional word like **whereas.** See Chapter 7, Lesson 1 (pp. 338–351) for ideas and practice on structuring, supporting, refuting and presenting arguments.

ÉCRIRE

Pouvez-vous dessiner le plan de la réponse suivante?

Dans les écoles francophones, les langues étrangères sont plus intégrées qu'aux États-Unis. En Géorgie, il y a des écoles maternelles qui offrent l'option d'étudier l'espagnol, mais pas toutes. En général, les lycées ont des cours d'espagnol, de français et de latin; la majorité des élèves choisit l'espagnol. En général seulement deux ans de cours de la même langue sont obligatoires pour terminer ses études au lycée. Il ne faut étudier qu'une langue étrangère. De l'autre côté, dans le monde francophone, les langues étrangères sont beaucoup plus importantes dans le système scolaire. Dans toutes les écoles maternelles, on doit commencer la première langue. Typiquement c'est l'anglais, mais cela dépend du pays et de la région. On continue ses études de première langue jusqu'à la fin de ses études. Après avoir choisi sa voie en 3e, on peut continuer avec une autre langue si le choix de voie l'offre comme cours. Il y a également la possibilité de faire un stage à l'étranger. Par exemple, ma cousine Pauline parle l'anglais, l'allemand, et bien sûr le français. Elle est allée en Angleterre pendant deux semaines pour un stage à l'hôpital. En conclusion, les langues étrangères sont beaucoup moins communes aux Etats-Unis que dans le monde francophone.

Tip: Present specific local and francophone viewpoints

TRICK: Highlight your knowledge

Do not try to invent dates and details; speaking in French is hard enough when you know the facts. Be smart when choosing the details you include in your response. Choose examples that highlight what you know, not what you wish you knew. For example, if the prompt asks you to compare unemployment in the U.S. to that of the francophone world, first ask yourself what you know about unemployment in any French-speaking country. Don't assume your answer has to be about France. Perhaps you read an article about Canadian unemployment or work conditions in Switzerland. The details you include from your prior knowledge will impress the judges, so be sure to show off what you know in your response.

TRICK: Review prepositions of francophone locations

When prepositions are incorrectly employed, it can sound like fingernails on a chalkboard to a native speaker. To keep the judges focused on the content of your answer, be sure you remember the rules about referring to a country in French.

> *Feminine Country (ends in –e): en*
> *Masculine Country (doesn't end in-e): au*

Exceptions: le Belize, le Cambodge, le Mexique, le Mozambique, le Zimbabwe

Remember that masculine countries beginning with a vowel will also take 'en'. Examples: en Israël, en Irak

Annexe B – Vocabulaire

Abréviations			
adj.	adjectif	n.f.	nom féminin
adv.	adverbe	n.m.	nom masculin
fam.	familier	pl.	pluriel
lit.	littéral	prép.	préposition
loc.	locution	v.	verbe

Français > Français

mot de vocabulaire	définition en français	page	grammaire
à l'heure actuelle	en ce moment	18	adv.
à la bourre	en retard	351	loc.
à notre insu	sans qu'on le sache	19	adv.
abonnement	souscription	254	n.m.
abruti(e)	dénué d'intelligence	473	adj.
accroître	augmenter	167	v.
adhésion	action de s'inscrire	35	n.f.
affaiblissement	diminution des forces ou de l'énergie	227	n.m.
affermi(e)	fortifié, ancré	272	adj.
agence de l'emploi	entreprise qui propose des services entre l'offre et la demande d'emploi	144	n.m.
agguerri(e)	endurci par les combats	320	adj.
agrafeuse	appareil à agrafer	288	n.f.
aimer à la folie	aimer quelqu'un passionnément	201	loc.
aîné(e)	enfant qui est né le premier par rapport à ses frères et soeurs	223	n.m./f.
aisé(e)	qui vit d'une manière confortable	250	adj.
alentours	les lieux autour	324	n.m./pl.
alimenter	nourrir, approvisionner	16	v.
allaitement	le fait de nourrir	318	n.m.
allumer	faire fonctionner, actionner un appareil électrique	238	v.
alphabétisation	transmission des connaissances de base de lecture et d'écriture	248	n.f.
amalgamé(e)	mélange d'éléments	25	adj.
améliorer	rendre meilleur	392	v.
amitié	relation cordiale entre deux personnes	191	n.f.
amoureux (-euse)	qui éprouve de l'amour pour quelqu'un	201	n.m./f.
animal de compagnie	animal domestique	231	n.m.
animatrice	personne chargée d'animer certaines activités lors d'un divertissement ou d'un spectacle	144	n.f.
antinomique	contradictoire	374	adj.
appareil	instrument	238	n.m.
appartenance	affiliation à un groupe	204	n.f.
appuyer sur	exercer une pression sur	239	v.

mot de vocabulaire	définition en français	page	grammaire
arnaque	escroquerie, tromperie	286	n.f.
arpenter	parcourir de grandes distances	311	v.
arrêt	fait de s'arrêter	238	n.m.
arrière-plan	au fond de l'image, le plan le plus éloigné du spectateur	441	n.m.
astuce	quelque chose qui rend une action plus rapide, efficace	103	n.f.
astucieux (-se)	qui a de l'ingéniosité	270	adj.
atelier	lieu de travail d'artistes ou d'ouvriers	357	n.m.
atout	avantage qui permet de réussir	184	n.m.
attirance	ce qui attire quelqu'un/quelque chose	44	n.f.
au sein de	parmi, dans	352	loc.
augmenter	devenir plus grand, plus important, plus cher	71	v.
auparavant	antérieurement	468	adv.
autochtone(s)	personne originaire du pays où elle habite	17	adj.
auto-entretenu	quelqu'un qui peut s'entretenir, qui peut vivre sans l'aide des autres	403	adj.
autour de	dans l'espace environnant	222	prép.
avoir lieu	signifie que tel ou tel événement va se dérouler	200	v.
avoisinant(e)	proche, voisin	323	adj.
bachoter	étudier beaucoup dans peu de temps	45	v.
bananier	arbre qui produit les bananes	107	n.m.
bander les yeux	couvrir les yeux	205	v.
baptême	premier sacrement religieux	206	n.m.
base de données	collection d'informations, accessible pour la recherche	416	n.f.
battre de l'aile	être en difficulté, perdre la force	410	loc.
bémol	restriction, problème	195	n.m.
bénir	remercier, consacrer	436	v.
benne	caisson servant à stocker et transporter des matériaux	323	n.f.
berge	bord d'un cours d'eau	323	n.f.
bétail	ensemble des animaux d'un élevage	450	n.m.
biais	moyen	30	n.m.
blanchiment	fait de rendre quelque chose blanc	68	n.m.
bocal	récipient généralement en verre et à large goulot	282	n.m.
bois	substance solide qui constitue le tronc, les racines et les branches des arbres	282	n.m.
boîte	entreprise	413	n.f.
boiter	avoir un défaut	25	v.
bosser	travailler (fam.)	29	v.
bouche bée	bouche ouverte, sans savoir quoi dire	464	loc.
boulverser	introduire un brusque changement	252	v.
bouquiniste	vendeur de livres d'occasion	220	n.m./f.
braconnage	chasse illégale	318	n.m.
Brevet	examen à passer en France pour terminer le collège et nécessaire pour commencer le lycée	47	n.m.
broyé(e)	écrasé	321	adj.
bulle de BD	élément d'une bande dessinée où sont inscrites les pensées et paroles des personnages	238	n.f.
cabinet	bureau de travail	142	n.m.
cadenas	mécanisme fonctionnant avec une clé, permettant de fermer	198	n.m.
cadre	personne de la catégorie supérieure des salariés, membre du management	149	n.m.
câlin	marque de tendresse, échange de caresses	198	n.m.
cancre	personne bête qui porte, traditionnellement, un chapeau pointu	52	n.m.
cantine	endroit où on mange le déjeuner à l'école	58	n.f.
caoutchouc	substance élastique et imperméable provenant du latex de plantes tropicales ou obtenue à partir d'hydrocarbures	282	n.m.

mot de vocabulaire	définition en français	page	grammaire
caserne	bâtiment servant à loger les militaires ou les pompiers	350	n.f.
caution	garantie financière	408	n.f.
chaleureux(-euse)	avec cordialité	19	adj.
chaparder	voler quelque chose de petit	399	v.
charme	ensemble de caractéristiques qui plaisent et attirent chez une personne	213	n.m.
chausson	chaussure souple destinée à être portée en intérieur	268	n.m.
chérifien(-ne)	se dit de la dynastie régnante au Maroc	36	adj.
chômage	situation d'une personne qui n'a plus de travail	147	n.m.
cible	but, objectif qu'on cherche à atteindre	355	n.f.
ciseaux	instrument à deux lames mobiles et tranchantes, destiné à couper le papier, le tissu, etc.	288	n.m./pl.
clairière	zone dégarnie d'arbres dans un bois	304	n.f.
cohabitation	habiter avec quelqu'un	415	n.f.
co-hébergement	répartition d'une résidence	358	n.m.
coller	faire adhérer à quelque chose	288	v.
colocation	répartition d'une résidence	359	n.f.
compagnon/compagne	personne qui partage la vie d'une autre	193	n.m./f.
compétence	aptitude ou capacité reconnue dans un domaine	145	n.f./pl.
concevoir	considérer, envisager	459	v.
concilier	accorder des choses qui s'opposent	167	v.
concrétiser	faire passer un projet de l'abstrait à la réalité	431	v.
congé	courte période de vacances publiques ou personnelles	147	n.m.
conjoint(e)	femme ou mari	211	n.m./f.
conquis(e)	captivé	211	adj.
constater	remarquer	34	v.
contraignant	qui oblige à agir dans un certain sens, dans certaines limites	163	adj.
contrainte	obligation ou pression	227	n.f.
contrat de bail	accord entre le propriétaire et le locataire, souvent pour un an	408	n.m.
convivialité	caractère chaleureux dans une société	175	n.f.
corde	lien composé de fils d'une matière textile	288	n.f.
corpulent(e)	obèse, imposant	114	adj.
côtoyer	fréquenter	272	v.
coup de foudre	amour soudain contre lequel on ne peut pas lutter	198	loc.
croisière	voyage sur un grand bateau	107	n.f.
croissance	augmentation	285	n.f.
crûment	de façon crue	17	adv.
culot	grande audace	470	n.m.
Cupidon	dieu romain de l'amour	205	n.m.
cursus	programme d'études, curriculum	74	n.m.
davantage	plus	21	adv.
de proximité	proche dans l'espace	267	adv.
débardeur	maillot de corps sans manche	451	n.m.
déboisement	fait d'enlever les bois d'un terrain	301	n.m.
débrouillard(e)	malin, astucieux	145	adj.
déchet	ce qu'on rejette après utilisation	286	n.m.
découper	couper en morceaux	288	v.
défaillant	faible	226	adj.
déferlante	phénomène de masse qui se propage	310	n.f.
défi	challenge, épreuve	306	n.m.
dégivrage	action d'enlever le givre	269	n.m.
délit	infraction à la loi	262	n.m.
démarrer	commencer à faire fonctionner, mettre sur pied	164	v.

mot de vocabulaire	définition en français	page	grammaire
démentir	contredire quelqu'un	115	v.
dépôt-vente	système de vente dans lequel le vendeur confie sa marchandise à un magasin	286	n.m.
desdits	renvoie au sujet dont on vient de parler	161	adj.
développement durable	développement qui permet de répondre aux besoins actuels sans empêcher les générations à venir d'en faire de même	453	n.m.
déverrouiller	ouvrir	238	v.
devis	estimation, évaluation détaillée	121	n.m.
devise	inscription, maxime	195	n.f.
diane	pratique militaire pour réveiller les soldats au lever du jour au son des tambours, du clairon ou des trompettes	350	n.f.
diffuser	transmettre	252	v.
digestif	alcool servi après le repas	218	n.m.
dispendieux (-euse)	qui occasionne une grande dépense	464	adj.
doué(e)	qui a des dons, des aptitudes	193	adj.
du cru	local, provenant du pays	357	loc.
durant	pendant	14	prép.
écart	différence ou variation	180	n.m.
échantillon	spécimen, exemple	356	n.m.
écran tactile	moniteur informatique qui réagit au contact des doigts	238	n.m.
écumeux (-euse)	mousseux	350	adj.
édifice	bâtiment	325	n.m.
édulcoré(e)	artificiellement sucré	266	adj.
égérie	ce qui inspire	459	n.f.
émaner	provenir de quelqu'un par rayonnement, découler	419	v.
empreinte	marque, trace	289	n.f.
en avoir ras-le-bol	être exaspéré ou en avoir assez	140	loc.
en chair et en os	en personne	167	loc.
en fonction de	agir en considérant les circonstances	142	loc.
encrier	pot d'encre	398	n.m.
endiguer	bloquer	153	v.
engendrer	causer, faire naître	453	v.
englober	réunir, contenir	331	v.
enseigne	marque placée sur la façade d'un établissement commercial	354	n.f.
entraver	gêner	262	v.
entretemps	pendant ce temps-là, dans cet intervalle de temps	178	adv.
entretenir	maintenir en état, faire durer	228	v.
entretien	entrevue, interview	142	n.m.
épanouissement	développement heureux d'une personnalité	167	n.m.
épargne	ce qu'on économise un compte d'épargne dans un banque n'a pas de chèques	403	n.f.
éparpillé(e)	répandu	318	adj.
épaulé(e) par	aidé	352	adj.
éphémère	qui dure peu de temps	202	adj.
épingle de sûreté	dispositif en métal recourbé sur lui-même permettant de fixer du tissu en le piquant et en refermant l'aiguille de façon sécurisée	288	n.f.
époux (-se)	conjoint(e)	210	n.m./f.
équitable	égal, juste	402	adj.
érable	arbre à fruits secs munis de deux ailettes et qui produit un sirop	283	n.m.
ère	époque	272	n.f.
escale	temps entre deux étapes d'un voyage	107	n.f.
escapade	action d'échapper aux obligations de la vie quotidienne, une aventure	128	n.f.
essaim	multitude	350	n.m.
esthétique	beauté	223	n.f.

mot de vocabulaire	définition en français	page	grammaire
étagère	meuble composé de tablettes superposées	282	n.f.
étatique	qui a trait à l'État	429	adj.
être à la recherche de	chercher quelqu'un ou quelque chose	193	v.
être humain	quelqu'un de la race humaine, homme/femme	19	n.m.
éveil	développement	304	n.m.
éventail	instrument composé de papier ou de taffetas dont on se sert pour s'éventer, variété de choses d'une même catégorie	449	n.m.
exemplaire	copie qui peut servir comme exemple	102	n.m.
exigeant(e)	strict, précis	211	adj.
expatriation	action de quitter son pays de naissance	124	n.f.
fac	faculté, université	81	n.f.
facticité	caractère de ce qui est factice, imité	357	n.f.
faillir	être sur le point de	466	v.
faire le point	éclaircir une situation	26	v.
faire parvenir	envoyer	21	v.
faire semblant	prétendre, feindre	439	loc.
famille élargie	personnes liées par famille nucléaire, par alliance ou par d'autres relations	40	n.f.
famille nucléaire	famille composée d'un couple et des enfants	191	n.f.
fardeau	poids qu'il faut porter	411	n.m.
fascicule	petit livre avec des informations spécifiques, normalement quelques pages	74	n.m.
fête du mouton	fête musulmane, Aïd-al-Adha	191	n.f.
fève de cacao	graine comestible d'une légumineuse	407	n.f.
fidèle	devoué, attaché	231	adj.
fil	brin long et fin de matière textile	288	n.m.
filière	secteur d'étude	183	n.f.
filtrer	soumettre à un contrôle	238	v.
flacon	petite bouteille de verre	282	n.m.
flâner	se promener lentement	219	v.
fléau	calamité	307	n.m.
flécheur	fabricant de flèches	17	n.m.
florissant(e)	prospère	340	adj.
force vive	personne dont les atouts et les actions contribuent à améliorer une situation	143	n.f.
forfait	prix pour des produits qu'on achète en groupe	121	n.m.
fossé	ce qui sépare	183	n.m.
fossé	séparation	249	n.m.
fournir	approvisionner, produire	20	v.
foyer	lieu où habite une famille	250	n.m.
frais d'inscription	argent qu'il faut payer pour aller à l'école, pour s'inscrire	84	n.m./pl.
franchir	passer par-dessus un obstacle	23	v.
francilien(ne)	de l'Île de France	311	adj.
fringues	vêtements (fam.)	195	n.f./pl.
froissé(e)	chiffonné	351	adj.
froisser	chiffonner	103	v.
fustiger	critiquer vivement, blâmer	452	v.
gâchis	fait de gâcher, d'abîmer, d'endommager	306	n.m.
gamelle	écuelle pour les repas	351	n.f.
garant	responsable	33	n.m.
gaspillage	gâchage, perte	307	n.m.
gendre	beau-fils	211	n.m.
genièvre	fruit du genévrier	356	n.m.
gésine	accouchement	350	n.f.
gestion	action ou manière d'organiser ou de surveiller un projet	142	n.m.

mot de vocabulaire	définition en français	page	grammaire
gingembre	plante originaire d'Asie, servant de condiment	356	n.m.
glisser	se déplacer sur l'écran par un mouvement continu	238	v.
grelottant(e)	tremblant de froid ou de peur	350	adj.
grenelle	qui réunit différents acteurs politiques et associatifs pour trouver des solutions en matière d'écologie	322	n.m.
griffé(e)	qui porte l'étiquette d'une grande marque	217	adj.
grignoter	manger peu à peu, ronger (lit.), gagner peu à peu (fig.)	66	v.
grimper	acte de monter sur quelque chose	109	v.
grosso-modo	globalement	29	adv.
guet-apens	piège	286	n.m.
haut de gamme	modèles supérieurs	216	adj.
héberger	loger quelqu'un ou quelque chose	461	v.
homologue	personne ou objet qui remplit les mêmes fonctions qu'un autre	66	n.m.
illettré(e)	personne qui ne peut pas ou qui a des grandes difficultés à lire et à écrire	448	n.m./f.
inégalable	unique	225	adj.
inopinément	qui arrive de façon imprévue	351	adv.
insouciance	indifférence, détachement	452	n.f.
intempestif (-ve)	inopportun	25	adj.
interpeller	questionner	23	v.
jalonner	se succéder	357	v.
jeter un pavé dans la mare	provoquer des troubles, faire un scandale	36	loc.
jour férié	fête officielle où personne (ou presque) ne travaille; souvent religieux ou commémoratif	158	n.m.
jumeaux	enfants nés en même temps de la même mère	224	n.m./pl.
khmer	membre des Khmers, peuple de Cambodge	451	adj.
lâcheté	manque de courage	275	n.f.
laideur	caractère de ce qui n'est pas beau	446	n.f.
laïque	qui est indépendant de toute confession	17	adj.
las(se)	fatigué, manquant d'énergie	202	adj.
lésine	avarice	350	n.f.
leurre	erreur	257	n.m.
levier	moyen d'action	175	n.m.
liège	matériau naturel, léger et imperméable fourni principalement par le chêne-liège	320	n.m.
liseuse	appareil qui permet de lire des livres sur un écran adapté	66	n.f.
livre numérique	un livre qui n'est pas fait en papier, livre électronique	71	n.m.
locataire	personne qui loue	408	n.m.
locuteur	personne qui parle	417	n.m.
locuteur (-trice)	personne qui parle	37	n.m./f.
ludique	qui tient du jeu	142	adj.
maîtriser	se rendre maître de quelque chose	144	v.
malgache	de Madagascar	332	adj.
malgré soi	involontairement	39	adv.
malle	coffre utilisé comme bagage	348	n.f.
marasme	crise ou arrêt de l'activité économique	152	n.m.
marauder	voler quelque chose, souvent petit	399	v.
marche	fonctionnement d'un appareil	238	n.f.
marché	où on vend et achète les produits	71	n.m.
marque	signe distinctive d'une entreprise	32	n.f.
matraquage	propagande, intoxication, insistance	338	n.m.
mélanger	agglomérer	304	v.
menacé(e)	en danger	248	adj.

mot de vocabulaire	définition en français	page	grammaire
ménage	famille	250	n.m.
ménage	foyer, famille	421	n.m.
métier	travail pour gagner sa vie, une carrière	62	n.m.
millésime	date à quatre chiffres marquant l'année de fabrication de quelque chose	348	n.m.
milliampère	unité de mesure d'intensité électrique	259	n.m.
mimétisme	imitation	23	n.m.
Minitel	ancêtre français de l'internet, pour trouver des informations numériques	61	n.m.
moeurs	coutumes ou habitudes particuliers	218	n.f./pl.
mollesse	manque de vigueur	25	n.f.
monoparental(e)	composé uniquement d'un seul parent avec des enfants	227	adj.
morphologie	forme de l'être vivant	459	n.f.
moyens	ressources	206	n.m./pl.
néfaste	nuisible, désastreux	273	adj.
nonobstant	malgré	429	prép.
nuisible	menaçant	174	adj.
occidental	qui appartient à la civilisation européenne	248	adj.
onde	vibration qui se propage	252	n.f.
ondulé(e)	avoir un mouvement ondulatoire	369	adj.
ONG	Organisation Non-Gouvernementale	402	n.f.
onglet	symbole en forme d'échancrure pour signaler une nouvelle section	268	n.m.
onirique	relatif aux rêves	368	adj.
ordonnance	prescription écrite du médecin	102	n.f.
Orient	l'Est	127	n.m.
orphelin(e)	enfant qui a perdu un ou deux parent(s)	18	n.m./f.
oser	avoir le courage de faire	195	v.
outil	ustensile	29	n.m.
ouvrage	livre, oeuvre	71	adj.
paillettes	décorations souvent rondes et brillantes cousues ou collées sur un vêtement, sur la peau, etc.	452	n.f./pl.
pallier	remédier à une difficulté plus ou moins bien	173	v.
panoplie	collection	354	n.f.
paresse	tendance à éviter tout effort	22	n.f.
paresseux (-euse)	inactive, lente	145	adj.
pari	action de parier	304	n.m.
patrimoine	ensemble des biens hérités, héritage d'une communauté	34	n.m.
péjoratif (-ve)	qui implique un jugement négatif	253	adj.
pêle-mêle	confusément, en désordre	256	adv.
pénible	fatigant, éprouvant	351	adj.
péremption	état de ce qui est périmé	365	n.f.
périple	voyage d'exploration, ou avec plusieurs étapes	400	n.m.
périscolaire	activités organisées par l'école mais qui ne sont pas obligatoires	63	adj.
pétanque	jeu de boules d'origine méditerranéenne	222	n.f.
piailler	se plaindre sans cesse (fam.)	406	v.
pigiste	journaliste rémunéré à l'article	309	n.m.
pimenter	mettre de la variété	126	v.
pistolet à colle	instrument permettant de projeter de la colle	288	n.m.
plaquer	abandonner (fam.)	467	v.
PME	Petites et Moyennes Entreprises	453	n.f./pl.
pneu	bandage en caoutchouc enveloppant la chambre à air d'une roue	282	n.m.
polyglotte	personne qui parle plusieurs langues	439	n.m./f.
portable	téléphone ou ordinateur mobile	238	n.m.
porte-parole	personne officielle qui parle au nom d'une compagnie	115	n.m.

mot de vocabulaire	définition en français	page	grammaire
postuler	être candidat à un emploi, demander un poste	142	v.
potable	que l'on peut boire sans danger pour la santé	308	adj.
pote	copain (fam.)	23	n.m.
poursuivre	continuer sans interruption	65	v.
poussiéreux (-euse)	couvert de poussière	362	adj.
PQR	Presse Quotidienne Régionale (plusieurs journaux français)	61	n.f.
préavis	avertissement préalable	408	n.m.
présentation du nom	service qui donne des informations sur l'origine d'un appel	238	n.f.
prétendre	affirmer quelque chose de contestable	467	v.
prétendu(e)	apparent	338	adj.
prévenance	délicatesse, action faite par anticipation des désirs de quelqu'un	362	n.f.
primeur	fruits et légumes	304	n.f.
projet de loi	texte de loi soumis au Conseil d'État par le gouvernement	262	n.m.
promouvoir	faire avancer, faire de la promotion	401	v.
pudeur	chasteté, modestie	446	n.f.
puiser	tirer	368	v.
punaise	petit clou à grosse tête et à pointe courte	288	n.f.
pupitre	petit bureau pour élève, chaise et table sont attachées	79	n.m.
quart de finale	lorsqu'il y a seulement quatre équipes qui restent dans un tournoi, souvent sportif	422	n.m.
quasi	presque	37	adv.
racolage	action d'attirer par tous les moyens	452	n.m.
rapport	lien, relation	211	n.m.
rater	contraire de réussir	62	v.
rattrapage	démarche qui consiste à repasser quelques examens du bac ou redoubler un cours	62	n.m.
rayon	département dans un magasin	375	n.m.
réaliser	accomplir	176	v.
recomposé(e)	formée d'une précédente union	191	adj.
rédiger	écrire	213	v.
registre	niveau	5	n.m.
réglé(e)	résolu	211	adj.
reluire	briller	465	v.
remporter	être vainqueur, obtenir un succès	147	v.
rémunération	paiement	142	n.f.
rencontre	entrée en contacte	213	n.f.
rendre hommage à quelqu'un	témoigner du respect, de l'admiration	402	v.
répit	pause, repos	173	n.m.
réseau	ensemble de personnes qui sont en contact les unes avec les autres	244	n.m.
réseau social	site Internet qui permet de créer une page personnel et échanger des informations avec d'autres personnes	4	n.m.
réussite	succès	17	n.f.
revêche	récalcitrant, rébarbatif	350	adj.
robinet	dispositif qui sert à retenir ou à faire écouler un liquide	267	n.m.
rompre	cesser, arrêter	158	v.
ruban adhésif	bande autocollante	288	n.m.
s'agglutiner	se réunir en groupe	173	v.
s'alimenter	manger	333	v.
s'appuyer sur	se servir de quelque chose comme support, soutien	352	v.
s'arracher	se séparer avec effort de quelque chose	202	v.
s'arranger	trouver une solution	140	v.

mot de vocabulaire	définition en français	page	grammaire
s'enfoncer	aller vers le fond	289	v.
s'entendre	sympathiser avec quelqu'un, s'accorder avec quelqu'un	191	v.
s'épanouir	trouver un équilibre psychique, se développer	223	v.
s'épuiser	se fatiguer	319	v.
s'incarner	se réaliser en quelque chose	17	v.
sacoche	type de sac en toile ou en cuir porté à l'épaule	103	n.f.
salarié	personne dont le travail est payé	170	n.m.
sans fil	qui connecte différents postes ou systèmes par ondes radio	252	adv.
savoir-faire	compétence	32	n.f.
scolarité	le fait d'aller à l'école	87	n.f.
se dévoyer	se détourner du droit chemin	374	v.
se focaliser	se concentrer sur un point précis	213	v.
se goinfrer	manger salement et voracement	379	v.
se greffer	s'ajouter à	37	v.
se muer	transformer	416	v.
se plaindre	exprimer une douleur, un mal-être ou un mécontentement	117	v.
se priver	s'abstenir de quelque chose	109	v.
se redresser	retrouver sa force	15	v.
séduire	charmer volontairement	213	v.
séduit(e)	charmé(e)	315	adj.
séjourner	passer du temps dans un lieu	324	v.
semblablement	de même nature, identiquement	349	adv.
sésame	ce qui permet d'ouvrir toutes les portes	143	n.m.
simulacre	d'une apparence de quelque chose qui ressemble à la réalité	204	n.m.
SMIC	Salaire Minimum Interprofessionnel de Croissance, anciennement SMIG	148	n.m.
SMIG	acronyme de «salaire minimum interprofessionnel garanti» un salaire horaire minimum fixé par loi	150	n.m.
solennité	célébration ou cérémonie importante	227	n.f.
sou	pièce de monnaie	15	n.m.
soupir	expiration forte exprimant la fatigue ou l'émotion	117	n.m.
sournois(e)	qui dissimule ses sentiments ou ses intentions dans un but malveillant	338	adj.
soutien	action de soutenir, d'aider, de défendre, de protéger	229	n.m.
spleen	mélancolie, ennui profond	462	n.m.
stage	période d'apprentissage dans une entreprise, un service, ou une association	145	n.m.
subir	endurer, supporter	181	v.
suivi	surveillance permanente d'une personne sur une période prolongée	275	n.m.
sur la pointe des pieds	s'appuyer uniquement sur les orteils pour marcher	66	loc.
surgir	apparaître ou émerger brusquement	231	v.
surpoids	obésité	379	n.m.
surveillé(e)	observé	268	adj.
syndicat	association ayant pour objectif la défense des intérêts des employés	154	n.m.
tâche	travail qui doit être effectué dans un temps donné	142	n.f.
tâtonner	chercher autour de soi	126	v.
téléphone fixe	téléphone dont la ligne terminale d'abonné est située à un emplacement fixe	238	n.m.
télétravail	travail à distance de l'employeur grâce à la technologie	162	n.m.
tellement	tant, beaucoup	201	adv.
tendance	disposition naturelle, inclination	210	n.f.
tenter	essayer	14	v.
tergiversation	le fait d'inventer des excuses pour ne pas avoir à accomplir une action	269	n.f.
terroir	région, terre considérée par rapport à la production agricole	357	n.m.
texto/SMS	message envoyé par téléphone mobile	239	n.m.
tierce	troisième partie	329	n.f.

mot de vocabulaire	définition en français	page	grammaire
tiers	quelqu'un d'étranger à un groupe ou une affaire	33	n.m.
tiers-lieux	des espaces physiques ou virtuels de rencontres entre personnes et compétences variées qui n'ont pas forcément vocation à se croiser	175	n.m.
tirer	prendre de, recevoir de	225	v.
tison	reste encore brûlant d'un morceau de bois consumé	350	n.m.
titiller	chatouiller légèrement	374	v.
toquade	amourette	195	n.f.
touche	bouton	238	n.f.
tourbillonant(e)	agitant	368	n.m.
toutou	chien (fam.)	216	n.m.
TPE	Très Petites Entreprises, toutes les entreprises de petite taille possédant moins de dix salariés et dont le chiffre d'affaires est en dessous de deux millions d'euros	175	n.f./pl.
trait	attribut, caractéristique	209	n.m.
trajet	distance à parcourir entre deux points	142	n.m.
traque	chasse	306	n.f.
traverser	passer par, vivre	15	v.
tremblement de terre	séisme	301	n.m.
trier	séparer pour répartir et regrouper selon certains critères	322	v.
triptyque	projet, document qui comporte trois parties	381	adj.
tune	argent (fam.)	140	n.f.
unique	seul	191	adj.
usine	établissement industriel	173	n.f.
valeur	élément d'un ensemble de principes	223	n.f.
valoriser	augmenter la valeur	32	v.
vanter	glorifier	327	v.
vente aux enchères	vente ouverte au public lors de laquelle le bien vendu est adjugé au plus offrant	286	n.f.
vicié(e)	pollué	22	adj.
vide-grenier	braderie organisée par des particuliers	286	n.m.
vitrail	fenêtre avec le verre colorié ou peint	454	n.m.
vivrier (-ère)	qui produit des aliments destinés à l'homme	306	adj.
voire	aussi, encore	102	adv.
volière	cage à oiseau	77	n.f.
volupté	plaisir des sens	462	n.f.

Français > Anglais

français	anglais	page	grammaire
à l'heure actuelle	right now, at this time	18	adv.
à la bourre	late	351	loc.
à notre insu	without our knowledge	19	adv.
abonnement	subscription	254	n.m.
abruti(e)	idiot	473	adj.
accroître	to increase	167	v.
adhésion	membership, subscription	35	n.f.
affaiblissement	weakening	227	n.m.
affermi(e)	built-up	272	adj.
agence de l'emploi	employment agency	144	n.m.
agguerri(e)	hardened	320	adj.
agrafeuse	stapler	288	n.f.
aimer à la folie	to love madly	201	loc.
aîné(e)	oldest, eldest	223	n.m./f.
aisé(e)	comfortable, well-off	250	adj.
alentours	surroundings	324	n.m./pl.
alimenter	to feed	16	v.
allaitement	breastfeeding	318	n.m.
allumer	to turn on	238	v.
alphabétisation	literacy	248	n.f.
amalgamé(e)	amalgamated, merged	25	adj.
améliorer	to improve	392	v.
amitié	friendship	191	n.f.
amoureux (-euse)	in love	201	n.m./f.
animal de compagnie	pet	231	n.m.
animatrice	team leader, host, organizer	144	nf
antinomique	contradictory	374	adj.
appareil	device	238	n.m.
appartenance	belonging	204	n.f.
appuyer sur	to press	239	v.
arnaque	scam	286	n.f.
arpenter	to stride along	311	v.
arrêt	stop, off	238	n.m.
arrière-plan	background	441	n.m.
astuce	knack, trick	103	n.f.
astucieux (-se)	astute	270	adj.
atelier	workshop	357	n.m.
atout	advantage	184	n.m.
attirance	attraction, lure	444	n.f.
au sein de	in the middle of	352	loc.
augmenter	to increase	71	v.
auparavant	formerly, before	468	adv.
autochtone(s)	native, aboriginal	17	adj.
auto-entretenu	self-sustaining	403	adj.
autour de	around	222	prép.
avoir lieu	to take place, to occur	200	v.
avoisinant(e)	neighboring	323	adj.
bachoter	to cram	45	v.
bananier	banana tree	107	n.m.

français	anglais	page	grammaire
bander les yeux	to blindfold	205	v.
baptême	baptism	206	n.m.
base de données	database	416	n.f.
battre de l'aile	to be on the blink	410	loc.
bémol	drawback	195	n.m.
bénir	to bless	436	v.
benne	bin	323	n.f.
berge	embankment	323	n.f.
bétail	livestock	450	n.m.
biais	means	30	n.m.
blanchiment	whitening	68	n.m.
bocal	jar	282	n.m.
bois	wood	282	n.m.
boîte	company	413	n.f.
boiter	to limp	25	v.
bosser	to work	29	v.
bouche bée	to be flabbergasted	464	loc.
boulverser	to overwhelm	252	v.
bouquiniste	bookseller	220	n.m./f.
braconnage	poaching	318	n.m.
Brevet	8th grade diploma in France	47	n.m.
broyé(e)	crushed	321	adj.
bulle de BD	speech bubble	238	n.f.
cabinet	office	142	n.m.
cadenas	padlock	198	n.m.
cadre	manager, executive	149	n.m.
câlin	hug	198	n.m.
cancre	dunce	52	n.m.
cantine	cafeteria	58	n.f.
caoutchouc	rubber	282	n.m.
caserne	barracks	350	n.f.
caution	deposit	408	n.f.
chaleureux(-euse)	warm, welcoming	19	adj.
chaparder	to steal something small	399	v.
charme	charm	213	n.m.
chausson	slipper	268	n.m.
chérifien(-ne)	Sharifian	36	adj.
chômage	unemployed	147	n.m.
cible	target	355	n.f.
ciseaux	scissors	288	n.m./pl.
clairière	clearing	304	n.f.
cohabitation	co-habitation, living together	415	n.f.
co-hébergement	co-living	358	n.m.
coller	to glue	288	v.
colocation	to have a roommate	359	n.f.
compagnon/compagne	companion	193	n.m./f.
compétence	expertise, skil	145	n.f./pl.
concevoir	recognize, consider	459	v.
concilier	to reconcile	167	v.
concrétiser	to realize	431	v.
congé	vacation	147	n.m.
conjoint(e)	spouse (formal)	211	n.m./f.

français	anglais	page	grammaire
conquis(e)	conquered, invaded	211	adj.
constater	to note, notice	34	v.
contraignant	restrictive, restraining	163	adj.
contrainte	pressure	227	n.f.
contrat de bail	lease	408	n.m.
convivialité	conviviality, friendliness	175	n.f.
corde	cord, rope	288	n.f.
corpulent(e)	corpulent, stout	114	adj.
côtoyer	to rub shoulders with	272	v.
coup de foudre	love at first sight, strike of lightening (lit.)	198	loc.
croisière	cruise	107	n.f.
croissance	growth	285	n.f.
crûment	bluntly, crudely	17	adv.
culot	nerve	470	n.m.
Cupidon	Cupid	205	n.m.
cursus	course, curriculum	74	n.m.
davantage	more	21	adv.
de proximité	close, near	267	adv.
débardeur	tank top	451	n.m.
déboisement	deforestation	301	n.m.
débrouillard(e)	resourceful, crafty	145	adj.
déchet	trash, waste, garbage	286	n.m.
découper	to cut up	288	v.
défaillant	unsteady, weak	226	adj.
déferlante	roll-out, unveiling	310	n.f.
défi	challenge	306	n.m.
dégivrage	defrosting	269	n.m.
délit	misdemeanor	262	n.m.
démarrer	to start (up)	164	v.
démentir	contradict	115	v.
dépôt-vente	second-hand store	286	n.m.
desdits	aforementioned	161	adj.
développement durable	sustainability	453	n.m.
déverrouiller	to unlock	238	v.
devis	estimate	121	n.m.
devise	motto	195	n.f.
diane	bugle call	350	n.f.
diffuser	to broadcast	252	v.
digestif	after-dinner drink	218	n.m.
dispendieux (-euse)	expensive	464	adj.
doué(e)	gifted	193	adj.
du cru	local	357	loc.
durant	during	14	prép.
écart	gap, distance	180	n.m.
échantillon	sample	356	n.m.
écran tactile	touchscreen	238	n.m.
écumeux (-euse)	foaming	350	adj.
édifice	building	325	n.m.
édulcoré(e)	sweetened	266	adj.
égérie	muse	459	n.f.
émaner	to come from	419	v.
empreinte	trace, imprint, footprint	289	n.f.

français	anglais	page	grammaire
en avoir ras-le-bol	to be fed up	140	loc.
en chair et en os	in flesh and bone	167	loc.
en fonction de	according to	142	loc.
encrier	inkwell	398	n.m.
endiguer	to contain, to hold back	153	v.
engendrer	to cause, to lead to	453	v.
englober	include	331	v.
enseigne	emblem	354	n.f.
entraver	to hinder	262	v.
entretemps	in the meantime	178	adv.
entretenir	to maintain	228	v.
entretien	interview	142	n.m.
épanouissement	thriving, blossoming	167	n.m.
épargne	savings	403	n.f.
éparpillé(e)	scattered	318	adj.
épaulé(e) par	shouldered	352	adj.
éphémère	ephemeral, short-lived	202	adj.
épingle de sûreté	safety pin	288	n.f.
époux (-se)	spouse	210	n.m./f.
équitable	fair	402	adj.
érable	maple	283	n.m.
ère	era	272	n.f.
escale	layover	107	n.f.
escapade	escapade	128	n.f.
essaim	swarm	350	n.m.
esthétique	aesthetic	223	n.f.
étagère	shelf	282	n.f.
étatique	state, public	429	adj.
être à la recherche de	to be looking for	193	v.
être humain	human being	19	n.m.
éveil	awakening	304	n.m.
éventail	fan	449	n.m.
exemplaire	copy, example	102	n.m.
exigeant(e)	demanding	211	adj.
expatriation	expatriation	124	n.f.
fac	college, university	81	n.f.
facticité	affectation	357	n.f.
faillir	to almost do something	466	v.
faire le point	to focus on, to review the situation	26	v.
faire parvenir	to forward	21	v.
faire semblant	to pretend	439	loc.
famille élargie	extended family	40	n.f.
famille nucléaire	immediate family	191	n.f.
fardeau	burden	411	n.m.
fascicule	booklet	74	n.m.
fête du mouton	Feast of the Sacrifice	191	n.f.
fève de cacao	cocoa bean	407	n.f.
fidèle	loyal	231	adj.
fil	thread, string	288	n.m.
filière	sector	183	n.f.
filtrer	to filter	238	v.
flacon	vial	282	n.m.

français	anglais	page	grammaire
flâner	to stroll	219	v.
fléau	plague	307	n.m.
flécheur	arrowmaker	17	n.m.
florissant(e)	flourishing	340	adj.
force vive	vital, driving force	143	n.f.
forfait	package, bundle	121	n.m.
fossé	ditch	183	n.m.
fossé	ditch, gap	249	n.m.
fournir	to furnish	20	v.
foyer	household	250	n.m.
frais d'inscription	registration fee	84	n.m./pl.
franchir	to jump over, break through	23	v.
francilien(ne)	from Île de France	311	adj.
fringues (fam.)	clothes	195	n.f./pl.
froissé(e)	rumpled	351	adj.
froisser	to wrinkle	103	v.
fustiger	to denounce	452	v.
gâchis	waste	306	n.m.
gamelle	dish	351	n.f.
garant	guarantor	33	n.m.
gaspillage	waste	307	n.m.
gendre	son-in-law	211	n.m.
genièvre	juniper berry	356	n.m.
gésine	childbirth	350	n.f.
gestion	management	142	n.m.
gingembre	ginger	356	n.m.
glisser	to drag	238	v.
grelottant(e)	shivering	350	adj.
grenelle	environment forum	322	n.m.
griffé(e)	stamped (by a name brand)	217	adj.
grignoter	to nibble, to snack	66	v.
grimper	to climb	109	v.
grosso-modo	more or less, roughly	29	adv.
guet-apens	ambush	286	n.m.
haut de gamme	high-end	216	adj.
héberger	to host	461	v.
homologue	counterpart	66	n.m.
illettré(e)	illiterate person	448	n.m./f.
inégalable	unequalled, matchless	225	adj.
inopinément	unexpectedly	351	adv.
insouciance	lack of concern	452	n.f.
intempestif (-ve)	untimely, inopportune	25	adj.
interpeller	to question, to shout at	23	v.
jalonner	punctuate, intersperse	357	v.
jeter un pavé dans la mare	to throw a stone in the pond, to cause a scandal	36	loc.
jour férié	public holiday	158	n.m.
jumeaux	twins	224	n.m./pl.
khmer	Khmer	451	adj.
lâcheté	cowardice	275	n.f.
laideur	ugliness	446	n.f.
laïque	secular, non-religious	17	adj.
las(se)	weary	202	adj.

français	anglais	page	grammaire
lésine	stingy	350	n.f.
leurre	lure	257	n.m.
levier	lever	175	n.m.
liège	cork	320	n.m.
liseuse	reader	66	n.f.
livre numérique	e-book	71	n.m.
locataire	renter	408	n.m.
locuteur	speaker	417	n.m.
locuteur (-trice)	speaker	37	n.m./f.
ludique	playful	142	adj.
maîtriser	to master	144	v.
malgache	Madagascan	332	adj.
malgré soi	despite oneself	39	adv.
malle	trunk	348	n.f.
marasme	stagnation	152	n.m.
marauder	pilfer	399	v.
marche	functioning, on	238	n.f.
marché	market	71	n.m.
marque	brand, make	32	n.f.
matraquage	hype	338	n.m.
mélanger	to mix	304	v.
menacé(e)	threat	248	adj.
ménage	household	250	n.m.
ménage	housework	421	n.m.
métier	occupation, profession	62	n.m.
millésime	vintage	348	n.m.
milliampère	milliamp	259	n.m.
mimétisme	imitation, mimetism	23	n.m.
Minitel	electronic telephone/address book in France before the internet	61	n.m.
moeurs	customs	218	n.f./pl.
mollesse	softness, gentleness	25	n.f.
monoparental(e)	single parent	227	adj.
morphologie	the human form	459	n.f.
moyens	means	206	n.m./pl.
néfaste	harmful	273	adj.
nonobstant	notwithstanding	429	prép.
nuisible	harmful, damaging	174	adj.
occidental	Western	248	adj.
onde	wave	252	n.f.
ondulé(e)	wavy	369	adj.
ONG	Non-Governmental Organization	402	n.f.
onglet	thumbnail	268	n.m.
onirique	dreamlike	368	adj.
ordonnance	prescription	102	n.f.
Orient	East, Orient	127	n.m.
orphelin(e)	orphan	18	n.m./f.
oser	to dare	195	v.
outil	tool	29	n.m.
ouvrage	a work (literary or artistic)	71	adj.
paillettes	glitter, sequin	452	n.f./pl.
pallier	to overcome, to remedy	173	v.

français	anglais	page	grammaire
panoplie	collection	354	n.f.
paresse	idleness	22	n.f.
paresseux (-euse)	lazy	145	adj.
pari	bet	304	n.m.
patrimoine	heritage, estate	34	n.m.
péjoratif (-ve)	derogatory	253	adj.
pêle-mêle	pell-mell, haphazardly	256	adv.
pénible	difficult, tiresome	351	adj.
péremption	lapsing	365	n.f.
périple	trek	400	n.m.
périscolaire	extra-curricular	63	adj.
pétanque	bocce	222	n.f.
piailler	to chirp	406	v.
pigiste	freelance journalist	309	n.m.
pimenter	to spice up	126	v.
pistolet à colle	glue gun	288	n.m.
plaquer (fam.)	to ditch, dump	467	v.
PME	small and medium-sized companies	453	n.f./pl.
pneu	tire	282	n.m.
polyglotte	polyglot	439	n.m./f.
portable	cell phone/laptop	238	n.m.
porte-parole	spokesperson	115	n.m.
postuler	to apply for	142	v.
potable	drinkable	308	adj.
pote	pal, buddy	23	n.m.
poursuivre	to pursue	65	v.
poussiéreux (-euse)	dusty	362	adj.
PQR	daily French press (group of newspapers)	61	n.f.
préavis	notice	408	n.m.
présentation du nom	caller ID	238	n.f.
prétendre	to affirm	467	v.
prétendu(e)	supposed	338	adj.
prévenance	consideration	362	n.f.
primeur	produce	304	n.f.
projet de loi	draft bill	262	n.m.
promouvoir	to promote	401	v.
pudeur	modesty	446	n.f.
puiser	to dig into	368	v.
punaise	tack, pushpin	288	n.f.
pupitre	student desk	79	n.m.
quart de finale	quarterfinals	422	n.m.
quasi	almost, nearly	37	adv.
racolage	soliciting	452	n.m.
rapport	relationship, link	211	n.m.
rater	to fail	62	v.
rattrapage	catch up	62	n.m.
rayon	department	375	n.m.
réaliser	to accomplish	176	v.
recomposé(e)	blended	191	adj.
rédiger	to write	213	v.
registre	register	5	n.m.
réglé(e)	settled, resolved	211	adj.

français	anglais	page	grammaire
reluire	to gleam	465	v.
remporter	to bring back, to win	147	v.
rémunération	salary	142	n.f.
rencontre	meeting	213	n.f.
rendre hommage à quelqu'un	to pay tribute to	402	v.
répit	respite, break	173	n.m.
réseau	network	244	n.m.
réseau social	social network	4	n.m.
réussite	success	17	n.f.
revêche	sour	350	adj.
robinet	faucet	267	n.m.
rompre	to terminate	158	v.
ruban adhésif	tape	288	n.m.
s'agglutiner	to stick together	173	v.
s'alimenter	to feed	333	v.
s'appuyer sur	to lean on	352	v.
s'arracher	to leave in a hurry	202	v.
s'arranger	to settle, to arrange	140	v.
s'enfoncer	to sink	289	v.
s'entendre	to understand	191	v.
s'épanouir	to blossom	223	v.
s'épuiser	to wear yourself out	319	v.
s'incarner	to embody	17	v.
sacoche	satchel	103	n.f.
salarié	salaried employee	170	n.m.
sans fil	cordless	252	adv.
savoir-faire	savoir-faire, know how	32	n.f.
scolarité	schooling, education	87	n.f.
se dévoyer	to stray	374	v.
se focaliser	to focus	213	v.
se goinfrer	to binge	379	v.
se greffer	to join, to graft oneself in	37	v.
se muer	to evolve	416	v.
se plaindre	to complain	117	v.
se priver	to take something away	109	v.
se redresser	to sit/stand up straight, get back up	15	v.
séduire	to seduce	213	v.
séduit(e)	seduced	315	adj.
séjourner	to spend time	324	v.
semblablement	identically	349	adv.
sésame	door-opener	143	n.m.
simulacre	mockery	204	n.m.
SMIC	minimum wage	148	n.m.
SMIG	minimum wage	150	n.m.
solennité	solemnity	227	n.f.
sou	money	15	n.m.
soupir	to sigh	117	n.m.
sournois(e)	sly, snide	338	adj.
soutien	support	229	n.m.
spleen	melancholy	462	n.m.
stage	internship	145	n.m.
subir	to suffer	181	v.

français	anglais	page	grammaire
suivi	follow-up	275	n.m.
sur la pointe des pieds	on tip-toe	66	loc.
surgir	to appear suddenly	231	v.
surpoids	overweight	379	n.m.
surveillé(e)	surveyed	268	adj.
syndicat	trade union	154	n.m.
tâche	task	142	n.f.
tâtonner	to feel around, to grope for	126	v.
téléphone fixe	landline	238	n.m.
télétravail	telecommuting	162	n.m.
tellement	so much, so	201	adv.
tendance	tendency	210	n.f.
tenter	to attempt, to try	14	v.
tergiversation	procrastination	269	n.f.
terroir	land	357	n.m.
texto/SMS	text	239	n.m.
tierce	third	329	n.f.
tiers	third party	33	n.m.
tiers-lieux	the Third Place	175	n.m.
tirer	to pull, to draw	225	v.
tison	ember	350	n.m.
titiller	to titillate	374	v.
toquade	crush	195	n.f.
touche	button	238	n.f.
tourbillonant(e)	twirling	368	n.m.
toutou	doggy	216	n.m.
TPE	small business (less than 10 employees)	175	n.f./pl.
trait	trait	209	n.m.
trajet	journey	142	n.m.
traque	tracking	306	n.f.
traverser	to cross	15	v.
tremblement de terre	earthquake	301	n.m.
trier	to classify	322	v.
triptyque	three-part work	381	adj.
tune	money ("bread", "dough")	140	n.f.
unique	only	191	adj.
usine	factory	173	n.f.
valeur	values	223	n.f.
valoriser	to add value to	32	v.
vanter	to praise	327	v.
vente aux enchères	auction	286	n.f.
vicié(e)	vitiated, corrupt	22	adj.
vide-grenier	yard sale	286	n.m.
vitrail	stained glass window	454	n.m.
vivrier (ère)	food-producing	306	adj.
voire	even, indeed	102	adv.
volière	bird cage	77	n.f.
volupté	delight	462	n.f.

Anglais > Français

anglais	français	page	grammaire
8th grade diploma in France	Brevet	47	n.m.
a work (literary or artistic)	ouvrage	71	adj.
accomplish	réaliser	176	v.
according to	en fonction de	142	loc.
add value to	valoriser	32	v.
advantage	atout	184	n.m.
aesthetic	esthétique	223	n.f.
affectation	facticité	357	n.f.
affirm	prétendre	467	v.
aforementioned	desdits	161	adj.
after-dinner drink	digestif	218	n.m.
almost do something	faillir	466	v.
almost, nearly	quasi-	37	adv.
amalgamated, merged	amalgamé(e)	25	adj.
ambush	guet-apens	286	n.m.
appear suddenly	surgir	231	v.
apply for	postuler	142	v.
around	autour de	222	prép.
arrowmaker	flécheur	17	n.m.
astute	astucieux (-se)	270	adj.
attempt, to try	tenter	14	v.
attraction, lure	attirance	444	n.f.
auction	vente aux enchères	286	n.f.
awakening	éveil	304	n.m.
background	arrière-plan	441	n.m.
banana tree	bananier	107	n.m.
baptism	baptême	206	n.m.
barracks	caserne	350	n.f.
belonging	appartenance	204	n.f.
bet	pari	304	n.m.
bin	benne	323	n.f.
binge	se goinfrer	379	v.
bird cage	volière	77	n.f.
blended	recomposé(e)	191	adj.
bless	bénir	436	v.
blindfold	bander les yeux	205	v.
blossom	s'épanouir	223	v.
bluntly, crudely	crûment	17	adv.
bocce	pétanque	222	n.f.
booklet	fascicule	74	n.m.
bookseller	bouquiniste	220	n.m./f.
brand, make	marque	32	n.f.
breastfeeding	allaitement	318	n.m.
bring back, to win	remporter	147	v.
broadcast	diffuser	252	v.
bugle call	diane	350	n.f.
building	édifice	325	n.m.
built-up	affermi(e)	272	adj.
burden	fardeau	411	n.m.

anglais	français	page	grammaire
button	touche	238	n.f.
cafeteria	cantine	58	n.f.
caller ID	présentation du nom	238	n.f.
catch up	rattrapage	62	n.m.
cause, to lead to	engendrer	453	v.
cell phone/laptop	portable	238	n.m.
challenge	défi	306	n.m.
charm	charme	213	n.m.
childbirth	gésine	350	n.f.
chirp	piailler	406	v.
classify	trier	322	v.
clearing	clairière	304	n.f.
climb	grimper	109	v.
close, near	de proximité	267	adv.
clothes	fringues (fam.)	195	n.f./pl.
cocoa bean	fève de cacao	407	n.f.
co-habitation, living together	cohabitation	415	n.f.
co-living	co-hébergement	358	n.m.
collection	panoplie	354	n.f.
college, university	fac	81	n.f.
come from	émaner	419	v.
comfortable, well-off	aisé(e)	250	adj.
companion	compagnon/compagne	193	n.m./f.
company	boîte	413	n.f.
complain	se plaindre	117	v.
conquered, invaded	conquis(e)	211	adj.
consideration	prévenance	362	n.f.
contain, to hold back	endiguer	153	v.
contradict	démentir	115	v.
contradictory	antinomique	374	adj.
conviviality, friendliness	convivialité	175	n.f.
copy, example	exemplaire	102	n.m.
cord, rope	corde	288	n.f.
cordless	sans fil	252	adv.
cork	liège	320	n.m.
corpulent, stout	corpulent(e)	114	adj.
counterpart	homologue	66	n.m.
course, curriculum	cursus	74	n.m.
cowardice	lâcheté	275	n.f.
cross	traverser	15	v.
cruise	croisière	107	n.f.
cram	bachoter	45	v.
crush	toquade	195	n.f.
crushed	broyé(e)	321	adj.
Cupid	Cupidon	205	n.m.
customs	moeurs	218	n.f./pl.
cut up	découper	288	v.
daily French press (group of newspapers)	PQR	61	n.f.
dare	oser	195	v.
database	base de données	416	n.f.
deforestation	déboisement	301	n.m.
defrosting	dégivrage	269	n.m.

anglais	français	page	grammaire
delight	volupté	462	n.f.
demanding	exigeant(e)	211	adj.
denounce	fustiger	452	v.
department	rayon	375	n.m.
deposit	caution	408	n.f.
derogatory	péjoratif (-ve)	253	adj.
despite oneself	malgré soi	39	adv.
device	appareil	238	n.m.
difficult, tiresome	pénible	351	adj.
dig into	puiser	368	v.
dish	gamelle	351	n.f.
ditch	fossé	183	n.m.
ditch, dump	plaquer (fam.)	467	v.
ditch, gap	fossé	249	n.m.
doggy	toutou	216	n.m.
door-opener	sésame	143	n.m.
draft bill	projet de loi	262	n.m.
drag	glisser	238	v.
drawback	bémol	195	n.m.
dreamlike	onirique	368	adj.
drinkable	potable	308	adj.
dunce	cancre	52	n.m.
during	durant	14	prép.
dusty	poussiéreux (-euse)	362	adj.
earthquake	tremblement de terre	301	n.m.
East, Orient	Orient	127	n.m.
e-book	livre numérique	71	n.m.
electronic telephone/address book in France before the internet	Minitel	61	n.m.
embankment	berge	323	n.f.
ember	tison	350	n.m.
emblem	enseigne	354	n.f.
embody	s'incarner	17	v.
employment agency	agence de l'emploi	144	n.m.
environment forum	grenelle	322	n.m.
ephemeral, short-lived	éphémère	202	adj.
era	ère	272	n.f.
escapade	escapade	128	n.f.
estimate	devis	121	n.m.
even, indeed	voire	102	adv.
evolve	se muer	416	v.
expatriation	expatriation	124	n.f.
expensive	dispendieux (-euse)	464	adj.
expertise, skil	compétence	145	n.f./pl.
extended family	famille élargie	40	n.f.
extra-curricular	périscolaire	63	adj.
factory	usine	173	n.f.
fail	rater	62	v.
fair	équitable	402	adj.
fan	éventail	449	n.m.
faucet	robinet	267	n.m.
Feast of the Sacrifice	fête du mouton	191	n.f.

anglais	français	page	grammaire
fed up (to be)	en avoir ras-le-bol	140	loc.
feed	alimenter	16	v.
feed	s'alimenter	333	v.
feel around, to grope for	tâtonner	126	v.
filter	filtrer	238	v.
flabbergasted (to be)	bouche bée	464	exp.
flourishing	florissant(e)	340	adj.
foaming	écumeux (-euse)	350	adj.
focus	se focaliser	213	v.
focus on, to review the situation	faire le point	26	v.
follow-up	suivi	275	n.m.
food-producing	vivrier (ère)	306	adj.
formerly, before	auparavant	468	adv.
forward	faire parvenir	21	v.
freelance journalist	pigiste	309	n.m.
friendship	amitié	191	n.f.
from Île de France	francilien(ne)	311	adj.
functioning, on	marche	238	n.f.
furnish	fournir	20	v.
gap, distance	écart	180	n.m.
gifted	doué(e)	193	adj.
ginger	gingembre	356	n.m.
gleam	reluire	465	v.
glitter, sequin	paillettes	452	n.f./pl.
glue	coller	288	v.
glue gun	pistolet à colle	288	n.m.
growth	croissance	285	n.f.
guarantor	garant	33	n.m.
hardened	agguerri(e)	320	adj.
harmful	néfaste	273	adj.
harmful, damaging	nuisible	174	adj.
have a roommate	colocation	359	n.f.
heritage, estate	patrimoine	34	n.m.
high-end	haut de gamme	216	adj.
hinder	entraver	262	v.
host	héberger	461	v.
household	foyer	250	n.m.
household	ménage	250	n.m.
housework	ménage	421	n.m.
hug	câlin	198	n.m.
human form	morphologie	459	n.f.
human being	être humain	19	n.m.
hype	matraquage	338	n.m.
identically	semblablement	349	adv.
idiot	abruti(e)	473	adj.
idleness	paresse	22	n.f.
illiterate person	illettré(e)	448	n.m./f.
imitation, mimetism	mimétisme	23	n.m.
immediate family	famille nucléaire	191	n.f.
improve	améliorer	392	v.
in flesh and bone	en chair et en os	167	loc.
in love	amoureux (-euse)	201	n.m./f.

anglais	français	page	grammaire
in the meantime	entretemps	178	adv.
in the middle of	au sein de	352	loc.
include	englober	331	v.
increase	augmenter	71	v.
increase	accroître	167	v
inkwell	encrier	398	n.m.
internship	stage	145	n.m.
interview	entretien	142	n.m.
jar	bocal	282	n.m.
join, to graft oneself in	se greffer	37	v.
journey	trajet	142	n.m.
jump over, break through	franchir	23	v.
juniper berry	genièvre	356	n.m.
Khmer	khmer	451	adj.
knack, trick	astuce	103	n.f.
lack of concern	insouciance	452	n.f.
land	terroir	357	n.m.
landline	téléphone fixe	238	n.m.
lapsing	péremption	365	n.f.
late	à la bourre	351	loc.
layover	escale	107	n.f.
lazy	paresseux (-euse)	145	adj.
lean on	s'appuyer sur	352	v.
lease	contrat de bail	408	n.m.
leave in a hurry	s'arracher	202	v.
lever	levier	175	n.m.
limp	boiter	25	v.
literacy	alphabétisation	248	n.f.
livestock	bétail	450	n.m.
local	du cru	357	loc.
looking for (to be)	être à la recherche de	193	v.
love at first sight, strike of lightening (lit.)	coup de foudre	198	loc.
love madly	aimer à la folie	201	loc.
loyal	fidèle	231	adj.
lure	leurre	257	n.m.
Madagascan	malgache	332	adj.
maintain	entretenir	228	v.
management	gestion	142	n.m.
manager, executive	cadre	149	n.m.
maple	érable	283	n.m.
market	marché	71	n.m.
master	maîtriser	144	v.
means	biais	30	n.m.
means	moyens	206	n.m./pl.
meeting	rencontre	213	n.f.
melancholy	spleen	462	n.m.
membership, subscription	adhésion	35	n.f.
milliamp	milliampère	259	n.m.
minimum wage	SMIC	148	n.m.
minimum wage	SMIG	150	n.m.
misdemeanor	délit	262	n.m.
mix	mélanger	304	v.

anglais	français	page	grammaire
mockery	simulacre	204	n.m.
modesty	pudeur	446	n.f.
money	sou	15	n.m.
money ("bread", "dough")	tune	140	n.f.
more	davantage	21	adv.
more or less, roughly	grosso-modo	29	adv.
motto	devise	195	n.f.
muse	égérie	459	n.f.
native, aboriginal	autochtone(s)	17	adj.
neighboring	avoisinant(e)	323	adj.
nerve	culot	470	n.m.
network	réseau	244	n.m.
nibble, to snack	grignoter	66	v.
Non-Governmental Organization	ONG	402	n.f.
note, notice	constater	34	v.
notice	préavis	408	n.m.
notwithstanding	nonobstant	429	prép.
occupation, profession	métier	62	n.m.
office	cabinet	142	n.m.
oldest, eldest	aîné(e)	223	n.m./f.
on the blink (to be)	battre de l'aile	410	loc.
on tip-toe	sur la pointe des pieds	66	loc.
only	unique	191	adj.
orphan	orphelin(e)	18	n.m./f.
overcome, to remedy	pallier	173	v.
overweight	surpoids	379	n.m.
overwhelm	boulverser	252	v.
package, bundle	forfait	121	n.m.
padlock	cadenas	198	n.m.
pal, buddy	pote	23	n.m.
pay tribute to	rendre hommage à quelqu'un	402	v.
pell-mell, haphazardly	pêle-mêle	256	adv.
pet	animal de compagnie	231	n.m.
pilfer	marauder	399	v.
plague	fléau	307	n.m.
playful	ludique	142	adj.
poaching	braconnage	318	n.m.
polyglot	polyglotte	439	n.m./f.
praise	vanter	327	v.
prescription	ordonnance	102	n.f.
press	appuyer sur	239	v.
pressure	contrainte	227	n.f.
pretend	faire semblant	439	loc.
procrastination	tergiversation	269	n.f.
produce	primeur	304	n.f.
promote	promouvoir	401	v.
public holiday	jour férié	158	n.m.
pull, to draw	tirer	225	v.
punctuate, intersperse	jalonner	357	v.
pursue	poursuivre	65	v.
quarterfinals	quart de finale	422	n.m.
question, to shout at	interpeller	23	v.

anglais	français	page	grammaire
reader	liseuse	66	n.f.
realize	concrétiser	431	v.
recognize, consider	concevoir	459	v.
reconcile	concilier	167	v.
register	registre	5	n.m.
registration fee	frais d'inscription	84	n.m./pl.
relationship, link	rapport	211	n.m.
renter	locataire	408	n.m.
resourceful, crafty	débrouillard(e)	145	adj.
respite, break	répit	173	n.m.
restrictive, restraining	contraignant	163	adj.
right now, at this time	à l'heure actuelle	18	adv.
roll-out, unveiling	déferlante	310	n.f.
rub shoulders with	côtoyer	272	v.
rubber	caoutchouc	282	n.m.
rumpled	froissé(e)	351	adj.
safety pin	épingle de sûreté	288	n.f.
salaried employee	salarié	170	n.m.
salary	rémunération	142	n.f.
sample	échantillon	356	n.m.
satchel	sacoche	103	n.f.
savings	épargne	403	n.f.
savoir-faire, know how	savoir-faire	32	n.f.
scam	arnaque	286	n.f.
scattered	éparpillé(e)	318	adj.
schooling, education	scolarité	87	n.f.
scissors	ciseaux	288	n.m./pl.
second-hand store	dépôt-vente	286	n.m.
sector	filière	183	n.f.
secular, non-religious	laïque	17	adj.
seduce	séduire	213	v.
seduced	séduit(e)	315	adj.
self-sustaining	auto-entretenu	403	adj.
settle, to arrange	s'arranger	140	v.
settled, resolved	réglé(e)	211	adj.
Sharifian	chérifien(-ne)	36	adj.
shelf	étagère	282	n.f.
shivering	grelottant(e)	350	adj.
shouldered	épaulé(e) par	352	adj.
sigh	soupir	117	n.m.
single parent	monoparental(e)	227	adj.
sink	s'enfoncer	289	v.
sit/stand up straight, get back up	se redresser	15	v.
slipper	chausson	268	n.m.
sly, snide	sournois(e)	338	adj.
small and medium-sized companies	PME	453	n.f./pl.
small business (less than 10 employees)	TPE	175	n.f./pl.
so much, so	tellement	201	adv.
social network	réseau social	4	n.m.
softness, gentleness	mollesse	25	n.f.
solemnity	solennité	227	n.f.
soliciting	racolage	452	n.m.

anglais	français	page	grammaire
son-in-law	gendre	211	n.m.
sour	revêche	350	adj.
speaker	locuteur (-trice)	37	n.m./f.
speaker	locuteur	417	n.m.
speech bubble	bulle de BD	238	n.f.
spend time	séjourner	324	v.
spice up	pimenter	126	v.
spokesperson	porte-parole	115	n.m.
spouse	époux (-se)	210	n.m./f.
spouse (formal)	conjoint(e)	211	n.m./f.
stagnation	marasme	152	n.m.
stained glass window	vitrail	454	n.m.
stamped (by a name brand)	griffé(e)	217	adj.
stapler	agrafeuse	288	n.f.
start (up)	démarrer	164	v.
state, public	étatique	429	adj.
steal something small	chaparder	399	v.
stick together	s'agglutiner	173	v.
stingy	lésine	350	n.f.
stop, off	arrêt	238	n.m.
stray	se dévoyer	374	v.
stride along	arpenter	311	v.
stroll	flâner	219	v.
student desk	pupitre	79	n.m.
subscription	abonnement	254	n.m.
success	réussite	17	n.f.
suffer	subir	181	v.
support	soutien	229	n.m.
supposed	prétendu(e)	338	adj.
surroundings	alentours	324	n.m./pl.
surveyed	surveillé(e)	268	adj.
sustainability	développement durable	453	n.m.
swarm	essaim	350	n.m.
sweetened	édulcoré(e)	266	adj.
tack, pushpin	punaise	288	n.f.
take place, to occur	avoir lieu	200	v.
take something away	se priver	109	v.
tank top	débardeur	451	n.m.
tape	ruban adhésif	288	n.m.
target	cible	355	n.f.
task	tâche	142	n.f.
team leader, host, organizer	animatrice	144	nf
telecommuting	télétravail	162	n.m.
tendency	tendance	210	n.f.
terminate	rompre	158	v.
text	texto/SMS	239	n.m.
third	tierce	329	n.f.
third party	tiers	33	n.m.
Third Place	tiers-lieux	175	n.m.
thread, string	fil	288	n.m.
threat	menacé(e)	248	adj.
three-part work	triptyque	381	adj.

anglais	français	page	grammaire
thriving, blossoming	épanouissement	167	n.m.
throw a stone in the pond, to cause a scandal	jeter un pavé dans la mare	36	loc.
thumbnail	onglet	268	n.m.
tire	pneu	282	n.m.
titillate	titiller	374	v.
tool	outil	29	n.m.
touchscreen	écran tactile	238	n.m.
trace, imprint, footprint	empreinte	289	n.f.
tracking	traque	306	n.f.
trade union	syndicat	154	n.m.
trait	trait	209	n.m.
trash, waste, garbage	déchet	286	n.m.
trek	périple	400	n.m.
trunk	malle	348	n.f.
turn on	allumer	238	v.
twins	jumeaux	224	n.m./pl.
twirling	tourbillonant(e)	368	n.m.
ugliness	laideur	446	n.f.
understand	s'entendre	191	v.
unemployed	chômage	147	n.m.
unequalled, matchless	inégalable	225	adj.
unexpectedly	inopinément	351	adv.
unlock	déverrouiller	238	v.
unsteady, weak	défaillant	226	adj.
untimely, inopportune	intempestif (-ve)	25	adj.
vacation	congé	147	n.m.
values	valeur	223	n.f.
vial	flacon	282	n.m.
vintage	millésime	348	n.m.
vital, driving force	force vive	143	n.f.
vitiated, corrupt	vicié(e)	22	adj.
warm, welcoming	chaleureux(-euse)	19	adj.
waste	gâchis	306	n.m.
waste	gaspillage	307	n.m.
wave	onde	252	n.f.
wavy	ondulé(e)	369	adj.
weakening	affaiblissement	227	n.m.
wear yourself out	s'épuiser	319	v.
weary	las(se)	202	adj.
Western	occidental	248	adj.
whitening	blanchiment	68	n.m.
without our knowledge	à notre insu	19	adv.
wood	bois	282	n.m.
work	bosser	29	v.
workshop	atelier	357	n.m.
wrinkle	froisser	103	v.
write	rédiger	213	v.
yard sale	vide-grenier	286	n.m.

Annexe C – Thèmes et contextes

Thèmes et contextes

Abréviations	
IP	Interpretive Communication: Print Texts
IPA	Interpretive Communication: Print and Audio Texts
IA	Interpretive Communication: Audio Texts
IW	Interpersonal Writing: E-mail Reply
PW	Presentational Writing: Persuasive Essay
IS	Interpersonal Speaking: Conversation
PS	Presentational Speaking: Cultural Comparison

Exercice	Page	Thème (1–6)	Contexte
CHAPITRE 0			
LEÇON 2			
IP	14	3 La vie contemporaine	Les loisirs et le sport
IPA	16	4 La quête de soi	Le nationalisme et le patriotisme
IA	19	4 La quête de soi	Le pluriculturalisme
IW	20	3 La vie contemporaine	L'éducation et l'enseignement
PW	22	4 La quête de soi	L'identité linguistique
IS	26	3 La vie contemporaine	Les voyages
PS	27	2 La science et la technologie	Les nouveaux moyens de communication
LEÇON 3			
IP	28	3 La vie contemporaine	Le monde du travail
IPA	30	2 La science et la technologie	Les nouveaux moyens de communication
IA	33	2 La science et la technologie	La technologie et ses effets sur la société
IW	34	6 L'esthétique	Le patrimoine
PW	36	4 La quête de soi	L'identité linguistique
IS	40	3 La vie contemporaine	Les voyages
PS	41	4 La quête de soi	Le nationalisme et le patriotisme
CHAPITRE 1			
LEÇON 2			
IP	58	1 Les défis mondiaux	L'alimentation
IPA	60	3 La vie contemporaine	L'éducation et l'enseignement
IA	63	3 La vie contemporaine	Les loisirs et le sport
IW	64	3 La vie contemporaine	L'éducation et l'enseignement
PW	66	2 La science et la technologie	La technologie et ses effets sur la société
IS	72	3 La vie contemporaine	L'éducation et l'enseignement
PS	73	3 La vie contemporaine	L'éducation et l'enseignement
LEÇON 3			
IP	74	3 La vie contemporaine	L'éducation et l'enseignement
IPA	77	3 La vie contemporaine	L'éducation et l'enseignement
IA	81	4 La quête de soi	L'identité linguistique
IW	82	3 La vie contemporaine	Les voyages
PW	84	1 Les défis mondiaux	L'économie
IS	88	3 La vie contemporaine	L'éducation et l'enseignement
PS	89	3 La vie contemporaine	Le monde du travail

Exercice	Page	Thème (1–6)	Contexte
CHAPITRE 5			
LEÇON 2			
IP	248	2 La science et la technologie	La technologie et ses effets sur la société
IPA	250	2 La science et la technologie	La technologie et ses effets sur la société
IA	253	3 La vie contemporaine	L'éducation et l'enseignement
IW	254	2 La science et la technologie	Les nouveaux moyens de communication
PW	256	2 La science et la technologie	La technologie et ses effets sur la société
IS	260	2 La science et la technologie	Les nouveaux moyens de communication
PS	261	3 La vie contemporaine	L'éducation et l'enseignement
LEÇON 3			
IP	262	2 La science et la technologie	Les choix moraux
IPA	265	2 La science et la technologie	Les découvertes et les inventions
IA	269	2 La science et la technologie	Les découvertes et les inventions
IW	270	3 La vie contemporaine	Le monde du travail
PW	272	2 La science et la technologie	Les nouveaux moyens de communication
IS	276	2 La science et la technologie	Les nouveaux moyens de communication
PS	277	2 La science et la technologie	La technologie et ses effets sur la société
CHAPITRE 6			
LEÇON 2			
IP	302	1 Les défis mondiaux	L'environnement
IPA	304	1 Les défis mondiaux	L'alimentation
IA	307	1 Les défis mondiaux	L'alimentation
IW	308	1 Les défis mondiaux	L'alimentation
PW	310	1 Les défis mondiaux	L'environnement
IS	316	1 Les défis mondiaux	L'environnement
PS	317	1 Les défis mondiaux	L'environnement
LEÇON 3			
IP	318	1 Les défis mondiaux	L'environnement
IPA	320	1 Les défis mondiaux	L'environnement
IA	323	1 Les défis mondiaux	L'environnement
IW	324	3 La vie contemporaine	Le logement
PW	326	3 La vie contemporaine	La publicité et le marketing
IS	332	1 Les défis mondiaux	L'environnement
PS	333	1 Les défis mondiaux	L'alimentation
CHAPITRE 7			
LEÇON 2			
IP	352	2 La science et la technologie	Les nouveaux moyens de communication
IPA	354	3 La vie contemporaine	La publicité et le marketing
IA	357	3 La vie contemporaine	Les voyages
IW	358	3 La vie contemporaine	Le logement
PW	360	1 Les défis mondiaux	L'économie
IS	366	5 La famille et la communauté	L'enfance et l'adolescence
PS	367	4 La quête de soi	Le nationalisme et le patriotisme
LEÇON 3			
IP	368	6 L'esthétique	Les arts visuels
IPA	372	2 La science et la technologie	Les nouveaux moyens de communication
IA	375	2 La science et la technologie	Les nouveaux moyens de communication
IW	376	3 La vie contemporaine	La publicité et le marketing
PW	378	3 La vie contemporaine	La publicité et le marketing
IS	382	2 La science et la technologie	Les nouveaux moyens de communication
PS	383	3 La vie contemporaine	La publicité et le marketing

Annexe D – Indexe

Annexe D – Indexe

Annexe E – Droits de reproduction

Chapitre 0

True Colors - À la découverte de qui je suis	© Optimist Club International	
Advanced Placement directions (throughout)	© College Board	
Laurent Jamet, réalisateur: il filme l'émotion des sports extrêmes by Michèle Longour	© réussirmavie.net	http://www.réussirmavie.net/Laurent-Jamet-il-filme-l-emotion-des-sports-extremes_a1072.html
Extrait de L'Identité Manifeste	© Philippe Jean Poirier	http://identitequebecoise.org/L-Identite-Manifeste.html
Bertrand le Québécois	© Brittany Waack	http://www.youtube.com/watch?v=rEwPcfB5tAs&feature=youtu.be
Maude Boyer Interview: Identité citadine	© Elizabeth Rench	
Sommes-nous tous devenus franglais?	© Jean-Rémi Baudon FrenchinLondon.com	http://www.frenchinlondon.com/blog-francais-londres/2009/04/sommes-nous-tous-devenus-franglais/
Le franglais – Circonscription de Laurier-Dorion	© Jean Bouchard	http://laurierdorion.c.pq.org/blogue/le-franglais
Niveau de connaissance de la meilleure langue étrangère	© Eurostat 2007	http://www.ec.europa.eu/eurostat/
Développer son identité professionnelle Éd. N°32 18 décembre 2012	© Wagon 42	letrainde13h37.fr/32/developper-identite-professionnelle
En quoi le blogging peut améliorer nos relations sociales?	© Ling-en Hsia	http://espritvif.com/relations-blogging/
Enjeux des réseaux sociaux: l'identité numérique (Claude Super)	© Claude Super	http://claudesuper.com/2012/04/18/podcast-1804enjeux-des-reseaux-sociaux-lidentite-numerique
[EPISODE 9] OÙ L'ON PARLE DE LA GUERRE POUR L'IDENTITÉ NUMÉRIQUE ET DE L'AVENIR DES BITCOINS	© Le Comptoir Sécu	http://www.comptoirsecu.fr/2013/12/episode-9-ou-lon-parle-de-la-guerre-pour-lidentite-numerique-et-des-bitcoins/
Le plurilinguisme au Maroc – Le drame linguistique marocain de Fouad Laroui: Les maux du plurilinguisme & Un paysage linguistique complexe	© Marianne Roux	http://www.babelmed.net/letteratura/250-marocco/6859-le-drame-linguistique-marocain-de-fouad-laroui.html
Maude Boyer parle de la situation linguistique au Maroc	© Elizabeth Rench	

Chapitre 1

Drawings inspired by Le Cancre	© Groupe scolaire Jean de la Fontaine	Route de Thionville, 57970 Illange, FRANCE 03 82 56 50 96 http://www3.ac-nancy-metz.fr/eco-p-de-la-fontaine-illange/spip.php?article397
Le Cancre de Jacques Prévert	© Éditions Gallimard	(autorisations, archives-Jacques Prévert)
L'école américaine - Jean	© Yves Clady, Strasbourg	http://yclady.free.fr/webzine.html
Le système scolaire américain - Olivier	© Yves Clady, Strasbourg	http://yclady.free.fr/webzine.html

Bac, brevet: pourquoi vous ne trouverez pas votre résultat dans la presse et sur internet cette année?	© category.net	http://www.categorynet.com/communiques-de-presse/communiques-en-une/bac,-brevet%C2%A0%3A-pourquoi-vous-ne-trouverez-pas-votre-resultat-dans-la-presse-et-sur-internet-cette-annee%C2%A0?-20110704161620
L'annonce du résultat publique du bac	© Mireille Henderson	
Les activités extra-scolaires- Jean Michel Quarantotti	© Elizabeth Rench	
Extrait de Livre papier vs livre numérique: lequel est le plus écolo?	© Consoglobe.com	http://www.consoglobe.com/mr-livre-papier-vs-livre-numerique-lequel-est-le-plus-ecolo.html
Extrait de « Pour la jeunesse, les livres numériques sont plus souvent interactifs et multimédia »	© livreshebdo.fr	http://www.livreshebdo.fr/article/pour-la-jeunesse-les-livres-numeriques-sont-plus-souvent-interactifs-et-mutimedia
Paperback books, Hardcover books	© PC Pro	
Questions fréquemment posées – Casablanca American School	© Casablanca American	Verbal Permission given by CAS Director Stephane Ruz
Casablanca American School Tuition & School Fees (for a graphic)	© Casablanca American	Verbal Permission given by CAS Director Stephane Ruz
Alphonse DaudetLe Petit Chose	Public Domaine	
L'école – le passé et le présent Jean Michel Quarantotti	© Elizabeth Rench	
L'apprentissage des langues étrangères- Inna Winckell	© Elizabeth Rench	
Côte d'Ivoire frais d'incscription article that now appears on book page 84	© Creative Commons Author: Kanigui	Global Voices http://fr.globalvoicesonline.org/2012/08/07/117097/
L'école qui coûte cher	© E.M.	

Chapitre 2

Le voyage d'Arnaud	© Cora Olson	
Pense-bête pour bien faire ses valises et préparer son voyage	© Jean-Luc Mercier Bergerac-France	http://jean-luc-mercier.suite101.fr/preparer-son-voyage-pense-bete-pour-bien-faire-ses-valises-a14046
Voyage à Haïti	© VoyageForum.com	
Sortir de l'ordinaire	© voyageplus.net	http://www.voyageplus.net/pourquoi.html
Souvenirs de voyage: L'expédition d'Antoine de Maximy	© Le Nouvel Observateur	
Voyagecast – Épisode 8 – Le Cambodge	© Jonathon Maitrot trip85.com	http://49mp3.com/mp3/Voyagecast+Le+Cambodge
Va-t-on nous demander notre poids pour voyager sur Air France?	© Ginette Villa	
Les transports aériens en France	© Eurostat 2011	http://www.ec.europa.eu/eurostat/
Convention d'accueil - Association S2F (Séjour en famille française)	© Association S2F, Séjour en famille française, Rennes	
Les 5 phases que vous vivrez lors d'un long voyage	© M. Johann Yang-Ting Hubbel	http://www.b2zen.com/si-vous-partez-en-voyage-vous-vivrez-ces-5-phases/
Voyager sur le fil	© Christophe Boudrie	http://voyage-sur-le-fil.fr/podcast-pourquoi-voyage-sur-le-fil/
Vivre au Laos aujourd'hui, voyage en Asie	© Bobby Dennie	http://www.getlostinasia.com/7428/vivre-au-laos-aujourdhui-voyage-en-asie-2014-podcast-gratuit/
Voyageurs: partez sans être connecté, sans blog de voyage!	© Fabrice Dubesset of Instinct Voyageur	http://www.instinct-voyageur.fr/voyageurs-deconnectez-vous-blog-de-voyage/

Chapitre 3

Chapitre 4

Animaux de compagnie – chics et chocs	© Temps Libre Denis Aubel	Temps Libre Magazine http://www.temps-libre.info/article71.html
Que faire le dimanche?	© meetinggame.fr	http://www.meetinggame.fr/reseau-de-loisirs/que-faire-le-dimanche.php
Parisenfamille.com - Ling-en Paris plages – Pétanque	© Ling-en Hsia	
C'est quoi le bonheur pour les français?	© Moustic	
Les transformations de la famille ont-elles affaibli son rôle intégrateur	© Guy Bonvallet	http://autonote.net/ses/tcoex1314/familleinteg.htm
Redéfinir la famille au 21e siècle (shepellfgi)	© Shepell 2014	http://blogue.travailsantevie.com/2014/02/redefinir-la-famille-au-21e-siecle/
Statistiques, p. 231:	© INSEE	

Chapitre 6

Extraits de "98% des français ont déjà une seconde vie à un objet"	© notre-planete.info	http://www.notre-planete.info/actualites/actu_3524_dechets_economie_circulaire.php
Chère Aurore	© Ministère du développement durable, environnement et parcs	http://www.mddep.gouv.qc.ca/jeunesse/chronique/2004/0410-jahia.htm
Quelle est votre empreinte écologique?	©WWF France Design: David Johnson	http://www.zanzibart.com/coccinelle/IMG/pdf/Lepoint_Cocci_17.pdf
Deuxième Festival Africain sur l'Ecologie et le Développement Durable	© Festival Écologie	http://festival-ecologie.com 2009
La cuisine moléculaire, une cuisine écolo?	© Livenet	http://mag.livenet.fr/post/la-cuisine-moleculaire-une-cuisine-ecolo-3517.html 24 février 2004
Extrait de Comment nourrir la planète demain	© Rungis Actualités, Francis Duriez	http://www.rungisinternational.com/fr/bleu/enquetesrungisactu/CommentNourirLaPlanete.asp
Gaspillage de nourriture, Chimistes pour l'environnement, Université Laval, Québec	© Chimistes pour l'environnement	http://chimistes-environnement.over-blog.com/article-le-gaspillage-de-nourriture-un-fleau-environnemental-45419937.html
Auto lib n'est ni écologique, ni révolutionnaire	© Europe écologie les verts creteil.eelv.fr	http://europeecologiecreteil.wordpress.com/2011/10/03/e-n%E2%80%99est-ni-ecologique-ni-revolutionnaire%E2%80%A6-catherine-calmet-en-seance-de-cm-creteil/ Source originale: http://www.creteil.eelv.fr 3 octobre 2011
Podcast: Autolib' voit la vie en rose de Jean Brice Senegas	© Fréquence Terre	http://www.frequenceterre.com/chroniques-environnement-311012-3262-Autolib-voit-la-vie-en-rose.html# 31 octobre 2012
Tarifs Autolib'	© Paris.fr	http://www.paris.fr/pratique/voitures-deux-roues-motorises/autolib/les-tarifs-d-autolib/rub_10055_stand_106767_port_25189
Laos: Un centre pour la protection des éléphants – Global Voices	© Creative Commons Author: Mong Palatino Trans: Henri Dumoulin	Global Voices http://fr.globalvoicesonline.org/2014/02/22/163143/
Les bouchons en liège: un avantage pour l'environnement	© L'emballage écologique	http://www.lemballageecologique.com/actualites/le-bouchon-en-liege-un-avantage-pour-lenvironnement/
Podcast - Écologiquement – Christophe Neumann, éco-emballage	© Radio Oméga	http://www.radioomega.fr/site/podcast-29711717.html
Les magiciens d'OSE (nettoyeurs de la Seine) Moustic Audio Agency	© Moustic	
Évitez les 7 péchés de L'écoblanchiment ou greenwashing	© JPD Conseil Président: Jean-Pierre Dubé	http://jeanpierredube.com/blog/2011/07/03/ecoblanchiment-greenwashing/

Le paradigme écologiste explique par Yves Cochet	© lesverts.fr	http://www.podcasters.ch/fr/episodes/le-paradigme-%25C3%25A9cologiste-expliqu%25C3%25A9-par-yves-cochet-5367289.html
Tableau- Cosmétiques naturels et biologiques en France (ventes en millions d'euros)	© COSMEBIO	
Nombre de produits certifiés Ecolabel européen et NF Environnement en France	© Ecolabel.fr	
Cosmebio: 10 ans de confiance – 2002-2012	© COSMEBIO	

Chapitre 7

Lutter contra la publicité, pourquoi? (author: Alain Geerts)	© Site internet de la Fédération Inter- Environnement Wallonie	Site internet de la Fédération Inter-Environnement Wallonie http://www.iew.be/spip.php?article4153
Audio Clips: Smoking in Public Places	© Elizabeth Rench	
L'Art singularise l'image de la marque	© Annette Bonnet- Devred, L'Institut supérieur du commerce de Paris	
Crépuscule du matin-Charles Baudelaire	© Public Domain	
Je ne suis pas du matin (Blog post)	© DeeDeeParis.com	http://www.deedeeparis.com/blog/je-ne-suis-pas-du-matin
Guy Hausermann @ Audiadis Introduction « Création d'identités olfactives » « Solutions olfactives point de vente » « Evénementiel »	© Audiadis	http://www.audiadis.net/fr/news/#.VFdeF_msW5Q
Guy Hausermann Introduction Audio – Audiadis	© Audiadis	http://www.audiadis.net/fr/audio/catch-traffic#.U6mQc6jzekM http://www.audiadis.net/fr/audio/#.U6mSJqjzekM
Perrier fluo- Guy Hausermann	© Audiadis	http://www.audiadis.net/fr/audio/catch-traffic#.VFdgP_msW5R
Clairéco Magasin de souvenirs Podcast	© Moustic	
L'importance du contexte culturel en publicité – Vladimir Djurovic – le 26 août 2009	© Marketing-Professional.fr Vladmir Djurovic	http://www.marketing-professionnel.fr/parole-expert/contexte-culturel-publicite-internationale.html
Clairéco – Comprendre l'économie Dominique Des jeux, anthropologue – Consommateur malin	© Moustic	
Enquête Emploi Réunion, Module sur les pratiques environnementales.	© INSEE	chrome-extension://oemmndcbldboiebfnladdacbdfmadadm/ http://www.insee.fr/fr/insee_regions/reunion/themes/insee_partenaires/ip11/ip11.pdf
Les défis du marketing d'influence	© augure.com	http://www.augure.com/fr/blog/etude-augure-marketing-influence-20140226
Quand l'art transcende le marketing Annette Bonnet-Devred	© Annette Bonnet-Devred	
Podcast Boutiques Liquides – Odeurs	© Moustic	
Audiadis – Radio spot – film Avatar- Guy Hausermann	© Guy Hausermann, Audiadis	http://www.my-instore-radio.com/fr/annonces.php
Manipulation marketing: Bannir ou bénir?	© Succès Marketing Author: Patrice Decoeur	http://www.succes-marketing.com/marketing/manipulation-marketing-banir.html
Digital Marketing One To One: 3 Tendances Du Marketing Digital Podcast	© Creative Commons, VisionaryMarketing.fr Author: Yann Gourvennec	
http://visionarymarketing.fr/blog/2014/05/digital-marketing-one-to-one/		
Graphic: Les défis du marketing d'influence	© Augure.com	

Chapitre 8

Stéréotypes culturels franco-américains et l'enseignement de la langue française	© AATF National Bulletin 38(3), 25-26.	Garrett-Rucks, P. (2013). Stéréotypes culturels franco-américains et l'enseignement de la langue française. The French Bulletin. 38(3), 25-26.
Deux américains sur trois confiants sur les nouvelles technologies	© Humanoïdes.com	http://www.humanoides.fr/2014/04/21/deux-americains-sur-trois-confiants-sur-les-nouvelles-technologies/
CyberMystere4 "Partialité des médias" Réfléchir sur les notions de « partialité et de « perspective »	© Les grands mystères de l'histoire canadienne Department of History University of Victoria	http://www.mysteryquests.ca/quests/04/indexfr.html
Oui à l'initiative populaire «contre l'immigration de masse»	© Comité interpartis contre l'immigration de masse	http://www.immigration-massive.ch/
51 % des français favorables à l'indépendance de la Guadeloupe?	© miss Bennett	http://fandemrdarcy.over-blog.com/article-28422522.html
Issiaka Diakité-Kaba – Autobiographie	© Issiaka Diakité-Kaba	
L'importance des femmes au sein du commerce équitable	© Ekitinfo	-photo © Didier Reynaud
Les femmes dans l'entreprise	© Moustic	
Des agriculteurs de cacao goûtent du chocolat pour la première fois	© Tuxboard	http://www.tuxboard.com/agriculteurs-de-cacao-goutent-chocolat/
Comment vont les vieux en Afrique? (extrait – Des changements de mentalité)	© Voix d'Afrique	http://peres-blancs.cef.fr/vieux_en_afrique.htm
Les vieux dans l'entreprise	© Moustic	
Statistiques: " Les aînés du Québec: quelques données récentes." par le Gouvernement du Québec	© Canadian Data	
Wikitongues	© Creative Commons Author: Laura Morris Translator: Pauline Ratzé	Global Voices http://fr.globalvoicesonline.org/2014/04/14/164780/
Le Sahara marocain - les données linguistiques	© Hassan SLASSI	http://www.marocagreg.com/forum/sujet-analyse-du-paysage-linguistique-marocain-4939.html
Interview diversité avec Agnès Crepet et Maxime Tiran	© lescastcodeurs.com	http://lescastcodeurs.com/2014/06/16/lcc-104-interview-diversite-avec-agnes-crepet-et-maxime-tiran/
Les français et leur logement	© Moustic	
Comment l'Union européenne détruit le tissu économique	© La lettre volée	http://www.lalettrevolee.net/article-comment-l-union-europeenne-detruit-le-tissu-economique-fran-ais-37457951.html
Réalités économiques et financières de l'UE 14 août 2007	© UDC Suisse	http://www.udc.ch/actualites/assemblees/realites-economiques-et-financieres-de-lue/
Statistiques: terrafemina.com	© CSA	

Chapitre 9

Les accents	© Elizabeth Zwanziger	
Un accent est-il un atout séduction? (graphique)	© eDarling	http://www.edarling.fr/presse/etudes-realisees-par-edarling/accents-seduisants
La Notion de la beauté	© Pensées, Word Press	http://penserlemonde.wordpress.com/notionbeaute/
Capsule Outil: L'attirance physique et la beauté	© Copyleft	http://lecerveau.mcgill.ca/flash/capsules/outil_bleu31.html
Rapports avec les Français	© Holihanitra Rabearison	

Réactions des blogueurs au concours miss mine antipersonnel	© Creative Commons Author Chhunny Chhean Translator Savannah Goyette	Global Voices http://fr.globalvoicesonline.org/2009/08/16/17220/
Concours mini-miss – La marchandisation des petites filles	© Le Podcast Journal	http://www.podcastjournal.net/Concours-mini-miss-La-marchandisation-des-petites-filles_a15669.html
La mode éthique podcast	© Fréquence Terre	http://www.frequenceterre.com/2014/07/11/mode-ethique-facon-ekyog/
Faut-il être beau pour réussir	© MONSTER	http://www.blog-pour-emploi.com/2010/09/29/faut-il-etre-beau-pour-reussir/
Babelio – Petit soleil Une réflexion, des réflexions	© petitsoleil, Babelio	http://www.babelio.com/livres/Cheval-Belle-autrement-En-finir-avec-la-tyrannie-de-la/519370/critiques/497431
L'invitation au voyage - Baudelaire	Public Domaine	
Statistiques - beauté	© Observatoire de discriminations	http://www.observatoiredesdiscriminations.fr/images/stories/Discrimination_sur_lapparence.pdf?phpMyAdmin=6e32dcee8760039a64c94b6379294e26
L'importance de la beauté - Lise Bourbeau	© ecoutetoncorps.com	http://www.ecoutetoncorps.com/fr/ressources-en-ligne/chroniques-articles/limportance-de-la-beaute/
Osez vivre des moments magiques en cassant vos habitudes	© Olivier Roland	http://olivier-roland.tv/osez-vivre-des-moments-magiques-en-cassant-vos-habitudes/
Olivier Saint-Vincent - Drive , pour un cinéma camusien	© Olivier Saint-Vincent	http://www.philo-voyou.com/2012/11/drive-pour-un-cinema-camusien/
La face cachée de la pyramide du Louvre	© Fédération Patrimoine-Environnement	http://patrimoine-environnement.fr/la-face-cachee-de-la-pyramide-du-louvre/
Laideur de l'Architecture Contemporaine 1 – à l'UP Caen de Michel Onfray	© David Orbach David Orbach-Isabelle Coste, architectes urbanistes www.coste-orbach.fr	http://www.agoravox.fr/actualites/environnement/article/laideur-de-l-architecture-106323
Sondage: L'ouvrage du siècle	© Ipsos	http://www.ipsos.fr/ipsos-public-affairs/sondages/l-ouvrage-siecle